LA TERCERA GUERRA MUNDIAL YA ESTÁ AQUÍ

CRISTINA MARTÍN JIMÉNEZ

LA TERCERA GUERRA MUNDIAL
YA ESTÁ AQUÍ

mr

Obra editada en colaboración con Editorial Planeta - España

© 2021, Cristina Martín Jiménez
Autora representada por Silvia Bastos, S. L., Agencia literaria

© 2021, Editorial Planeta, S. A. - Barcelona, España

Derechos reservados

© 2022, Editorial Planeta Mexicana, S.A. de C.V.
Bajo el sello editorial MARTÍNEZ ROCA M.R.
Avenida Presidente Masarik núm. 111,
Piso 2, Polanco V Sección, Miguel Hidalgo
C.P. 11560, Ciudad de México
www.planetadelibros.com.mx

Gráficos de interior: © Jesús Sanz (jesussanz.com)
Iconografía: Grupo Planeta

Primera edición impresa en España: septiembre de 2021
ISBN: 978-84-270-4890-4

Primera edición impresa en México: febrero de 2022
ISBN: 978-607-07-8227-5

Impreso en los talleres de Impresora Tauro, S.A. de C.V.
Av. Año de Juárez 343, Col. Granjas San Antonio,
Iztapalapa, C.P. 09070, Ciudad de México
Impreso y hecho en México / *Printed in Mexico*

Escribo este libro con la esperanza de que aquellos que aún no han visto la luz logren verla.
Y para que aquellos que la han conquistado la fortalezcan.
Dedicado a todas las almas justas e indómitas que hacen el combate desde el AMOR contra esta absurda tiranía.

ÍNDICE

Segunda parte
GUERRA PSICOLÓGICA

Tercera parte
EL GRAN RESETEO

ÍNDICE

—… Pero tú no ves el mal y yo sé por qué.

—Pues explícame el motivo, Casandra, dime por qué estoy ciego, cuéntame tú, que lees en el vuelo de las águilas y en las señales invisibles de los cielos.

—No lo ves, Petrus, porque han talado el Árbol de la Ciencia del Bien y del Mal y está ardiendo en la hoguera. ¡Míralo ahí agonizante! ¡Mira cómo se consume!… No llores. Ahora sientes que ya no se escribirán libros con su Ciencia porque el papel de sus poderosas páginas provenía de su madera.

—Todo está perdido, Casandra. Ya no hay sitio en la Tierra para el paraíso que arde ahora en la hoguera…

—¿Acaso ignoras, querido Petrus, al Ave Fénix? Ven, sentémonos aquí un rato. Voy a contarte su historia.

CRISTINA MARTÍN JIMÉNEZ

PRESENTACIÓN

Estamos en estado de guerra. Pero no todo el mundo lo sabe, porque la esencia de esta nueva modalidad bélica consiste en que el atacado no se percate de las violentas agresiones que recibe. Pero, aún más, la inteligencia del invasor-estratega es tal que ha logrado que muchos acepten e incluso deseen que se consuma la conquista. Puede sonar extraño y paradójico. Y lo es. Ocurre así porque una de las principales características de esta guerra que sufrimos desde hace décadas es el concepto de «inversión». Todos los valores, todas las percepciones, todos los comportamientos y procesos están siendo invertidos, hasta el extremo de que el esclavo vive cómodo en su estado de esclavitud.

Básicamente, una guerra es la conquista de un territorio. Invadir, ocupar, asediar constantemente para penetrar hasta la totalidad más profunda de un Estado, de una nación o de una región para robar las riquezas y propiedades de sus habitantes, para usurpar el poder de cada una de las personas soberanas que con su esfuerzo y el de sus ancestros han construido día a día su hogar, han preservado sus costumbres y han alumbrado a sus dioses. Pero ahora el invasor te exige tributos económicos. Tu sudor, tu sacrificio y tus amaneceres tienen dueño.

17

En esta guerra, los agresores pretenden apropiarse de todos los bienes de la Tierra: del agua que baja de las montañas, de los mares, de los bosques, del sol... Incluso el aire que respiras ahora tiene un precio.

Pero el buen tirano no se conforma con los bienes físicos, tangibles, terrenales. Intenciones aviesas, perversas e infames lo alimentan. El conquistador tiene ansias de destrucción. Quiere derribar la civilización de los conquistados y entrar en su territorio espiritual. Para que su triunfo sea total ha de imponer una nueva civilización: la suya. Cuando de conquistador del territorio pase a dominador ideológico de las almas, convirtiendo en esclavos culturales a quienes antes eran libres de su dominio, habrá vencido. Y así, con la imposición de la cultura invasora, el nuevo tirano prohíbe tus creencias, tus valores y tus dioses. Te exige que le adores si quieres vivir. Él ansía ser tu dios omnipotente, tu divinidad suprema, tu ídolo universal. Es un déspota absolutista. Es el usurpador de un poder que no le pertenece, de un poder que es únicamente tuyo. Como buen psicópata, le obsesiona imponerte sus sentimientos para que seas digno hijo suyo, un esclavo esculpido a su imagen y semejanza. El padre supremo va a dictarte a quién es correcto que ames y a quién debes odiar.

Y, para conseguirlo, cual serpiente que se arrastra silenciosa entre la maleza, envía a sus huestes a las escuelas para adoctrinar y domesticar a los niños. Sus legiones han entrado en tu casa desde la pantalla de tu televisor para mostrarte un psicomundo que te confunda y turbe tu espíritu. Los usurpadores de ese poder que te pertenece no dejan nada al azar. No quieren que seas libre, no quieren que sueñes con la existencia de otro mundo que no sea el que te muestran. *Conocimiento, sabiduría* y *libertad* son palabras malditas para ellos. Y están ardiendo en las hogueras de la Tierra.

Vuelve una nueva época de tiranía, como la que vivimos en Europa e Hispanoamérica en el siglo XX. Para triunfar en esta colonización imperial, las armas de guerra han cambiado. El principal objetivo de los nuevos déspotas es que no seas consciente de que te están haciendo la guerra.

El endeudamiento, el miedo, las mentiras, la ignorancia, la propaganda, la desinformación, los gobernantes títeres de poderes oscuros, la ruina, el paro, las crisis, el estrés emocional, el cierre de empresas, los suicidios, la desmoralización, la «táctica de la pandemia», el genocidio, las armas biológicas, el abuso policial, el psicoescenario, la muerte, el Gran Reinicio...

¡BIENVENIDOS A LA TERCERA GUERRA MUNDIAL!

Es esta una guerra total que se sucede en varios campos de batalla: el frente psicológico, el cultural, el sentimental, el geoeconómico y el geopolítico. Son ataques sincronizados. Para ganar esta guerra, tus enemigos han ido actuando de modo gradual, por fases, y la primera ha consistido en adueñarse de las industrias culturales y del sistema de comunicación global. Una vez que los núcleos de gestión de la comunicación están en sus manos, el conocimiento y la cultura —los centros neurálgicos de las relaciones sociales— tienen la capacidad de condicionar tus valores, es decir, aquello en lo que crees y defiendes tanto en el plano individual como en el comunitario.

Los gobernantes se han convertido en títeres no solo del poder financiero-filantrópico, sino de una fuerza invisible que no sería nada y se mantendría en el limbo si ellos no le diesen su aliento de vida: el Mal. Son los sacerdotes del nuevo templo de la infamia.

Los usurpadores de ese poder que, repito, te pertenece —tu libertad, tu sentimiento, tu comprensión, tu existir, tu amor, tu libre albedrío— han calculado a la perfección cómo deben actuar. Pero hay una niña de ocho años llamada Pandora[1] que guarda un gran secreto en el fondo de una caja fabricada con la madera del Árbol Sagrado. Su caja está hecha con el material de las tormentas. Y el tesoro que custodia es el elemento que los sátrapas quieren destruir. Si lo consiguen, habrán vencido.

Si la mentira es el arma principal de los tiranos, en esta guerra no hay arma más poderosa que la Verdad. Pero hay otra arma con la que podemos atacar y es la que guarda Pandora en el fondo de su caja. Quienes no conocen su nombre no podrán utilizarla. Y quienes lo saben ya están salvados. El nombre de esta arma es ESPERANZA y desde los orígenes del mundo ha sido un bastión de fortaleza para la humanidad.

---

[1] Πανδώρα en griego antiguo.

La Tercera Guerra Mundial persigue que el 1 % de los individuos domine al 99 % restante. La geoestrategia de esa minoría, que concibe las relaciones sociales en términos de dominadores y dominados, es convencerte —a ti y a todos— de que su nuevo «mundo feliz» es la mejor y única opción. Su objetivo es fascinarte, seducirte, atraparte en sus telas de araña, y para ello despliegan una legión de tropas que disparan sus armas en los medios de comunicación, editoriales, películas, discográficas, academias, universidades, *think tanks,* laboratorios de dinámicas sociales… Desde allí trabajan para construir y difundir un único discurso con el fin de que su dominación no solo sea aceptada, sino aplaudida.

La Tercera Guerra Mundial es un plan completo y total para someterte sin disparar una sola bala de metralla. Y el campo de batalla en el que se desarrolla el combate principal se encuentra en tu mente y en tu alma. ¡Buen combate a todos!

PRIMERA PARTE
DIARIO DE GUERRA

Hay una guerra en marcha y el campo de batalla es tu mente.
Y el objetivo es tu alma. Así que id con cuidado.

PRINCE

«¡La humanidad se ha vuelto loca!»

> Queridos padres: estoy acostado en el campo de batalla
> y tengo una bala en el vientre. Creo que me estoy muriendo[1].
>
> JOHANNES HAS

Primavera de 1916, Primera Guerra Mundial. En el campo de batalla de Verdún (noroeste de Francia), los jóvenes e idealistas soldados comparten trincheras con las ratas, las cucarachas y la confusión. La lluvia y la metralla han convertido el bosque y las colinas verdes en un lodazal donde los huesos y los cadáveres descompuestos han transformado la arcilla y la madera astillada de los árboles en un nuevo material orgánico difícil de calificar. Sus uniformes andrajosos, carcomidos por el barro, la sangre ennegrecida y el lacerante frío, ya no logran sostener la ficción de que son héroes. En esta tragedia mal urdida hay instantes de un no retorno cada vez más profundo en los que la ilusión de heroicidad (desfigurada) se resquebraja en sus mentes. El siniestro lugar de su existencia es un vapor de niebla roja ante sus ojos, tan informe y fracturado como la pesadilla de un cuadro expresionista en el que las ánimas de sus compañeros muertos les susurran angustias en las noches de mal sueño.

---

[1] Mensaje del soldado alemán Johannes Has a sus padres en una carta escrita en su trinchera del ejército germano durante la Primera Guerra Mundial.

¿Qué extraño encantamiento los ha llevado hasta allí? De repente, a un paso del epicentro de sus vidas cotidianas, joviales, alegres y despreocupadas, se abrió de par en par una puerta que los condujo al infierno. Qué rápido sucedió todo. ¿Cómo ha sido posible? Ayer fumaban y reían en las tabernas parisinas intentando seducir a las mujeres de sus sueños; hoy les escriben cartas a la luz exhausta de una vela aceitosa prometiéndoles el regreso feliz a su normalidad prebélica. Pero huelen que apestan, a muerte y a sudor renegrido. Les tiembla el pulso. No saben si volverán a casa algún día. Tal vez... A fin de cuentas, ¿quién conoce sus destinos?

Sus vidas están ahora en manos del «Carnicero». Ese es el nombre con el que pasará a la historia el general francés Charles Marie Emmanuel Mangin por utilizar a los soldados de artillería como carne de cañón, por lanzarlos a la carrera, casi a pecho descubierto, para gastar la munición de los «Gran Berta», esos cañones alemanes contra los que el ridículo fusil que los jóvenes combatientes llevan en sus manos poco o nada puede hacer. Las fauces de los dragones infernales vomitan fuego frente a ellos.

El 10 de abril de 1916, el capitán Cochin describió en una carta los primeros días del asalto: «Llegué allí con ciento setenta y cinco hombres; he regresado con treinta y cuatro, varios de ellos enloquecidos».

A las 11:00 horas del día 11 del mes 11 de 1918 entró en vigor el Armisticio de Compiègne, que finiquitaba el combate por tierra, mar y aire entre los Aliados y el Imperio alemán.

El 18 de diciembre de 1916, pocos días antes de Navidad, los cañones de Verdún dejaron de escupir muerte y enmudecieron. El Mal se cobró un precio soberbio en esta mítica batalla, la más larga y mortífera de la Gran Guerra. El Mal no tuvo favoritismos de nacionalidad y la muerte se repartió a partes iguales entre los jóvenes franceses y alemanes: en total, setecientas mil bajas[2].

Durante sus paseos por las calles de París, vestido con su uniforme de gala, el «Carnicero» se jactaba de haber vencido en la batalla de Verdún, pero en cada esquina los cuchicheos cobraban vida para contar que los soldados lo repudiaban de tal manera que era el único general francés al que ningún veterano se le acercaba para estrecharle la mano[3]. El «Carnicero» nunca reconoció que hubo varios intentos de motín[4] ni que unos soldados que intentaron desertar y huir a España fueron capturados y fusilados en el mismo frente tras sentencia marcial…

*   *   *

Han pasado cien años y estoy viendo la tele en el salón de mi casa. La secuencia de uno de tantos documentales que narran el trágico combate queda impresa en mi mente y, a lo largo de estos meses, la he evocado de forma reiterada. La escena me

---

[2] Cien años después, el acceso está prohibido en los alrededores de Verdún. Es la llamada *Zone Rouge,* ochocientas hectáreas de bosque y colinas sembradas de millones de proyectiles sin explotar. El Département du Déminage (Departamento de Desminado francés) estima que cayeron doce millones de obuses.

[3] La batalla de Verdún se libró entre franceses y alemanes desde el 21 de febrero al 18 de diciembre de 1916. Fue las más dura y larga de la Primera Guerra Mundial.

[4] El descontento comenzó a extenderse entre las tropas francesas en Verdún durante el verano de 1916. Tras la promoción del general Pétain del Segundo Ejército el 1 de junio y su reemplazo por el general Nivelle, cinco regimientos de infantería se vieron afectados por episodios de «indisciplina colectiva». Dos tenientes franceses, Henri Herduin y Pierre Millant, fueron fusilados sumariamente el 11 de junio. Posteriormente, Nivelle publicó una «Orden del día» que prohibía a las tropas francesas rendirse. En 1926, después de una investigación sobre la *cause célèbre,* Herduin y Millant fueron exonerados y sus registros militares, eliminados.

impacta casi tanto como a los soldados, cuyos ojos y gestos indican que vagan desnortados. Después de diez meses de lucha en Verdún, los jóvenes de este relato mal urdido volvieron a casa, a París. Pero la ciudad ya no era la misma. Ellos tampoco. Cuando se desciende al infierno, las percepciones cambian y el contraste entre las penurias del campo de combate y la algarabía de las calles parisinas provoca un terrible desconcierto. Ellos habían arriesgado sus vidas malcomiendo ratas mientras, en la capital, las mujeres aseadas, bellas y elegantes entraban y salían de las pastelerías y las sombrererías, enfrascadas en el consumo y la despreocupación, como si la guerra no fuera con ellas, ajenas al dolor del despropósito, a las condiciones miserables y humillantes que todos esos jóvenes soldados habían soportado en el frente. Del inframundo traían grabados a fuego en sus almas los rostros de los cadáveres de sus compañeros, sus gestos contraídos por el terror y el dolor con los que les recibió el can Cerbero en la orilla de la muerte. Pero ahora tenían frente a ellos los rostros risueños, los cafés atestados de gente, el glamur de los vestidos sedosos, los sombreros de copa de los caballeros, los escaparates de las *boutiques,* el tranvía, los periódicos, los niños mocosos y traviesos de pantalón corto... «¿Por quiénes hemos perdido la vida? —se preguntaban los soldados—. ¿Qué tipo de sociedad estamos defendiendo? ¿Qué clase de humanidad puede estar haciendo esto?».

Un teniente francés que combatía en Verdún escribió en su diario (23 de mayo de 1916): «¡La humanidad se ha vuelto loca! Debe de estar loca por hacer lo que está haciendo. ¡Qué masacre! ¡Qué escenas de horror y carnicería! No puedo encontrar palabras para traducir mis impresiones. El infierno no puede ser tan terrible. ¡Los hombres están locos!»[5].

---

[5] Alistair Horne, *The Price of Glory: Verdun 1916,* Penguin, Londres, 1993.

La humanidad está loca y los soldados enloquecieron. Por todas partes, restos humanos desconcertados deambulan por París sin hallar un lugar en el que reposar sus almas, buscando en algún rincón las respuestas a los cientos de porqués que les taladran el cerebro y el corazón. ¿Héroes? ¿De qué? Hace tiempo que viven en el infierno y saben que nunca saldrán de allí, que no habrá un futuro para ellos, que no habrá descanso para sus espíritus traumatizados. Fue así como una «Nueva Normalidad» llegó con el fin de la Gran Guerra.

«Esto no es paz, es tan solo una tregua de veinte años», profetizó el secretario de Exteriores británico, lord Nathaniel Curzon, uno de los delegados del Tratado de Versalles. En su opinión, esa fragilidad configuraba el marco idóneo para una nueva guerra a la que puso fecha. La Segunda Guerra Mundial comenzó en 1939, justo dos décadas después.

EL IMAGINARIO COLECTIVO DE LA GUERRA

El 21 de febrero de 1916 llovieron del cielo más de un millón de obuses que sembraron la tierra francesa de cráteres: las trincheras se hundieron bajo los cuerpos de los soldados que, en cuestión de microsegundos, fueron absorbidos y sepultados por el barro. Y eso solo durante el primero de los trescientos dos días que duró la batalla.

Según fuentes oficiales, el 11 de junio de 2021, la COVID-19 había matado a más de 3,8 millones de personas en todo el planeta.

El imaginario colectivo nos lleva a creer que la guerra es la batalla de Verdún o la de Berlín, la última de la Segunda Guerra Mundial. Cuando nos hablan de guerras pensamos en ciudades arrasadas por las bombas aéreas. O incluso en la guerra de guerrillas de las FARC, en Colombia, o de Sendero Luminoso, en Perú. O traemos a nuestras mentes imágenes de Irak mientras se desplomaba la gran efigie de Sadam Husein, la icónica mole de bronce de doce metros de altura de la plaza Firdos de Bagdad, símbolo de un dictador que caía para ser sustituido por una coalición de dictadores[1].

---

[1] «Ahora me arrepiento de haber derribado a Sadam», https://www.elmundo.es/cronica/2017/01/09/5870c9a6e2704e46598b456f.html

Muchos no comprenden aún en qué consisten las guerras contemporáneas porque no las han visto en la televisión ni en una serie de Netflix. Nos han acostumbrado a que el televisor y la pantalla del móvil sean las ventanas por las que nos asomamos al mundo, olvidándonos de que esas máquinas bélicas son los nuevos «Gran Berta», que ahora escupen imágenes y que, como los famosos cañones alemanes, tienen dueños. Son ellos quienes nos muestran el mundo que quieren que veamos. La televisión apresa a los inermes en la caverna de Platón, de tal manera que no ven cómo son las nuevas armas de esta guerra, quiénes las disparan y quiénes las fabrican. Una tormenta solo se observa en su plenitud si la miras desde fuera. Cuando te cae encima, estás tan mojada y helada que ni siquiera puedes abrir los ojos.

Hace unos meses, entre los comentarios que recibí tras dar una entrevista en un medio digital, encontré este de Regina:

> Hola, estoy desesperada, llevo todo esto fatal. En el instituto de mi hijo el director llama a los alumnos «asesinos de abuelos». Esto es inaceptable, pero no podemos hacer nada, a la mínima toman medidas de abuso de poder.

Las medidas y los protocolos adoptados tras la aparición de la COVID-19 no han sido diseñados para curar, sino para matar a la población, especialmente a los ancianos. Al aislarlos de sus familias les han extirpado la ilusión de vivir. Una acción que en términos bélicos se llama «hundir la moral del enemigo». Después les inocularon las *vacunas* aprobadas en situación «de emergencia», sin pasar por el período apropiado de testeo e investigación, usándolos como conejillos de indias. Estas *vacunas* provocaron «brotes» de contagios en residencias. Y más muertes. Pero los laboratorios exigieron inmunidad por contrato, para así quedar exentos de responsabilidad ante posibles efectos secundarios, amparándose en que la urgencia no les permitía testarlas adecuadamente. ¿Quiénes necesitaban las vacunas para salir de este laberinto? Los que lo habían construido. Intervenciones médicas que han sido muy beneficiosas para animales y humanos en el pasado ahora son utilizadas como armas letales que generan un gran negocio a los verdugos.

Hoy, como ayer, hay personas inconscientes, personas que, como aquellas damas y caballeros parisinos, ignoran que estamos en plena guerra, ya sea porque no estaban en el frente, ya sea porque, como sucede actualmente, desconocen que las armas han cambiado. Los cañones han sido sustituidos por bombas de desinformación, de odio y de mentiras. En realidad, los cañones de hoy son los modernos aparatos de televisión que reinan en los salones de nuestras casas. Los aviones que lanzaron obuses son esos teléfonos con los que escuchamos la radio o leemos los periódicos digitales. De ese modo compartimos y usamos esos nuevos proyectiles que escupen metralla mental y espiritual. Hoy las balas son las palabras que llegan a nuestro cerebro activando el miedo y el odio contra el bando enemigo, que es el que unos pocos han decidido que sea.

Es tecnoterrorismo de datos en una guerra de vanguardia. Hoy los «carniceros» son los políticos y los periodistas, los científicos y los médicos «oficiales», los intelectuales orgánicos al servicio de las élites que manipulan el modelo de vida para implantar su «Gran Reinicio». Estos son los soldados, los generales —que obedecen a un líder supremo— a los que has entregado tu confianza y que te piden que les des tu mayor tesoro: tu libertad, tu pensamiento, tu amor. Tu propia vida y la de los tuyos. Y lo haces mientras te acomodan en la butaca que te han reservado en el infierno. Y todo esto te parece normal. Sí, te hablo a ti, colaboracionista de guerra. A ti, inconsciente, que has cerrado los ojos y estás ciego. Y atacas a quienes quieren advertirte del peligro.

La sumisión es voluntaria, pero le precede una campaña de sugestión dirigida a que *elijas someterte*. Crees que la elección es libre, pero en realidad se trata de una elección condicionada por la información que ofrecen de forma masiva los medios de comunicación y las impresiones que estos han grabado en tu espíritu, en tus amores y en tus odios, en tu forma de vivir. Cada ser humano elige a qué amo se somete. El tirano somete al pueblo con la colaboración de la mitad del pueblo[2].

¿Es maldad o involución? Las dos. Desde un punto de vista metafísico, están conectadas. La maldad es incomprensible y, por tanto, inaceptable e inasumible. A pesar de que conozco las tácticas que emplean esos amos del mundo que intentan dirigir nuestras vidas —y entiendo sus mecanismos, los describo, los expongo y los denuncio—, me resulta difícil comprender por qué hay tantas personas que no ven el Mal. Lo tienen delante, pero no lo ven. Giran la cabeza, cierran los ojos, aluden a mil y un argumentos peregrinos para seguir creyendo que los políticos, los famosos, la ONU y los filántropos hacen lo que hacen por su bien, para cuidarlas. No puedo entender qué les ocurre. ¿Acaso creen que el Mal ha desaparecido de la faz de la Tierra?

El bien y el mal son conceptos básicos y esenciales. Nos lo enseñan nuestras abuelas en casa. Nadie necesita saber quiénes son los dueños de las farmacéuticas o de los medios de comunicación para sentir la presencia del mal cuando llama a la puerta. Y no solo le has abierto, sino que le has concedido un espacio

---

[2] Platón, siglos V-IV a. C.

esencial en tu ser, en tu hogar. Confías en el mal, lo defiendes, lo metes contigo en la cama, le preparas tu mejor comida y haces lo que te pide sin preguntarle nada. Te dice que le pongas un trozo de trapo en la boca a tu hija y se lo pones, te pide que vacunes a tu padre anciano y lo haces. Tu madre se contagia de COVID-19 tras vacunarse y exclamas: «¡Pues menos mal que se ha vacunado, porque si no habría sido peor!»… Siempre tienes preparada una justificación para el Mal. Tu verdadera enfermedad es no cuestionarte nada. ¿Acaso eres una marioneta de madera, un muñeco de trapo?

Por eso escribo este libro, porque quiero compartir contigo el significado «oculto» de esa realidad que estás aceptando sin cuestionarla. En las siguientes páginas verás cómo nos manipulan desde lo más inconsciente —lo han hecho durante décadas— y de qué modo utilizan esa nueva arma de destrucción que es la desinformación disfrazada de «información oficial». Y todo con un único objetivo: la dominación global. Porque esta vez vienen a por todas. No se conforman con ganar la Tierra y tu espíritu. Quieren adueñarse del alma de todos, del alma colectiva, la que hace que una bandada de pájaros emigre en vuelo coordinado. Esa alma colectiva que hace que una colmena funcione con precisión.

¿Hemos olvidado los orígenes?

Bajo el plomizo cielo de la implacable fatalidad decretada por unos dioses caprichosos y arbitrarios, la humanidad griega es una niña cuya mente, pese a estar iluminada por la Filosofía, se siente incapacitada para matar a los seres supremos. Teme acceder a las profundidades de la caverna porque las imágenes de los demonios proyectadas en la roca le causan pavor.

En el viaje de la evolución humana, los griegos lo aprendieron todo y lo olvidaron todo. Matizo: olvidaron los orígenes. Durante un instante eterno permanecieron bloqueados, incapacitados para continuar. «¿Hacia dónde vamos ahora?», preguntaron al oráculo de Delfos, que les respondió con su propio eco: «¿Quién soy? ¿De dónde vengo? ¿Adónde voy?».

—¡Revélanos al menos de dónde vinimos!

Y el eco del oráculo resonó más fuerte, como un trueno de Zeus desorientado en el inmenso Cosmos.

—Cuando se es mortal —clamó Eurípides— hay que soportar las exigencias de los dioses.

—¿Por qué hemos de seguir soportando esta tiranía? —se lamentó Teseo al no encontrar el hilo de Ariadna en el laberinto de la mente.

—Ya habéis crecido lo suficiente para independizaros por completo de las madres y los padres del Cielo. Pero no sois capaces de encontrar la valentía para hacerlo —habló la Pitia.

—La vida es un regalo fatal de los dioses. Todo lo importante es obra del Alto Estrado. ¡Solo somos un juguete en sus manos! —clamó el coro de Esquilo.

—¿Todo? ¿Es que acaso no ha llegado aún la hora de volar en libertad? —se rebeló Prometeo.

—Tenéis demasiado miedo de tomar vuestras propias decisiones. Os da pánico introduciros en el abismo y no saber regresar... —sentenció Atenea.

Pero ya era hora de independizarse y madurar. Los dioses les habían dado los instrumentos necesarios para valerse por sí mismos. Había llegado el momento de responsabilizarse de sus vidas y de enfrentarse a sus miedos atávicos. Una vez que aprendieron a construir sus casas y a vender su pescado, había llegado la hora de escribir su propia historia. Sin embargo, los griegos argumentaban que el oráculo del destino se esforzaba en malograr el avance y la plena independencia de la humanidad, de tal modo que la civilización permanecería bajo el hechizo tutelar de sus celestiales hermanos mayores. Y sus primos romanos perpetuaron el esquema. Sus dioses eran los mismos, aunque acariciados por el sonido de las palabras de su propia lengua y por la osadía de desobedecer[1].

---

[1] Véase mi libro *Hijos del Cielo,* Ediciones Martínez Roca, Madrid, 2018, págs. 177-178.

El dios de la Guerra

La Segunda Guerra Mundial comenzó cuando finalizó la Primera y la Tercera Guerra Mundial, en realidad, se inició al terminar la Segunda. En 2019, los nuevos señores de la guerra reactivaron su ofensiva final accionando como arma una *pandemia* biológica y mediática. Y hoy estamos en un frente de batalla tan mortífero y atroz como el de Verdún. La diferencia es que ahora este campo de combate no es un bosque con colinas transformado en lodazal por las bombas, sino el salón de nuestras casas, las calles de nuestros pueblos y ciudades, las ventanas donde descorremos las cortinas para observar, aun con el asombro irreverente ante el absurdo, las plazas desiertas tras el toque de queda. Hoy muchos escaparates están vacíos; los bares, los restaurantes y las pastelerías han sido obligados a cerrar para siempre. Ahora nuestro país, nuestra nación, nuestras plazas, las que se mantuvieron en pie y se enfrentaron a las hostilidades de la Bestia, las que eligieron ir hacia delante gracias a la sangre roja y los huesos rotos de los «soldados enloquecidos», se encuentran atrapadas en medio de una guerra que se está cobrando la vida de millones de personas en el planeta y perturbando la mente y el corazón de otras tantas.

Puedo percibir el dolor y la locura que dispersa el jinete apocalíptico de la muerte en su galopar. Oigo un ruido punzante de espada perforando el mundo… Y permanece latente, invisible, la futura cicatriz de una profunda herida que hoy se ha abierto para enseñarnos las fauces del horror.

EL MONSTRUO HA REGRESADO

¿Cómo definirías la guerra? ¿Es posible contener la historia de la humanidad en una sola palabra, en una única idea? Posiblemente habría tantas descripciones como generales y cancilleres han pisado el planeta Tierra. Y tantas como víctimas la han sufrido. ¿Alguna vez los humanos entenderemos por qué hacemos la guerra?

Muchos lectores, amigos y familiares me transmiten en estos días inciertos el mismo sentimiento. Mi prima Manme me preguntaba un día:

—¿Recuerdas, Cris, cuando los abuelos nos hablaban de la Guerra Civil?

—Sí, al abuelo Vicente siempre se le hacía un nudo en la garganta y parecía que se iba a echar a llorar. Decía que era lo peor que había ocurrido en España, porque se enfrentaron hermanos contra hermanos, hijos contra padres y vecinos contra vecinos.

—Y eso que él lo vivió siendo un niño y no tuvo que ir al frente. ¿Y te acuerdas de las historias que nos contaba la abuela Carmen?

—Claro. Una vez nos contó que una vecina avisó a su madre, nuestra bisabuela Pepa, de que su hijo iría esa misma noche con un comando a asesinar al bisabuelo Joaquín, o sea, a su padre. Pero dio la casualidad de que aquella tarde murió el hijo de uno de sus trabajadores y le pidió el favor de celebrar el velatorio en su casa. Así que, cuando el grupo de asesinos llegó, se encontraron con un funeral. Y eso fue lo que les salvó.

—Y aun así intentaron matarlo otras muchas veces… Defendió su vida gracias a su carácter y a su valentía.

—Sí, pero la guerra le marcó y, al final, acabó sus días renegando de todas las ideologías y de los partidos políticos. Yo era muy niña cuando murió el bisabuelo, pero me lo han contado las titas y mi madre.

—Debió de ser muy duro… Ahora me acuerdo mucho de cuando éramos pequeñas.

—¿Por qué, prima?

—Porque decíamos que menos mal que nosotras nunca pasaríamos por eso. Y mira ahora cómo estamos, en plena Tercera Guerra Mundial.

* * *

Sí, creo que todos albergábamos la esperanza de que jamás volvería a ocurrir, que habíamos aprendido la lección. Entre el asombro, la incredulidad y el miedo, vemos que el monstruo ha regresado. Pero ¿acaso se marchó alguna vez? En realidad, tan solo permanecía agazapado, oculto entre la algarabía de la terraza de un bar esperando el momento oportuno para manifestarse, acechando a los niños en los parques y temblando por escapar, al fin, de los pupitres de madera de las escuelas. Su aliento putrefacto se colaba entre los anuncios de las vacaciones soñadas en un mar de aguas turquesas o en el vapor de hielo de una cerveza a las dos de la tarde, esperando el momento oportuno para manifestarse.

Ese silencio profundo que sigue a las reflexiones que tantas personas han compartido conmigo durante todos estos meses es como el despertar, como el descifrar la gran intuición que habita en el interior de nuestras almas. Parece como si todas esas personas me dijeran: «De algún modo lo sabía. Algo me lo estaba diciendo en mi interior y ahora el presentimiento se ha cumplido. Y ya sé cómo llamarlo. Ya conozco el nombre de este dios invisible que nunca se había marchado y al que percibía en mi subconsciente. Su nombre es GUERRA».

LA NORMALIDAD ES LA GUERRA

A principios de 1961, el presidente estadounidense John F. Kennedy dio a conocer públicamente su decisión de poner fin a la Guerra Fría. Su determinación le llevó a crear un grupo de expertos que analizara la posibilidad y el método para impulsar un mundo de paz permanente. El grave problema y el gran error del proyecto fue que la operación estuvo coordinada por tres enemigos de Kennedy —infiltrados por el *establishment* en su Administración— que no tenían intención alguna de encontrar alternativas a la guerra. Eran Dean Rusk, miembro del Club Bilderberg[1] y del Consejo de Relaciones Exteriores (CFR), que dejó la presidencia de la Fundación Rockefeller cuando, en 1961, fue nombrado secretario de Estado; McGeorge Bundy, perteneciente al Club Bilderberg, al CFR y a la siniestra hermandad Skull and Bones, y el entonces secretario

---

[1] Remito al lector a mis libros sobre el Club Bilderberg: *Los planes del Club Bilderberg para España,* Temas de Hoy, Madrid, 2015; *Los amos del mundo están al acecho,* Temas de Hoy, Madrid, 2017; *Perdidos. ¿Quién maneja los hilos del poder?,* Ediciones Martínez Roca, Madrid, 2018. También hago un análisis detallado del Club Bilderberg en mi libro anterior, *La verdad de la pandemia,* Ediciones Martínez Roca, Madrid, 2020.

de Defensa Robert McNamara, miembro también de Bilderberg.

Es decir, pertenecían a las tres sociedades secretas más poderosas del país, pero Kennedy lo ignoraba. La delegación de expertos que comenzó a trabajar en 1963 estaba integrada, además, por destacados economistas, historiadores, sociólogos, científicos, un astrónomo y un industrial. Las conclusiones de su estudio se recogieron en el «Informe Iron Montain», nombre que se le dio porque las reuniones más importantes se celebraron en la sede de la Hudson Institution, en Nueva York, un laboratorio de consulta del CFR planteado como refugio nuclear subterráneo y denominado Iron Mountain.

Aunque era secreto, el contenido del informe se conoció públicamente en 1966, gracias a que uno de los quince componentes del grupo lo filtró a la prensa. Como no podía ser de otro modo, los grandes medios de comunicación norteamericanos lo silenciaron y solo la editorial The Dial Press se atrevió a publicarlo un año después[2].

«Los chicos de Iron Mountain», como se autodenominaron, orientaron sus estudios hacia la «conveniencia de la paz», pero concluyeron que «la guerra no es un instrumento utilizado por las naciones para extender o defender sus valores políticos o sus intereses económicos. Muy al contrario, conforma en sí misma la base principal de la organización del sistema social. La guerra es el método que ha gobernado la mayoría de las sociedades humanas a lo largo de la historia, como sigue haciéndolo en la actualidad».

---

[2] El libro *The Report from Iron Mountain* fue publicado en 1967 con Lyndon B. Johnson en la Presidencia de Estados Unidos.

Dicho de otro modo, la guerra es deseable y necesaria porque constituye «la principal fuerza estructuradora» y es el «estabilizador económico esencial de las sociedades modernas». Es decir, concluyeron que la guerra, ya sea contra otros o contra la propia población, debe ser *la norma*.

A las élites les gusta la guerra y sus mentes codiciosas introducen el caos y la destrucción como métodos para imponer su control.

VÍCTIMAS CON NOMBRES PROPIOS

El sábado pasado, Anna María, que no padecía ninguna patología previa, acudió acompañada de su hermano Sergio a recibir la primera dosis de la vacuna de AstraZeneca. El martes por la mañana, después de cuatro días de vómitos y agotamiento, falleció a causa de un paro cardiaco, según recoge el periódico italiano *Il Corriere della Sera*. Por el momento, no existe ninguna correlación entre la vacuna y el deceso...[1].

Tras la aparición de esta noticia, el 4 de marzo de 2021, las respuestas y los comentarios en mis redes se dispararon. Fueron muchos los que quisieron exponer abiertamente sus sospechas y sus más profundos temores:

Muere de un paro cardíaco una profesora después de vacunarse.

La Fiscalía ha solicitado que se realice la autopsia del cadáver para desvincular la muerte de la vacunación.

---

[1] https://www.diarimes.com/es/noticias/actualidad/2021/03/04/muere_un_paro_cardiaco_una_profesora_despues_vacunarse_99357_1095.html

Seis profesores de mi instituto han faltado ya por la vacuna, y cuentan que lo han pasado realmente mal.

¡¡Las noticias que deben tapar!!

Todos mis profesores lo han pasado fatal después de ponerse la vacuna y uno de ellos me ha dicho que, si pudiera retroceder el tiempo, no se la pondría. Se la ha puesto por si lo echan 🙊.

Está difícil demostrar a los dormidos lo contrario cuando el enemigo controla casi todo, pero el que tenga ojos y mente abierta que vea.

El presidente de Chile

El 16 de marzo de 2021, Sebastián Piñera, presidente de Chile, escribió lo siguiente en su muro de Instagram[1]:

> sebastianpinerae
> #YoMeVacuno
> Superar los 5 millones de personas vacunadas es una razón más para sentirnos orgullosos de ser chilenos.
> Nada de esto sería posible sin los cientos o miles que estuvieron día y noche en cada rincón del país. A ustedes: ¡MIL VECES GRACIAS!
> Los invito a ver este vídeo que nos recuerda todo lo que vivimos este último año. Momentos difíciles y muy dolorosos, pero también el comienzo de una luz de esperanza con la llegada de las vacunas. Que esta luz de esperanza nos dé fuerza para seguir cuidándonos. La Pandemia no se ha acabado. #YoMeVacuno.

Ante estas palabras, reflexiono: la mentira psicológica que alimenta esta guerra es tan voluminosa que al ataque lo llaman salvar vidas.

---

[1] https://www.instagram.com/tv/CMfRhMinDki/?igshid=lyhwuyymp1jz

RESISTIR ES VENCER

La segunda semana de enero de 2021 recibí muchos mensajes de mis lectores. Este llegó por Instagram desde Perú:

> Es una locura. Acá cerraron las playas porque el virus veraneaba y abrieron centros comerciales. Seguro que es un virus anticonsumista. Y nos ponen toque de queda porque el virus contagia por horas.

Este desde Chile:

> Está horrible todo acá. En invierno hicieron 20.000 PCR y ahora, en verano, 55.000. Con eso lograron a la fuerza la segunda ola y nos encerraron a todos. Aquí está todo prohibido y la culpa es del pueblo.

Me enviaba además una foto de la subsecretaria Katherine Martorell quien, respecto al aumento de casos en Zapallar, afirmó lo siguiente: «Si alguien se muere, ya saben a quién irles a preguntar».

Y este desde España:

> Nos cuidan con tanto mimo y fervor que su responsabilidad los lleva a obligarnos a ponernos mascarillas, a vacunarnos y a dejarnos sin trabajo. ¡Se nota tanto amor por parte del gobierno!

Declaran una falsa *pandemia* y culpan de las muertes a la población porque lo que nos han prohibido es lo que llevamos haciendo desde hace milenios: sociabilizar. Somos animales sociales a los que se nos ha prohibido ser quienes somos.

Están tratando de atemorizarnos, de amedrentarnos, de presionarnos para que nos arrodillemos ante el trono del Mal. Pero no tienen el poder suficiente para lograrlo. La ley protege nuestros derechos. Solo pueden asustarnos, pero no obligarnos. No les regalemos nuestra libertad. No cedamos. Hay que aguantar el envite.

Los niños y las vacunas

Estos mensajes me llegaron desde Hispanoamérica:

A los niños que tienen un catarro los diagnostican como COVID. Ya van a por los niños y necesitan hinchar las cifras para justificar su vacunación.

Me han llamado desde terrorista a egoísta. Ya he recibido tres mensajes para que me vacune. La última, por si había cambiado de opinión. No he cambiado, al contrario, cada día estoy más convencida. ¡¡¡Mucha fuerza y resistencia!!!

Desde el primer momento tuve claro que no sería partícipe de este experimento. No me voy a vacunar. Y lo cierto es que cuanta más información me llega, más claro lo tengo. Están experimentando con nosotros, y el que no lo vea es que tiene una venda en los ojos. No dejemos que nos traten como cobayas. Se tardan años para poder sacar una vacuna segura y ahora, en apenas un año, ya nos la quieren poner. Personas muy cercanas están teniendo problemas de salud importantes después de haberse vacunado. Y ahora van a por los niños. ¡¡Despertemos!!

Es algo increíble, están engañando a nuestros familiares y amigos, y están siendo inyectados como ratas de laboratorio. Qué pena. Su esperanza de vida se acortará.

Mi hermana, su marido y su hija dieron positivo, uno detrás de otro. Llevan desde el 26 de abril de 2021 confinados, todos con síntomas muy leves. Mi sobrino de diez años dio dos veces negativo y, tras dos semanas confinado, aislado en su habitación, he decidido traérmelo a casa para que recupere algo de normalidad. Lleva con nosotros ocho días.

Ha asistido al colegio, ha hecho un examen a diario, él solo, porque se los había perdido. Pero no le dejan acudir a entrenar. El club lo admite, pero los demás padres se niegan a llevar a sus hijos si él va.

Tras una semana de tiras y aflojas, hoy nos hemos presentado… ¡Y lo han dejado solo en el campo! Todos los padres fuera y los niños saludando a mi sobrino también desde fuera.

Finalmente, el entrenamiento se ha suspendido y el coordinador nos ha explicado que hasta que mi hermana y mi cuñado no den negativo no acudirán a entrenar, porque los demás padres tienen miedo de que mi sobrino contagie a sus hijos. Mi sobrino, el pobre, no entendía nada y me decía: «Tita, si vivo contigo, voy al cole y soy negativo… ¿¿Por qué no me dejan entrenar??

¡¡¡Ha sido VERGONZOSO!!!

Por supuesto, emprenderemos las acciones necesarias. Con la federación de fútbol, con la Fiscalía de menores, lo que haga falta.

Yo soy forense y me parece extraño que no se hagan autopsias clínicas. He buscado información al respecto y parece que sí se hacen, pero no hay casi nada publicado al respecto. Aclaro que los forenses solo hacemos los autopsias en muertes que no se consideran naturales ¿y las muertes por COVID son consideradas «naturales»? Es decir, esas muertes no se judicializan y, por tanto, los forenses no hacen autopsias de muertos por COVID-19.

He visto un vídeo en el que [después de vacunarse] se quedaba un imán en la zona de atrás del cuello y también en la cabeza. Los demás son del brazo.

Emmanuel Macron anuncia la llegada de la Bestia

Roula Khalaf (editora jefe de *Financial Times*[1]): ¿Alguna vez imaginó que estaría en una situación [gestión de la *pandemia*] en la que tendría que manejar una crisis como esta? ¿Y qué cambia en usted como persona, pero también como presidente?

Presidente Emmanuel Macron: Al principio no había imaginado nada porque siempre confié en el destino. Y, en el fondo, es lo más fácil. Pero luego tienes que estar disponible para el destino. Yo estoy disponible para la acción. [...] Creo que nuestra generación debe saber que *la bestia de los acontecimientos está aquí,* ya ha llegado, ya sea actuando a través del terrorismo, de esta gran pandemia, o de otros conflictos. Tienes que luchar contra ella cuando se le ocurre algo profundamente inesperado, implacable. Tienes que hacerlo manteniéndote fiel a la libertad, la democracia, sin ceder a nada más que a estar disponible para los acontecimientos y para que suceda algo nuevo, eso es todo. Ese es el estado de mi mente. Listo para luchar.

---

[1] El vídeo de esta entrevista se emitió el 16 de abril de 2020 https://www.ft.com/content/3ea8d790-7fd1-11ea-8fdb-7ec06edeef84

¿La *bestia de los acontecimientos?* Singular expresión. En la exposición de su relato, la mirada del presidente francés cambia y se vuelve trascendente.

> MACRON: Creo que estos momentos son los que nos permiten inventar, quizá, algo nuevo para nuestra humanidad. [...] Tengo ese estado de ánimo. Listo para luchar y para tratar de usar eso en lo que creo y estar disponible para descubrir lo que parecía impensable. Hay que tener esta parte de disponibilidad, incluso intelectual, y yo diría que también personal, sensible, para aceptar los acontecimientos tal y como ocurren y no ponerlos en la categoría de lo inmediato, porque creo que nuestra gente también los experimenta muy profundamente y todos los estamos viviendo así... De modo que tenemos que aceptar que [los acontecimientos] nos cambian. Pero no podemos expresar todo acerca de eso que está cambiando en nosotros.

Emmanuel Macron es un iniciado francmasón. ¿Acaso está hablando de la Bestia del Apocalipsis 13?

En esta larga entrevista, Macron afirmó que había llegado el «momento de la verdad» para la Unión Europea. Sus palabras fueron comentadas en Twitter por el cofundador del grupo mediático Doctissimo, Laurent Alexandre[2]:

> El verdadero Emmanuel Macron, habitado por un impulso mesiánico y casi religioso. Este vídeo es fascinante. ¿Cómo no tomarse a sí mismo por un semidiós cuando ha masacrado a toda la clase política francesa en seis meses?

Pero el semidiós alcanzó el Olimpo con la ayuda de sus padrinos Rockefeller y Rothschild.

---

[2] https://twitter.com/dr_l_alexandre/status/1221058297068998656?s=20

En el documental *La stratégie du Météore*[3] *(La estrategia del meteorito)* se oyen frases como estas:

PIERRE HUREL (director del documental): ¿Está usted en una misión?

MACRON: Sí, así es como lo vivo. Desde que entré en el campo político, lo vivo como *una misión*.

Y un poco más adelante:

MACRON: Es decir, básicamente, se trata de cambiar las cosas en el sentido que creo que son útiles. Y en un país que tiene una energía considerable. [...] Lo que estoy haciendo, para mí, es una forma de emancipación colectiva de una parte de la sociedad. Querías encerrarme en un rol, en un lugar, porque eso te convenía, porque querías seguir manejando tus pequeños asuntos. No será así.

HUREL: ¿Existe en todo esto una dimensión espiritual?

MACRON: Hay una. En todo caso, la convicción de que hay una trascendencia, sí. Algo que sobresale, que te supera. Quién vino antes que tú y quién se quedará[4].

---

[3] *La stratégie du Météore,* en Vimeo Documental sobre el presidente Emmanuel Macron. Fue emitido el 21 de noviembre de 2016 en France 3 tras su elección.

[4] https://www.liberation.fr/checknews/2020/01/27/dans-quel-contexte-a-ete-tournee-cette-video-ou-macron-parle-de-sa-mission-et-de-transcendan-ce_1775480

LA VERDAD AL DESNUDO

El loco

Me preguntáis cómo me volví loco.

Así sucedió: Un día, mucho antes de que nacieran los dioses, desperté de un profundo sueño y descubrí que me habían robado todas mis máscaras —sí; las siete máscaras que yo mismo me había confeccionado, y que llevé en siete vidas distintas—; corrí sin máscara por las calles atestadas de gente, gritando: ¡Ladrones! ¡Ladrones! ¡Malditos ladrones! Hombres y mujeres se reían de mí y, al verme, varias personas, llenas de espanto, corrieron a refugiarse en sus casas. Y cuando llegué a la plaza del mercado, un joven, de pie en la azotea de su casa, señalándome gritó: ¡Miren! ¡Es un loco! Alcé la cabeza para ver quién gritaba, y por vez primera el sol besó mi desnudo rostro, y mi alma se inflamó de amor al sol, y ya no quise tener máscaras. Y como si fuera presa de un trance, grité: ¡Benditos! ¡Benditos sean los ladrones que me robaron mis máscaras! Así fue como me convertí en un loco. Y en mi locura he hallado libertad y seguridad; la libertad de la soledad y la seguridad de no ser comprendido, pues quienes nos comprenden esclavizan una parte de nuestro ser. Pero no dejéis que me enorgullezca demasiado de mi seguridad; ni siquiera el ladrón encarcelado está a salvo de otro ladrón.

GIBRÁN KHALIL GIBRÁN, *El profeta*[1]

---

[1] Traducción de Leonardo Shafik Kaím, 1934.

INVITANDO A PENSAR

Esperando a los bárbaros

—¿Qué esperamos congregados en la plaza?
Es a los bárbaros, que llegan hoy.

—¿Por qué esta tan ocioso el Senado?
¿Por qué están ahí los senadores, sentados y sin legislar?
Porque los bárbaros llegarán hoy.

—¿Qué leyes han de dictar los senadores?
Cuando lleguen los bárbaros, ya legislarán ellos.

—¿Por qué madrugó tanto nuestro emperador
y en su trono, a la puerta principal de la ciudad,
está sentado, solemne y ciñendo su corona?
Porque hoy llegarán los bárbaros.
Y el emperador espera a su líder para
darle la bienvenida. Incluso preparó,
como regalo, un pergamino. En él
hay escritos muchos títulos y dignidades.

—¿Por qué nuestros dos cónsules y los pretores salieron
hoy con sus rojas togas bordadas;
por qué llevan los brazaletes con tantas amatistas
y anillos engastados y esmeraldas brillantes;
por qué empuñan hoy preciosos báculos
en plata y oro espléndidamente labrados?
Porque hoy llegarán los bárbaros;
y estas cosas deslumbran a los bárbaros.

—¿Por qué no vienen, como siempre, los ilustres oradores
a pronunciar sus discursos y a expresar sus razones?
Porque los bárbaros llegarán hoy y
a ellos les molestan las retóricas y las arengas.

—¿Por qué, de pronto, este desconcierto
y esta confusión? (¡Qué serios se han vuelto los rostros!)
¿Por qué se vacían a prisa las calles y las plazas
y todos regresan a casa compungidos?
Porque se hace de noche y los bárbaros no han llegado.
Algunos que han venido de las fronteras
afirman que los bárbaros no existen.

—¿Y ahora qué será de nosotros sin bárbaros?
Esta gente, al fin y al cabo, era una solución.

CONSTANTINO CAVAFIS

SEGUNDA PARTE

GUERRA PSICOLÓGICA

Mali sunt humines, qui bonis dicunt male[1].

PLAUTO, *Bacchide*

---

[1] «Son hombres malos quienes llaman bien al mal». Plauto, *Las báquides.*

1
ATAQUE A LA PSIQUE

Nuestro objetivo no es conquistar o someter por la fuerza un territorio. Nuestro objetivo es más sutil, más penetrante, más completo. Estamos intentando, por medios pacíficos, que el mundo crea la verdad. [...] A los medios que vamos a emplear para extender esta verdad se le suele llamar «guerra psicológica». No se asusten del término [...]. La guerra psicológica es la lucha por ganar las mentes y las voluntades de los hombres.

DWIGHT D. EISENHOWER

«LA PRÓXIMA CATÁSTROFE»

Cuando comenzaron a difundir por los canales de televisión de todo el planeta las imágenes de caos en los hospitales chinos y de los sanitarios orientales vestidos con una especie de traje espacial, enseguida comprendí que estábamos en guerra, una guerra que incluía un potente armamento psicológico que se detonaba contra la población. Tras la declaración oficial de «pandemia» de la OMS, los Gobiernos aliados impusieron el confinamiento y el toque de queda. Pronto las calles quedaron desiertas y la Policía comenzó a perseguirnos cuando salíamos a comprar el pan. Jamás olvidaré aquel día de mediados de marzo de 2020 en el que mi marido y yo tuvimos que separarnos cuando percibimos que un coche de la Policía nos acechaba por la espalda.

—Perdonen, ¿van ustedes juntos? —nos increpó el agente, autoritario, tras detenerse a nuestra altura y cortarnos el paso.

—No, no... No conozco a este señor —dije señalando a mi marido en una clara muestra de instinto defensivo.

—Bien, pues sepárense, caminan demasiado juntos. Está prohibido.

Llegué a casa con una sensación de náusea y pasé toda la tarde intentando comprender. Había contemplado la ciudad ausente y vacía. Nadie se asomaba al balcón, pues aún no había comenzado la liturgia de aplaudir a las ocho de la tarde.

Algo extraordinario estaba ocurriendo, pero la falta de información veraz era más que evidente. Cuando nos permitieron salir a la calle —por franjas de edad—, nos ordenaron que nos tapásemos la cara y ocultásemos nuestra sonrisa y otros gestos cotidianos tras una mascarilla. No se conformaban con cortarnos el paso; nos cortaban el libre acceso al oxígeno. Parecía una película de ciencia ficción, terrorífica, intensa y angustiosa. Pero era una guerra: biológica, sentimental, de violencia fratricida, psicológica y económica. Mis abuelos eran niños y adolescentes cuando estalló la Guerra Civil española. A nosotros nos ha tocado vivir la Tercera Guerra Mundial.

Desde hace milenios, la guerra es una costumbre social, una institución, casi un derecho consuetudinario cuando se la califica de «guerra justa», concepto que alude al derecho de todo pueblo a defenderse de un invasor. Pero su sentido y su significado han sufrido una inversión artificial. Los que quieren lograr determinados objetivos recurren a ella y a su violencia. Se hace la guerra para conquistar territorios. Y el territorio actual que los tiranos quieren poseer es el de las voluntades. Para colonizar las voluntades hay que desarrollar una guerra totalitaria contra la psique. Esta se ha convertido en el botín esencial de los atacantes.

A lo largo de este último año he recibido miles de mensajes de lectores en los que me hablaban de su preocupación ante la guerra y, mientras los leía y reflexionaba, comencé a observar detenidamente el comportamiento de las personas. Lo que más me impactó fue la falta de crítica y la obediencia ciega, y comprendí que se debían, sobre todo, al miedo y a la elección de un papel concreto, de un rol, en este siniestro simulacro.

Con la *pandemia* llegaron el miedo y la dictadura. Nuestro modo de vida fue prohibido y muchos aún no se han dado cuenta del *para qué* de esta prohibición. Al invocar el concepto de «la mayor crisis que ha sufrido el mundo en los últimos cien años», una gran parte de la población ha perdido la capacidad de preguntarse. El dios de la «Nueva Normalidad» es el dios de la guerra contra nuestras costumbres y nuestras relaciones sociales, una guerra invisible que solo los más sagaces son capaces de ver. Una guerra sutil en la que se disparan imágenes y palabras a diestro y siniestro para convencer, condicionar y someter a aquellos que creen que están siendo informados.

Pero hagamos memoria… En su número de marzo de 2020, la revista *The Economist,* el «órgano financiero de la aristocracia financiera», según Karl Marx, publicó una inquietante portada donde una mano gigante sujeta con una cadena a un pequeño hombre, como si lo sacara a pasear y a hacer sus necesidades. Lo mismo que él hace con el perro que sostiene de otra correa. Sobre sus cabezas, un contundente titular: *«Everything is under control»* («Todo está bajo control»). El subtítulo no era menos agresivo: *«Big gobernment, liberty and the virus»* («Gran gobierno, libertad y virus»). Tan solo tres meses después, en su número de junio de 2020, el mismo medio volvía a las andadas con una portada igualmente provocadora: *«The next catastrophe»* («La próxima catástrofe»).

En plena *pandemia* los amos del mundo de nuevo disparaban miedo, provocaban terror ante un ataque inminente que el editorial calificaba de «catástrofe». ¿Qué arma bélica activarían?

El dibujo mostraba varias opciones: un virus porcino, la explosión del Sol, un meteorito que impactaría contra la Tierra, nuevos virus y el cambio climático (la explosión de un volcán y los glaciares derretidos), además de la siempre acechante bomba nuclear.

Pero, en mi opinión, el elemento más inquietante de la imagen es el niño, el único que lleva puesto un casco de soldado. Sus padres parecen estar cómodos con la situación, sentados en el sofá delante de un objeto intuido: la televisión. Se muestran despreocupados, distraídos, porque se sienten protegidos por esa máscara de gas de la época de la Primera Guerra Mundial. Sin embargo, el niño aparece distante…

La portada es un claro y definitivo relato de guerra. En realidad, de dos tipos de guerra. La primera, representada por el matrimonio, es una guerra cómoda que puede ser vivida y contemplada desde el salón de casa, sin salir a la calle. La televisión crea el psicoescenario de la guerra pandémica. Pero la segunda… Esta es la guerra que se aproxima, la «próxima catástrofe», encarnada por el niño, que tendrá que utilizar las armas clásicas y salir al campo de batalla.

Además, dos mensajes subliminales me causan desasosiego. El primero se refiere a los ojos del pequeño —uno mirando hacia arriba y el otro hacia abajo—, que insinúan que ha perdido el centro, la armonía, el equilibro. Su mirada transmite la locura que atrapó a los jóvenes soldados en los campos de batalla de las dos guerras mundiales del siglo pasado. Es un niño que sufre neurosis de guerra.

El segundo mensaje que me inquieta es el pie de la madre, que, de forma aparentemente casual y sibilina, como quien no quiere la cosa, se posa sobre el pie izquierdo de su hijo. Ella es quien está lanzando al abismo a su pequeño al mismo tiempo que lo ignora; no le importa en absoluto su destino. Resulta escalofriante. ¿Por qué actúa de ese modo? Porque para ella lo único que importa es la supervivencia de su forma de vida: la comodidad, una existencia sin preocupaciones y siempre amenizada con el circo de la televisión. Una vida de privilegio.

Como la diosa Hera en su versión más belicosa y egoísta, caprichosa y definidora de destinos, elige su seguridad y, a cambio, está dispuesta a sacrificar a la siguiente generación. Su pie derecho —fuerte, determinante— oprime el izquierdo del niño, que es el lado del corazón y del alma. El amor más fuerte, el de una madre hacia su hijo, pierde su valor en esta historia. La madre mata a su vástago, lo sacrifica a cambio de su estatus material, simbolizada por el cómodo salón de su casa.

UNA *PANDEMIA* PSÍQUICA

En julio de 2020, tras meses —y años— de investigación en medio del desconcierto generalizado, salió a la luz *La verdad de la pandemia,* donde expuse el marco histórico que había hecho posible la guerra invisible que estamos viviendo. Me propuse exponer los mecanismos de control de los poderosos plutócratas y desenmascarar las despiadadas estrategias que ya venían usando desde el final de la Primera Guerra Mundial. Consideré que, sin el contexto histórico que demostraba una manipulación bélica continuada en el tiempo, sería imposible entender la dimensión del complejo fenómeno en el que estábamos inmersos, ese que el Poder —con mayúsculas— había denominado *pandemia*. Después de tantos años estudiando y analizando el mundo actual —la globalización—, para mí, el contexto estaba claro y no era otro que la guerra. Una guerra encubierta, discreta, de vanguardia, cuyo objetivo es el control del planeta —de todos nosotros— por un pequeño puñado de tiranos. Pretenden someternos sin que nos demos cuenta. Es más, incluso persiguen que aprobemos sus planes. ¿Cómo es posible que estén actuando sobre nuestra voluntad, que la estén forzando y que tantas personas lo estén aceptando? ¿Cómo es posible que tantos mujeres y hombres se hayan convertido en cómplices de semejante infamia?

Las respuestas a estas preguntas —nos guste o no, lo asumamos en mayor o menor medida— tienen que ver con la principal arma de esta guerra ultramoderna. Me refiero al uso de la sugestión, una herramienta enormemente poderosa e infalible cuyos límites únicamente los ponen quienes tienen y ejercen el poder, sea este social, político, cultural o económico. ¿Y con qué meta han diseñado esta arma «pacífica»? Con la de anular nuestra voluntad.

Estamos presenciando algo insólito. Una población de 7.800 millones de personas está siendo sugestionada para aceptar y asumir un mensaje sin replicar, para adaptarse a la nueva normalidad de una civilización totalitaria sin oponer resistencia, sin defenderse. La *pandemia* de la COVID-19 ha sido —y sigue siendo— psíquica y, para ganar esta guerra, los medios de comunicación desempeñan un papel clave: el de cómplices imprescindibles para producir y consolidar el encantamiento, el engaño, el ataque. Sin ellos no es posible someter a la población.

Los mensajes emitidos por los medios han fijado una serie de imágenes en nuestras mentes con las que se ha construido un mundo que parece real pero no lo es. Es un universo ficticio. Es un «psicoescenario»:

- ✓ *Vamos a morir todos.*
- ✓ *Vas a matar a tu abuelo. Eres un asesino de abuelos.*
- ✓ *Vas a contagiarte en un bar.*
- ✓ *Vas a contagiarte si das abrazos.*
- ✓ *Vas a morir si no te vacunas…*
- ✓ *Si tu amigo no se vacuna, te matará.*

Todos estos supuestos han sido sugeridos e impresos en la mente emocional de los receptores mediante la repetición constante de imágenes y discursos terroríficos. Todas estas posibilidades y falacias siguen siendo asumidas, asimiladas y aceptadas como un dogma religioso, como el decreto incuestionable de una diosa a la que nadie ha visto jamás. Como una revelación comunicada a través de sus profetas y mesías en una tarde de epifanías luminosas, nos obligan a repetirlas como un mantra. Este encantamiento, al que llamo psicoescenario, queda fijado en las almas, tal y como se imprimían los mensajes con la imprenta de tipos móviles inventada por Gutenberg a finales del siglo XVI. Es esa impresión la que anula la voluntad, pues es sustituida por el miedo o por la necesidad de adecuarse al nuevo escenario, a la dinámica del grupo, para no desentonar.

Veamos algunos de los mensajes transmitidos por la Autoridad (OMS, ONU, Bill Gates, médicos y periodistas oficialistas, gobernantes y políticos) y refutados por científicos libres de intereses de la industria farmacéutica y de la financiación de los «megafondos» filantrópicos:

- ✓ *La COVID-19 se detecta con un test PCR.*
- ✓ *Los ancianos mueren por COVID-19.*
- ✓ *La mascarilla te salva del virus.*
- ✓ *Se trata de un virus del murciélago que saltó a los hombres.*
- ✓ *La vacuna nos salvará.*
- ✓ *La vacuna no nos salvará.*
- ✓ *El test anal es mejor que la PCR nasal.*
- ✓ *El test de antígenos no detecta el virus.*
- ✓ *La vacuna nos protege a todos.*
- ✓ *La vacuna no protege a los ancianos.*
- ✓ *Las personas que han tenido el virus son inmunes.*

✓ *Las personas que han tenido el virus pueden igualmente contagiarse y contagiar.*

✓ *Puedes morir aunque te vacunes.*

✓ *Los asintomáticos son los más peligrosos.*

¿A qué atenerse? En realidad, tú te has «imaginado» —has querido creer, te has autosugestionado— que todos esos mensajes eran ciertos, cuando solo se trataba del producto fantasioso creado por la habilidad de los «magos». Unos magos investidos con el manto de la Verdad y de la Autoridad para doblegar tu voluntad, para conseguir transformarla en un líquido leve y acuoso que escapa entre los dedos de tus inermes manos, en una niebla a ras de suelo, sin sostén e insustancial, unas gotas diminutas de agua ya imperceptibles, suspendidas en una corriente de aire frío a expensas del dios del viento, cuya única arma es la mentira.

¿Cómo escapar a este impresionante embrujo? Solo hay un modo de hacerlo: conociendo los trucos del hechicero. De ahí la importancia de adelantarse a lo que está por venir, de conocer al enemigo, sus tácticas, sus métodos y sus objetivos, y averiguar cuál es la verdad de lo que está sucediendo.

LA PSIQUE Y EL ALMA HUMANA

> Solo tratamos de llenar la memoria
> y dejamos vacíos el entendimiento y la conciencia.
>
> MICHEL DE MONTAIGNE

Pero comencemos por el principio. Alcanzado ese punto de comprensión acerca de los manipuladores de la realidad que reconozco en mis cualificados lectores, llamar «guerra psicológica» a lo que estamos viviendo es quedarnos cortos, porque la ofensiva es mucho más amplia y ambiciosa. Es una guerra total contra la psique, un complejo concepto procedente de la cosmovisión antigua.

El latín *psyché,* del griego Ψυχή, designa al «alma humana». Es la fuerza vital de la persona que, según la concebían en la Antigüedad, se mantenía unida al cuerpo en vida para desligarse de este tras su muerte.

Etimológicamente, el verbo griego *psycho* —ψύχω— significa «soplar». De él procede el sustantivo *psyché,* Ψυχή, que alude al soplo, hálito o aliento de vida[1] que en los textos antiguos de la Creación era insuflado por la diosa Madre. Es decir, el concepto de *psyché,* o Vida, es atávico, anterior a las civilizaciones grecolatinas.

La Torá hebrea también se refiere a este soplo divino de la *psyché* cuando dice:

> Formó Eloim [Yavé] al hombre de la arcilla de la Tierra y le sopló en su nariz *neshamah* [alma superior de vida] y el hombre se convirtió en una *nephesh* [alma] viviente (Torá 2, 7).

El término hebreo נפש (*nephesh*) significa «alma». Este texto del Génesis no dice que al barro de Adán se le dio una *nephesh,* sino que Adán *se convirtió* en un alma: una *nephesh.*

El alma humana, por tanto, soy yo. Y mi alma integra otros elementos, como mi intelecto, mi mente, mi cuerpo, mis emociones, mis miedos, mis pasiones y mi creatividad. Es la sede de

---

[1] Según relataba Homero, la Ψυχή salía volando de la boca del muerto como una mariposa (que en griego se escribe también Ψυχή). Por esta metáfora literaria se considera a la mariposa un psicopompo. Se trata de poesía, literatura, creación… ¿o comunicación simbólica-sensible?

mi voluntad, el Alto Estrado de mis sentimientos, de mis amores y mis odios, de mis iras y templanzas. Por tanto, si esta guerra se dirige contra mí, no es únicamente una guerra psicológica o mental, sino que se desarrolla en un campo de batalla más amplio. Es una guerra contra mi alma, contra mi ser interior y más profundo, contra mis laberintos y mis iluminaciones, contra mi obnubilación y mi entendimiento. Contra mi identidad. Así pues, si quiero evitar que las armas invisibles y silenciosas me aniquilen, he de saber que no solo están atacando mi capacidad racional, sino todo mi ser, toda mi *alma,* que es el arma más poderosa que poseo y la única con la que puedo defenderme. Quieren impedir que yo me conozca, que comprenda quién soy y cuáles son las armas de las que dispongo.

Pero ¿por qué ellos la conocen —o creen conocerla— mejor que yo misma? Porque llevan décadas analizándola para destruirla.

Por experiencia sé que el alma es tanto más poderosa cuanto más cerca está de su fuente original, de esa Gran Alma que tanto intriga a los modernos físicos cuánticos, a los manipuladores del espíritu y a los francotiradores del Big Data, que te preguntan qué piensas, qué sientes y te castigan *si no piensas y sientes correctamente.* No es casual que Facebook te pregunte «¿Qué estás pensando?» y te ofrezca varias emociones como reacción. Todos ellos son cazadores de almas.

La Belleza, la Verdad y el Bien

Cuando el alma está en equilibrio y armonía, integrada en el entorno, te sientes en paz y puedes desarrollarte como persona con tu trabajo, tus amigos, tu familia, tus viajes, con el conocimiento que vas adquiriendo… Pero si el entorno se vuelve hostil y no cesa de instigarte, de atacarte, de ofenderte —seas o no consciente de ello—, tu alma es «cazada» por la confusión y el desconcierto, se distorsiona y enferma. Esa disonancia contraria a la armonía te incapacita para desarrollarte como *ser* viviente. La tristeza, la fealdad, la amoralidad y la subyugación del psicoentorno construido artificialmente perturban tu alma. Por tanto, es en estos campos donde los atacantes intensifican su ofensiva. Y lo hacen de forma silente, invisible, presentando como «acto de libertad» cualquier tipo de desviación de la belleza.

Las mascarillas no te permiten ver la belleza de las expresiones de los demás. Solo puedes percibir la tristeza inerme en los ojos sobre los bozales.

«Ahora soy plenamente yo», afirma la actriz canadiense Ellen Page, conocida por la película *Juno,* en la portada de *Time*[2]. Asegura que ahora se auto-percibe como varón y que se llama Elliot Page, porque eso es lo que *siente*. En esta guerra contra el alma, disfrazada de revolución identitaria, la biología ya no es un elemento referencial. Las tesis globalistas afirman que el fundamento de la identidad personal son sus sentimientos. Y si atacas o simplemente cuestionas los sentimientos del otro, te acusarán de delito de odio. La revista *Time* es una de las grandes armas de la revolución identitaria en esta guerra. Tras perturbar tu armonía espiritual y provocarte un gran malestar con su ingeniería social mediática, te ofrecen este modelo transhumanista como solución a tus ansiedades y desasosiegos interiores. Pero si el problema está en el interior, no cesará porque se produzca un cambio exterior. El cambio de cuerpo no apaci-

---

[2] https://www.niusdiario.es/vida/visto-oido/elliot-page-portada-entrevista-time-proceso-transgenero_18_3107220194.html

guará el alma. Y los mensajes angustiantes persistirán: «Tienes que ser más alta, más guapa, más lista, más rica, más solidaria, más tolerante…». El lavado de cerebro no cesa jamás.

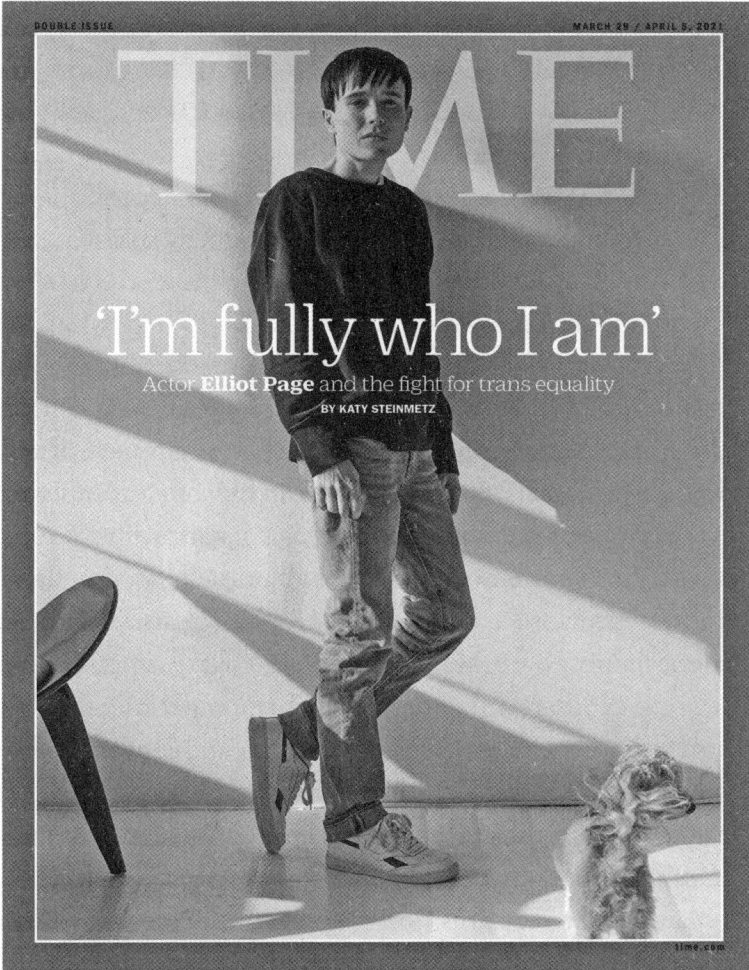

Frente a la ofensiva bélica de la fealdad, la descomposición y construcción de identidades y la corrupción de la Verdad, hay tres vías, tres palabras, tres gracias que deshacen el hechizo de la «guerra psique» que estamos viviendo; tres estados que nos inmunizan contra el virus de la vulgaridad a la que quieren rebajar el excelso brillo que nos habita. Me refiero a la Belleza, a la Verdad y al Bien: las tres dimensiones imbricadas del alma.

UNA UNIDAD BIO-PSICO-ESPIRITUAL

El alma es el más complejo de todos los conceptos que el ser humano se afana por comprender. Ya escribió Aristóteles en el año 350 a. C. que «obtener un conocimiento certero sobre el alma es una de las cosas más difíciles del mundo»[3]. Unas líneas antes afirmaba: «El conocimiento del alma contribuye en gran medida al avance de la verdad y, sobre todo, a nuestra comprensión de la naturaleza, porque el alma es, en algún sentido, el principio de la vida animal». De hecho, el filósofo griego comienza su *Acerca del alma* loando la sabiduría y subrayando que hay un tipo de conocimiento «de mayor dignidad y maravilla, más honorable y precioso que otro». Se refiere al estudio del alma, que «deberíamos, naturalmente, colocar en el primer lugar».

Cuando está sana, el alma-psique brinda al individuo todas las oportunidades de adaptación al medio ambiente, entendida esta como el proceso por el cual un organismo se adecúa al entorno y a los cambios que suceden en él, aun cuando sean perjudiciales. Pero cuando el alma-psique enferma, provoca la debilidad y la entrada a los abismos más profundos del ser humano. El miedo es la puerta de la enfermedad. De este modo, si quisieras hacer la guerra contra una persona, ¿qué atacarías? Si des-

---

[3] «Acerca del alma», Aristóteles. Título en griego: Περὶ Ψυχῆς, *Peri Psychēs*. En latín: *De Anima*.

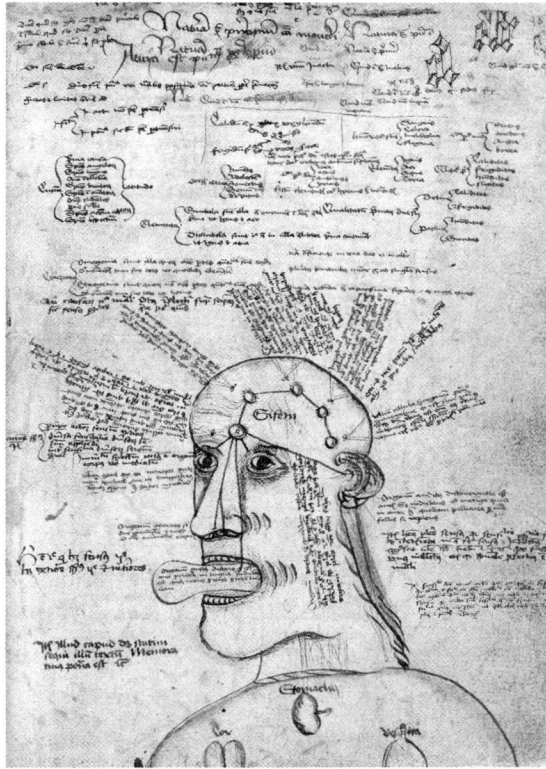

Esquema del funcionamiento cerebral en el manuscrito de *De anima,* del historiador alemán Johann Lindner de Mönchburg (1440-1524). Escrito en un gótico pulcro y redondeado. El folio 93 es un dibujo a lápiz de una cabeza y un torso humanos, que ilustra los órganos de los sentidos.

truyes su casa, puede volver a construirla, pero si atacas su centro de flotación, la habrás exterminado, arrasado, arruinado por completo. Ese centro se llama *alma.*

La persona es una unidad bio-psico-espiritual, por lo que, si quieres exterminarla, deberás anular sus herramientas espirituales, psíquicas, mentales y físicas.

El psiquismo humano está íntimamente relacionado con la biología del cerebro y del corazón —esos grandes desconocidos—, y de ellos depende para existir, del mismo modo que sucede a la inversa. Es un todo. Por ello, la psique no es solo una propiedad biológica ni puede reducirse a lo biológico, porque eso supondría pasar por alto lo aprendido, que es lo que conforma la estructuración del individuo. Así, en los seres humanos, el psiquismo surge de lo biológico, pero siempre con la mediación de la cultura social, es decir, con la participación de factores tan decisivos como la educación y la presión que el individuo recibe del medio social y físico.

El ser humano necesita socializar y esa necesidad influye en su comportamiento. Para integrarse en la sociedad es imprescindible una forma de orientarse, de aceptar y entender qué es lo bueno y qué es lo malo en el entorno en el que vive.

En su etapa de aprendizaje, el ser humano se aferrará a estereotipos para resolver sus necesidades biológicas y sociales, asumiendo determinados patrones y modelos de conducta, que le servirán de pauta para orientarse en el medio social. En un sistema autoritario y dictatorial, se nos enseña, desde niños, que no debemos buscar nada fuera de los patrones que nos ofrecen la cultura y las estructuras de poder y mucho menos crear otros nuevos. En un sistema libre, por el contrario, se premiará a quienes se atrevan a superar barreras que lleven a la comunidad a ser plenamente libres. En este modelo cultural, y con el fin de desarrollar su psiquismo, el individuo debe bucear en su propia mente y trabajar en sí mismo para aprender y potenciar sus habilidades de pensamiento y su personalidad, un proceso cuyo objetivo último es la armonía consigo mismo y con el entorno, así como la felicidad, indispensables para optimizarse como ser humano. Pero, para hallarlas, primero hay que escuchar, después es necesario aprender y entender y, por último, fijar lo necesario y esencial para desarrollar la propia personalidad. Así, generalmente, el miedo a hacer el ridículo o a equivocarnos está relacionado con una autocrítica personal negativa —que emana de la estructura o grupo social— que limita y reduce nuestra visión del mundo. Por ejemplo, «si no te vacunas, no tienes conciencia», o «vacúnate para protegernos a todos».

La manipulación del espíritu y la importancia de la sugestión para establecer el pensamiento único

Las normas sociales nos entrenan para ver y pensar de una manera determinada, ofreciéndonos una visión estrecha de la existencia. Y puesto que ninguna persona puede evadirse del entorno, no queda más remedio que reconocer que todos estamos condicionados y «definidos» por el medio, por las distintas estructuras de poder en que habitamos. Pero ¿qué sucede si el poder actúa deliberadamente para conformar una determinada forma de pensar? ¿Qué ocurre cuando el entorno, dominado y dirigido por unas fuerzas que pretenden la normalización y la uniformización, envía mensajes —muchos de ellos contradictorios, pero de alguna manera complementarios— basados en el miedo y la culpa con el fin de establecer una sola forma de pensar y de sentir? Esta mecánica se logra con la sugestión inducida.

Los fenómenos de sugestión inducida son aquellos que se producen deliberadamente. La sugestión actúa mejor cuando no es percibida ni observada por el receptor, por lo que todos los métodos empleados para la sugestión inducida precisan de una fase de distracción que requiere el adormecimiento de la conciencia. Se trata de la primera etapa de la batalla contra el alma, que propicia que el sugestionador active la segunda fase: actuar en el inconsciente del sugestionado —o en vías de estarlo—. Cuando la conciencia está ya adormecida, el sugestionador empleará métodos de carácter hipnótico para que salgan a la superficie (consciente) los pensamientos y los sentimientos más recónditos (inconsciente). Pero para que esto suceda debe existir una interacción entre el sugestionador y el sugestionado, que terminará construyendo un relato de sí mismo —y de su entorno— que cree propio.

1. Fase de adormecimiento de la conciencia mediante la distracción.
2. Actuación en el inconsciente con métodos de carácter hipnótico (mensajes de los líderes de opinión, imágenes audiovisuales, etc.).
3. Convencimiento por parte del sugestionado de que las ideas sugestionadas son suyas.

El control mental se efectúa con argumentos, ideas e imágenes pseudocientíficas, así como con razonamientos falaces. Se usan mentiras y medias verdades, que son más difíciles de identificar y, por tanto, te invalidan para defenderte. Por ejemplo: muchos han muerto en la *pandemia* a pesar de que no es una pandemia.

El objetivo del ataque mental-intelectual es lograr el control espiritual. Se nos intenta convencer de que lo que prima y debe dirigir la vida del ser humano es la razón, lo racional —¿cuántas veces nos han repetido la frase «el ser humano es un ser racional?»—. Sin embargo, uno de los principales campos de batalla para la manipulación del alma-espíritu-conciencia se ubica en el área emocional, puesto que, al manipular las emociones, las conexiones biológicas-espirituales se atrofian y nuestro análisis racional yerra. Se trata de un truco muy eficaz en las campañas de *marketing* geopolítico.

Percepciones, pensamientos, imágenes

Pero, además, hay otra dimensión de nuestra psique: la «energía psi» o, como prefiero llamarla, la «inteligencia extrasensorial». Actúa a través de la relación alma-cerebro y suele alcanzarse mediante una actividad intelectual intensa o por un estado de relajación.

Las sensaciones, las informaciones y los acontecimientos generados por la «energía psi» también suelen aparecer cuando la atención está adormecida, cuando el perceptor deja vagar el pensamiento o se encuentra en estado de somnolencia. Entonces puede actuar como una herramienta para confrontar los mensajes subliminales. En el estado de duermevela, al amanecer, por ejemplo, antes de levantarnos, nuestro pensamiento se manifiesta clarificador, libre de los estímulos cotidianos. Al encender la radio, nuestra mente se adecúa al entorno. Los mensajes que recibimos nos introducen en la «realidad» y nuestra capacidad intelectual previa desaparece.

Como señaló Renée Haynes en su magnífico libro *The Hidden Springs*[4], «la interacción entre el alma y el cuerpo es incesante y total. Tanto el uno como el otro pueden expresar y afectar las actividades de su compañero de una manera completa». La autora cita el trabajo del neurofisiólogo John Carew Eccles, que en un artículo publicado en la revista *Nature* en 1951 ya exponía que el alma tiene cualidades y capacidades dinámicas que operan en campos que no se hallan en el cerebro pero que de algún modo están coordinados con este: «El espíritu, en su relación con el cerebro, desempeña sus funciones dentro de su propio espacio temporal de influencia, funciones que se hacen efectivas en virtud de la función detectora propia de la corteza cerebral».

La corteza es la parte más nueva, evolutivamente hablando, y la más grande del cerebro. Es aquí donde se sitúan la percep-

---

[4] Renée Haynes, *The Hidden Springs: A Journey to the Source of Consciousness,* Hollis & Carter, Londres, 1962 (traducción en español: *El manantial escondido: un viaje a la fuente de la consciencia,* Ediciones Morata, Madrid, 1966). R. Haynes fue miembro del Consejo de la Society for Psychical Research, licenciada en Derecho e Historia en el St. Hugh's College de Oxford e hija de E. S. P. Haynes, amigo íntimo de los escritores Hilaire Belloc y G. K. Chesterton.

ción, la imaginación, el pensamiento, el juicio y la decisión[5]. Precisamente es ahí donde el multimillonario Elon Musk quiere colocar su implante Neuralink para fusionar la mente y la tecnología transhumanista, como veremos más adelante. Resulta inquietante constatar que algunos de los casos de trombos por los que han muerto personas inoculadas con la vacuna experimental de la COVID-19 han tenido lugar en el cerebro.

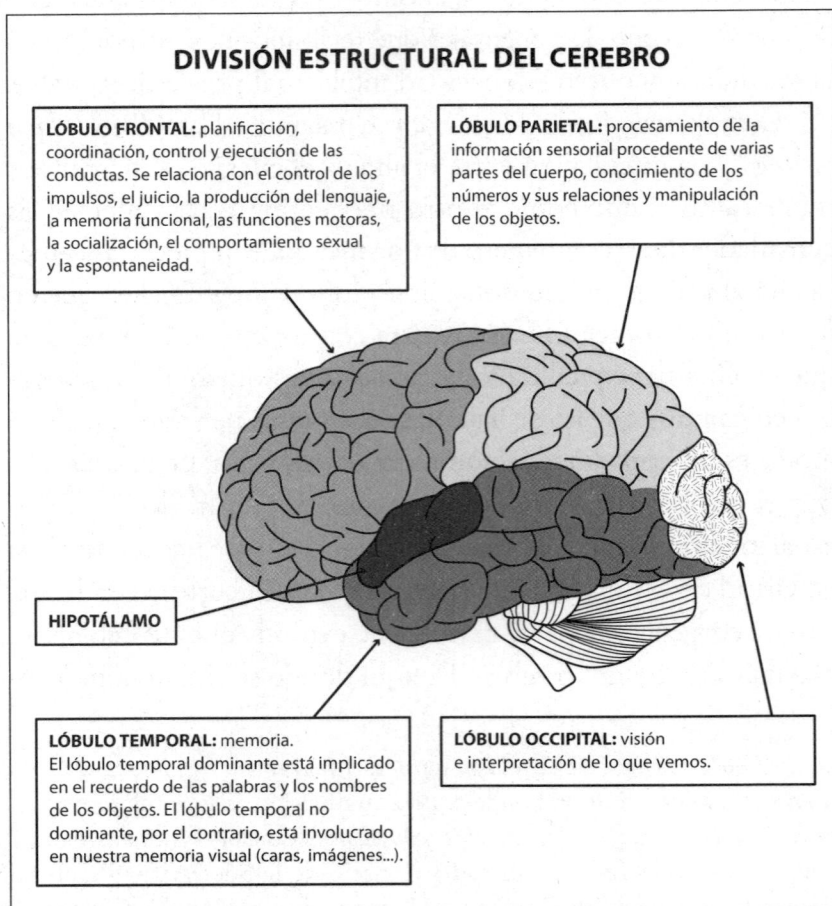

DIVISIÓN ESTRUCTURAL DEL CEREBRO

LÓBULO FRONTAL: planificación, coordinación, control y ejecución de las conductas. Se relaciona con el control de los impulsos, el juicio, la producción del lenguaje, la memoria funcional, las funciones motoras, la socialización, el comportamiento sexual y la espontaneidad.

LÓBULO PARIETAL: procesamiento de la información sensorial procedente de varias partes del cuerpo, conocimiento de los números y sus relaciones y manipulación de los objetos.

HIPOTÁLAMO

LÓBULO TEMPORAL: memoria. El lóbulo temporal dominante está implicado en el recuerdo de las palabras y los nombres de los objetos. El lóbulo temporal no dominante, por el contrario, está involucrado en nuestra memoria visual (caras, imágenes...).

LÓBULO OCCIPITAL: visión e interpretación de lo que vemos.

---

[5] http://webspace.ship.edu/cgboer/genesp/corteza_cerebral.html

La mente es algo muy semejante a la energía —en el sentido en que la conciben y emplean los físicos—, pues produce y detecta cierta clase de estímulos eléctricos[6]. Y es la corteza cerebral la que capta las ondas provocadas tanto por la mente como por el espíritu. Ahora bien, para Eccles, «solamente es posible un enlace con el espíritu cuando la corteza alcanza un alto nivel de actividad». Como hemos señalado, este alto nivel determinante se logra en algunos estados de concentración o de atención; por ejemplo, cuando se está escribiendo, leyendo, meditando, orando, reflexionando o haciendo cálculos matemáticos. Si esa conexión provoca nuevos conocimientos y aumenta la consciencia acerca de nosotros mismos, de nuestras capacidades y de la posibilidad de Ser, aun inmersos en el entorno, ¿quién podría creer que los sugestionadores no están interesados en que esa conexión no se produzca? Puesto que nos consideran enemigos, trabajan para impedir que el enlace entre el alma y la corteza cerebral tenga lugar, para lo cual emplean la estrategia de la distracción, de la cultura del ocio, del entretenimiento, del consumismo… Incluso han logrado convertir el odio en un divertimento más. Pero, además, por si esto no fuera suficiente, el avance científico de la Cuarta Revolución Industrial aporta una tecnología vanguardista para impedir esta unión.

El fin es mantenernos alejados de nosotros mismos, es decir, de nuestra *alma*. El objetivo es impedir el despertar de la conciencia, que consiste en una comprensión plena de quiénes somos como humanos en conexión con todo lo que existe en una dimensión cósmica, en comunicación y contacto con todo lo visible y lo invisible.

---

[6] Nuestro cerebro produce impulsos eléctricos —información— que viajan a través de nuestras neuronas. Estos impulsos eléctricos producen ritmos, conocidos como ondas cerebrales.

La publicidad subliminal aprovechará el adormecimiento del cerebro, mediante la fase previa de distracción, para vendernos un producto determinado, y lo hará con las letras de las canciones, con los dibujos animados para niños e incluso con los tonos musicales de nuestros teléfonos móviles. Se trata de controlar la libertad de nuestra mente y de nuestro espíritu, de orientar su dirección hacia un camino determinado con el fin de evitar que el instrumento más poderoso del ser humano —la comprensión de lo que ocurre mediante las capacidades del alma— ponga en peligro la sociedad establecida y la que han diseñado para el futuro cercano.

Un caso paradigmático de mensaje subliminal diseñado en laboratorios de ingeniería social lo encontramos en las letras de las canciones del último álbum de la famosísima Lady Gaga, impregnado de alusiones a «enfermedades mentales». Cuando habla de su «psicopatía» y dice que «calma su dolor con una pastilla» *(911,* del disco *Chromatica,* 2020), la artista está transmitiendo un mensaje que llega a todos los rincones del planeta. ¿Cuál es ese mensaje? Recurre a la química para curar el dolor; recurre a las etiquetas psiquiátricas —psicopatía, ansiedad, neurosis, esquizofrenia, depresión— para nombrar tus estados de ánimo; recurre a la catalogación de tu vida mediante la angustia porque solo así encontrarás consuelo... Y lo peor es que quienes actualmente ejercen la medicina desde la oficialidad han adoptado este planteamiento.

Resulta sospechoso y muy inquietante que fuera a principios del siglo pasado, y gracias al influjo del magnate John D. Rockefeller, cuando se elaboró el conocido «Informe Flexner» (1910), que puso patas arriba la propia concepción del individuo al separar drásticamente el cuerpo de la mente a la hora de entender las dolencias, que a partir de entonces tendrían un tratamiento farmacológico. El Informe Flexner se impuso como paradigma de la medicina, pero desde su aparición ha recibido infinidad de críticas, algunas muy razonables, aunque casi siempre silenciadas. La medicina es lo que diga el millonario. Flexner encarnó el inicio de una guerra contra los charlatanes ambulantes (resulta paradójico que el padre de John D. Rockefeller fuera uno de ellos, pero también contra la homeopatía, los chamanes y los médicos tradicionales de las tribus indígenas. ¿Fue una simple coincidencia que John D. Rockefeller financiara el estudio de Abraham Flexner que dio origen a una comprensión de las enfermedades basada en la química y los fármacos siendo como era el principal magnate del petróleo y justo cuando se acababa de descubrir que la mayoría de los medicamentos podían fabricarse con ese compuesto?[7]

En este combate contra el alma, las letras de Lady Gaga nos dicen que si nos encontramos mal, nos tomemos varias pastillas y callemos. Nada de conversar para sacar el malestar que nos invade, nada de intentar comprenderlo. El poder ya le ha puesto nombre y tratamiento. Y ni se te ocurra salirte del camino marcado.

Veremos más casos como este a lo largo del libro. El objetivo es convencernos de algo sin que lo notemos, sin que nos demos cuenta de que nuestra voluntad está siendo forzada y dirigida.

Lo que percibes te construye

La conciencia elabora los conceptos y las ideas en forma de imágenes derivadas de la percepción de los sentidos. Por tanto, esta desempeña un papel fundamental en nuestro universo de

---

[7] https://lamenteesmaravillosa.com/informe-flexner-documento-inquietante/

ideas y creencias, tanto a nivel individual como colectivo. Por ello, es en el campo de la percepción sensorial donde trabajan los magos actuales. Lo que percibes te construye. O, mejor dicho, lo que crees percibir construye tu entorno y determina tu adaptación o inadaptación al mismo. Las imágenes que te muestran condicionan tu reacción y tu respuesta de sometimiento o de rebeldía, de esclavitud o de libertad. La tecnología de vanguardia ya no son los teléfonos inteligentes ni las tabletas; la tecnología de vanguardia son las ciencias del comportamiento humano.

En este sentido, la capacidad de sugestionar a la población o a un solo individuo mediante fantasías es ilimitada y los sugestionadores trabajan con imágenes, textos y palabras. Por ejemplo, durante las veinticuatro horas del día recogemos (percibimos) los mensajes atemorizantes emitidos por televisión acerca de un virus descontrolado que está por todas partes. Como un dios, el virus es invisible y omnipresente. Pero el miedo que se te ha inyectado mediante las palabras —titulares sensacionalistas— y las imágenes de un anciano muriendo en la cama de un hospital hacen trabajar a tu mente, que termina de componer la sugestión haciendo visible lo invisible. Ahora ves virus y muerte por todas partes —incluso tienes síntomas—, y te sientes enfermo, decaído, estresado, te despiertas aterrorizado en plena noche convencido de que la muerte te acecha.

Sin embargo, todo este proceso ha sucedido porque el emisor ha destacado solo una parte de la historia y ha silenciado los aspectos esenciales. En realidad, el anciano que has visto en la televisión estaba ya enfermo, tenía un cuadro sintomático provocado por otras dolencias, el respirador al que estaba conectado no era el protocolo más adecuado para tratar su enfermedad y el personal sanitario que lo acompañaba usaba unos trajes de protección excesivos e innecesarios para su dolencia. Es decir, se recurría a un atrezo que fomentaba el dramatismo con el fin de inducirte una idea: el miedo. En efecto, la trágica escena que estabas viendo hacía que percibieras un peligro inminente: la muerte.

Como veremos más adelante, se produce una especie de telepatía provocada/inducida sobre todo por los titulares en los medios de comunicación. Los astutos «magos» quieren que pensemos *sus* pensamientos para de ese modo entregarles *nuestra* voluntad. Si ponen en mi mente un futuro inmodificable y yo me lo creo sin cuestionarlo y sin plantear otras opciones, acabaré trabajando para la construcción de ese futuro. Ellos nunca revelan sus trucos; actúan de forma encubierta, utilizando símbolos que conectan con el inconsciente, para llevar a cabo sus engaños.

2

LA MANIPULACIÓN DEL INCONSCIENTE
Y LOS EXPERIMENTOS DE PSICOLOGÍA SOCIAL

EDWARD BERNAYS: EL MAGO DE LA PROPAGANDA

Las teorías de Sigmund Freud sobre el inconsciente fueron utilizadas en el siglo XX por las élites, en diversos contextos, para manejar y controlar a las «masas peligrosas». De hecho, fue un sobrino de Freud, Edward Bernays (1891-1995), quien usó por primera vez las ideas de su insigne tío para la manipulación social. Él fue quien enseñó a las grandes corporaciones estadounidenses qué hacer para que la gente quisiera cosas que no necesitaba, vinculando productos fabricados masivamente con sus deseos inconscientes. De aquí salió una nueva idea política sobre cómo controlar a las masas: satisfaciendo los deseos íntimos egoístas de las personas se les hace más felices y, por tanto, más dóciles. Ese fue el comienzo del «Yo consumista», un subhumano que tan solo persigue satisfacer sus deseos instintivos e inconscientes que, como por arte de magia, se convierten en necesidades «reales». Así, por ejemplo, en la década de los años veinte del siglo pasado, Bernays logró que las mujeres estadounidenses comenzaran a fumar de forma masiva apuntando directamente a sus deseos más irracionales. El cigarrillo pasó a ser la «antorcha de la libertad», una suerte de acto subversivo que les permitía rebelarse contra el poder y la dominación masculina. La imagen se extendió rápidamente en los medios de comunicación —no solo en Estados Unidos—, lo que hizo posible que en muy pocos años las grandes empresas tabacaleras doblaran sus beneficios. Se había producido lo que hoy llamaríamos una «normalización de un hábito mal visto con anterioridad».

Es por ello por lo que a Bernays —desconocido por la mayoría de la población— se le considera el inventor de la propaganda y de las relaciones públicas. En efecto, fue uno de los hombres más influyentes del siglo XX, un verdadero «mago» de la manipulación que supo aunar las pulsiones inconscientes de los individuos con una finalidad utilitarista y consumista.

Interesado desde muy joven en los descubrimientos de su tío Sigmund sobre el inconsciente —el famoso *ello* freudiano—, Bernays se dio cuenta de que los mecanismos que lo rigen podían manipularse con fines económicos y políticos. Así, en su libro *Propaganda* (1928) resumió su descubrimiento del arte de conseguir que las personas se comporten de manera irracional si se logra conectar los productos —o las políticas— con sus emociones y deseos más reprimidos. Por poner otro ejemplo, Bernays también fue el responsable de que surgiera la asociación —inconsciente— entre el automóvil y la masculinidad, y la del reloj de muñeca —que por iniciativa suya comenzaron a llevar los soldados en las trincheras— con la hombría y el coraje.

Pero su trabajo fue aún más lejos. Bernays pronto se dio cuenta de la enorme potencialidad política que tenía su manera de entender la publicidad y la propaganda, y decidió orientar al electorado estadounidense hacia un modelo de dos partidos hegemónicos para evitar la fragmentación del voto y el «caos». Asimismo, asesoró en cuestión de relaciones públicas a varios presidentes de Estados Unidos, como T. Woodrow Wilson o Dwight D. Eisenhower, y trabajó para mejorar la imagen de firmas como Shell, Boeing, General Motors o la farmacéutica Pfizer[1].

Dos décadas después de su muerte, estamos viendo materializadas las ideas más ambiciosas de Edward Bernays en realidades que en nuestras sociedades consumistas están a la orden del día, como el auge de esas empresas que se dedican a mejorar reputaciones de todo tipo de personajes o, lo que resulta ciertamente inquietante, el manejo absoluto de los «asuntos mundiales» por parte de las grandes corporaciones. Es decir, los amos del mundo.

De hecho, en la década de los años cincuenta del siglo pasado, Bernays ya hablaba de un «gobierno invisible» todopoderoso: «Nuestras mentes son moldeadas, nuestros gustos formados, nuestras ideas son sugeridas, mayormente por hombres de los que nunca hemos oído hablar». Hombres como él mismo, claro. En 1955 publicó otro libro de título revelador, *La ingeniería del consentimiento,* donde explica que dicha «ingeniería» consiste en «controlar la mente de la gente sin que esta lo note». Obviamente, en última instancia se trata, pura y llanamente, de la «negación del consentimiento».

En la tercera parte del libro analizaremos con detalle en qué consiste la gigantesca campaña mediática que estamos sufriendo desde las últimas décadas y que, por supuesto, va dirigida a «controlar la mente de la gente sin que esta lo note».

---

[1] https://www.elmundo.es/cultura/2017/11/21/5a14805f22601d9e-058b465a

Obediencia ciega a la tiranía

En 1971, el profesor y psicólogo Phillip Zimbardo, de la Universidad de Stanford (California), realizó un experimento para averiguar cómo actúa el individuo ante las órdenes de la autoridad. Zimbardo conocía los experimentos de Solomon Asch, uno de los pioneros en el campo de la psicología social, que había demostrado que, por lo general, la «mayoría suele imitar a la mayoría». Así, en la década de los años cincuenta del siglo pasado, los estudios de Asch revelaron que existen presiones grupales muy intensas que conducen a las personas a actuar en contra de sus creencias, de sus valores e incluso de sus percepciones personales. Esto es así porque el individuo renuncia a quedarse solo frente al grupo. Lo vemos a diario desde que estalló la *pandemia:* nos «arrestaron» en nuestros domicilios y, posteriormente, limitaron nuestros movimientos, mientras el grupo de presión trabajaba las veinticuatro horas del día en los medios de comunicación, escenificando un psicoescenario y dando voz a los líderes de opinión que comunicaban la tesis oficial. Por televisión hemos recibido imágenes de miles de seres humanos de distintos puntos del planeta comportándose todos del mismo modo, es decir, aceptando la dictadura de su cierre de negocios y el fin de sus libertades. El miedo a la muerte —o a salirse del grupo— y la obediencia son los pilares psicológicos sobre los que se ha asentado la *pandemia* y sobre los que se construirán las catástrofes venideras.

Pero volvamos a Zimbardo… El psicólogo norteamericano también estaba al tanto de los experimentos de Stanley Milgram, quien, como veremos en el siguiente apartado, comprobó que el 80 % de la población carece de recursos psicológicos y morales para resistirse a una orden de la autoridad y que poco importa

el tipo de orden que sea, que puede ir desde el arresto domiciliario hasta la eutanasia o la violencia gratuita —también lo estamos viendo a diario—. Es decir, solo el 20 % de las personas
tienen la capacidad de mostrarse críticas con el poder y desobedecer las instrucciones tiránicas. Esos somos nosotros: los indomables.

Pero ¿qué es lo que hace que una persona razonable obedez-
ca ciegamente unas órdenes que no comprende? Para dar respuesta a esta pregunta, Zimbardo diseñó un experimento que
consistía en recluir en una cárcel —que construyó en su facultad— a un grupo de personas. La mitad harían de carceleros y la
otra mitad de presos. Todos sabían que se trataba de un experimento y que tanto los carceleros como los presos eran voluntarios.

Como premisa inicial, todos cobraron por su participación
por adelantado y pasaron por un reconocimiento médico para
comprobar que tenían buena salud física y psicológica. Estaba
prohibido ejercer violencia —física— y el control de los reclu-
sos se debía alcanzar imponiendo disciplina y aplicando restricciones de derechos fundamentales y correcciones disciplinarias
dirigidas a provocar desorientación, despersonalización y desindi-
vidualización.

Los «carceleros» recibieron porras y uniformes de inspiración militar. También se les proporcionaron gafas de espejo para
impedir el contacto visual. A diferencia de los «prisioneros», los
guardias trabajarían en turnos y volverían a casa en las horas
libres, aunque durante el experimento muchos se prestaron
voluntarios para hacer horas extra sin paga adicional.

Los prisioneros debían vestir solo batas (sin ropa interior) y
sandalias de goma, que Zimbardo escogió para obligarlos a
adoptar «posturas corporales no familiares» y contribuir a su
incomodidad. Se los designaría por números —que estarían cosi-

dos a las batas— en lugar de por sus nombres. Además, llevarían una pequeña cadena alrededor de sus tobillos como «recordatorio constante» de su encarcelamiento.

Zimbardo transmitió estas instrucciones a los guardias:

> Podéis hacer que los prisioneros sientan aburrimiento, miedo hasta cierto punto, podéis crear una noción de arbitrariedad y de que su vida está totalmente controlada por nosotros, por el sistema, vosotros, yo, y de que no tendrán privacidad… Vamos a despojarlos de su individualidad de varias formas. En general, todo esto conduce a un sentimiento de impotencia. Es decir, en esta situación tendremos todo el poder y ellos no tendrán ninguno[2].

Por su parte, a los prisioneros se les dijo que simplemente esperaran en sus casas, donde recibirían una «visita» el día que comenzase el experimento. Así, sin previo aviso, fueron «imputados» por robo a mano armada y arrestados por varios policías reales que accedieron a cooperar en esta parte del experimento. Se les tomaron las huellas dactilares, se les sacó una fotografía y se les leyeron sus derechos. Después los condujeron a la «prisión», donde fueron desnudados e inspeccionados.

El experimento se descontroló rápidamente. Los prisioneros sufrieron —y aceptaron— un tratamiento sádico y humillante a manos de los guardias, que comenzaron dividiendo a los presos en dos grupos —los «buenos» y los «malos»— para controlarlos mejor y evitar rebeliones.

Se abandonaron rápidamente la higiene y la hospitalidad. El derecho a ir al lavabo pasó a ser un privilegio que podía ser

---

[2] Vídeo *The Stanford Prison Study,* citado en S. A. Haslam y S. D. Reicher, «Visión crítica de la explicación de la tiranía basada en los roles: pensando más allá del experimento de la prisión de Stanford», 2003.

denegado. Se obligó a algunos prisioneros a limpiar retretes con sus manos desnudas. Se retiraron los colchones de las celdas de los «malos» y se les forzó a dormir desnudos en el suelo de hormigón. También frecuentemente se les negaba la comida como medida de castigo.

A medida que el experimento evolucionó, muchos de los guardias incrementaron su sadismo, en especial durante la noche, cuando pensaban que las cámaras estaban apagadas. Los investigadores observaron cómo aproximadamente un tercio de los guardias mostraron tendencias sádicas «genuinas», e incluso muchos de ellos se enfadaron cuando el experimento se canceló.

Los prisioneros empezaron a mostrar desórdenes emocionales. Uno de ellos desarrolló un sarpullido psicosomático, y los llantos y el pensamiento desorganizado se volvieron comunes. Dos presos sufrieron traumas tan severos que hubo que retirarlos del experimento y fueron reemplazados. Uno de los sustitutos, el número 416, quedó horrorizado por el tratamiento de los guardias y comenzó una huelga de hambre. Se le recluyó solo en un pequeño compartimento durante tres horas y lo obligaron a sostener entre sus manos las salchichas que había rechazado comer. Los demás prisioneros lo vieron como un alborotador que buscaba causar problemas. Los guardias les ofrecieron la posibilidad de entregar sus mantas a cambio de dejar libre al preso 416 o quedárselas y mantenerlo confinado. Los prisioneros se decantaron por la segunda opción. Finalmente, Zimbardo intervino para hacer que 416 volviera a su celda.

En sus conclusiones, Zimbardo destacó el hecho de que, en general, los prisioneros se mostraron excesivamente sumisos, dependientes, complacientes, depresivos y pasivos ante los abusos de los guardias, que traspasaron el papel que se les había asignado y se mostraron malvados, sádicos e inflexibles, abusando de su posición de superioridad hasta límites que el psicólogo consideraba inimaginables. Todos asumieron sus roles y se comportaron como *creían que debían comportarse.*

Al sexto día, dos antes de lo previsto, Zimbardo se vio obligado a detener el experimento. Había perdido el control de la situación y varios participantes mostraron claros signos de psicosis y otros tipos de enfermedad mental.

¿Por qué unos y otros se comportaron así? Cuando no hay límites morales ni legislativos, el ser humano desciende a su inframundo particular y se produce lo que yo llamo un proceso de *bestialización.* Cuando se siente incapaz de comprender por qué hace las cosas, el hombre es un lobo para el hombre. Sin civilización —entendida como un complejo sistema formado por leyes, moral y valores asumidos por una sociedad— el ser humano se adentra en un estado bárbaro, precisamente el entorno al que nos quieren conducir las élites por medio de la manipulación y la mentira. ¿Acaso no se ha visto este mismo proceso en la polarización que ha traído la *pandemia* en familias, amigos, compañeros de trabajo y ciudadanos? No es nuevo. Se trata de un fenómeno que está registrado en nuestra historia reciente: los totalitarismos comunistas y fascistas dan prueba de ello. Las élites dominantes lanzan sus hordas bárbaras contra aquellos que tienen el suficiente sentido crítico para ver, identificar y nombrar sus atrocidades.

Hoy, como entonces, somos solo un 20 % de la población los que combatimos contra quienes nos engañan para destruirnos e imponer su reino, su nuevo orden, en todo el planeta. Pero, como ha sucedido desde el comienzo de los tiempos, no lograrán vencer a nuestro Gran Poder. Por más que lo intenten, no aniquilarán nuestra *alma.* La Verdad, la Belleza y el Bien seguirán existiendo. Jamás lograrán extinguirlos. Bestializarán a miles, pero no a los indomables.

El principio de autoridad y el comportamiento de la obediencia

> Ni la muerte ni la fatalidad ni la ansiedad pueden producir la insoportable desesperación que resulta de perder la propia identidad.
>
> H. P. LOVECRAFT

No resulta sencillo comprender qué es lo que nos lleva a aceptar las órdenes que otros —la Autoridad— nos dan, aun cuando dichas órdenes entren en conflicto con nuestra conciencia personal. ¿Por qué somos tan obedientes? ¿Cómo es posible que valores tan arraigados en nuestra forma de vida, como la libertad de movimiento, de expresión o de reunión, los pongamos en entredicho —e incluso los ignoremos— solo porque unos cuantos nos han dicho que lo hagamos?

Para responder a estas preguntas puede sernos útil analizar lo que el psicólogo estadounidense Stanley Milgram (1933-1984) descubrió sobre el «comportamiento de la obediencia» en las décadas de los años sesenta y setenta del siglo pasado en la Universidad de Yale. En su obra *Obediencia a la autoridad,* Milgram describió sus experimentos y expuso sus conclusiones:

Los aspectos legales y filosóficos de la obediencia son de enorme importancia, pero dicen muy poco sobre cómo la mayoría de la gente se comporta en situaciones concretas. Monté un sencillo experimento en la Universidad de Yale para probar cuánto dolor infligiría un ciudadano corriente a otra persona simplemente porque se lo pedían para un experimento científico. La férrea autoridad se impuso a los fuertes imperativos morales de los sujetos (participantes) de lastimar a otros y, con los gritos de las víctimas resonando en los oídos de los sujetos (participantes), la autoridad subyugaba con mayor frecuencia. La extrema buena voluntad de los adultos de aceptar casi cualquier requerimiento ordenado por la autoridad constituye el principal descubrimiento del estudio[3].

Milgram ideó un experimento que muchos psicólogos actuales considerarían inaceptable por sus implicaciones morales. Sin embargo, la verdad es que nos recuerda a algunas de las situaciones que estamos viviendo actualmente, al tiempo que explica el porqué del comportamiento de la mayoría en un momento en el que nos han puesto entre la espada y la pared.

A través de un anuncio colocado en una parada de autobús se reclutaron voluntarios (de veinte a cincuenta años y de diferentes niveles educativos) para un ensayo relativo al «estudio de la memoria y el aprendizaje»; es decir, se les ocultaba que en realidad participarían en una investigación sobre la obediencia a la autoridad. Supuestamente, todos los voluntarios podían desempeñar tanto el papel de «alumno» como de «maestro», a las órdenes del investigador, si bien la verdad era que todos harían de maestros, pues los alumnos eran cómplices del investigador.

Cada alumno, separado de su maestro por una pantalla de vidrio, se sentaba en una especie de silla eléctrica y se le ataba de manos y pies. Se le colocaba una serie de electrodos en el cuerpo y se le decía que recibiría unas descargas que podrían llegar a ser altamente dolorosas, aunque no provocarían daños irreversibles.

Se comenzó aplicando una descarga tanto al alumno como al maestro (recordemos, el verdadero voluntario) de 45 voltios para que este comprobara el dolor del castigo que recibiría el alumno si se equivocaba. El investigador, sentado al lado del voluntario-maestro, le pedía que le formulara al alumno una

[3] S. Milgram, *Obediencia a la autoridad. El experimento Milgram,* Capitán Swing, Madrid, 2016. Publicación en Estados Unidos en 1974.

serie de preguntas relacionadas con unas palabras que acababa de leer para que las memorizara. Si se equivocaba en su respuesta, el maestro debía administrarle una descarga de 15 voltios que iría en aumento si los errores se repetían.

El maestro creía que le estaba aplicando descargas reales al alumno, que, aleccionado por el investigador, simulaba el sufrimiento golpeando la pantalla de vidrio que lo separaba del maestro e incluso le rogaba entre sollozos que pusiera término al experimento porque no podía soportar el dolor.

Por lo general, cuando los maestros daban descargas de 75 voltios, se ponían nerviosos y deseaban parar el experimento, pero la férrea autoridad del investigador les hacía continuar. Cuando llegaban a los 135 voltios, muchos de los maestros se detenían y preguntaban por el propósito de experimento, si bien algunos accedieron a continuar aunque sin hacerse responsables de las consecuencias de sus actos. A los que expresaban su deseo de no seguir, el investigador les decía: «El experimento requiere que continúe», «Es absolutamente esencial que continúe» o «Usted no tiene opción alguna. *Debe* continuar».

Si, pese a todo, el maestro se negaba a seguir, el experimento se detenía. Si no, solo acababa cuando le había administrado al «alumno» tres descargas seguidas de 450 voltios.

El estudio reveló que el 65 % de los participantes (veintiséis de cuarenta) aplicaron la descarga de 450 voltios, aunque muchos se sintieron incómodos al hacerlo. Todos se detuvieron en un momento dado y cuestionaron el experimento, e incluso hubo algunos que dijeron estar dispuestos a devolver el dinero que les habían pagado (unos 28 dólares actuales). Pero lo más llamativo fue que ninguno se negó rotundamente a seguir aplicando descargas antes de alcanzar los 300 voltios, que era cuando el alumno parecía estar a punto de sufrir un coma o fallecer.

Los resultados causaron perplejidad en el equipo de Milgram. A primera vista, la conducta de los participantes no revelaba un grado de sadismo llamativo, ya que todos se mostraban nerviosos y preocupados por el cariz que estaba tomando el experimento, y cuando al final se enteraban de que el alumno tan solo era un actor y que estaba simulando el dolor, todos respiraban aliviados.

Hay un colofón poco conocido al experimento de Milgram: ninguno de los participantes que se negaron a administrar las descargas eléctricas finales acudió al otro cuarto a revisar el estado de salud de la víctima sin antes pedir permiso para ello, ni solicitó que las sesiones —todas las demás— terminaran.

Posteriormente, muchos de los participantes en el experimento mostraron su satisfacción, incluso su agradecimiento, por haber formado parte del estudio. Seis años después, durante la guerra de Vietnam, uno de los voluntarios le envió una carta a Milgram explicándole por qué le estaba agradecido:

> Fui un participante en 1964 y, aunque creía que estaba lastimando a otra persona, no sabía en absoluto por qué lo estaba haciendo. Pocas personas se percatan de cuándo actúan de acuerdo con sus propias creencias y cuándo están sometidos a la autoridad [...]. Estoy completamente preparado para ir a la cárcel si no me es concedida la demanda de objetor de conciencia. De hecho, es la única vía que podría tomar para ser coherente con lo que creo. Mi única esperanza es que los miembros del jurado actúen igualmente de acuerdo con su conciencia [...].

A partir de su experimento, Milgram sacó varias conclusiones sobre el comportamiento humano, que podrían resumirse en dos:

— *Teoría del conformismo:* un sujeto que no tiene la habilidad ni el conocimiento para tomar decisiones, particularmente en una crisis, transferirá la toma de decisiones al grupo y su jerarquía. Es decir, *el grupo es el modelo de comportamiento del individuo.*

— *Teoría de la cosificación:* según Milgram, la esencia de la obediencia consiste en el hecho de que una persona se mira a sí misma como un instrumento que realiza los deseos de otras personas y, por tanto, no se considera responsable de sus actos. Cuando esta transformación de la percepción personal tiene lugar, todas las características esenciales de la obediencia confluyen. Este es el fundamento del respeto militar a la autoridad: los soldados seguirán, obedecerán y ejecutarán órdenes e instrucciones dictadas por los superiores jerárquicos entendiendo que la responsabilidad de sus actos recae en ellos.

¿Qué estamos observando en estos largos meses de *pandemia,* es decir, de guerra encubierta? Vemos que diversos conceptos generales, como «salud pública», «interés general» o «recuperación económica», han sustituido a los individuos —sus derechos y obligaciones—, que no son más que piezas de un engranaje colectivo que cumplen con su obligación, que fundamentalmente es obedecer. Ese es el rol que se nos ha asignado en este experimento de obediencia ciega a la autoridad realizado a escala mundial. Es un «laboratorio viviente» global. Ese rol ha sido felizmente aceptado por millones de personas y rechazado por otras tantas.

Siguiendo el planteamiento de Milgram, comprobamos que se ha producido una cosificación del ser humano —«ese es un Covid», «ese es asintomático», «ese es un negacionista», «ese es un asesino»—, cuyas consecuencias aún no podemos valorar, aunque algunas ya las estamos padeciendo. Pero, sin duda, al observador inteligente no se le pasará por alto el pensamiento estratégico que hay detrás de todo ello: difuminar la responsabilidad individual, ya que las decisiones se toman «desde arriba» y por el bien del grupo, por el bien de toda la humanidad. De ese modo se genera un espíritu de grupo que, a su vez, crea el conformismo social y la indiferencia, y lleva a pensar que «soy uno más y hago lo que dice la mayoría». El líder del grupo sigue las instrucciones de la autoridad y así, de forma estratificada, se condicionan las reacciones de la población.

El objetivo que se persigue es que los *intereses* de los grandes conglomerados privados acaben insertados en la sociedad y sean percibidos erróneamente como los *intereses* de la sociedad, que, manipulada y pervertida, no sabe por qué obedece ni a quién. Es el pueblo el que en realidad le otorga el poder a las élites. Si los ciudadanos llegasen a comprender por qué obedecen, se negarían a seguir haciéndolo, pues su obediencia entraría en conflicto con sus creencias morales.

La Tercera Guerra Mundial ha sido diseñada para atacar a todas y cada una de las personas honestas que ahora obedecen ciegamente porque creen que así salvarán a sus familias, ya sea quedándose en casa, poniéndose una mascarilla o inyectándose —a sí mismos y a sus familias— una vacuna experimental. La ofensiva bélica está resultando bestial.

Todo esto contiene una dimensión perversa. La obediencia a la autoridad fue nombrada por la filósofa alemana Hannah Arendt[4] con la expresión «banalidad del mal», tras asistir al juicio a Adolf Eichmann, que comenzó en Jerusalén en 1961. El austriaco-alemán fue acusado de genocidio contra el pueblo judío durante la Segunda Guerra Mundial, de crímenes contra

---

4 La filósofa y teórica política alemana acuñó este término en su libro *Eichmann en Jerusalén. Un informe sobre la banalidad del mal,* Lumen, Barcelona, 2012.

la humanidad y de pertenecer a un grupo organizado con fines criminales. Arendt cubrió el proceso como corresponsal para *The New Yorker* y escuchó cómo el acusado argumentaba que él solo recibía y cumplía órdenes. Eichmann fue condenado y ahorcado en las proximidades de Tel Aviv en 1962[5]. La filósofa alemana llegó a esta demoledora conclusión:

> El mal no es nunca «radical», solo es extremo, y carece de toda profundidad y de cualquier dimensión demoníaca. Puede crecer desmesuradamente y reducir todo el mundo a escombros precisamente porque se extiende como un hongo por la superficie. Eso es la «banalidad» del mal. Solo el bien tiene profundidad y puede ser radical.

Milgram comenzó su experimento después de que Eichmann fuera sentenciado. Quería responder a la siguiente pregunta: ¿podría ser que él y su millón de cómplices tan solo estuvieran obedeciendo órdenes? ¿Podríamos llamarlos a todos cómplices?

Sin duda, el estudio nos enseña mucho acerca de por qué hacemos lo que hacemos. Pese a que la mayoría de los «maestros» del experimento de Milgram se percataron de que las decisiones que tomaban no eran suyas, consideraron que lo mejor que podían hacer era obedecer a la autoridad, fuera esta un mando superior o un grupo. En el micromundo de una tribu, un pueblo o una ciudad, un grupo se convierte en fuente de autoridad. Por ejemplo, durante la *pandemia,* los medios de comunicación establecieron dos grupos: los negacionistas y los ciudadanos obedientes. Los primeros contienen todos los atributos

---

[5] Eichmann había huido a Argentina, donde vivió desde 1950 con identidad oculta bajo el nombre de Ricardo Klement. El 20 de mayo de 1960 fue secuestrado y trasladado a Israel por el Mossad (según la versión oficial) para ser juzgado. Fue hallado culpable y murió ahorcado en 1962.

del mal, mientras que los segundos forman el grupo *correcto,* el modelo a seguir. Da lo mismo si su comportamiento es moral o inmoral. El resto lo seguirá porque le facilita la vida.

Pensar y tomar decisiones por uno mismo requiere un gran esfuerzo. Lo fácil es seguir la corriente, porque así te libras de la responsabilidad y de la culpa en el caso de que algo no salga según lo previsto. A fin de cuentas, tú únicamente cumplías órdenes del grupo… Pero este mecanismo mental y moral no nos sirve a todos. Muchos hemos decidido decir «no». Sabemos parar y les pedimos a los demás que paren, y lo hacemos con nuestra arma más certera: nuestra conciencia moral. Sabemos diferenciar entre el bien y el mal, distinción en la que se basa la verdadera ciencia ontológica y metafísica, una ciencia humana, antigua y natural. Es a esta comprensión profunda de la vida a la que el sistema materialista actual —al igual que todas las tiranías que se han sucedido a lo largo de la historia— ha declarado la guerra. Moral, ¿para qué? Libertad de elección, ¿para qué? Bien y mal, ¿para qué? Más adelante veremos la respuesta del «filántropo» George Soros a estas preguntas.

La decisión empieza por uno mismo. Somos nosotros los que le damos forma al grupo. Creo que si de algo nos sirve la inteligencia y la conciencia es para no permitir que un grupo nos arrastre si las ideas y posiciones que lo alimentan van contra la moral humana y sus códigos de conducta.

¿Cuáles son las razones de la moral? ¿Qué sentido tiene? ¿Cuál es su función? Evitar que unos hagan daño a otros. Por ello, en esta guerra no podemos permitirnos el lujo de permanecer impasibles ante el avance del Mal. ¿Qué camino eliges? El Árbol de la Ciencia está floreciendo de nuevo y debes tomar una de sus ramas. El Mal de hoy te conduce a la tiranía; el Bien, a la libertad. Y los cazadores de almas nos acechan.

RESUMEN DE TÉCNICAS APLICADAS EN LA GUERRA PSICOLÓGICA

1. Crear conflictos entre las personas para dividirlas y debilitarlas. ¿Quién gana? El pescador que remueve las aguas. A río revuelto, ganancia de pescadores. El que consigue revolver los peces y poner a unos en contra de otros es quien más pesca. Mientras ellos se pelean, la mano grande echa la red.
   — Los *pro-pandemia* y los *anti-pandemia.*
   — Los *pro-vacunas* y los *anti-vacunas.*
   — Los *pro-cambio climático* y los *anti-cambio climático.*
   Y ahora, un nombre molón: *negacionistas,* de quienes dicen que no irán al paraíso.

2. Crear una falsa sensación de soledad: «Eres el único que piensa de ese modo, la mayoría no piensa como tú»... Entonces llega el miedo a la expulsión del grupo, al ostracismo.

3. Crear una falsa sensación de locura. El propósito: extinguir la autoestima de las personas —la moral—, una técnica empleada, por ejemplo, para inducir suicidios y rendición.

4. Crear una falsa sensación de indefensión e inseguridad. El fin es que acabes pidiendo la protección de tu atacante en una especie de síndrome de Estocolmo.

5. La obediencia a la autoridad. Ella es la verdad.

6. Generar un profundo vacío espiritual.

7. Crear una nueva identidad para ti: o bien negacionista, asesino, o bien ciudadano responsable y concienciado.

8. Robar y pervertir el sentido de las palabras.

8. Ocultar las motivaciones económicas y de poder.

9. Apropiarse de los bienes de la Tierra.

10. Instaurar un régimen teocrático universal.

La Biblia de la Tercera Guerra Mundial

Al finalizar la Segunda Guerra Mundial, el espíritu de los tiempos —el famoso *Zeitgeist*[6] alemán— cambió y las élites escucharon ese sentir del pueblo que, tras el sufrimiento padecido, repudiaba el derramamiento de sangre. Así, las élites codiciosas, que nunca se plantearon un orden mundial basado en la paz perpetua, concluyeron que las guerras no se podían llevar a cabo mediante el derramamiento de sangre y la destrucción, sino ganándose los corazones y las mentes de la ciudadanía. Ese fue el proyecto que comenzó a gestarse durante la Administración Truman, que transformó su política exterior de guerra clásica para adoptar una nueva estrategia: la guerra psicológica.

El dominio ideológico-intelectual:
el «Informe de Adoctrinamiento» de la CIA

Se trataba de transformar los escenarios mentales y ontológicos mediante la utilización de nuevas armas y tácticas bélicas, cuya esencia y probabilidades de éxito radicaban en que los atacados no percibieran el ataque. ¿Sería esto posible? La historia nos enseña que la innovación humana es la base de la victoria en cualquier tipo de combate. Así, el 4 de abril de 1951, durante la Administración Truman, se fundó el Consejo de Estrategia Psicológica (Psychological Strategy Board, PSB), que en su decimoquinta asamblea, celebrada el 11 de septiembre de 1952, redactó su borrador final.

---

[6] *Zeitgeist* es el término alemán que designa el espíritu *(Geist)* de una época *(Zeit)* al referir el clima intelectual y cultural de una era concreta.

Desde el punto de vista geopolítico y geoestratégico, en la llamada Guerra Fría, la CIA empleó métodos de psicología social para crear un determinado estado de opinión en la población norteamericana contraria al enemigo comunista, la Unión Soviética, que debía extenderse a los países de su entorno de influencia. Era el inicio de una nueva estrategia de guerra, más sofisticada y refinada, una guerra silenciosa, sutil y tranquila, la Tercera Guerra Mundial, planteada tanto contra la otra gran potencia mundial como contra la propia población norteamericana y las naciones de su esfera de influencia. El objetivo era construir una actitud de resistencia ante los postulados comunistas, pero una resistencia que en ningún caso debía adquirir formas violentas para evitar el estallido de revueltas civiles incontrolables.

El informe «doctrinal» o «de adoctrinamiento» fue un documento, considerado como «alto secreto», elaborado por la Agencia de Inteligencia estadounidense (desclasificado en 2014) y dirigido a convencer «pacíficamente» a los ciudadanos del otro lado del Telón de Acero, así como a los de la zona occidental, de las carencias de su propio sistema, al tiempo que se transmitían las bondades de la ideología de Estados Unidos. Llama la atención el énfasis que se pone en la necesidad de crear una opinión contraria al comunismo por medio de la insatisfacción[7],

---

[7] Posteriormente, se aplicaría a la propia población del área occidental. The Rolling Stones fue el grupo encargado de la banda sonora de la guerra psicológica con su canción *I Can't Get No Satisfaction,* que hace referencia a esta estrategia de la insatisfacción. Su estribillo dice así: «... no puedo alcanzar satisfacción alguna». El grupo británico grabó esta canción en los estudios RCA de Hollywood en mayo de 1965, durante su gira por Norteamérica. La canción se lanzó en Estados Unidos el 6 de junio de 1965. También se incluyó en el disco *Out of Our Heads (Desquiciados),* que salió a la venta en julio de ese mismo año. El líder del grupo, Mike Jagger, manifestó que su éxito se debía a su reflejo del «espíritu de los tiempos».

pero sin provocar un escenario de revuelta social generalizado.

En palabras de la CIA, un «programa doctrinal es un ataque programado y sistemático dirigido contra un sistema doctrinal hostil, al mismo tiempo que se realiza una defensa positiva de la filosofía básica del sistema propio». Es decir, se trataba de movilizar la opinión pública y dirigirla hacia una determinada forma de pensar. Por tanto, seguía la senda de lo que Edward Bernays consiguió con sus gigantescas campañas de publicidad y propaganda, aunque ahora se trataba de implementar una política de Estado en un país en estado de guerra permanente contra el enemigo. A fin de cuentas —pensaron los analistas de la CIA—, las mentes de las personas son maleables, volubles, impresionables y responden a estímulos inconscientes que se alejan de la razón... Esta es la idea de la Agencia de Inteligencia cuando sostiene que

... en realidad, la inmensa mayoría de las personas, incluso las cultas e inteligentes, son pasivas [...], es decir, aceptan una doctrina, pero no de acuerdo a un razonamiento personal ni a una justificación mental, sino, sobre todo, porque les ha sido *presentada durante el proceso de su educación y porque es aceptada por la sociedad, las tradiciones y el entorno en el que están habituadas a vivir*[8]. [Las cursivas son mías].

El «informe doctrinal» tenía un *target* muy bien definido, es decir, un grupo concreto al que iba dirigido y que, una vez captado, actuaría como líder de opinión y cómplice necesario:

---

[8] Los textos que aparecen citados en este apartado forman parte del «Informe de Estrategia Psicológica» (PSB), de la CIA, copia núm. 43, CEP D-33/2, 5 de mayo de 1953. Traducción de Alejandra Devoto.

El objetivo principal del programa es el grupo restringido de personas capaces de manipular mentalmente cuestiones doctrinales y de establecer su propio criterio a partir del punto de vista doctrinal, ya que tratarán de convencer a otras personas e influir en ellas para que modifiquen su doctrina original. Ese grupo es el objetivo principal del programa [...]. También es este grupo el que más probabilidades tiene de prolongar la eficacia del enfoque iniciado por la campaña estadounidense para que parezca un cambio autóctono.

O sea, en última instancia se trataba de que el cambio de «enfoque» —cambio de opinión— debía parecer «autóctono», propio, como si toda la población adoptara una nueva manera de ver el mundo y la realidad mediante sus propios argumentos y no por argumentos inducidos por otros:

Según el programa doctrinal, un grupo relativamente reducido de individuos, mediante el uso de su capacidad intelectual, tiene peso e influencia para formar o, como mínimo, para *predisponer las actitudes y las opiniones de los líderes de opinión en un determinado ámbito.* [...]. El programa doctrinal consistirá en poner en contacto a esa élite con un material que la haga pensar y que interprete las ideologías según *un modelo* [de pensamiento] que preparará a esos intelectuales para que se muestren *favorables* a la filosofía de quienes *planifican* este programa doctrinal. [Las cursivas son mías].

Es decir, ellos se lo guisan y ellos se lo comen. Ellos —la CIA— crean un modelo de pensamiento que debe ser adoptado por la mayoría, para lo cual necesitan formar a una élite intelectual —«líderes de opinión»— que asuma y defienda esos principios y logre generar simpatías entre la población hacia ese nuevo patrón. ¿Escalofriante? Os animo a seguir leyendo:

Un programa doctrinal, como otras actividades propias de las *operaciones psicológicas,* no se puede reducir a hechos ni a estadísticas. Sin embargo, se ha demostrado que *la influencia de las ideas* es poderosa en la larga historia de la humanidad. Basta recordar la difusión rápida de las ideas religiosas relacionadas con el cristianismo y el islamismo para darse cuenta de la significación que tienen las ideas para motivar la acción humana. [Las cursivas son mías].

Pero ¿«motivar la acción humana» acaso no significa *dirigir* la acción humana? Además, el PSB afirma que el valor de los hechos y las estadísticas deben relegarse en favor de una idea poderosa. Lo real ya no tiene valor frente a la charlatanería bien argumentada de los líderes de opinión. Prima el arte de la retórica frente a la verdad.

Recordemos que el «informe doctrinal» de la CIA se concibió en plena Guerra Fría, cuando el adoctrinamiento comunista parecía estar ganando la partida ideológica e intelectual al «mundo libre»:

Aunque el registro histórico no proporcionaba una justificación lógica para que Estados Unidos emprendiera un programa doctrinal consciente, un análisis de las campañas comunistas sería suficiente justificación para que emprendiéramos esta actividad con mayor énfasis. Durante treinta y cinco años[9], los bolcheviques han participado en una campaña gigantesca para ganar adeptos al comunismo internacional [...]. Durante todo este tiempo, han supuesto constantemente que el progreso hacia la dominación mundial requería un *énfasis equitativo en tres factores básicos: el militar, el económico y el ideológico.* Este énfasis tripartito sigue el

---

[9] Es decir, desde la revolución bolchevique de 1917 que derribó al zarismo.

modelo de las expansiones nacionales previas —tanto las suyas como las nuestras—: *el fusil, el arado y la Biblia.* [Las cursivas son mías].

Está claro que la CIA no siente ningún pudor a la hora de hablar de «dominación mundial» y de reconocer que no lo estaban haciendo lo suficientemente bien. Tenían la supremacía económica y militar, pero les faltaba la ideológica. Les faltaba una Biblia:

> Para hacer frente a este desafío, hemos reforzado considerablemente dos de nuestras armas, la militar y la económica, pero no hemos conseguido hacer hincapié en el mismo grado sobre el tercer elemento, el doctrinal o ideológico, un elemento que los dirigentes soviéticos han desarrollado a lo largo de treinta y cinco años de trabajo intensivo. No afirmamos que en Estados Unidos el comunismo atraiga en mayor medida a las masas desfavorecidas. Es cierto que *las muchedumbres hambrientas son buen material para [...] los líderes comunistas,* pero también es un hecho bien conocido que *el comunismo se desarrolla menos en los estómagos vacíos que en las cabezas huecas.* [Las cursivas son mías].

De modo que, si las cabezas huecas son esenciales para el *dominio psique,* la ofensiva pasaba por vaciar las mentes de las personas para luego llenarlas de doctrinas capaces de doblegar sus espíritus hasta el punto de someter sus voluntades e imponer un nuevo *Zeitgeist.* Para conseguirlo se debía comenzar por las escuelas aplicando el «entrenamiento en sensibilidad», que consideraron el gran descubrimiento de la psicología de masas del siglo XX[10]. Hoy lo encontramos en la «educación universal» de la Agenda 2030-50, de la que hablaremos luego.

---

[10] Explico en qué consiste en *La verdad de la pandemia. Quién ha sido y por qué,* Ediciones Martínez Roca, Madrid, págs. 98-101.

La Orden de la Muerte

Si volvemos a la portada de la revista *The Economist,* analizada anteriormente, observaremos que en el centro de la imagen hay un inquietante reloj que nos habla de la inminencia bélica. Este reloj me recordó las fotos de los chicos de Skull and Bones (Calavera y Huesos), conocida como La Orden de la Muerte o, simplemente, La Orden, la mítica sociedad estudiantil de la Universidad de Yale creada en 1832.

Miembros de Skull and Bones de 1861.

A continuación daré algunos detalles de La Orden, que considero reveladores acerca de cómo se las gastan estos «buenos chicos» que ansían dirigir el mundo[11]. En la Universidad de

---

[11] Trato este tema en mi libro *Los amos del mundo están al acecho,* Ediciones Martínez Roca, Madrid, 2017.

Yale, cada año, quince estudiantes de último curso son seleccionados para unirse a La Orden de la Muerte. Sus nombres se publican en el *Yale Rumpus,* la revista de la Universidad, aunque lo que sucede tras las herméticas puertas de La Tumba, el lugar donde los *bonesmen* se reúnen dos veces por semana, se custodia en secreto bajo juramento.

El profesor Anthony Sutton publicó en 1986 un libro titulado *America's Secret Establishment,* donde explica que el objetivo de los *bonesmen* era imponer un *nuevo orden mundial,* concepto que, por cierto, los Bush no cesaron de reiterar en sus discursos presidenciales.

Algunos de los *bonesmen* más relevantes: el primero a la izquierda del reloj es George W. Bush.

Y es que entre los miembros destacados de Skull and Bones están los presidentes William Howard Taft, George H. W. Bush y George W. Bush; Henry Luce, cofundador de la revista *Time;* el exsecretario de Estado y aspirante a presidente John Kerry, y otros miembros de la élite que aparecen en la revista *Fortune 500* junto a agentes y directores de la CIA.

Sí, de nuevo nos topamos con la CIA… *The Washington Times* informó de que el abuelo de George W. Bush, Prescott, miembro de Skull and Bones, colaboró, a través de Union Banking Corp., en la llegada al poder de Adolf Hitler y, de hecho, mantuvo sus negocios con la Alemania nazi hasta 1942. Hay una pauta de manipulación que consiste en usar las guerras como un negocio en el que los financieros invierten en los dos bandos en pugna. De hecho, la CIA, cuyo director fue George H. W. Bush, contribuyó tanto al mantenimiento del régimen de Sadam Husein como a su derrocamiento y a la aparición de Al-Qaeda. En realidad, las guerras son una fachada tras la cual se oculta una agenda y unos objetivos que la mayor parte de la población ignora[12].

Pero volvamos a La Orden. En su último año de estudios, cada miembro de la Hermandad pasa por una intensa experiencia confesional en la cripta de la universidad. Un jueves por la noche, el *bonesman* cuenta la historia de su vida sin obviar traumas, vergüenzas y sueños, y tres días después —domingo— vuelve a «confesarse», aunque en esta ocasión solo sobre sus historiales sexuales.

El iniciado llega poco antes de las ocho de la tarde a la cripta. Entra en la penumbra y la puerta se cierra tras él. Va con los ojos vendados y lo conducen a un sótano, donde dos veteranos vestidos como esqueletos le hacen jurar que mantendrá en secreto lo que vivirá durante el rito de iniciación. Esa noche morirá para el mundo y nacerá para La Orden, donde adoptará un nuevo nombre y tendrá catorce hermanos de sangre.

Si lo tomamos al pie de la letra, este proceso de iniciación da lugar a una alianza de «hombres buenos» (en latín, *boni*).

---

[12] https://pijamasurf.com/2009/11/cnn-reporta-sobre-skull-bones-la-sociedad-secreta-de-los-bush-kerry/

«De todas las sociedades, ninguna es más gloriosa ni más fuerte que cuando buenos hombres de moral similar se unen en la intimidad», dice una sentencia de La Orden.

Durante los meses que siguen a la iniciación, los *bonesmen* comienzan a experimentar la maravillosa felicidad que proporciona una rígida ética protestante, acompañada de un obsequio de 15.000 dólares, libres de impuestos, de la Russell Trust Association. Además, existe el compromiso de que la sociedad siempre ayudará a un miembro en apuros con préstamos sin intereses.

Obviamente, La Orden de la Muerte tiene una célula en la CIA. A fin de cuentas, conocer los secretos y los traumas de un posible espía es siempre una ventaja a la hora de su reclutamiento.

Además de los 15.000 dólares de premio por su iniciación, el recién nombrado *bonesman* realiza su primera visita a una isla privada —propiedad de Russell Trust Association— llamada Deer Island, donde se reúnen los exalumnos activos de La Orden, todos hombres superpoderosos, civilizados y de cabello plateado, ansiosos por ayudar a realizar los sueños de cada nuevo iniciado. Este ha podido crecer en una familia ya perteneciente a La Orden, en cuyo caso los lazos con los *bonesmen* más poderosos se crearán de inmediato. Si, por el contrario, el iniciado no cuenta con ese «legado», su experiencia en Deer Island será fundamental. Al saberse aceptados por la comunidad, se sentirán preparados para gobernar la Tierra.

En efecto, los líderes de La Orden han estado —y están— entre los personajes más importantes de la sociedad estadounidense. Además de hombres condecorados en el ejército, también hay espías, cirujanos, profesores de universidad, banqueros, hombres de negocios, etc. Los miembros graduados se denominan «patriarcas», mientras que los que se someten a la iniciación se llaman «caballeros». Obviamente, quienes no forman parte del grupo, o sea, todos nosotros, somos los «bárbaros».

EL MIEDO COMO ARMA DE CONTROL

> ¿Qué he hecho yo para merecer semejante castigo?
> Una palabra a tiempo puede matar o humillar sin que
> uno se manche las manos. Una de las grandes alegrías
> de la vida es humillar a nuestros semejantes.
>
> PIERRE DESPROGES

Camino por la calle Sierpes de Sevilla sin la mascarilla, que supuestamente va a salvarme la vida, como si fuera una tabla de madera a la que asirme en mitad de un océano infectado de hambrientos tiburones. Me fijo con intención empírica en los ojos de las personas con las que me cruzo y contemplo en ellos un miedo aterrador que las impulsa irracionalmente a apartarse de mí, como si yo estuviese enferma de lepra o como si fuese la legendaria Medusa y tuviera la capacidad de matarlos con solo mirarlos. Veo que sienten el acoso inmisericorde de un virus tan invisible como mortal del que se habla las veinticuatro horas del día en las televisiones, radios, periódicos y otras plataformas de desinformación de todo el planeta. Sin duda, el principal miedo del ser humano se proyecta hacia lo desconocido. A quienes me miran con recelo y temor les han sugestionado para que crean que soy una «asintomática», aunque ni siquiera saben exactamente qué significa esa palabra. Sin embargo, todos han sido hipnotizados mediante imágenes horripilantes que ahora portan impresas en su cerebro y están convencidos de que yo soy una asesina en serie[13]. También les inquieta que yo sea la nota discordante. «¿Quién es ella para no llevar mascarilla cuando *todos* la usamos?». Los grupos siempre temen al diferente y siempre lo atacan. Incluso lo odian por ser distinto a ellos.

El miedo gobierna sus voluntades. Y el miedo es una de las armas más mortíferas de esta nueva guerra. Sus «generales» hace años que la activaron.

> Hoy los americanos se sentirían ultrajados si las tropas de la ONU entrasen en Los Ángeles para restaurar el orden. ¡Pero mañana estarían agradecidos! Esto sería así si les dijeran que hay una amenaza exterior que pone en peligro su existencia. Entonces, toda la gente del mundo aportaría líderes mundiales para salvarlos de este mal. El principal miedo del hombre es hacia lo desconocido. Cuando se presenta este guion, los derechos individuales son abandonados de buen grado para garantizar su seguridad, siendo transferidos por ellos a su gobierno mundial.

Así lo explicó Henry Kissinger en la conferencia del Club Bilderberg celebrada en Evian, Francia, el 21 de mayo de 1992. Como un brujo antiguo, invoca a un dios invisible y todopoderoso, un dios capaz de robar la libertad y dirigir los destinos de cada uno de los miembros de la tribu con solo pronunciar su nombre: Miedo. A cambio de tu libertad, te ofrezco la vida eterna. Dame tu alma y yo te protegeré bajo mi manto. La seguridad

---

[13] http://www.aerztefueraufklaerung.de/masken/index.php: «46 estudios científicos sobre la inutilidad de mascarillas»

https://cormandrostenreview.com/report/: «PCR y los 10 errores científicos», noviembre de 2020. Firmado por 22 autores.

https://gbdeclaration.org/: «Gran Declaración de Barrinton»: https://www.mil21.es/noticia/3651/opinion/biologos-por-la-verdad-espana-vuelven-a-confirmar-que-la-covid-es-un-monumental-fraude.html del totalitarismo. La seguridad de vivir esclavo. La seguridad de una dictadura psicótica global. Yo soy el médico que va a curar tu miedo. Yo he puesto el miedo en tu alma, así que *solo yo* puedo curarla. Pero jamás lo haré. Te he convertido en mi esclavo. ¿Por qué iba a renunciar a ti?

Pero, en primer lugar, distingamos entre el miedo real y el miedo neurótico. El primero se da cuando su intensidad se corresponde con la dimensión de la amenaza; por el contrario, existe miedo neurótico cuando la intensidad del miedo sentido no guarda relación ponderada con el peligro existente. Fue Sigmund Freud quien, en su «teoría del miedo», distinguió y conceptualizó estos dos tipos que en la actualidad siguen vigentes.

Después de estos largos meses de presunta *pandemia,* todos hemos visto cómo el miedo —el real y el neurótico— se ha instalado en nuestra forma de vivir. Se trata de un miedo con doble cara que va adquiriendo forma en nuestro comportamiento. Por un lado, el miedo a ese virus mortal que está por todas partes y al que solo podemos vencer —eso nos dicen— con distanciamiento social y con la eliminación drástica de nuestros derechos fundamentales (movilidad, reunión, propiedad privada); por otro lado, el miedo a la autoridad, al Gobierno y a las instituciones del Estado, que impone sanciones desproporcionadas a aquellos que decidan saltarse el toque de queda, reunirse con sus seres queridos o salir a la calle sin mascarilla.

Ahora bien, la tensión lógica que se produce en la psique entre el miedo y la esperanza —la idea de que, si hago bien las cosas, esto pasará— es ficticia, artificial, basada únicamente en las «evidencias» que nos cuentan por televisión, el medio de masas por excelencia. Al alimentar esas emociones básicas, se infantiliza a la población, que de ese modo asume más fácilmente su rol sumiso y obediente, al tiempo que se desactiva el deseo lógico de discrepar tachando al disidente de «irresponsable», «negacionista» e incluso «asesino».

Por ejemplo, ahora están intensificando el miedo al cambio climático y desde los medios nos aseguran que los huracanes serán más violentos, «con todos los problemas que conllevan: destrucción de ciudades, de cultivos, desmantelamiento de todos los sistemas de comunicación, enfermedades...», tal y como leemos en la web de Oxfam Intermon [14]. Asoma una nueva catástrofe que provoca muerte y, por tanto, pánico en la población.

El miedo a morir hace que muchos modifiquen su conducta, volviéndola más sumisa a las nuevas leyes autoritarias de corte dictatorial. El bombardeo continuo de desinformación provoca efectos en nuestra salud mental. La sensación constante de amenaza genera ansiedad y transforma nuestros juicios morales y nuestras actitudes. Por ejemplo, un señor de unos setenta años comenzó a gritarme desaforadamente en mitad de la calle porque yo no llevaba mascarilla. Cuando intenté explicarle que estaba exenta por la ley, se puso aún más furioso y como un energúmeno bramó lo siguiente: «¡¡Pues si no puedes usar mascarilla, no salgas de tu casa!!». Mi amiga Mayte, que estaba conmigo, exclamó: «¡Es un linchamiento público!».

El miedo no solo nos transforma, sino que incluso consigue cambiar nuestro voto hacia aquellos candidatos que nos ofrezcan la salvación, por muy excéntrica que esta sea y aunque esté a años luz de lo que era nuestra ideología. Todo vale por salvar la vida.

Otra consecuencia del miedo es la ola de suicidios que ha causado la *pandemia* y que ha sido silenciada en los medios de comunicación. En los niños y jóvenes, el destrozo está adqui-

---

[14] Ver también https://ec.europa.eu/clima/change/consequences_es

riendo unas dimensiones dramáticas, temibles y dolorosas. El miedo al contagio ha llevado a aceptar unos protocolos en las escuelas y los institutos, como el aislamiento y el distanciamiento en unas edades donde la socialización es tan necesaria como habitual; o la enseñanza a distancia, que han impuesto unos modos y costumbres extraños a las formas tradicionales de vida. Resultado: los casos urgentes en las unidades pediátricas de Salud Mental se han triplicado[15]. Los psiquiatras infantiles advierten de que se está produciendo un aumento considerable de los problemas de ansiedad y depresión, así como de los relacionados con los trastornos de la alimentación.

Las campañas de los Ayuntamientos de Almería (Andalucía, España) y de Actopan (Hidalgo, México) utilizan frases e imágenes de terror.

---

[15] https://www.informacion.es/alicante/2021/04/03/demanda-citas-salud-mental-adolescentes-46070182.html

Una suerte de «terrorismo psique» está siendo utilizada contra la población por los políticos, los medios de comunicación, los cuerpos de seguridad del Estado, las leyes, los organismos internacionales, las fundaciones filantrópicas y los *lobbies* globales. Ninguno de estos estamentos e instituciones han protegido ni respetado nuestros derechos fundamentales a la propiedad y a la libertad.

¿QUIÉN TEME AL LOBO FEROZ?

El 6 de marzo de 2021 planteé la siguiente pregunta en mi muro de Instagram:

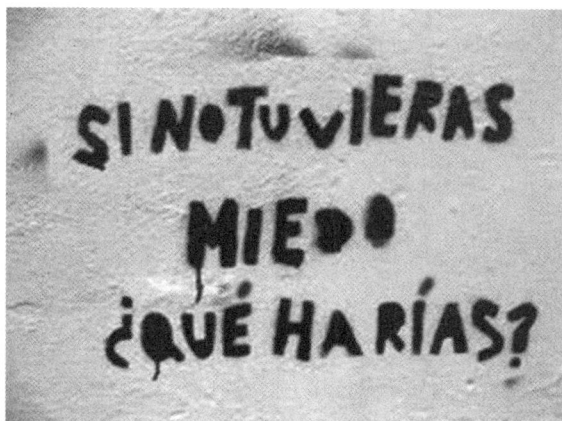

Y estas fueron algunas de las respuestas que recibí:

Como no tengo miedo ni les tengo miedo a estos dictadores, este verano viajé por todo el norte de mí país en moto y me sigo juntando con amigos y voy a viajar todo lo que pueda. Todos los días veo a mi hijo y soy libre, nunca más esclavo.

Lo que estoy haciendo: observar el sufrimiento de los demás como consecuencia del miedo que han permitido que entre hasta roblarles el alma. Estoy aprendiendo mucho.

¿Miedo? ¿Qué es eso? 😌

Dejar mi trabajo ya.

No tengo miedo y lo que hago es vivir… #amorincondicional.

Uffff, miedo no tengo, lo que tengo es ganas de ver desaparecer a estos individuos llamados «políticos» y tener una vida sin mentiras, sin corruptos personajes que nos roban nuestro dinero, esperanzas y futuro.

No existe el miedo en mí, no sé qué es eso… Me siento libre de culpas y miedos… Estoy tocando el cielo… Vibro alto 😌😍❤ es el AMOR A VIVIR A PESAR DE LAS CALAMIDADES POR LAS QUE ESTAMOS PASANDO LA HUMANIDAD.

TENGO MIEDO POR LOS QUE ME HAN TRAICIONADO, ENGAÑADO Y JUGADO CON LOS SENTIMIENTOS DE MI FAMILIA. OJALÁ DIOS TENGA COMPASIÓN POR ELLOS PORQUE YO NO (SENTIDO FIGURADO).

Yo tengo miedo a perder la ilusión por las cosas, lo cual me lleva a pensar por qué la ilusión es anhelar algo o tener esperanza, y eso no es algo muy sostenible ni real. No sé si tiene mucho sentido, pero al fin y al cabo si vivimos en una ilusión y en una realidad irreal, quizá no es tanta locura. Sin ilusión vivo muerta en vida. Ese es mi miedo. Y no busco ilusiones ambiciosas: ahora mismo es ir a darme un baño caliente… 😂.

Creo que iría por la calle sin mirar si hay policías o no. Como nunca llevo bozal, siempre tengo que estar pendiente de si hay policías o no. Sin miedo quizá estaría menos pendiente.

Montar un negocio.

De lo único que tengo miedo es de perder la libertad en el futuro de mis hijas y nietos.

No tengo miedo, miedo de ser un 🐑🐑🐑🐑🐑🐑🐑🐑🐑🐑🐑 🐑🐑🐑.

Vivir. Como bien se dijo, lo peor que le puede pasar al ser humano es tener que elegir entre libertad y seguridad. La primera te llevará a vivir en responsabilidad. La segunda, a sobrevivir en obediencia.

¡¡El miedo enferma!! ¡¡Hay que respirar libertad y vivir!!! ¡¡No hay que tener miedo, y los que lo tengan que se encierren en sus casas y nos dejen vivir a los demás!! ¡¡Y SÍ, INSTAGRAM!! ¡¡ESTOY SEGURA DE QUE QUIERO PUBLICAR ESTO!! Pero... ¿qué 💩 de censura es esta??

Esa es la pregunta del millón. Creo que poca gente sabrá responder, porque ya no somos capaces de saber qué es nuestra LIBERTAD 🙌💃.

Después de leer todos los mensajes, pasé un rato sintiendo. Y me sentí muy orgullosa de mis lectores.

121

3
LA MORAL PSICÓPATA

Nuestro trabajo consiste en encontrar lo que ese tipo no sabe que necesita, pero necesita, y luego asegurarnos de que sepa que lo necesita y de que somos nosotros los únicos que podemos dárselo.

PIRATAS DE SILICON VALLEY[1]

En esta guerra psicológica que estamos padeciendo se ha recurrido al lenguaje bélico para justificar lo injustificable. Términos como «estado de alarma», «estado de sitio», «toque de queda» o «establecimientos esenciales» se han instalado en nuestro vocabulario habitual y no nos damos cuenta del peligro que entrañan. El propio Bill Gates comenzó a hacerlo cuando afirmó: «Tenemos la OTAN (la espada) y tenemos satélites (la vigilancia)». Implícitamente admitía que «no tenemos todo el poder», porque solo con «un gobierno mundial» seremos capaces (Gates y compañía) de manejar a nuestro antojo las conciencias de todos los habitantes del planeta.

En la Tercera Guerra Mundial, las armas han cambiado. Los nuevos tiranos —que nos consideran enemigos y adversarios—

---

[1] https://www.youtube.com/watch?v=hbNyIHvzC4s&feature=emb_logo. Da igual que seas liberal, socialista o comunista. Saber quiénes han sido y son Bill Gates y Steve Jobs y lo que hicieron es imprescindible para entender la estructura y el funcionamiento de las empresas en la actualidad y, por lo tanto, del mundo en el que vivimos. Esta película, dirigida por Martyn Burke en 1990, que no llegó a estrenarse en cines, describe aquellos años setenta de marihuana y computadoras de forma mucho más objetiva que la última protagonizada por Ashton Kutcher.

ya no recurren a la violencia física, la metralla o las balas. Al usar armas emocionales, los ataques son más difíciles de percibir, porque suelen combinar momentos de amor simulado con embestidas tan sibilinas como bestiales.

La técnica que usan es el abuso y el maltrato emocional. Sus ataques se mantienen ocultos, camuflados, encubiertos... Ya no te dan un puñetazo o te torturan en una sala en penumbra, como hacen con los ciudadanos disidentes en los regímenes dictatoriales reconocidos. Ahora su táctica se ha vuelto mucho más refinada: al ciudadano desobediente lo destierran. Por ejemplo, si no aceptas su ideario del feminismo, te acusan de no tener sensibilidad, de ser un nazi y de no defender los derechos humanos. Conclusión: no formas parte de la tribu. Lo primero que harán será enviarte al psicólogo o al psiquiatra para que te dé un tranquilizante y te convenza de que no puedes ir contra el mundo. Solo unos cuantos Quijotes actuarían de un modo irracional.

Las sirenas de Ulises te susurrarán al oído que la mejor opción es mantenerte callada, pues quien se pronuncia recibirá un castigo: puedes perder el trabajo, los amigos o el rumbo. Y, sin embargo, lo que más necesitas es hablar y expulsar el malestar que tienes dentro y que han provocado en tu alma.

Es tu conciencia la que te habla. Tu espíritu observa, piensa y concluye que el entorno está equivocado porque ha perdido la armonía, la compasión, la capacidad de conmoverse y de rebelarse ante la contemplación del mal. Desde pequeños, mientras vemos la televisión, nos acostumbran a normalizar el mal y, lógicamente, no nos enseñan a identificarlo. Mientras almuerzas y cenas, en los informativos se van sucediendo imágenes horrendas: asesinatos, guerras, hambrunas, delincuencia, corrupción, pobreza… Se trata de una técnica bélica con la que te acostumbran a pensar que el mundo es así porque no puede ser de otra manera. ¿Dónde están los acontecimientos buenos que ocurren todos los días? No existen para la televisión. Lo bueno no es negocio para los psicópatas. Sin guerras no ganan dinero. Todos los juegos que se ponen de moda son violentos. Los programas mediáticos más seguidos giran en torno a humillaciones constantes a los participantes. Si no te muestran una delincuencia sistémica, no te debilitarán ni podrán llevarte a la inacción. Dicho de otro modo: se trata de que el terrorismo emocional se convierta en habitual. Consiste en normalizarlo. Obediencia aprendida cuando logran hacerte creer que no puedes hacer nada para cambiar el estado del mundo. Y si quieres actuar, te ofrecen las ONG del sistema que, disfrazadas de bien, en realidad, sirven a sus intereses espurios.

LA NORMALIZACIÓN DEL MAL

De la «banalización del mal» de Hanna Arendt hemos pasado a la *normalización* del mal. Es decir, el mal es la norma. Y este es el mensaje: «Acostúmbrate, adáptate y mata tu moral, tu conciencia, porque son instrumentos inútiles que solo te traerán problemas».

En este punto me parece oportuno rescatar un texto clave de la psiquiatra y psicoanalista Marie-France Hirigoyen:

Mediante un proceso de acoso moral, o de maltrato psicológico, un individuo puede conseguir hacer pedazos a otro. El ensañamiento puede conducir incluso a un verdadero asesinato

LA TERCERA GUERRA MUNDIAL YA ESTÁ AQUÍ

psíquico. Todos hemos sido testigos de ataques perversos en uno u otro nivel, ya sea en la pareja, en la familia, en la empresa o en la vida política y social. Sin embargo, parece como si nuestra sociedad no percibiera esa forma de violencia indirecta. Con el pretexto de la tolerancia, nos volvemos indulgentes. Los perjuicios de la perversión moral constituyen excelentes temas de películas [...] o de novelas negras. En estos casos, la mente del público tiene claro que se trata de manipulaciones perversas. Sin embargo, en la vida cotidiana no nos atrevemos a hablar de perversidad[2].

Presenciamos y padecemos un ataque contra la matriz de lo que somos, contra los pilares de la civilización, y la ofensiva se realiza con ideas; mejor dicho, con *ideología*. Recordemos cuáles son esos pilares fundamentales que nos definen:

— El reconocimiento de las individualidades y, por tanto, el derecho legal a ser diferente.
— La familia como estructura de poder en la que la persona tiene sus raíces y su identidad. Su refugio y su fortaleza.
— La nacionalidad histórica, que el Estado tiene el deber de proteger.
— El desarrollo de las capacidades intelectuales y espirituales, cuyo aprendizaje se desarrolla en la escuela.
— La libertad de culto y de sentimiento.
— El derecho a la propiedad privada.
— La pequeña y mediana empresa como institución de poder económico personal y familiar.

---

[2] Marie-France Hirigoyen, *El acoso moral*, Paidós Ibérica, Barcelona, 2013.

Frente a estos ejes de civilización se está potenciando una fórmula institucional basada en la dominación de unos por parte de otros. Por supuesto, no es una fórmula nueva, pero ahora vemos que se ha vuelto mucho más sofisticada gracias a la imposición de unos supuestos ideales, que aparentan ser derechos humanos, recogidos, por ejemplo, en los objetivos —siempre omnipresentes— de la Agenda 2030 (hablaremos de ella en la tercera parte del libro), esa «agenda universal ambiciosa que sitúa los derechos humanos de todas las personas en el centro, sin dejar a nadie atrás». Dicho sea de paso: resulta revelador que esta nueva institución —que en España tiene su propio ministerio— use el mismo eslogan que la *vacuna* COVID-19, que también aspira a «no dejar a nadie atrás».

Quienes pretenden imponernos esta nueva religión de carácter universal, sugestionándonos para que aceptemos la adoración absoluta a este dios único y todopoderoso que, según cuentan, es capaz de erradicar la pobreza extrema y el hambre, la desigualdad y el cambio climático, entre otros *problemas,* tienen una característica en común: son unos psicópatas. Se hacen pasar por bienhechores cuando no son más que meros intermediarios de un ídolo de barro. Pero, ojo: quienes tenemos que hacer todos los sacrificios somos nosotros, no ellos. Hay que matar a muchas personas, pero no a ellos.

Son los perfectos villanos: atractivos, mentirosos, seductores y manipuladores. Mediante estudiadas campañas de *marketing* y de relaciones públicas —entre las que están los premios Nobel, los premios Princesa de Asturias, los *honoris causa* de prestigiosas universidades— ocultan su criminalidad y se presentan al mundo como excelsos benefactores. Con estas fastuosas vestimentas, pocos son los que sospechan que, en realidad, son asesinos y destructores de personas, sociedades y civilizaciones.

Estos psicópatas son los que han diseñado el nuevo mundo y esa época de supuesta paz que sobrevendrá con el dios todopoderoso del Gran Reseteo mundial del que hablaremos más adelante.

GEORGE SOROS: «ES ALGO REALMENTE DIVERTIDO»

Durante las reuniones del Foro Económico Mundial de Davos de 2018, el magnate financiero estadounidense George Soros hizo unas declaraciones altisonantes sobre las redes sociales, a las que tachó de enemigas de la democracia. No era la primera vez que sus palabras generaban polémica. De hecho, el medio de comunicación ruso *Sputnik* recordó la entrevista concedida en 1998 para el programa televisivo estadounidense *60 Minutes*[3], donde Soros aseguró no sentirse culpable de haber colaborado con los nazis para confiscar las propiedades de los judíos durante la Segunda Guerra Mundial.

Leamos algunos extractos de la entrevista:

> PREGUNTA: En los últimos años a usted le acusan de haber provocado crisis financieras en Tailandia, Indonesia, Malasia, Japón y Rusia.
>
> SOROS: ¿En todos esos países? —respondió mientras sonreía con sarcasmo.
>
> PREGUNTA: En todos. ¿Tiene usted tanto poder?
>
> SOROS: Me señalan como el culpable de todo. Lo que hago, básicamente, es ganar dinero. No puedo y no voy a mirar las con-

---

[3] https://mundo.sputniknews.com/america_del_norte/201801271075797007-entrevista-soros-60-minutos-moral/

secuencias sociales de lo que hago. Intento actuar correctamente, pero a veces mis actos tienen consecuencias negativas no intencionadas, como en Rusia...

La gesticulación y la expresión que adopta en su respuesta nos dan tanta información como sus palabras. Soros se siente orgulloso de lo que hizo, se recrea recordándolo. ¿Por qué? Porque para él es una gran victoria sobre sus competidores. En su opinión, el mundo es una competición que gana quien consigue más dinero y poder. Y él es un ganador nato, uno de los más grandes mercaderes del templo del globalismo:

> SOROS: Como parte del mercado, yo compito para ganar. Como ser humano, me preocupo por la sociedad en la que vivo.
>
> PREGUNTA: ¿Con qué George Soros estoy hablando ahora? ¿Con el Soros moral o con el Soros inmoral?
>
> SOROS: Es la misma persona, que en unas ocasiones comete actos inmorales, pero el resto del tiempo intenta actuar de manera moral. Sea yo o sea otro el que realiza estas acciones en los mercados, el hecho es que no modifica el resultado final. No me siento culpable de ejecutar acciones inmorales donde no hay lugar para la culpa.

La bipolaridad de Soros es abrumadora. Ahora soy moral; ahora soy inmoral. Y en su mente ambos actos son válidos. Pero se aprecia que, por mucho que haya trabajado interiormente para absolverse, no se siente bien por dentro. No le convence lo que oye, lo que piensa de sí mismo. Su alma está enferma. Pero ya no puede cambiar lo que hizo y opta por seguir hacia delante con la misma filosofía de vida. Para él, hay entornos donde la moral es una palabra prohibida, innecesaria, irrelevante. En los mercados no sirve la moral. ¿Por qué? Porque sin ella puede hacer lo que quiera sin sentirse culpable.

PREGUNTA: Usted es un judío húngaro que escapó del Holocausto haciéndose pasar por cristiano.

SOROS: Así es.

PREGUNTA: Por lo que yo sé, usted iba con su protector, que juró que usted era su ahijado...

SOROS: Cierto.

PREGUNTA: Usted confiscó propiedades de los judíos.

SOROS: Así es.

PREGUNTA: ¿Fue difícil hacerlo?

SOROS: No, para nada.

PREGUNTA: ¿Algún sentimiento de culpa?

SOROS: No, en serio. De hecho, es algo realmente divertido. Es lo mismo que ocurre con los mercados. Si no hubiera estado allí, por supuesto no me habría llevado nada, pero, de todos modos, otro lo habría hecho. No importa si yo estaba allí o no, aunque solo hubiera sido como testigo. Las propiedades estaban siendo sustraídas. Yo no he participado directamente en la confiscación de esas propiedades.

A Soros no le interesa pensar en el sufrimiento de los demás, porque si se mirase en ese espejo vería un monstruo, la bestia en la que empezó a transformarse cuando solo era un niño. Como él mismo dice, *es algo realmente divertido* y lo que más le divierte es haber sido más listo que los demás al apropiarse del botín. Se justifica: «El robo iba a ocurrir de todas formas»... Pero ¿es eso cierto? Si antes de él y de su patrón hubiera llegado un alma caritativa a la casa donde robaron, ¿habría actuado del mismo modo? No. La historia habría sido distinta. Pero para justificar el mal que ha causado se ha autoconvencido de que si él no lo hace, si él no aprovecha la coyuntura, otros lo habrían hecho.

Es algo realmente divertido, dice Soros. Sin embargo, al ojo perspicaz no se le escapa el sufrimiento que intenta disimular bajo su sonrisa. Tiene una herida abierta, muy profunda. Soros conoce el bien y conoce el mal, y sabe distinguirlos. No en vano fue alumno de Karl Popper —fundador de la corriente episte- mológica del falsacionismo o racionalismo crítico[4]—. Sencilla- mente, aunque a muchos de nosotros nos cueste asimilarlo, Soros se decanta por el mal. Su moral es la de un psicópata.

¿Y qué ocurre con este tipo de seres? Que al no poder soportar el peso enorme de sus conciencias, necesitan repartirlo y, por ello, te instan a que tú también seas un amoral. Esta es la base de la corrupción espiritual actual y pasada del ser humano. Aquellos que han caído desean arrastrarte con ellos al fango. Y su conducta perversa tiene un área epistemológica específica: la psicopatía.

El psicópata y la doble moral

El psicópata es un camaleón. Se camufla magistralmente entre el grupo y se muestra en público como una persona encan- tadora. Su magnetismo y su aparente empatía atraen a los demás hasta confundirlos y cazarlos en sus redes. Se dice que hay un 1 % de psicópatas calificados como puros[5]. Seguro que a lo lar- go de tu vida te has cruzado con alguno. Y seguro que has visto

---

[4] Para Karl Popper (1902-1994), contrastar una teoría significa intentar refutarla mediante un contraejemplo. Si no es posible refutarla, dicha teoría queda «corroborada», pudiendo ser aceptada provisionalmente, pero no veri- ficada. Es decir, ninguna teoría es absolutamente verdadera sino, a lo sumo, «no refutada». El falsacionismo es uno de los pilares del método científico.

[5] El investigador Iñaki Piñuel afirma que casi el 20 % de la población tiene rasgos psicopáticos. Es decir, son psicópatas integrados o en curso de serlo.

sus dos caras, su doble moral. Son unos mentirosos patológicos, dotados de una imaginación desbordante con la que son capaces de hilar un engaño tras otro, de articular una mentira para tapar la anterior.

El psicópata nunca se engaña a sí mismo. Sabe perfectamente que miente, es consciente de lo que dice y hace. El mundo ficticio que crea solo es una herramienta para alcanzar sus propósitos y justificarlos.

El psicópata es un narcisista. Cree que el Sol gira a su alrededor y que sale cada mañana para alumbrarlo solo a él. Por tanto, los demás le deben la vida. Con el convencimiento de su superioridad justifica sus actos denigrantes hacia los demás.

El psicópata no tiene sentimientos de culpa ni remordimientos. Y ello se debe a que, en realidad, y aunque intente aparentar lo contrario, carece de empatía y de compasión. La empatía es percibir y comprender el sufrimiento y las alegrías de los demás, es una habilidad social. La compasión es más intensa que la empatía, ya que el compasivo no solo identifica el sufrimiento, sino que lo siente como propio y ello le impulsa a ayudar al que sufre para intentar evitarle el dolor o curarlo. Pero el psicópata es insensible y disfruta cuando descubre que alguien sufre. No le causa ningún problema generar un daño atroz a los demás porque no siente ni desasosiego ni arrepentimiento. Solo se muestra arrepentido ante los demás cuando es absolutamente necesario para conseguir su meta. Es decir, su arrepentimiento es falso.

El psicópata está obsesionado por el control tanto de las personas como de los acontecimientos. Su propósito último es siempre el poder y, para él, el poder consiste en someter a los demás. Además, disfruta intensamente con esa subyugación con la que el otro sufre.

El psicópata se ha construido una escala de valores éticos y morales a su propia medida para actuar bajo sus reglas sin remordimientos y sin rendir cuentas a nadie. Hará todo lo que esté en su mano para que los demás acepten su visión de la realidad.

El psicópata actúa de forma gradual. Su ataque es escalonado, paulatino, pero continuo. El resultado que prevé es mermar, desgastar al enemigo para quebrar su resistencia psíquica y conseguir que haga lo que él quiere. Tenemos un ejemplo de esto en lo que llaman la «cuestión de género». Yo hacía mis primeras prácticas en la radio municipal cuando la concejal nos informó de que, a partir de entonces, el Centro de la Mujer pasaría a llamarse Centro de Igualdad de Género. Veinte años después afirman que el género no es una cuestión de biología, sino de sentimiento. El 9 de noviembre de 2018, el polaco Vitit Muntarbhorn, nombrado por la ONU Defensor Global LGBT, manifestó que para el organismo existen 112 géneros distintos[6]. Gradualmente, esta ideología que asegura que los sexos masculino y femenino están superados se ha ido introduciendo en nuestras psiques.

Pero ¿por qué?, ¿qué pretende el psicópata social con ello? Debilitar al enemigo. ¿Cómo? La ONU entiende que la violencia de género y la discriminación comienzan en el hogar y en la escuela. Está claro, ¿no? Es una estrategia para introducirse en las instituciones que nos fortalecen, en las estructuras de poder donde nos enseñan, desde niños, la importancia de tener conciencia y moral. Y cualquier político o Gobierno que plantee una crítica contra esta dictadura que está provocando el enfrentamiento entre jóvenes y mayores, hijos y padres, hombres y

---

[6] Este documento ha desaparecido de la web de la ONU. Se está efectuando una purga documental.

mujeres, será vilmente atacado por los inquisidores de lo políticamente correcto.

Ahora, esta arma de descomposición de un orden civilizatorio tradicional asesta golpes fuertes, pero no debemos olvidar que lleva dos décadas de trabajo continuo en la sombra. De ese modo desgastan nuestra resistencia psíquica. Actuarán de forma continuada y progresiva, disfrazándose de filántropos que patrocinan una ONG o de buenos gobernantes, hasta que llegue el momento de asestar el golpe definitivo, que es lo que ha sucedido con la supuesta «igualdad de género» y con la geopolítica climática.

Lo hemos visto durante todos estos meses de *pandemia:* nos han estado sometiendo a un proceso gradual de *protocolos.* Primero nos dijeron que solo estaríamos quince días en casa, hasta que los contagios parasen (no olvidemos que en Chile y Argentina estuvieron meses encerrados). Nos «soltaron» en verano para volver a encerrarnos después con el argumento de una «segunda ola». Ponerse las mascarillas, cerrar los bares a las seis de la tarde, inyectarse la vacuna… Siempre había una nueva solución. Pero nada cambió. Las «olas» mediáticas han seguido llegando y, con ellas, la descomposición del Estado-nación y la ruina económica de las clases medias. Y, mientras tanto, los psicópatas aumentan su botín de guerra.

Sin embargo, el plan maestro de la *pandemia* ha hecho que muchos hayan comenzado a encajar las piezas que andaban sueltas y se han dado cuenta de que, efectivamente, las intuiciones que tenían eran ciertas. Ahora comprenden la existencia de la gran manipulación, del gran condicionamiento gradual.

No debemos olvidar que otra de las tácticas de los psicópatas es la inculpación. La dictadura de la culpa. Creerás que todos los males del mundo ocurren por tus errores, por lo que deberás modificar tu conducta, tus costumbres, tus gustos y tus sentimientos. Tu identidad. Es decir, te están convirtiendo en un animal domesticado y la culpa te bloquea.

Liberarse de las garras y del acoso de un psicópata no es fácil. Los psicópatas están obsesionados con conseguir sus propósitos. Se trata de un fenómeno de disonancia cognitiva basado en las mentiras reiteradas.

La agenda encubierta de los psicópatas

Todos nos negamos a aceptar que aquellas personas en las que hemos confiado tienen una agenda oculta y están movidos por la perversidad, la vileza, la crueldad y la falsedad. Nadie quiere vivir el proceso traumático que supone quitarse la venda de los ojos y mirar de frente a estos monstruos encantadores de serpientes. Conocen nuestras debilidades, nuestras heridas, y se aprovechan de ellas. Para ellos no somos más que un instrumento que les permite acumular más poder. Si observas sus ojos, verás que todos tienen la mirada de un animal a punto de cazar, una mirada hipnótica inyectada en sangre.

La verdadera naturaleza del psicópata es la malevolencia. El placer de hacer daño a los demás. Es un rasgo característico que lo diferencia del resto de los humanos. La palabra con la que los psicólogos definen esta característica del carácter psicópata es *Schadenfreude,* término alemán —sin equivalencia en español— que conceptualiza la idea de regodearse en el mal ajeno. La palabra está compuesta por *Schaden,* «desgracias» o «infortunios», y *Freude,* «alegría». Cuanto más le pidas a un psicópata que pare, pues está perturbando tu mente y tu modo de ser, más disfrutará de su hazaña y más daño intentará causarte. No le pidas compasión porque se reirá de ti. Si no obedeces, te perseguirá, y si sigues sus mandatos, estará al acecho, aumentará su nivel de maltrato y te vigilará mientras vivas.

Los psicólogos saben que disponemos de un número determinado de «noes» hasta que al fin cedemos. Es una cuestión de acoso y derribo. Es una obsesión. Se trata de una técnica seductora para hacernos caer en sus redes. Es lo que hacen cuando nos dicen que *todo* es por nuestro bien.

Los psicópatas desarrollan una tecnología enormemente sutil. Se aseguran de que nadie vea las señales de un daño físico porque no utilizan la violencia física —salvo en contadas ocasiones—. Y por ello es tan difícil explicar lo que ves y vives. Nadie te creería. Cuando los acusas, se victimizan y se defienden atacando: te acusan a ti de ser una conspiranoica, una negacionista. Ridiculizan la inteligencia natural propia de los humanos para provocar inseguridad y aniquilar su autoestima.

Después de haber creado y detectado tus heridas más profundas, estos nuevos tiranos se presentarán ante ti como los «Grandes Salvadores». Así, filántropos tiranos como Bill Gates o George Soros —paradigmas de esta clase social sociópata y psicópata— se presentan ante el mundo bajo la premisa de «o yo o el caos». Se sirven del miedo para crear la ficción de un mundo catastrófico del que solo ellos pueden salvarte. Se creen dioses y matan a Dios para que los adores a ellos. Fingen que te ofrecen el orden y la paz, pero ocultan que han sido ellos quienes han credo el caos y la guerra. Han planeado destruirlo todo: la ley, la economía, la educación, la familia, la historia, la mujer... Su objetivo es demoler la antigua civilización para construir esa «nueva normalidad» en la que has dejado de ser quien eras y en la que ya no puedes defenderte de sus constantes ataques contra tu libertad, porque, sencillamente, han secuestrado —en un proceso de hipnosis colectiva— tu mente y tu *alma*.

Saben perfectamente que es más fácil engañar a toda una sociedad que a un individuo. De ahí que ofrezcan no la salvación personal, sino la de *toda* la humanidad. Tras presentar y programar un caos mundial, ¿quién puede resistirse a tan monumental oferta salvífica?

Tercera parte

EL GRAN RESETEO

La sociedad contemporánea es un remolino caótico en el que solo se puede encontrar sentido a través del camino de la observación.

Marshall McLuhan, *La novia mecánica: folclore del hombre industrial*

Unos meses después de que la OMS declarara la *pandemia* global (11 de marzo de 2020), la misma organización comenzó a hablar de *infodemia,* es decir, una sobreabundancia de información, un exceso que es considerado peligroso por su potencialidad de socavar la *confianza* en las autoridades de salud pública.

Vivimos en la era de la comunicación, de las ofensivas mediáticas dirigidas a crear confusión, desconcierto y un determinado estado de opinión global. Para la construcción de su conciencia colmena, la comunicación y la tecnología son, por tanto, las armas estrella de esta guerra ultramoderna —psique, emocional y sentimental— que, para mayor eficacia, no nos ha sido declarada. Un acto propio de cobardes que rehúyen exponerse abiertamente y de frente.

Como vimos en la segunda parte del libro, las campañas mediáticas están concebidas para hacer pasar por pensamiento propio el pensamiento diseñado por el poder en sus laboratorios sociales. Desde hace años nos están vendiendo un nuevo modo de vida para que lo aceptemos como el único posible —a no ser que quieras acabar con el planeta y la humanidad—, configurando nuestras mentes por medio de la sugestión y la persuasión.

Estamos ante una fabulosa campaña de *marketing* —el *marketing* de la esperanza— fraguada y dirigida por unos pocos para acumular en sus manos aún más poder y riquezas de los que ya tienen. La Tercera Guerra Mundial se hace para eso.

En este sentido, es esencial conocer a los propietarios de las armas para entender quién está haciendo la guerra —quién dirige la campaña de *marketing* bélico y terrorista—, así como el *porqué* y el *para qué* la hace.

En 2016 comencé mi tesis doctoral investigando a los dueños de los medios de comunicación y acabé demostrando que eran, al mismo tiempo, dueños de los principales bancos, de las farmacéuticas, de las industrias automovilísticas, de las grandes corporaciones tecnológicas, de la industria armamentística y espacial… De manera que la comunicación se ha convertido en un instrumento, en una maquinaria de guerra —la más eficaz— al servicio de sus intereses. Es más barata que las bombas y más infalible, porque, si ocultas la intencionalidad y vendes esperanza, blanqueas la ofensiva. La conviertes en una «guerra justa».

El interés supremo es apropiarse de todo y de todos: conquistar la Tierra. Y para que aceptemos esa conquista sin oponer resistencia, su gran estrategia consiste en colonizar nuestras mentes y nuestras almas. Eso es, en definitiva, el Gran Reseteo, y este su mensaje subliminal: «Déjate conquistar. Lo hacemos *por tu bien*».

4

«NO TENDRÁS NADA, PERO SERÁS FELIZ»

Como los dioses antiguos, la divinidad del Nuevo Orden Mundial tiene varios nombres: Gran Reseteo, Agenda 2030-50, Nueva Normalidad, Globalismo, Ecologismo, Feminismo y Géneros de Igualdad, Transhumanismo... Pero todos responden a un mismo programa dirigido a implantar una nueva civilización[1], en la que el ser humano quede subyugado bajo un control y una vigilancia tecnológicos que proporcionen una paz y un orden mundial estables. Este ambicioso proyecto afecta a todas las áreas humanas —la economía, la política, la sociedad, la tecnología, la cultura, la religión, los ritos, la antropología— y su fin último es la creación de un Estado mundial, dominado por las élites globócratas, en el que las mujeres no tendrán hijos —únicamente nacerán los que la *sociedad necesite*—, todos comeremos carne sintética, no viajaremos en avión, la familia tradicional dejará de existir, la naturaleza tendrá propietarios —el agua ya cotiza en Bolsa— y

---

[1] Una civilización es un sistema cultural complejo que se estructura por las costumbres, los conocimientos, las artes, la tecnología y las instituciones que organizan las formas de vida y la gestión de los recursos de una sociedad humana.

todos los habitantes adoraremos a la diosa madre Tierra siguiendo las directrices que nos marquen los científicos oficiales —convertidos en nuevos sacerdotes— para «salvar el planeta».

Este programa establece las bases del reparto de poder y del botín en el mundo tras la finalización de la Tercera Guerra Mundial. Los gobernantes de la mayoría de los países se han aliado con las mismas élites financieras para llevar a cabo una transferencia de poder y de soberanía. Es decir, los derechos, las libertades y las propiedades de las clases medias y trabajadoras pasarán a estar en las manos de unos pocos megarricos que controlarán el Estado mundial. Son una nueva clase de gobernantes: los tecno-oligarcas globalistas.

«No tendrás nada, pero serás feliz». Esa es la idea. No tendrás nada porque todo será suyo… Pero serás feliz porque ellos ya han decidido qué es la felicidad —quien manda, nombra— y, si no te adaptas a su patrón, te apartarán como a una apestada o, en el mejor de los casos, te tratarán como a una enferma mental peligrosa para el sistema —para esa Nueva Normalidad— y acabarás en un centro de reeducación, como en la China de Mao Zedong y de Xi Jinping. Así, en este *felicismo* que pretenden imponernos no habrá ni libertad, ni privacidad, ni intimidad. La bestia de la seguridad global los absorberá en nombre de un bien común falaz. Nuestros descendientes no las echarán en falta, porque están siendo adoctrinados en las escuelas e ignorarán estos principios que tanto valor tienen para quienes los hemos conocido. Ellos vivirán en «ciudades inteligentes» —es decir, vigiladas de forma intrusiva para evitar la rebelión—, no habrá guerras como las entendíamos hasta ahora —aunque la guerra contra los disidentes e indomables será constante— y todos serán igual de pobres, puesto que no tendrán posesiones. La disidencia será castigada —sutilmente— como «enfermedad mental» y el pensamiento estará determinado por el sistema, ya que el individuo habrá perdido su capacidad y su libertad de razonar. Quienes se resistan a este totalitarismo sutil recibirán el nombre de «ingobernables», es decir, seres peligrosos que atentan contra el orden público, negacionistas del *felicismo* y, por tanto, merecerán ser castigados con el destierro de la *polis*. Ya sabemos que en China han desaparecido los científicos disidentes o han huido. En la Francia de Macron se están produciendo casos similares.

EL «MUNDO FELIZ» DE ALDOUS HUXLEY

En 1932, el escritor británico Aldous Huxley (1894-1963) publicó su famosísima *Brave New World (Un mundo feliz)*, una novela distópica en la que se muestra una visión pesimista del futuro y de la humanidad. Escrita en la época de entreguerras, la obra destila una cierta ironía, combinada con la decepción y la frustración que inevitablemente provocaron los estragos de la Gran Guerra, mientras comenzaban a percibirse las bases sobre las que se sustentarían los totalitarismos que asolaron el mundo en el siglo XX.

El desarrollo de la tecnología reproductiva, los cultivos de los seres humanos en fábricas de bebés y la «hipnopedia» —educación adoctrinada a través del sueño— son los pilares de una sociedad ordenada en castas donde cada cual conoce y acepta su lugar. Ya no hay guerras, la pobreza ha sido erradicada y los ciudadanos son permanentemente felices. Pero ¿a qué precio se ha conseguido este aparente mundo feliz? La respuesta es aterradora: la familia ha desaparecido y la diversidad cultural, el arte, la literatura, la religión y la filosofía no son más que meros recuerdos de un pasado lejano y oscuro al que nadie *en su sano juicio* desea regresar. Se ha prohibido la experiencia del amor. El dolor se ha extinguido. Se ha prohibido el placer del descubrimiento personal y del entorno. Todo está marcado de antemano, todo está predeterminado. El condicionamiento comienza en las probetas y en las plantaciones de seres transgénicos, diseñados para favorecer la «estabilidad social». Es una sociedad funcionalista y pragmática.

Pero ¿qué ocurre si un individuo concreto comienza a preguntarse sobre sí mismo, sobre los porqués del mundo en el que vive? ¿Qué ocurre si un *felicista* comienza a *sospechar* y a pensar que, quizá, las cosas no son lo que parecen? Esto es lo que le ocurre a Bernard Marx, uno de los protagonistas de la novela, cuya inteligencia —superior a la de la media— hace que no responda al Condicionamiento Social, lo que lo convierte en un inadaptado, en un inconformista —aunque no sea consciente de ello, porque esos conceptos han desaparecido—, en un revolucionario indómito. Su enorme curiosidad se convertirá en su principal pecado y, paradójicamente, en su salvación.

Bernard conseguirá visitar la Reserva Salvaje, que es como en el «mundo feliz» se denomina el lugar donde viven los descendientes del «mundo civilizado», todos esos hombres y mujeres que han nacido —por error— del amor y que, por tanto, han conocido los parámetros culturales y vitales que regían en el pasado: la libertad de pensamiento, el dolor, el conflicto emocional, la angustia, la religión, la pasión, las preguntas sobre uno mismo y sobre el destino... Cuando Bernard conoce a John el Salvaje (el otro gran protagonista de la novela) se produce el choque entre los dos mundos, lo que permite a Huxley plantear el problema moral fundamental de la novela: para asegurar una felicidad continua y universal, la sociedad debe ser manipulada, se ha de inhibir tanto el ejercicio intelectual como la expresión de las emociones. Porque la felicidad de ese «mundo feliz» es *artificial* y carece de alma.

Han pasado más de noventa años desde la publicación de *Un mundo feliz* y ahora podemos comprobar que la imaginación y las predicciones de Huxley eran acertadas y describían una sociedad muy semejante a la que vivimos en la actualidad. En realidad, una sociedad que se fue construyendo desde el final de la Segunda Guerra Mundial siguiendo los intereses de unos cuantos poderosos —propietarios de los principales medios de comunicación y de los institutos de investigación social— que quisieron erradicar de nuestras vidas los principios fundamentales que nos convierten en seres humanos. Como en el mundo de Huxley, los ciudadanos condicionados obedecen y responden afirmativamente —y sin cuestionarlos— a una serie de eslóganes que nos repiten una y otra vez en los medios de comunicación y que, como si estuviéramos siendo sometidos a constantes sesiones de «hipnopedia», incluso se cuelan en nuestros sueños. Es la tiranía del pensamiento y del sentimiento únicos disfrazados de «diversidad», de «democracia», de «libertad sexual» y de «triunfo de la ciencia». Sin embargo, todos esos eslóganes van dirigidos a alcanzar un único fin: dominar nuestras voluntades y eliminar la menor posibilidad de disensión:

Un edificio gris, achaparrado, de solo treinta y cuatro plantas. Sobre la entrada principal se lee: «Centro de Incubación y Condicionamiento de la Central de Londres». Y, en un escudo, la divisa del Estado Mundial: «Comunidad, Identidad, Estabilidad»[2].

---

[2] Todos los textos que se citan de *Un mundo feliz,* de Aldous Huxley, se han sacado de: https://agora.xtec.cat/cfabonpastor/wp-content/uploads/usu260/2017/03/Un-mundo-feliz-Huxley.pdf

Así comienza la novela de Huxley, y así se describe el moderno edificio de Fecundación y Condicionamiento donde se controla el destino de los individuos antes de nacer. Estamos en el año de estabilidad 632 después de Ford. El director del centro explica a un grupo de jóvenes estudiantes que los óvulos fecundados de los Alfa y los Betas permanecen en las incubadoras hasta que son definitivamente embotellados, mientras los Gammas, Deltas y Epsilones son retirados al cabo de treinta y seis horas para ser sometidos al revolucionario método Bokanovsky: la clonación:

> Una producción de noventa y seis seres humanos donde antes solo se conseguía uno: progreso... Mellizos por docenas, por veintenas...
> —¿En qué consiste la ventaja? —pregunta uno de los estudiantes.
> —¡Pero, hijo mío! —exclama el director—. ¿De veras no lo comprende? ¿No *puede comprenderlo?* El método Bokanovsky es uno de los mayores instrumentos de la estabilidad social.

Todos son iguales, según su rango profesional. Su destino está marcado desde antes de la cuna. Al cabo de unos segundos el director afirma: «Por primera vez en la historia sabemos bien adónde vamos». Todo se rige por un único principio: la estabilidad social, y el proceso comienza aquí, en estas salas de Envasado, Etiquetado y de Predestinación Social:

> Hombres y mujeres estandarizados, en grupos uniformes. Todo el personal de una fábrica podría ser el producto de un solo óvulo *bokanovskificado.* [...] Gammas en serie, Deltas invariables, Epsilones uniformes. El principio de la producción en masa aplicado, por fin, a la biología.

—Nuestra labor consiste en estabilizar a la población en este momento, aquí y ahora.

Los estudiantes, como decimos, están en la Sala de Decantación, donde ocurre el nacimiento, la llamada «existencia independiente», el lugar donde nacen los humanos artificiales gracias a las interrupciones y modificaciones del proceso biológico natural. Nacen hombres, mujeres y hermafroditas: embriones a los que les administran una dosis de hormona sexual femenina cada veinticuatro horas durante el trayecto final previo a la Decantación. Los hermafroditas no habían sido del todo perfeccionados, pues tendían a tener barba, pero eran estériles —lo verdaderamente importante—. El director del centro se muestra satisfecho:

—Esto nos permite dejar de imitar servilmente a la naturaleza para adentrarnos en el mundo mucho más interesante de la invención humana.

¡Son dioses creadores! ¡Los científicos tecnócratas son superhombres! En el lugar donde se diseñan los Alfas y los Betas también se predestina y se condiciona a los Epsilones —el nivel inferior—, aportándoles una menor cantidad de oxígeno en el tubo durante la última fase del proceso de Decantación:

—No hay nada como la escasez de oxígeno para mantener a un embrión por debajo de lo normal.

Y [el director, Mr. Foster] volvió a frotarse las manos.

—Cuanto más baja es la casta —dijo Mr. Foster—, más debe escasear el oxígeno. El primer órgano afectado es el cerebro. Después, el esqueleto. Al setenta por ciento del oxígeno normal se consiguen enanos. A menos del setenta, monstruos sin ojos, que no sirven para nada.

—[...]

—Pero en los Epsilones —dijo Mr. Foster, muy acertadamente— no necesitamos inteligencia humana.

No la necesitaban y no la «fabricaban».

La modificación de la inteligencia se relaciona con el trabajo que estos seres artificiales desarrollarán para el Estado global. Sus destinos, por tanto, ya están marcados, pero es necesario seguir utilizando la tecnología para que nada se tuerza:

> Túneles calientes alternaban con túneles fríos. El frío se aliaba a la incomodidad en la forma de intensos rayos X. En el momento de su decantación, los embriones sentían horror por el frío. Estaban predestinados a emigrar a los trópicos, a ser mineros, tejedores de seda al acetato o metalúrgicos.
>
> —Nosotros los condicionamos de modo que tiendan hacia el calor —concluyó Mr. Foster—. Y nuestros colegas de arriba les enseñarán a amarlo. Y este, este es el secreto de la felicidad y la virtud: amar lo que uno tiene que hacer. Todo condicionamiento tiende a esto: a lograr que la gente ame su inevitable destino social.

El esclavo perfecto es aquel que ama su esclavitud. Es el triunfo de la sociedad frente a la comunidad, del colectivo frente al individuo.

La Gran Mentira

¡Qué mundo tan feliz aquel en el que naces robot, normópata, transhumano! Un mundo en el que jamás te harás una pregunta compleja y en el que en ningún caso tu conciencia te incordiará ni pondrá en peligro la estabilidad de la élite. Solo eres una pieza más del engranaje en la cadena social. Y si no les resultas útil, ni siquiera llegarás a nacer. No tendrás hijos ni responsabilidades, no tendrás preguntas morales, no tendrás remordimientos. No tendrás dioses ni diablos. No tendrás ni libertad, ni amor, ni odio. No tendrás nada, pero serás feliz.

El mundo que Huxley describe en su novela recrea muchos de los problemas a los que nos enfrentamos hoy y explica cómo están siendo solucionados por esa clase gobernante que anhela sobre todo la estabilidad, imponiendo una sociedad global inconsciente, infantil, feliz y esclava. El resultado es la normalización de un mundo sin verdad y, por tanto, sin libertad. Porque, no lo olvidemos, la libertad siempre es consecuencia de la verdad.

La primera mentira sobre la que se asienta el proyecto de Gobierno global distópico es precisamente el convencimiento de que la estabilidad social es posible. Pero ¿qué significa para la élite del poder la *estabilidad*? ¿Y cómo la consiguen? Mediante una guerra perpetua contra los humanos para debilitar sus capacidades naturales, mermar su inteligencia y, por medio de un dirigismo previo al nacimiento, invalidarlos como seres pensantes y críticos. Y, por tanto, anular su libertad.

Los paralelismos de la novela de Huxley con lo que hemos vivido —y seguimos viviendo— durante la *pandemia* son demasiado inquietantes como para pasarlos por alto. ¿Qué significa, por ejemplo, la imposición del uso de la mascarilla como algo necesario para sobrevivir, porque, si no la usamos, moriremos? Se nos ha inculcado el miedo —a niños y a adultos— para que obedezcamos ciegamente sin siquiera preguntarnos si la «orden» es coherente o no. Además, en la novela el oxígeno es el condicionante necesario para la fabricación de Epsilones serviles —sin inteligencia—, detalle que me alarma cuando descubro que numerosos neurocientíficos y biólogos advierten de que el uso de las mascarillas en la infancia daña el desarrollo del cerebro debido a la falta de oxígeno y le impide madurar. ¿Mera casualidad?

Otra semejanza es la creación de niños en tubos de ensayo —como ya se hace— a demanda de las necesidades sociales. El propio Bill Gates ya habló en 2010 de los peligros de que siguieran naciendo seres humanos. ¿Solución? Las vacunas, «atención médica y salud reproductiva». El Gran Arquitecto social de nuestra era tiene la esperanza de que las vacunas, junto con la «planificación familiar» —o sea, el aborto y la eutanasia—, obrarán el milagro de frenar el crecimiento de la población hasta situarlo en un nivel cercano a cero[3]. Para Gates es necesario frenar el cambio climático, para lo cual es imprescindible reducir el crecimiento de la población mundial. Esta obsesión con el control demográfico hace que no resulte casual que las «vacunas COVID» estén matando a miles de personas que, ingenuamente, piensan que vacunándose recuperarán su vida prepandémica.

La doctora irlandesa Dolores Cahill[4], genetista y viróloga de referencia mundial, ha realizado la siguiente denuncia:

> Nos dijeron que la solución era una vacuna de ARNm [ARN mensajero], que era segura y eficaz, pero no lo es y está causando un daño enorme. El mayor daño de estas vacunas se producirá en los próximos años. Cualquiera que tenga más de setenta años y reciba una de estas vacunas de ARNm [ARN mensajero] probablemente morirá dentro de dos o tres años. Y yo diría que cual-

---

[3] Bill Gates en su charla TED «Innovando a cero», 2010.
[4] https://people.ucd.ie/dolores.cahill

quiera que reciba la inyección, no importa la edad que tenga, su esperanza de vida se reducirá… Si tienes treinta años, morirás en los próximos cinco o diez años. Y, probablemente, tendrás problemas neurocognitivos, de alergia e inflamación. Y, por supuesto, la infertilidad es la mayor consecuencia.

Ya advertí de este peligro en mi libro anterior, *La verdad de la pandemia. Quién ha sido y por qué.*

El control de la natalidad y las políticas eugenistas

El director Foster se explica ante los jóvenes estudiantes:

—Porque, desde luego, en la gran mayoría de los casos la fecundidad no es más que un estorbo.

La doctora norteamericana Simone Gold, el presidente del Colegio de Biólogos de Euskadi, Jon Ander Etxebarria, y un largo etcétera se unen a la denuncia de la doctora Cahill y exponen los peligros de este agente biológico experimental que están inoculando a millones de personas con su consentimiento pero bajo fuertes coacciones que no son capaces de percibir. Sencillamente, obedecen a la autoridad sin cuestionarla, ciegamente, como los fanáticos de una religión. Sus dioses autoritarios les han dicho que la *vacuna* es la única solución para acabar con el problema de la *pandemia*. Y los creyentes fieles se la inoculan con el entusiasmo y la alegría de quienes serán recompensados con la entrada al paraíso de los elegidos. Mientras tanto, quienes comprendemos lo que está pasando observamos la trampa con estupor y preocupación.

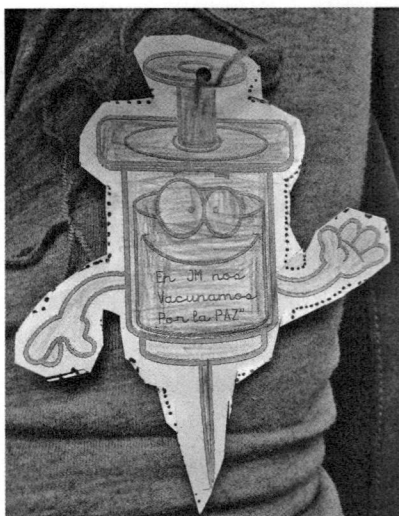

Esta foto me la envió uno de mis lectores, el padre del niño autor del dibujo para una tarea de clase. El adoctrinamiento de la frase «En JM nos Vacunamos para la PAZ» es evidente.

Como en la novela de Huxley —que, más que distópica o profética, es desiderativa—, la vida es un estorbo para unas élites obsesionadas con la estabilidad social. Así, para evitar que se produzcan rebeliones es absolutamente necesario aplicar una geopolítica eugenista[5], precisamente lo que hemos visto —y sufrido— con los protocolos impuestos durante la *pandemia* global.

Aldous Huxley conocía bien los planes que la élite de los años treinta del siglo pasado pretendía implantar. En su familia había importantes científicos e intelectuales, como su abuelo, Thomas Henry Huxley, biólogo al que llamaban el «Bulldog de Darwin» —de quien era amigo íntimo— por su defensa de la Teoría de la Evolución y la prevalencia del más fuerte. También Julian Huxley, hermano del escritor, siguió esta estela cientificista y filosófica y se convirtió en un ferviente eugenista. Fue el primer director de la Unesco, secretario de la Sociedad Zoológica de Londres y uno de los fundadores del Fondo Mundial para la Naturaleza (WWF, cuyo logo es un oso panda). Y, como premio, en 1958 fue nombrado caballero británico.

---

[5] Henry Kissinger la aplicó como política de Estado siendo el secretario de Estado en 1973. Analizo el Informe Kissinger en *La verdad de la pandemia*.

Resulta obvio que el joven Aldous se nutrió del pensamiento eugenista de la élite intelectual a la que pertenecía para la novela, ese mismo pensamiento que diseña los principios de la Agenda 2030-50, del Gran Reseteo y de la nueva civilización totalitaria que asola el presente. Todos estos programas hunden sus raíces en las posturas de los herederos de una clase social que se considera llamada a «salvar el mundo». Al menos, una gota de agua en el desierto: en el prólogo a la edición de 1969, Huxley escribió: «En el futuro, la maldad debe ser perseguida, reconocida y, en la medida de lo posible, evitada».

«¡BIENVENIDOS A 2030!»

A raíz de las reuniones mantenidas en el World Economic Forum (Foro de Davos) de 2016, la que fuera ministra de Medio Ambiente de Dinamarca, Ida Auken, escribió un llamativo artículo que anticipaba el rumbo que podría tomar la sociedad en los siguientes cinco años. En el contexto de la *pandemia,* el texto ha atraído la atención de muchos que vieron en él una nueva distopía —al estilo de Huxley— producto de una mente carente de alma. Invito al lector a leer los siguientes párrafos del artículo:

> Bienvenidos al año 2030. Bienvenidos a mi ciudad, o debería decir, «nuestra ciudad». No tengo nada. No tengo auto. No soy dueña de una casa. No tengo electrodomésticos ni ropa. Puede que te parezca extraño, pero tiene mucho sentido para nosotros en esta ciudad. Todo lo que consideraba un producto ahora se ha convertido en un servicio. Tenemos acceso a transporte, alojamiento, comida y todo lo que necesitamos en nuestra vida diaria. Una a una, *todas estas cosas se volvieron gratuitas,* por lo que terminó sin tener sentido para nosotros poseer mucho.

La primera comunicación se volvió digitalizada y gratuita para todos. Luego, cuando la energía limpia se volvió gratuita, las cosas comenzaron a moverse rápidamente. El transporte bajó drásticamente de precio. Ya no tenía sentido para nosotros tener automóviles, porque podíamos llamar a un vehículo sin conductor o un automóvil volador para viajes más largos en minutos. Empezamos a transportarnos de una forma mucho más organizada y coordinada cuando el transporte público se volvió más fácil, rápido y cómodo que el coche. Ahora apenas puedo creer que aceptamos la congestión y los atascos, sin mencionar la contaminación del aire de los motores de combustión. ¿Qué estábamos pensando?

A veces uso mi bicicleta cuando voy a ver a algunos de mis amigos. Disfruto del ejercicio y el paseo. De alguna manera consigue que el alma acompañe en el viaje. Es curioso cómo algunas cosas parecen no perder nunca su emoción: caminar, andar en bicicleta, cocinar, dibujar y cultivar plantas. Tiene mucho sentido y nos recuerda cómo nuestra cultura surgió de una estrecha relación con *la naturaleza*.

Los problemas ambientales parecen lejanos. En nuestra ciudad no pagamos alquiler, porque otra persona está usando nuestro espacio libre siempre que no lo necesitamos. Mi sala de estar se usa para reuniones de negocios cuando no estoy allí.

De vez en cuando, elegiré cocinar para mí. Es fácil: el equipo de cocina necesario se entrega en mi puerta en minutos. Desde que el transporte se volvió gratuito, dejamos de tener todas esas cosas metidas en nuestra casa. ¿Por qué tener una máquina para hacer pasta y una cocina para *crepes* en nuestros armarios? Podemos pedirlos cuando los necesitemos.

¿Compras? Ni siquiera puedo recordar lo que son. Por lo general, solo tenemos que seleccionar las cosas que vamos a utilizar. A veces lo encuentro divertido y a veces solo quiero que el algoritmo lo haga por mí. Ahora él ya conoce mejor mis gustos que yo [...][6].

Ya no tendremos que pensar. Y como todo es de todos, nada es de nadie. Al carecer de un espacio en propiedad, no tendremos refugio ni guarida. La vigilancia intrusiva será asfixiante.

Mucho me temo que no se trata de una mera distopía. En 2012, la Asamblea General de la ONU decretó que cada 20 de marzo se celebraría el Día Internacional de la Felicidad, para reivindicar la importancia de esta y del bienestar como aspiraciones universales de los seres humanos y la necesidad de incluirlas en las políticas de los Gobiernos del mundo[7]. Da escalofríos pensar cómo poco a poco pretenden imponer la dictadura del *felicismo* de un Estado totalitario global.

El *felicismo* es el nuevo comunismo elitista. Este texto no olvida la propaganda de la religión universal de la «madre Tierra»[8]. En su web, la ONU dice que la *pandemia* ha puesto en grave amenaza a la felicidad:

La felicidad individual pasa por la felicidad global con la colaboración de todos. *No dejemos a nadie atrás.* Luchemos por nuestros Objetivos de Desarrollo Sostenible.

Palabras que introducen, cómo no, la inevitable «campaña» de la Agenda 2030 de la que hablaremos en el siguiente capítulo.

---

[6] El artículo completo se encuentra en https://www.weforum.org/agenda/2016/11/how-life-could-change-2030/

[7] Resolución 66/281 de la ONU.

[8] Analizo la Carta de la Tierra de la ONU en *Los amos del mundo están al acecho,* ob. cit.

5
LA AGENDA 2030 ES UNA CAMPAÑA MEDIÁTICA

¿Por qué los periodistas se aferran a lo que ahora se llama el «relato único»? Porque hay operaciones gubernamentales de influencia que, aliadas a las empresas privadas de comunicación globales, han aniquilado la pluralidad informativa, alentando y potenciando la polarización entre los ciudadanos, estigmatizando a unos y vanagloriando a otros. Divide y vencerás.

La guerra contemporánea se libra en el universo de la palabra y se hace mediante operaciones de influencia que condicionan la mente individual y colectiva. El resultado es la aparición de un miedo que, junto con la desinformación en todas sus modalidades, provoca una psicosis de guerra en una parte de la población que, al haber sido sometida a dogmas desde la infancia, es analfabeta funcional.

Y, como en toda psicosis, ahora se trata de hallar y castigar a los culpables. Entre las labores principales de los propagandistas se encuentra precisamente la caza de brujas: los ciudadanos no concienciados, los negacionistas, los antivacunas, los antimascarillas, los que se dan besos y abrazos —¡qué gran herejía!—, los jóvenes que hacen fiestas y matan a sus abuelos… Es una gigantesca campaña mediática dirigida a confundir a los ciudadanos y, con el apoteósico beneplácito de las autoridades, dar salida a una pasión humana básica: el odio.

Los mensajes con los que nos bombardean no son información, sino propaganda, generada y ubicada en el marco de los vínculos existentes entre los actuales conflictos internacionales y la geopolítica, las guerras de poder, la persuasión de las masas y la imposición de nuevos valores para la Nueva Normalidad. En este contexto, la guerra psicológica se vuelve global; una globalización que solo es posible por la amplificación que permiten las nuevas tecnologías de la información y de la comunicación (NTIC), cuyos propietarios son los grandes oligarcas.

En la Tercera Guerra Mundial, todas estas áreas temáticas están interconectadas: geopolítica, geoestrategia, diplomacia, relaciones internacionales, operaciones de influencia, medios de comunicación, guerra psique, propaganda, *fake news,* desinformación, mentira, miedo. Si no entendemos la interrelación que existe entre la comunicación social como arma y la guerra de poder actual, no comprenderemos qué está ocurriendo, por qué ni para qué. Los fenómenos propagandísticos internacionales son la clave de la batalla cultural, del combate psicológico, del lavado de cerebro que estamos sufriendo. Son las armas con las que los planificadores pretenden conseguir su preciado botín: implantar una sociedad global uniforme y dispuesta a obedecer ciegamente sus postulados.

La Tercera Guerra Mundial se ha diseñado cuidadosamente para convertir a los ciudadanos en la «fuerza militar» con la que los amos del mundo ganarán territorios y se adueñarán de los recursos de la Tierra. Las campañas de comunicación son en realidad operaciones de invasión y esto queda evidenciado en el diseño comunicativo de la Agenda 2030, una campaña propagandística universal dirigida a sugestionar a todas las personas del planeta y, como no podía ser de otro modo, a perseguir a los indómitos hostiles. Ya hablan de *negacionistas* del clima y de *negacionistas* de las políticas de género.

Pero, como ya vimos en el bloque anterior, una campaña propagandística es el resultado de un pensamiento estratégico, de una inteligencia que sabe —porque lo ha aprendido— que el primer paso para conseguir un objetivo es comunicar la necesidad de ese objetivo, al tiempo que oculta la intencionalidad del mensaje. Un publicista se dedica a vender a las personas cosas que no necesitan y lo consigue convenciéndolas no solo de que las necesitan, sino de que no pueden vivir sin ellas.

¿«UN MUNDO MÁS IGUALITARIO Y SALUDABLE»?

En la página web del Ministerio de Asuntos Exteriores de España leemos lo siguiente:

> La Agenda 2030 para el Desarrollo Sostenible fue firmada en 2015 por los jefes de Estado y de Gobierno de los países miembros de Naciones Unidas. Representa el compromiso internacional para hacer frente a los retos sociales, económicos y medioambientales de la globalización, poniendo en el centro a las personas, el planeta, la prosperidad y la paz, bajo el lema de «no dejar a nadie atrás».

«No dejar a nadie atrás» es un eslogan repetitivo que las élites globalistas introducen subliminalmente en todas sus campañas, desde la vacunación hasta el consumo de carne sintética.

La Agenda 2030 ha recibido un fuerte impulso con la falsa *pandemia* de coronavirus, tanto en sus campañas propagandísticas para darla a conocer como en su implantación en los distintos ámbitos —educativos, profesionales y empresariales—. Pero su historia es más antigua. El Programa 21, o Agenda 21, se aprobó en la Conferencia de las Naciones Unidas sobre el Medio Ambiente y el Desarrollo (CNUMAD) celebrada en Río de Janeiro en junio de 1992. Dos años después, David Rockefeller resumió el proyecto en su discurso en la Conferencia Internacional sobre Población y Desarrollo de la ONU celebrada en El Cairo:

> Irónicamente, nuestras propias innovaciones, que están haciendo enormes mejoras en la existencia humana, están creando también nuevos problemas que ponen en evidencia la presencia de un desastre alarmante y posiblemente catastrófico para la biosfera en la que vivimos. Y aquí está el dilema que todos enfrentamos. Permítanme poner un ejemplo: mejorar la salud pública ha causado el descenso de la tasa de mortalidad mundial de niños en un 60 % en los últimos cuarenta años. En el mismo período, la tasa mundial promedio de extensión de la vida ha aumentado desde los cuarenta y seis años en la década de los años cincuenta, a los sesenta y tres años hoy.

Con todo lo vivido desde la declaración oficial de la *pandemia* por la OMS, este texto ha adquirido un sentido pleno de rabiosa actualidad. Ahora todos pueden entender lo que decía el iluminado Rockefeller cuando aseguraba que la ciencia y la tecnología del siglo XX han tenido una nefasta consecuencia: el crecimiento demográfico, que califica como el más grave problema al que nos enfrentamos, pues semejante número de personas en el planeta lo pone en peligro. Y, por supuesto, a esta problemática había que encontrarle una rápida solución.

¿Recuerdan las palabras de la entonces directora gerente del FMI, Christine Lagarde? ¡Sobran los ancianos!

La *pandemia* de la COVID-19 ha ofrecido una magnífica oportunidad a los países miembros de la ONU para publicitar los objetivos de la Agenda 2030. Como ya he mencionado, en nuestro país esta campaña tiene su propio ministerio —Derechos Sociales y Agenda 2030— dirigidos entre 2019 y 2021 por el entonces vicepresidente del Gobierno, Pablo Iglesias, y desde abril de 2021 por su compañera de partido (Unidas Podemos) Ione Belarra. El secretario general del Partido Comunista, Enrique Santiago, es el actual secretario de Estado para la Agenda 2030, desde donde se trabaja para «conseguir un mundo más *igualitario* y saludable». Es decir, la propaganda vende la Agenda 2030 como si en ella estuvieran contenidos los nuevos derechos humanos. La Carta de San Francisco, que dio origen a la ONU en 1945, ha sido sustituida por la Agenda 2030 y la ya anunciada también Agenda 2050. El único matiz que las diferencia es que la primera está planteada a medio plazo, y la segunda, a largo plazo. Pero el propósito es el mismo.

Sigamos leyendo la descripción que la propia ONU ofrece de la desconocida —aunque omnipresente— Agenda 2030:

Los Objetivos de Desarrollo Sostenible (ODS) constituyen un llamamiento universal a la acción para poner fin a la pobreza, proteger el planeta y mejorar las vidas y las perspectivas de las personas en todo el mundo. En 2015, todos los Estados miembros de las Naciones Unidas aprobaron diecisiete objetivos como parte de la Agenda 2030 para el Desarrollo Sostenible, en la cual se establece un plan para alcanzar dichos objetivos en quince años.

Actualmente, se está progresando en muchos lugares, pero, en general, las medidas encaminadas a lograr los objetivos todavía no avanzan a la velocidad ni en la escala necesarias. *El año 2020 debe marcar el inicio de una década de acción ambiciosa* a fin de alcanzar los Objetivos para 2030. [Las cursivas son mías][1].

Estos son los diecisiete objetivos de la Agenda 2030:

1. Fin de la pobreza.
2. Hambre cero.
3. Salud y bienestar.
4. Educación de calidad.
5. Igualdad de género.
6. Agua limpia y saneamiento.
7. Energía asequible y no contaminante.
8. Trabajo decente y crecimiento económico.
9. Industria, innovación e infraestructuras.
10. Reducción de las desigualdades.
11. Ciudades y comunidades sostenibles.
12. Producción y consumo responsables.
13. Acción por el clima.
14. Vida submarina.
15. Vida de ecosistemas terrestres.
16. Paz, justicia e instituciones sólidas.
17. Alianzas para lograr los objetivos.

¿Quién se negaría a impulsar un proyecto cuya meta es defender a los pobres, el trabajo, los mares, los bosques, la educación, la paz…? Nadie en su sano juicio. Pero la clave está en diferenciar el mensaje de la intención que oculta. La trampa se halla en que lo que nos cuentan sobre la Agenda 2030 es pura

---

[1] https://www.un.org/sustainabledevelopment/es/development-agenda/

propaganda, una campaña de comunicación internacional cuyo objetivo es vendernos un producto: un futuro mejor para todos. El paraíso del transhumanismo. ¿Cuál es el mensaje y la intención ocultos? Pues que ese «futuro mejor» solo lo será para unos pocos, para la élite que financia la Agenda y que la prodiga en una campaña mediática.

De aquí a los próximos años, en los medios de comunicación solo se hablará de ella. Las noticias se seleccionarán y elaborarán en función de su relación con la Agenda. El resto de temas y acontecimientos del mundo no tendrá cabida en sus espacios mediáticos.

Si se lee con atención la explicación que acompaña a cada uno de los diecisiete objetivos de la Agenda, una se da cuenta de que estamos ante una nueva —y ultramoderna— lista de mandamientos cuyos resultados ya hemos comenzado a padecer. Los Objetivos de Desarrollo Sostenible (ODS) están en el centro de la agenda de prensa del planeta y desde todos los medios de comunicación nos envían el mismo mensaje: «Obedece o serás desterrado». Por supuesto, no nos lo dicen con esas palabras, pero ese es el mensaje subliminal.

La declaración está plagada de conceptos como «erradicación de la pobreza», «promover la igualdad», «acceso universal a la justicia», «un mundo pacífico y próspero», «bienestar universal», etc., ideas dirigidas a persuadirnos para que creamos que se trata de la construcción de un paraíso en la Tierra al que, obviamente, nadie puede resistirse. Todos, al unísono, debemos participar en la edificación de ese Nuevo Orden Mundial que nos presentan como la única solución para una humanidad en constante crisis —económica, pandémica, climática, política—, al tiempo que, sutilmente, se nos culpa a los ciudadanos del calentamiento global, de las desigualdades, del racismo, de la pobreza… e incluso de la *pandemia*. Así, se formula un nuevo mandamiento: somos nosotros, los ciudadanos de todo el planeta, quienes debemos comprometernos en la transformación de nuestro modo de vida «equivocado» para adoptar un nuevo modo de vida «correcto».

Diseño estratégico de la Agenda 2030

Es loable cambiar el mundo para mejorarlo. De algún modo, todos nos sentimos llamados a hacerlo, pero la Agenda 2030 no persigue esa meta y, menos aún, cuando el detonante de su campaña de comunicación es un engaño. De hecho, el propio fundador del Foro de Davos, Klaus Schwab, ha afirmado en 2021 que la COVID-19 es un «agente acelerador» del Gran Reseteo:

> La pandemia representa una oportunidad, inusual y reducida, para reflexionar, reimaginar y reiniciar nuestro mundo y forjar un futuro más sano, más equitativo y más próspero[2].

Recordemos que otro títere de estas élites, el presidente español Pedro Sánchez, dejó manifiestamente claro el 22 de abril de 2020, en el pleno del Congreso de los Diputados, que el objetivo de la «táctica de la pandemia» es la gobernanza mundial, un gobierno único en manos de las élites globales que nos ven, a los que quedemos vivos, como meros esclavos de la Tierra, a la que también consideran de su propiedad. Aunque él leyó «efectos», los diarios *Público* y *El Confidencial* publicaron que «esta emergencia mundial tiene como *objetivo* acelerar cambios […]».

---

[2] https://es.weforum.org/focus/el-gran-reinicio. Es absolutamente revelador constatar cómo ha llamado a la COVID-19: «agente acelerador».

Público

Estás leyendo: **DIRECTO** | Simón afirma que el regreso al trabajo de la semana pasada no ha tenido impacto en el aumen

según recoge *Heraldo*.

09:26h

f y

"La pandemia tiene como objetivo acelerar cambios que ya venían de hace años"

"La pandemia tiene como objetivo acelerar cambios que ya venían de hace años: el cambio en el teletrabajo, en el consumo, hacia la digitalización y la automatización, hacia formas de gobernanza mundial", ha afirmado el presidente del Gobierno, Pedro Sánchez.

Por su parte, en julio de 2020 el periodista Mark Lynas, participante habitual en el Foro de Davos y colaborador de revistas como *New Statsment* o *The Ecologist,* y de periódicos como *The Guardian* o *The Observer,* afirmó lo siguiente:

La crisis de la COVID-19 alineó más que nunca los imperativos económicos y climáticos. Si aprovechamos esta oportunidad histórica, las generaciones futuras seguramente recordarán 2020 como el año en el que la humanidad logró tanto derrotar a la pandemia como salvar al planeta[3].

Y, cómo no, el Gran Profeta de nuestra era, Bill Gates, no pierde la oportunidad de deleitarnos con sus predicciones y prepararnos para la siguiente catástrofe:

Por terrible que sea esta pandemia, el cambio climático podría ser peor. [...] Para 2060, el cambio climático podría ser tan mortal como la COVID-19 y para 2100 podría ser cinco veces más mortal. [...] Si aprendemos las lecciones de la COVID-19,

---

[3] https://es.weforum.org/agenda/2020/07/covid-19-ha-lanzado-a-nuestro-planeta-un-salvavidas-para-luchar-contra-el-cambio-climatico/

podemos acercarnos al cambio climático más informados sobre las consecuencias de la inacción. La actual crisis mundial puede informar sobre nuestra respuesta a la próxima.

Lo que oculta esta propaganda repetitiva es el diseño estratégico de la Agenda 2030 —por parte del Foro de Davos, de la ONU y de fundaciones «filantrópicas», como la de Bill y Melinda Gates— como un plan que establece las bases del reparto de poder y de los recursos del planeta tras la finalización de esta Tercera Guerra Mundial: solo unos pocos serán los propietarios de las fuentes de energía, de las industrias y de las máquinas. Y no olvidemos que al ser humano también lo consideran una máquina.

La Agenda 2030 crea los cimientos para que se produzca un cambio radical en nuestro estilo de vida con la excusa de una serie de supuestos peligros que ponen en jaque a la humanidad y al planeta. Y, sin duda, los humanos somos los culpables de que esto sea así. Como vemos, la vieja táctica de guerra psicológica de crear falsos enemigos vuelve a utilizarse —las pandemias y el cambio climático *son provocados por el hombre*— para ocultar los verdaderos intereses de esta élite dominante disfrazada de filántropos.

Analicemos algunos de los puntos de la Agenda para comprenderla mejor.

Puntos 1, 2 y 3: «Fin de la pobreza», «Hambre cero»,
«Salud y bienestar»

Estos tres primeros puntos tienen un común denominador: la reducción de la demografía mediante la eugenesia, el aborto, el control de la natalidad y la muerte de la población con *vacu-*

nas, como el propio Bill Gates ya anunció en 2010 en su charla TED titulada «Innovando a cero», donde afirmó que para frenar el cambio climático y erradicar la pobreza y el hambre en el planeta es fundamental reducir a cero el crecimiento de la población mundial:

> El mundo de hoy tiene 6.800 millones de personas. Y nos dirigimos a 9.000 millones. Ahora, si hacemos un gran trabajo en nuevas vacunas, atención médica y servicios de salud reproductiva, podríamos reducirlo en, tal vez, el 10 o el 15 %.

Sigue la estela marcada por David Rockefeller en su discurso de 1994 en la ONU. Así pues, preparémonos para lo que viene: políticas eugenésicas por doquier, campañas de vacunación entre los más pobres dirigidas a provocar infertilidad en las mujeres —como sabemos que ocurrió en Kenia en la década de los años noventa del siglo pasado[4]—, abortos provocados y ocultos tras las campañas de la llamada «salud reproductiva», o la eutanasia aceptada e institucionalizada, como hemos visto recientemente en España, que genera una diseminación —o anulación— de la responsabilidad de quien actúa para causar la muerte de otra persona.

En Bélgica, por ejemplo, una de cada tres eutanasias practicadas no se declara al organismo oficial de control pertinente[5]. Es un asesinato silencioso. Y en Países Bajos se está reformando la ley para permitir este *derecho* a quitarse la vida a jóvenes

---

[4] Trato este asunto con detalle en mi libro *La verdad de la pandemia,* Ediciones Martínez Roca, Madrid, 2020, págs. 59 y sigs.

[5] https://www.bioeticablog.com/belgica-un-tercio-de-las-eutanasias-no-se-declaran/

menores de doce años[6]. El ministro de Sanidad de Holanda, Hugo de Jonge, dijo que esta reforma permitiría prevenir que los niños padezcan un «sufrimiento insoportable y sin esperanzas».

En 2020 tres médicos fueron procesados en el Tribunal de lo Penal por haber practicado la eutanasia en 2012 a una mujer de treinta y ocho años que sufría depresión y un trastorno autista. Los médicos fueron absueltos, mientras la familia denunciaba una monstruosa «carrera hacia la eutanasia».

Por su parte, Xi Jinping se apresuró a subrayar, en el Foro de Davos de 2021, que en China ya se ha erradicado la pobreza extrema. Pero silenció la grave problemática que se les presenta por el envejecimiento de la población, provocado por la nefasta e inhumana política del hijo único. ¿Alguien duda de que ese sistema es el modelo a imitar a escala global?

Puntos 12 y 15: «Producción y consumo responsables»,
«Vida de ecosistemas terrestres»

La campaña mediática de la Agenda 2030 pretende convencernos de que debemos modificar nuestra alimentación y nuestra forma de consumir y producir. Y todo se argumenta conforme al cambio climático. En su último libro, *Cómo evitar un desastre climático,* Bill Gates exige que las naciones ricas sean las primeras en dar ejemplo respecto al abandono de la carne: «Las naciones ricas deberían pasar a la carne 100 % sintética», decla-

---

[6] https://www.semana.com/mundo/articulo/en-paises-bajos-se-permitiria-la-eutanasia-para-menores-de-12-anos/202011/

ra con rotundidad el Gran Profeta y, al mismo tiempo, el esperado mesías, en una entrevista en la MIT *Technology Review*[7].

La biotecnóloga Laura Soriano, del centro Ainia de Valencia, afirma que la comercialización de la carne sintética en los supermercados está muy próxima: «Aleph Farms, empresa israelí, fue de las primeras en investigar. El año pasado ya comentaban que en un par de años la iban a comercializar. Este año estuve en una charla y ya le daban otro año más». ¿Diez años? «Eso lo veo posible»[8]. O sea, en 2030.

El método para obtener carne sintética es de ciencia ficción, pues se elabora en laboratorio a partir de células madre. «Podemos ver las diferencias y añadir lo que falte —explica Soriano—. Si, por ejemplo, tiene menos vitaminas, se pueden añadir e igualarlas».

En Tel Aviv acaba de abrirse un restaurante de carne cultivada de la empresa SuperMeat, que sirve carne de pollo procedente de proteínas cultivadas a partir de células. Y, mientras tanto, el filántropo Gates trabaja desde su fundación para cambiar las políticas gubernamentales porque, según él, no tenemos elección. Lo queramos o no, dejaremos de comer filetes de ternera en 2030. Gates está en guerra contra la industria ganadera «por el bien del planeta», aunque, en realidad, son sus propios intereses los que están en juego, ya que es accionista de una gran variedad de nuevas empresas de carne artificial, como Impossible Foods, Beyond Meat, Memphis Meats y Hampton Creek Foods.

[7] https://www.technologyreview.com/2021/02/14/1018296/bill-gates-climate-change-beef-trees-microsoft/

[8] https://www.lavozdegalicia.es/noticia/sociedad/2021/04/10/comprar-carne-sintetica-super-posibilidad-vez-cercana/0003_202104G10P27993.htm

Beyond Meat (BYND) es una de las primeras compañías de carne biológica sintética por la que Gates apostó y, tras su inversión, las acciones crecieron hasta un 859 % durante los primeros tres meses. La revista *Forbes* se suma a la campaña y estima que en 2025 llegará a duplicar su valor[9]. ¿Quién se resiste a invertir en este negocio floreciente?

Uno de los anuncios propagandísticos de la última cita en Davos es «en 2030 no comerás carne». Pero oculta que, en realidad, no la comeremos porque no tendremos dinero para pagarla. Tan solo los filántropos y los megarricos podrán permitirse el lujo de comprar carne real en el futuro. Y sabemos que la comida preferida de Bill Gates es la hamburguesa. No estamos ante un vegetariano, sino ante un especulador.

Punto 13: «Acción por el clima»

Los puntos anteriores están directamente conectados con la campaña sobre el «cambio climático provocado por el hombre». Según la teoría de Bill Gates, los animales de granja tienen un gran coste para el medio ambiente, por lo que el objetivo del sacrificio de eliminar la carne de nuestra dieta es evitar «un gran desastre climático». Sin embargo, los representantes del sector cárnico en Estados Unidos y Europa contrargumentan que la emisión de los gases invernadero supuestamente provocados por el metano de los pedos de las vacas es una falacia de la industria climática, Greta Thunberg y los *lobbies* verdes, de los que el Foro de Davos y Bill Gates forman parte.

---

[9] https://www.forbes.com/sites/oliviergarret/2020/09/10/why-bill-gates-is-betting-millions-on-synthetic-biology/?__twitter_impression&sh=3ff-99d1a65c6

Con el argumento de los peligros que entraña el cambio climático, en 2015 Gates publicó un tuit en el que se le ve bebiendo —supuestamente— aguas fecales. La imagen y el texto dieron la vuelta al mundo, entre memes de indignados y de partidarios. «Bebí agua hecha con heces humanas. Aquí se ve la máquina que produjo esa agua», explicaba.

Esta bebida tan atractiva integra la propaganda y el *marketing* de todos estos grupos, que ya han comenzado a difundir el concepto de «dieta sostenible».

Además de en carne sintética, Gates invierte en leche materna artificial[10]; en concreto, en un proyecto de investigación —ya se ha gastado 3,5 millones de dólares— para la *startup* Biomilq, que espera tener el producto en el mercado dentro de cinco años. Puse esta noticia en mis plataformas de comunicación y el proyecto de Gates únicamente encontró muestras de rechazo.

Está demostrado que la leche materna es anticancerígena. ¿Por qué, entonces, Bill Gates pretende sustituirla? No se me ocurre otro motivo que el de debilitar desde bebés a los futuros esclavos del nuevo «mundo feliz» que están construyendo. Por supuesto, su argumento es más «elevado», ya que pretende convencernos de que a partir del cultivo de células epiteliales mamarias, con las que se producirá la leche artificial, se reducirá la huella de carbono en el mercado mundial actual de alimentos infantiles, que, según *Fortune Business Insights,* superará los 103.000 millones de dólares en 2026.

La inversión en este producto se realiza desde el fondo de inversión Breakthrough Energy Ventures, del que, además de

---

[10] https://www.foodretail.es/food/bill-gates-inversion-investigacion-leche-materna-artificial_0_1448255184.html

Gates, forman parte Jeff Bezos (Amazon), Mark Zuckerberg (Facebook), Richard Branson (Virgin), Masayoshi Son (Softbank), Jack Ma (Alibaba Group), Michael Bloomberg (Bloomberg L. P. y exalcalde de Nueva York) y Marc Benioff (Salesforce y Slack), todos ellos entre los hombres más ricos del mundo según la revista *Forbes*.

Resulta curioso comprobar cómo Bill Gates preconiza —y defiende— el fin de la propiedad privada y del capitalismo mientras se convierte en el mayor propietario de terrenos en Estados Unidos, unas 108.000 hectáreas altamente productivas, según la investigación de *The Land Report*[11]. A fin de cuentas, no en vano a Gates también le llaman ya «el rey del cultivo».

En marzo de 2021, desde su perfil de Reddit[12], Gates mantuvo un encuentro con los usuarios, que le preguntaron por su nueva «afición filantrópica»:

ItsColdWorld: ¡Hola Bill! ¿Por qué está comprando tanta tierra de cultivo?

---

[11] https://landreport.com/2021/01/bill-gates-americas-top-farmland-owner/

[12] Su perfil en @reddit: http://b-gat.es/reddit. Este encuentro del 19 de marzo de 2021 puede leerse completo en: https://www.reddit.com/r/IAmA/comments/m8n4vt/im_bill_gates_cochair_of_the_bill_and_melinda/. Comienza hablando de su libro y apunta que «en los últimos quince años he estado aprendiendo sobre energía y cambio climático. Lo que necesitamos ahora es un plan que convierta todo este impulso en pasos prácticos para lograr nuestros grandes objetivos». Y, además, subraya: «También he creado una organización llamada Breakthrough Energy para *acelerar* la innovación en cada paso e impulsar políticas que aceleren la transición a la energía limpia. Si desea ayudar, hay formas para que todos puedan participar».

Thisisbillgates: Mi grupo de inversión me lo recomendó. El sector agrícola es importante. Con semillas más productivas podemos evitar la deforestación y ayudar a África a lidiar con las dificultades climáticas que ya enfrenta. No está claro cuán baratos pueden ser los biocombustibles, pero, si son baratos, pueden resolver las emisiones de la aviación y de los camiones.

Más azul: ¿Cómo está afectando esto a las granjas familiares, la industrialización de la agricultura y el hecho de que los recursos sean controlados por las empresas? Cada una de estas son consideraciones sociales, económicas y ambientales importantes.

AFuddyDuddy: Las granjas se venden a corporaciones y luego se alquilan a los agricultores que solían poseer la tierra.

Solo para verse esencialmente obligados a cultivar lo que se les dice que cultiven, con la esperanza de que las empresas con las que están en deuda exijan métodos de cultivo sostenibles adecuados.

La mayoría no... Soy optimista de que la junta de la fundación Gates lo haga. Y luego tal vez ir aún más lejos para brindar la oportunidad de volver a comprar esa tierra como agricultor, con ganancias mutuamente beneficiosas.

Gates se despidió de la charla haciendo publicidad de su nuevo producto: «¡Gracias por todas las preguntas sustanciosas! Intentaré compensarles con una *Impossible Burger* [Hamburguesa Imposible] para el almuerzo de hoy». De este modo tan ilustrativo llama Gates a su hamburguesa sintética...

La Fundación Bill y Melinda Gates también promueve iniciativas y proyectos agrícolas en países en desarrollo, la mayoría basados en la ingeniería genética. Algunos ejemplos son el sorgo biofortificado, los cereales fijadores de nitrógeno, el maíz resistente a las sequías —especialmente diseñado para el continente africano— o el arroz dorado para Asia. En palabras del propio

Gates, la estrategia se centra en mejorar genéticamente los cultivos —incluyendo el uso de cultivos transgénicos—, protegerlos y proporcionar «a los agricultores formas de gestión más avanzadas y adaptadas a un clima cambiante»[13].

> Lo que tenemos que hacer es ayudar a estos agricultores con técnicas agrícolas y nuevas semillas, semillas que lidien mejor con la sequía, que lidien mejor con las inundaciones, que sean básicamente más productivas. Algunas de esas nuevas semillas usarán ciencia avanzada que las personas llaman OGM [organismos genéticamente modificados] para doblar la productividad y lidiar con la sequía y evitar la inanición.

De nuevo, todo es por *nuestro bien…* Pero lo que ocultan es cómo puede afectar a nuestra salud el consumo de alimentos producidos con estas semillas transgénicas. Y lo que tampoco nos dicen es que un pequeño puñado de empresas estadounidenses, europeas y chinas están decidiendo a día de hoy qué debe producir el sector agrícola del planeta, al tiempo que impone cómo nos alimentaremos, cómo enfermaremos y cómo nos empobreceremos.

En 2019, varias fundaciones europeas —Heinrich Böll, Rosa Luxemburgo, Amigos de la Tierra Alemania (BUND), Oxfam Alemania, *Germanwatch* y *Le Monde Diplomatique*— se unieron para realizar una investigación en profundidad sobre el sector «agro» a nivel mundial. Sus conclusiones aparecieron publicadas en un documento titulado «Altas del agronegocio», donde se denuncia tanto la manera de actuar de esas multinacionales como a los Gobiernos que ejercen como cómplices necesarios. «El agronegocio de transgénicos y agrotóxicos no puede conservar el

---

[13] https://www.chilebio.cl/2018/09/28/bill-gates-apoya-los-cultivos-transgenicos-para-enfrentar-mejor-el-cambio-climatico/

medio ambiente ni la subsistencia de productores, y tampoco puede alimentar al mundo», concluye la investigación, que apunta a las cuatro empresas que dominan el mercado de semillas y agrotóxicos: Bayer, que en 2018 cerró la compra de la agroquímica Monsanto, de la que Gates es uno de los principales accionistas; ChemChina-Syngenta, Brevant (Dow y Dupont) y Basf. En 2015 facturaron 85.000 millones de dólares y, según proyecciones de Bayer, llegarán a los 120.000 millones en 2025. La investigación denuncia que las empresas citadas han asumido poca —o nula— responsabilidad por las consecuencias de sus actuaciones, que han repercutido en «el hambre, el cambio climático, la sostenibilidad, la enfermedad y la injusticia» a lo largo y ancho del mundo.

Las primeras revoluciones sobre la Tierra fueron la agrícola y la ganadera. La primera divinidad a la que los humanos adoraron fue a la diosa Madre. Donde hay agricultura, hay vida. Donde hay ganadería, hay vida. Donde hay leche materna, hay vida. Y donde hay vida, hay desarrollo, riqueza, autonomía y libertad. ¿Por qué entonces este hombre vil, este Gran Arquitecto de nuestra era, le ha declarado la guerra a la agricultura, a la ganadería y a la madre? ¿Puede haber alguien que crea que todo esto lo hace por *nuestro bien?*

Puntos 7 y 9: «Energía asequible y no contaminante»,
«Industria, innovación e infraestructuras»

Como ya hemos señalado, Bill Gates preside el fondo de inversión Breakthrough Energy Ventures[14], dedicado a las llamadas «energías limpias» que evitarán la catástrofe climática, de

---

[14] «El objetivo de Breakthrough Energy Ventures es acelerar una transición energética en todos los sectores de la economía. Invertimos en empren-

la que, como es habitual, se culpa al ser humano. Sin embargo, en febrero de 2020, novecientos científicos firmaron un manifiesto[15] en el que exponen que los cambios en el clima se deben a procesos naturales del planeta, desmintiendo así que exista consenso sobre este asunto:

> La ciencia del clima debería ser menos política, mientras que las políticas climáticas deberían ser más científicas. En particular, los científicos deben enfatizar que su producción de modelos no es el resultado de la magia: los modelos de computadora son hechos por humanos. Lo que surge depende completamente de lo que los teóricos y los programadores hayan introducido: hipótesis, supuestos, relaciones, parametrizaciones, restricciones de estabilidad, etc.
>
> Creer en el resultado de un modelo climático es creer en lo que han introducido los creadores del modelo. Este es precisamente el problema del debate climático actual [...]. La ciencia del clima ha degenerado en una discusión basada en creencias, no en una ciencia autocrítica sólida. Deberíamos liberarnos de la creencia ingenua basada en modelos climáticos inmaduros. En el futuro, la investigación climática debe dar un énfasis significativamente mayor a la ciencia empírica.

Respecto al CO_2, el causante principal del desastre según los *lobbies* verdes, los firmantes del manifiesto son contundentes:

---

dedores visionarios, construyendo empresas que pueden tener un impacto significativo en el cambio climático a gran escala»: https://www.breakthroughenergy.org/investing-in-innovation/bev-portfolio

[15] https://clintel.org/world-climate-declaration/

El CO_2 es alimento vegetal, la base de toda la vida en la Tierra. El CO_2 no es un contaminante. Es esencial para toda la vida en la Tierra. La fotosíntesis es una bendición. Más CO_2 es beneficioso para la naturaleza, pues reverdece la Tierra: el CO_2 adicional en el aire ha promovido el crecimiento de la biomasa vegetal global. También es bueno para la agricultura, aumentando los rendimientos de los cultivos en todo el mundo.

La inexistencia de un debate abierto en los medios de comunicación responde a las imposiciones de los grupos de poder que apoyan a Greta Thunberg y al movimiento estudiantil Fridays for Future. La joven sueca afirma: «la crisis climática no tiene que ver solo con el medio ambiente. Es una crisis de derechos humanos, de justicia y de voluntad política. Los sistemas coloniales, racistas y patriarcales de opresión la han creado y alimentado. Necesitamos desmantelarlos a todos». Es decir, está promoviendo una revolución, una guerra contra el sistema actual.

El presidente estadounidense Joe Biden está al servicio de la agenda de los *lobbies verdes* y, cuando llegó a la Casa Blanca, prometió públicamente recortar las emisiones de CO_2 de Estados Unidos a la mitad para finales de esta década[16]. Biden describió la lucha por el clima como un «imperativo moral» y «económico» y añadió que «realmente no hay otra opción» que sumarse a ella. Barack Obama firmó el Acuerdo de París y promulgó regulaciones medioambientales, pero Donald Trump sacó a Estados Unidos del mismo, lo que le granjeó fuertes e importantes enemigos.

Por su parte, el presidente Xi Jinping llamó a la unidad internacional durante su discurso en la llamada Cumbre de Líderes sobre el Clima, asegurando que «China desea trabajar con la

---

[16] https://www.bbc.com/mundo/noticias-internacional-56850415

comunidad internacional, incluyendo a Estados Unidos, para impulsar conjuntamente la gobernanza medioambiental a nivel global».

En septiembre de 2019, Unicef anunció que «dieciséis niños, entre ellos Greta Thunberg, presentaron una queja histórica ante el Comité de los Derechos del Niño. Los firmantes, de entre ocho y diecisiete años, protestaron por la falta de acciones gubernamentales ante la crisis climática». Los representaba el bufete de abogados Hausfeld LLP y la organización Earthjustice. Todos alegaron que el fracaso de los Estados miembros a la hora de abordar la crisis climática constituye una violación de los derechos de la infancia, por lo que instaron a los Gobiernos a tomar medidas para proteger a los niños frente a los efectos devastadores del cambio climático.

Así lo explicaba Greta Thunberg:

> El cambio debe producirse ahora si queremos evitar las peores consecuencias. La crisis climática no es solo el clima. Implica también falta de alimentos y falta de agua, lugares inhabitables y refugiados debido a ello. Es aterrador. [...] El mundo se está despertando. El cambio va a venir les guste o no[17].

En mayo de 2019, Thunberg fue portada de la revista *Time,* que la definió como la «líder de la futura generación». A finales de diciembre de ese año fue nombrada «persona del año» por la misma revista. No es más que propaganda, por la que a esta joven líder de opinión se le paga muy bien.

---

[17] https://www.unicef.org/peru/notas-de-prensa-/nota-dieciseis-ninos-greta-thunberg-presentan-historica-queja-comite-derechos-nino-

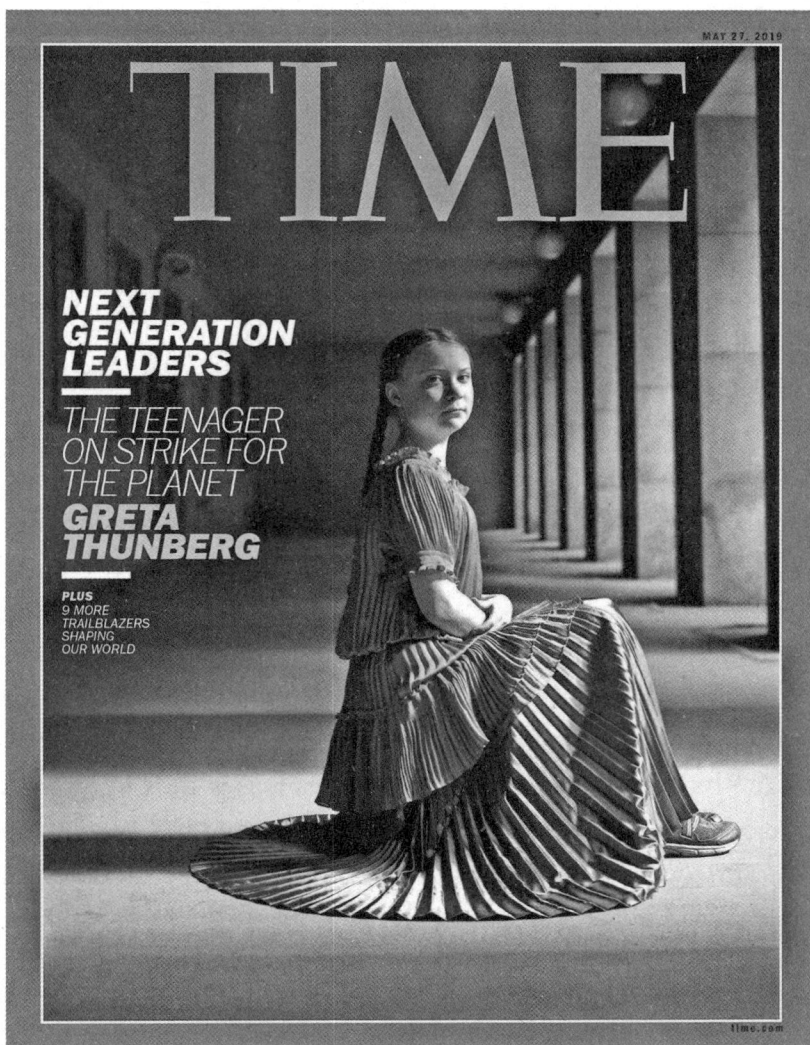

No hace falta que la activista presione a los políticos. Ellos ya se presionan solos. Poderoso caballero es don dinero y a la «causa verde» se están destinando cifras de vértigo.

En diciembre de 2019, Íñigo Errejón, líder de la formación Más País, nos amenazaba a todos con estos tuits:

> La tarea fundamental y prioritaria es descarbonizar nuestras sociedades cuanto antes. Necesitamos una transición ecológica justa y ambiciosa que cumpla las exigencias de los científicos: reducir las emisiones en un 55 % para 2030.

> O cambiamos nuestra forma de vivir, de movernos, de producir y de consumir, o seguiremos poniendo en peligro nuestras vidas y las de las siguientes generaciones. Este cambio tiene que llegar con una transformación democrática, cooperativa y con justicia social para la mayoría.

En las pancartas y proclamas de los jóvenes activistas y políticos se señala al sistema capitalista como el gran enemigo que debe abatirse. Pero qué sublime paradoja se produce al descubrir que quienes más atacan al capitalismo mediante estas campañas de comunicación son los metacapitalistas del planeta. En realidad, se están sirviendo de ellos para que repitan una y otra vez las letanías establecidas en sus Biblias verdes. No me ha resultado difícil localizar las frases de Thunberg y Errejón en el último libro de Bill Gates, titulado *Cómo evitar un desastre climático*. ¿Mera casualidad o discurso dictado por la autoridad?

En Davos 2021, el CEO de la compañía Salforces, Marck Benioff, afirmó que «el capitalismo, tal y como lo hemos conocido, ha muerto». El Foro Económico Mundial explicó así el significado de esta expresión:

> El capitalismo, el que se ha practicado en las últimas décadas, con su obsesión en la maximización de beneficios para los accionistas, ha dado lugar a una desigualdad horrible. Es hora de un nuevo capitalismo más justo, un capitalismo equitativo y sosteni-

ble que realmente funcione para todos y donde las empresas, incluidas las tecnológicas, no solo toman de la sociedad, sino que realmente devuelven y tienen un impacto positivo.

Estas campañas ocultan una estrategia intervencionista con la que se pretende determinar qué empresarios y propietarios de multinacionales sobrevivirán y cuáles desaparecerán, ya que no podrán pagar los altos impuestos que van a establecerse. Los propietarios de las pequeñas y medianas empresas serán las primeras víctimas. Solo podrán producir y vender quienes tengan la marca de la bestia verde, es decir, quienes tengan el suficiente dinero para pagar los salvoconductos en esta guerra comercial.

Por ejemplo, el impuesto al CO_2 que reclaman tanto Greta Thunberg como los *lobbies* verdes supondrá 60.000 millones de euros al año a los españoles, el equivalente al 12 % del gasto público total.

Entre las innovaciones en industria e infraestructuras planteadas para evitar el apocalipsis climático, el Foro de Davos anunció que una de las primeras medidas que se tomarán será imponernos los viajes en tren porque los aviones contaminan en exceso. El 1 de febrero de 2021, en la cuenta de Twitter del World Economic Forum apareció el siguiente mensaje: «Para salvar el planeta, coge el tren». El texto iba acompañado de un vídeo propagandístico sobre las ventajas de usar «los trenes nocturnos» para «luchar contra el cambio climático»:

En diciembre de 2021 puedes dormir en Viena y desayunar en París, o dormir en Zúrich y desayunar en Ámsterdam. En 2023, Berlín y Bruselas se unirán a la red de rutas nocturnas, y Barcelona podría estar en 2024. El tren nocturno pasó de moda en los años ochenta, cuando las aerolíneas económicas permitieron viajes baratos y rápidos. Ahora, los servicios de trenes están uniendo fuerzas en ocho países europeos. El Gobierno de Gran Bretaña ha invertido 150 millones en trenes-cama entre Londres y Escocia.

En otras palabras: viajar en avión volverá a ser un privilegio de los ricos, mientras el resto de los ciudadanos retrocederemos a los años ochenta del siglo pasado.

Poco tiempo tardó la supuesta izquierda española en defender la medida. Juan López de Uralde, de Unidas Podemos, trabaja para prohibir los vuelos cortos en España, reforzar la educación frente al negacionismo climático y subir el impuesto al diésel[18]. Y lo hace desde la presidencia de la Comisión de Transición Ecológica que tramita la nueva Ley de Cambio Climático. López de Uralde fue el director ejecutivo de Greenpeace España (1991-2010), esa ONG que le hace el trabajo fino a los filántropos y que abandonó para fundar el partido Equo, con el que pretendía aunar al movimiento verde. Tras el fracaso se adhirió a Unidas Podemos.

Resulta interesante constatar la existencia de estas relaciones entre los planes de los altos financieros, determinadas ONG y la supuesta izquierda, vínculos que, por lo que he observado, existen en todos los países del mundo.

Ya lo advertí en *Los amos del mundo están al acecho,* libro que los inquisidores censuraron, donde hablé de la «táctica del cambio climático» y de la «táctica de la creación de líderes artificiales». Caballos de Troya que aparecen a las puertas del futuro, que llegan como regalos envenenados para destruir ciudades, empresas y personas. Arrasarlas para levantar «ciudades inteligentes». La Agenda 2030 es un caballo de Troya.

---

[18] https://www.elmundo.es/ciencia-y-salud/medio-ambiente/2021/04/16/6078122c21efa0ea248b45e2.html

Punto 17: «Alianzas para conseguir objetivos»

Bill Gates afirma en su libro que está trabajando para influir en la política de los Gobiernos de todo el planeta con el fin de que estos acepten sus ideas y sus soluciones tecnológicas. Ya se ha previsto que tanto los políticos como las ONG y las organizaciones civiles e *influencers* financiados por los filántropos serán los encargados de presionar a los ciudadanos del mundo no solo para cambiar su comportamiento como consumidores, sino las estructuras de poder y de gestión.

En el informe de la Agenda de Davos de 2021, celebrada entre el 25 y el 29 de enero en Suiza, se concluyó que la *pandemia* y la contaminación ambiental han acelerado la fecha de inicio del Gran Reseteo y de la Agenda 2030. Klaus Schwab afirmó con contundencia que «los ciudadanos ya están preparados para afrontarlo»:

> Un aspecto positivo de la pandemia es que nos ha enseñado que podemos introducir cambios radicales en nuestro estilo de vida con gran rapidez. Los ciudadanos han demostrado con creces que están dispuestos a hacer sacrificios por el bien de la atención sanitaria y otros trabajadores esenciales y grupos de población vulnerables, como los ancianos. Es evidente que existe una voluntad de construir una sociedad mejor y debemos aprovecharla para garantizar el Gran Reinicio que necesitamos con tanta urgencia.

En este nuevo sistema de «capitalismo equitativo», los empresarios irán perdiendo paulatinamente el control de sus compañías a favor de una cogobernanza en la que participarán el Estado global y sus socios: los grandes fondos de inversión, que serán los únicos que podrán invertir en negocios de futuro. Es el tecno-feudalismo, muy similar al implantado en China por el Partido único. No es casualidad que el invitado de honor del Foro Económico Mundial fuera Xi Jinping, el presidente de la República Popular de China, el aliado perfecto que los globalistas de Occidente necesitan para conseguir los objetivos de la Agenda 2030.

Xi Jinping inauguró el Foro de Davos con esta sentencia apocalíptica: «El mundo no volverá a ser como antes». Sus palabras, engreídas y altaneras, triunfalistas como las de un emperador que considera la guerra ganada, fueron pura propaganda:

> En China estamos siguiendo el camino hacia un país socialista moderno. Ahora desempeñaremos un papel más activo para fomentar una globalización económica mundial que sea más abierta, inclusiva, equilibrada y beneficiosa para todos.

Por su parte, Klaus Schwab —simple títere de los grandes multimillonarios globalistas— lo animó con las siguientes palabras:

> Tenemos que comenzar una nueva era global y contamos con usted. Muchas gracias, señor presidente, por esta declaración de principios y por recordarnos que somos parte de una comunidad global que comparte el mismo futuro común.

Nadie le recriminó a Xi Jinping el hecho incuestionable de que cuando habla de «todos» en realidad se está refiriendo a las élites. Sus socios en este «socialismo moderno» y global no le preguntaron por qué ocultó a la comunidad internacional la presencia de la COVID-19, por qué no cerró los aeropuertos mientras el virus se expandía, por qué desabasteció de mascarillas a numerosos países europeos y americanos y por qué amenazó a Taiwán cuando su Gobierno avisó a la OMS, el 31 de diciembre de 2019, de que algo extraño estaba sucediendo en China. No lo hicieron porque, obviamente, estaban juntos en este complot.

Punto 16: «Paz, justicia e instituciones sólidas»

La simbiosis entre el capitalismo elitista del Estado chino y el ultraliberalista de las élites occidentales es tan evidente como empalagosos resultan estos galanteos públicos sobresaturados de azúcar glas. Los halagos que se prodigan son mera propaganda y actuaciones de relaciones públicas destinadas a alcanzar un monopolio globalista basado en alianzas estratégicas. Esta nueva élite global comparte la misma Biblia, *Covid-19: el Gran Reinicio,* el libro que Klaus Schwab acaba de publicar.

El fundador y presidente del Foro de Davos lleva años hablando de la Cuarta Revolución Industrial como si la hubieran inventado y generado los participantes e invitados a sus encuentros: «No se parece a nada que la humanidad haya experimentado antes», asegura Schwab[19]. Está convencido de que la tecnología se impondrá a una velocidad vertiginosa y adquirirá unas dimensiones mundiales. Pero la idea no es usarla para cambiar nuestras costumbres, sino para destruirlas y, sobre todo, para modificar al ser humano y su esencia.

La tecnología de las llamadas vacunas de ARN mensajero es un claro ejemplo de esta tecno-innovación transhumanista. Leamos las palabras del gran gurú de Davos:

---

[19] *La Cuarta Revolución Industrial,* Debate, Barcelona, 2016, fue prologado por Ana Patricia Botín, presidenta del Banco Santander.

[La Cuarta Revolución Industrial] no solo consiste en máquinas y sistemas inteligentes y conectados. Su alcance es más amplio. Al mismo tiempo se producen oleadas de más avances en ámbitos que van desde la secuenciación genética hasta la nanotecnología, y de las energías renovables a la computación cuántica. Es la fusión de estas tecnologías y su interacción a través de los dominios físicos, digitales y biológicos lo que hace que la Cuarta Revolución Industrial sea fundamentalmente diferente de las anteriores[20].

El sarcasmo anida en el rasgo distintivo sempiterno, tan viejo como el mundo: la esclavitud. Esta revolución va a acabar con la libertad individual, la dignidad de la persona y el respeto a la vida. Nos está diciendo que las relaciones sociales tradicionales precisan un «rediseño», una reingeniería social. Es una guerra entre la familia, el individuo, la persona *versus* el futuro Estado global y sus nuevas instituciones jurídicas, culturales, económicas y religiosas diseñadas para el sometimiento. Atacan con toda su artillería pesada para evitar la imposibilidad de rebelión.

Como expuso el príncipe Bernardo de Holanda en la primera reunión del Club Bilderberg: «No es fácil convencer a las personas que han nacido en un Estado-nación, no es fácil cambiar su mentalidad nacionalista. Pero nuestro trabajo consiste precisamente en convencerles de que cedan parte de su soberanía nacional a instituciones supranacionales». Y ahí están la OTAN, la OMS, el Fondo Monetario Internacional (FMI), el Banco Mundial (BM), etc., que se presentan como organismos independientes pero que, en realidad, están manejados por estos grandes oligarcas.

---

[20] Klaus Schwab, *Covid-19: el Gran Reinicio,* Forum Publishing, 2020.

El presidente chino Xi Jinping está absolutamente integrado en este plan. En el Foro de Davos de 2016 declaró: «Estados Unidos no será la primera potencia mundial. Un puñado de países lo sustituirán»[21]. Y en su intervención de 2021 insistió en la misma idea:

> No debe haber países uno por encima de otros. No debe haber jerarquías. Ni debe haber un país que imponga sus normas sobre los demás. De lo contrario, volveremos a la ley de la selva. Debemos dejar de imponer unos sistemas sociales y culturales por encima de otros.

Como era de esperar, ni una sola mención a la actuación del Gobierno chino en el Tíbet ni a la explotación de la minoría uigur, y eso sin mencionar los distraídos paseítos de aviones militares chinos por los cielos soberanos de Taiwán amenazando con invadir la isla díscola.

En el nuevo Manifiesto de Davos[22] se propone «un conjunto de principios éticos para guiar a las empresas en la era de la Cuarta Revolución Industrial», asegurando que servirán para desterrar la corrupción de la sociedad. Sin embargo, ninguno de los miembros de la secta *davosiana* le preguntó a Xi Jinping por las detenciones y encarcelamientos de los disidentes en Hong Kong, ni por las extrañas desapariciones y muertes de los numerosos científicos, médicos y periodistas que osaron cuestionar al Partido Comunista Chino (PCCh) acerca de la versión oficial del origen del coronavirus. Tampoco le interrogaron sobre todos

---

[21] https://www.weforum.org/agenda/2016/11/8-predictions-for-the-world-in-2030/

[22] https://www.weforum.org/the-davos-manifesto

aquellos que se han visto obligados a huir de su país para salvar la vida o sobre los que han denunciado los secuestros y las muertes de compañeros y familiares, ni por las amenazas de Xi Jinping —publicadas por la agencia de noticias japonesa Kyodo— recibidas por un sinfín de médicos discrepantes a los que se avisaba de que serían acusados de espionaje y condenados a la pena de muerte. ¿Esta es la paz «equilibrada y beneficiosa para todos» que preconizan? ¿Es el PCCh el modelo a seguir para crear las «instituciones sólidas» que esta panda de corruptos sin ética ni moral defiende?

Ninguno de los líderes europeos presentes en la primera sesión virtual del Foro de Davos de 2021 se atrevió a rebatirlo. Ni la presidenta de la Comisión Europea, Ursula von der Leyen, ni la canciller alemana, Angela Merkel, ni el presidente de Francia, Emmanuel Macron. Ese silencio es tan inquietante como el aplauso de las élites europeas cuando Adolf Hitler llegó al poder.

Europa se arrodilla ante el dragón rojo, esa bestia que actualmente se siente en una posición de fuerza para decir lo que le apetezca y vender al mundo su maravillosa gestión. En 2020, mientras las economías de Occidente se desplomaban, el PIB de China creció un 2,3 %, siendo el único país del G-20 que prosperó en mitad de la *pandemia.* Incluso el crecimiento se aceleró en el primer trimestre de 2021 hasta alcanzar el récord del 18,3 %. ¿Un envidiable botín de guerra para el gigante asiático, o lo repartirá con sus socios? Más adelante lo analizaremos.

Klaus Schwab afirmó en Davos que «la cooperación público-privada es más necesaria que nunca para reconstruir la confianza y abordar los errores cometidos en 2020». Quienes hayan leído mi libro anterior saben ya que uno de los objetivos que se debía alcanzar con esta falsa *pandemia* era precisamente ese.

Todos hemos observado cómo durante este último año los gobernantes se han puesto al servicio de las élites, con algunas excepciones.

Hay que decir que el presidente estadounidense Joe Biden no estaba en Davos y que envió a un representante especializado en «asuntos climáticos». Esta ausencia permitió que Xi Jinping actuara como el nuevo emperador del mundo y por primera vez oímos pronunciar al líder chino las mismas consignas de los globalistas, entre las cuales destaca ese reiterativo eslogan que dice que «el *multilateralismo* debe promoverse»[23]. Multilateralismo es sinónimo de gobierno mundial y Jinping ha entrado de lleno en el plan. Sigamos leyendo fragmentos del discurso del presidente chino:

La confrontación nos lleva por mal camino. No debemos volver al pasado. Debemos construir una economía mundial a través de acuerdos y debemos eliminar las barreras. Debemos reforzar el G-20 como un foro de Gobierno Mundial.

[...]

No deben tomarse decisiones en el mundo imponiendo la fuerza.

[...]

China defiende la paz y trabaja para salvar las diferencias a través del diálogo y resolver los litigios a través de la negociación, persiguiendo relaciones de cooperación con todos sus aliados para el beneficio mutuo de todos.

[...]

China trabajará en la Agenda de Naciones Unidas y en el frente ecológico para transformar su estructura y emisiones indus-

---

[23] https://www.weforum.org/events/the-davos-agenda-2021/sessions/special-address-by-g20-head-of-state-government-67e386f2d5

triales de forma más rápida aún, promoviendo un modo de vida con bajas emisiones de carbono. [...] Puesto que el interés de toda la humanidad está en juego, China dará pasos adelante para cumplir con este trabajo. Estamos haciéndolo para promover el multilateralismo y proteger nuestra cuota de participación.

[...]

China trabajará activamente en la gobernanza mundial para promover la globalización y que esta sea más abierta, inclusiva, equilibrada y beneficiosa para todos. Damas y caballeros, amigos: hay solo una Tierra y un futuro compartido para toda la humanidad [...]. Tenemos que permanecer unidos y trabajar juntos. Ya hemos visto una y otra vez que avanzar solos y adoptar un aislacionismo arrogante es una actitud que nos lleva al fracaso. Unámonos y permitamos que el multilateralismo ilumine nuestro camino para toda la humanidad, un camino compartido para todos.

Confieso que me causa perplejidad oír estas palabras en boca del líder chino. Después de tantas décadas de propaganda sobre el gobierno mundial por parte de las élites globalistas occidentales, finalmente acaba siendo replicada por Xi Jinping. Los líderes chinos y rusos habían sido invitados a adherirse a este macroproyecto en numerosas ocasiones, pero siempre, hasta ahora, habían rechazado la propuesta. Parece que ya solo queda Rusia fuera del Gran Reseteo.

El presidente chino subrayó que los bastiones del nuevo mundo son la ciencia, la innovación y la tecnología, y aseguró que trabajará con otros países para crear un «entorno equitativo y no discriminatorio» que permita compartir la ciencia de forma beneficiosa para todo el mundo. Habla de cooperación entre aliados, de que «China ha erradicado la extrema pobreza», de libertad interna, de «compartir la información para ganar a la

COVID-19», la elaboración y distribución de las vacunas, de construir juntos «un mundo bello, en paz, con seguridad universal y prosperidad común»... Lo oigo y tengo la sensación de estar viendo una película de princesas y caballeros de Disney:

> No pueden tomarse decisiones en el mundo imponiendo la fuerza. [...] Todos tenemos que seguir las mismas reglas. El multilateralismo selectivo no deber ser la opción. Tenemos que estar comprometidos con la concertación en vez de con la confrontación. Los sistemas culturales e históricos no deben usarse como excusa para la confrontación. Debemos respetar las diferencias y no inmiscuirse en asuntos internos.
>
> La historia y la realidad demuestra que un planteamiento equivocado de la confrontación y el protagonismo dan lugar a guerras frías o comerciales que van en contra de los países y los derechos humanos.
>
> No debemos dejarnos llevar por políticas egoístas y decisiones unilaterales que solo tienden al desarrollo de uno mismo.
>
> Debemos desarrollar la competencia justa [de los países] sin luchar los unos contra los otros.
>
> El mundo sufre unos cambios que nunca hemos visto hasta ahora y ha llegado la época de grandes transformaciones [...] debemos adaptarnos al multilateralismo y mejorar el sistema de gobernanza mundial mediante consensos internacionales.
>
> Debemos construir una sociedad mundial sana y hacer que prospere la Organización Mundial del Comercio para ayudar al crecimiento económico y proteger los derechos de desarrollo y las oportunidades que pueden encontrar los países en desarrollo.
>
> Debemos seguir explorando las posibilidades de la gobernanza digital, cumplir con los compromisos de París, dando prioridad a los Objetivos de Desarrollo Sostenible de la ONU y compartiendo los productos agrícolas entre todos.

Después de muchos esfuerzos, China está dispuesta a construir una sociedad próspera y hemos conseguido erradicar la extrema pobreza y estamos siguiendo el camino hacia un país socialista moderno.

Su discurso —autopromocional, propagandístico y dirigido a las élites que conforman el Foro de Davos— es absolutamente globalista. Podría haberlo pronunciado Joe Biden, Barack Obama, Emmanuel Macron o Mario Draghi. Incluso la presidenta del Banco Central Europeo, Christine Lagarde; la presidenta de la Comisión Europea, Ursula von der Leyen; la directora gerente del Fondo Monetario Internacional, Kristalina Georgieva, o el presidente del Banco Mundial, David Malpass.

Actualmente, lo más importante es contener el virus de la COVID-19. Es necesario para revitalizar la economía. Debemos compartir más la información y así podremos ganar a la COVID-19. Y trabajar en la vacuna para que sea accesible a todos los países.

China ha proporcionado asistencia a más de ciento cincuenta países y a trece organizaciones internacionales. Ha enviado cantidades de expertos a los países que lo necesitaban y sigue dedicada a la cooperación internacional en torno a las vacunas y continuará compartiendo su experiencia con todos. Esperamos que estos esfuerzos contribuyan a una victoria temprana y total contra la COVID en todo el mundo.

China seguirá implementando una estrategia de la que todos saldrán ganadores. La globalización económica requiere una mayor productividad social y es un resultado natural de los avances tecnológicos y científicos.

A nadie le sirve utilizar la pandemia como excusa para revertir la globalización y promover el aislacionismo. China seguirá adelante con su política de apertura, impulsando el comercio y la investigación, facilitando la cadena de suministro global y promoviendo una cooperación internacional.

Xi Jinping deja bien claro lo que los demás miembros del clan globalista no han cesado de propagar: *El mundo ya no será como antes.*

Con las tácticas de la pandemia y del cambio climático, de las que nos culpabilizan, este club de amiguetes va a acelerar la fundación de su anhelado Estado mundial, que no es más que un totalitarismo sofisticado alcanzado mediante la innovación tecnológica y científica de las que hablan con desmesurado ahínco. Obviamente, se trata de pseudociencia, difundida por «expertos» financiados por la misma red de poder elitista que Davos encarna. Un mercado mundial único gestionado por las leyes de la autoridad de la Organización Mundial del Comercio; una religión globalista de la Madre Tierra. Las alianzas, como dice el punto 17, lo harán posible. Alianzas entre cárteles de magnates y gobernantes, que no cesan de vendernos el gran prodigio de una cogobernanza público-privada.

Al fin encontramos la declaración de la Tercera Guerra Mundial. Es esta Agenda 2030-50. Ante este manifiesto, quien se interponga en el camino será considerado el enemigo.

La Agenda 2030-50 y su Gran Reinicio es la guerra contra ti y contra aquellos que no se adhieran a su bando. Los grupos de poder globalista combaten no solo por cómo será el mundo futuro, sino por quiénes serán sus dueños. Según nos cuentan en sus campañas de *marketing*, es el fin del capitalismo y, por consiguiente, de las desigualdades. En efecto, seremos iguales porque no tendremos nada. Su plan es robárnoslo todo. Ellos serán propietarios de la tierra y del agua, de los bosques y del

cielo. ¿Y tú? ¿Qué pintarás en este nuevo mundo? No te preo-
cupes, ya han decidido cuál será tu papel: ninguno. No tendrás
que pensar, sencillamente porque no estás invitado a participar
en la vida de la *polis* global. Tú, simplemente, serás feliz. Sién-
tate en tu sofá, enciende la tele y disfruta del espectáculo. En el
gran circo romano, los leones devoran a los ingobernables. Los
gladiadores se matan entre sí. Coge las palomitas y siente la
sangre.

6
INFODEMIA Y LA NUEVA SANTA INQUISICIÓN

> Hay una guerra de clases, pero es mi clase, la de los ricos,
> la que está haciendo la guerra, y la estamos ganando.
>
> WARREN BUFFET

Desde que la OMS declaró la *pandemia* de la COVID-19, hemos observado cómo se nos ha prohibido pensar y expresarnos con libertad, bajo pena de cárcel o multa e incluso a riesgo de ser desterrado de la nueva «ciudad global» o de la «red de ciudades»[1] que están construyendo y que, como estamos comprobando, se cimienta en la Agenda 2030-50. Si nos portamos bien y cumplimos como buenos ciudadanos globales, nos concederán un «pasaporte de inmunidad», como lo ha llamado la OMS. Si no lo tienes, no podrás viajar en avión, ni en tren, ni en metro, no podrás siquiera ir a la panadería de la esquina. Te prohibirán salir de casa. Si te atreves a disentir o a criticar la verdad oficial, vivirás extramuros, en el ostracismo. Se te considerará un bárbaro sin «conciencia social» y serás castigado a no participar de la civilización domesticada e inhumana de su Nueva Normalidad. Ese es su ansiado futuro. Otra cuestión es que lo logren. No serán los primeros tiranos ni los únicos que fracasan. Ya lo han intentado muchos antes que ellos.

---

[1] https://elpais.com/gente/2021-05-24/los-magnates-tecnologicos-quieren-construir-sus-propias-ciudades-con-sus-propias-leyes.html

El plan es instaurar y establecer una autoridad global en cada uno de los ámbitos de la vida en el planeta. Una autoridad única para la salud, el comercio, la religión, el turismo, las energías, la vivienda, el agua, el espacio, la educación… Una autoridad única surgida de la red de poder filantrópica y globalista que se extiende por el mundo para luego confluir en el mismo punto del que ha partido. Una voz que no pueda ser cuestionada y que imponga las normas que solo convienen a unos pocos. En definitiva, una nueva Santa Inquisición que se encargará de decirnos qué debemos pensar, dónde y cómo debemos expresarnos, qué consignas debemos seguir y cuáles rechazar, e incluso a quiénes debemos denunciar para conseguir la medalla del buen ciudadano.

En *La verdad de la pandemia* realicé un análisis sobre los medios de comunicación y sus propietarios y expuse que existía una evidente simbiosis entre la estructura socioeconómica de poder y la tecnología, simbiosis que ha generado la perpetuación del uso de la comunicación como herramienta de control social. Lo estamos viendo con una nitidez escalofriante desde que se declaró la *pandemia* global: se activaron programas de censura en las redes sociales y nos prohibieron ejercer nuestro derecho a la libertad de expresión y de opinión, así como el de recibir información. Lo justificaron aludiendo a posibles delitos de odio y difamación contra el Gobierno —la autoridad—, e impulsaron leyes y crearon «cazadores» de bulos. Activaron una censura global no solo interpuesta desde los medios de comunicación públicos, sino desde poderosas empresas privadas. No había duda de que había una coordinación entre unos y otras. No es una novedad. Ya sabemos que una de las funciones clave de la comunicación es servir al poder. De ahí la constante obstaculización al libre desarrollo de la prensa mediante la censura o la presión de quienes se publicitan en los medios.

LOS «DUEÑOS DEL DISCURSO» Y EL PAPEL DE LOS MEDIOS DURANTE LA *PANDEMIA*

La mayoría de los medios tradicionales, casi todos los cuales forman parte de las redes geopolíticas de las élites, han lanzado una campaña basada en el miedo durante la *pandemia* del coronavirus, un fenómeno que generalmente se observa en las guerras de agresión o en los presuntos ataques terroristas. El riesgo para la población en general que se ha vendido ha sido exagerado, las políticas oficiales apenas han sido cuestionadas, la situación en los hospitales se ha dramatizado —utilizando imágenes manipuladoras de la situación— y los ciudadanos contrarios a los encierros en casa y al aislamiento han sido difamados sistemáticamente y considerados «idiotas» y «peligrosos»[2].

Algunos medios conservadores criticaron las medidas de cierre económico, pues las consideraban perjudiciales, pero está por ver si también criticarán las medidas de vigilancia que ya se han planificado y que tarde o temprano se implantarán. La mayoría de los medios independientes se ha percatado de que el riesgo de la COVID-19 está sobredimensionado y que se ha explotado geopolíticamente. No hemos sido pocos los que desde el principio vimos que la *pandemia* se estaba utilizando como una operación psicológica inducida por los medios de comunicación para provocar un cambio político y social.

---

[2] https://www.clinica-aeromedica.net/ambiente/covid-19-basta-ya-de-mentiras/

Pero la palabra no es un arma susceptible de patente. No es exclusiva de un grupo determinado, sino que es el gran patrimonio de la humanidad. Entonces, ¿es lícito ordenar callar a quienes emiten un discurso contrario al de la «autoridad»? Es una problemática antigua, ya que, desde los orígenes de la civilización, quienes acaban detentando más poder que los demás intentan por todos los medios convertirse en los únicos *dueños del discurso*. De ahí la lucha continua y constante por defender y mantener la libertad y el derecho de pensamiento y de expresión, derechos que actualmente se encuentran gravemente amenazados. ¿Cómo alguien puede argumentar con coherencia moral que una *pandemia* justifique la censura? ¿Cuándo y por qué se ha decidido que la enfermedad y el silencio son, respectivamente, origen y consecuencia de una situación determinada?

De lo que no hay duda es de que un Nuevo Orden Económico Internacional tendrá también un Nuevo Orden Mundial de la Información y la Comunicación. Sus creadores saben qué decir, cómo decirlo y desde dónde enviar el mensaje adecuado para que la población reaccione como han previsto. Porque lo que se busca es una reacción, no una respuesta.

En la llamada «era de la información», la gran mayoría de la población global se informa a través de medios controlados o susceptibles a la presión de intereses de poder, lo que significa que, a pesar de que un ciudadano acceda a distintos canales de comunicación, el mensaje recibido será el mismo, porque el objetivo del *establishment* global no es que los ciudadanos piensen, sino que acaten y se resignen a su ideología. Es esto lo que estamos viendo en la *pandemia*.

Los medios no son neutrales ideológicamente porque tienen propietarios. Estos los usan de acuerdo con sus intereses;

por eso aparentan dar información cuando en realidad son el mayor bastión de manipulación. Si *El País* hiciera periodismo, entrevistaría al científico que afirma que el virus proviene de un murciélago y al que afirma que está genéticamente manipulado. Y dejaría que el lector, a partir de la información recibida, sacase sus propias conclusiones. Pero ya solo en la elección de a quién se entrevista y a quién no hay manipulación. *El País* es propiedad de numerosos fondos de inversión «buitres», que no están interesados en que los ciudadanos tengamos información, sino en condicionar nuestros pensamientos y, por tanto, nuestros comportamientos. El diario se posiciona y quiere que todos nos vacunemos; por ello elude entrevistar a aquellos científicos que critican las vacunas.

Actualmente hay en el mundo occidental seis grandes corporaciones transnacionales, generadoras de entretenimiento y *software* mediático con redes globales de distribución:

— Viacom-CBS (Estados Unidos).
— NBC-Comcast-Vivendi Universal (Francia-Canadá-Estados Unidos).
— Bertelsmann (Alemania).
— Time Warner-AT&T (Estados Unidos-Inglaterra).
— News Corp. (Inglaterra-Estados Unidos-Canadá).
— Disney Company-ABC (Estados Unidos).

Entre ellas compran, venden y se fusionan. Llegan a todos los rincones del planeta. A toda la audiencia global. Demuestran la existencia de una concentración de poder mediático y explican por qué todos los ciudadanos estamos recibiendo los mismos mensajes oficiales relativos a la COVID-19.

Esta estructura de comunicación y poder global se completa con las seis empresas tecnológicas más valoradas en Bolsa: Alphabet (Google), Amazon, Facebook, Twitter, Apple y Microsoft, que ya son medios de comunicación. Son referidas con el acrónimo GAFTAM. A ellas se une Netflix. En poco más de una década, las GAFTAM se han transformado hasta el punto de desarrollar funciones propias de la prensa tradicional, como producir y difundir noticias. Son generadores de opinión pública y, por tanto, capaces de modificar el pensamiento y la acción de individuos y comunidades.

Los grandes conglomerados mediáticos comparten accionistas y miembros de sus consejos con otras corporaciones, como bancos, fondos de inversión, compañías petroleras, médicas, farmacéuticas y tecnológicas, entre otros sectores productivos. Pero no solo están fuertemente vinculadas entre sí, sino que existe una amplia red de conexiones que une a todas estas corporaciones con la estructura de poder global. De aquí surgen muchas preguntas inquietantes. No solo por la manipulación social de la ingeniería comunicativa de las élites, sino porque sus corporaciones influyen directamente en la toma de decisiones de los Gobiernos: ¿quién manda realmente en Estados Unidos, el país que ha venido marcando los designios de todo el planeta? ¿Gobiernan los ciudadanos en Occidente a través de sistemas democráticos, o lo hace una élite coordinada a través de consejos de administración de las grandes corporaciones?

En los siguientes cuadros se observan algunos de los vínculos y alianzas de los gigantes Alphabet (Google), Facebook y Fox News con otras empresas clave de la estructura de poder global:

ALPHABET (GOOGLE)

ERIC SCHMIDT
Presidente ejecutivo de
Alphabet Inc.

VÍNCULO CON BILDERBERG

Asiste desde 2007.
Miembro del Steering
Committee.

VÍNCULOS CON MEDIOS/GRUPOS MEDIÁTICOS
(ACTUALES Y PASADOS)
ALPHABET INC.
Google News, Ads, Gmail, YouTube,
The World Post, The Economist Group,
Blogger, Google Books

Realidad virtual:
The New York Times, CNN, HBO Now,
Netflix, NBA, Hulu, Lionsgate, IMAX.

VÍNCULOS CON OTROS SECTORES
PRODUCTIVOS NO MEDIÁTICOS

Otras empresas del grupo
Google Inc.:

Search, The Groundwork, Android,
Google Earth, Google Maps, Chrome,
Google Analytics, Google Wallet,
Grand Central, Picasa, SayNow, Waze,
Zagat Lenovo.

Minería planetaria:

Planetary Resources Inc.

Telecomunicaciones:

Samsung, HTC, LG, Xiaomi,
Huawei, ZTE, ASUS y Alcatel.

Realidad virtual:

Daydream, Oculus VR, Cardboard.

Brazos de inversión:

Google Capital,
Google Ventures.

Fondos de inversión
en su accionariado:

Fidelity Management & Research Co.,
First State Investments (Hong Kong),
The Vanguard Group Inc., BlackRock
Fund Advisors (TELEVISA,
Rockefeller), Yuanqing Yang,
Legend Holdings Ltd.,
Price (T. Rowe) Associates Inc.,
Capital Research Global Investors,
State Street Corp., FMR, LLC, Carso.

Vínculos políticos:

Barack Obama,
Bill y Hillary Clinton,
Joe Biden.

Conexiones
con el espionaje:

NSA, CIA, Programa PRISM.

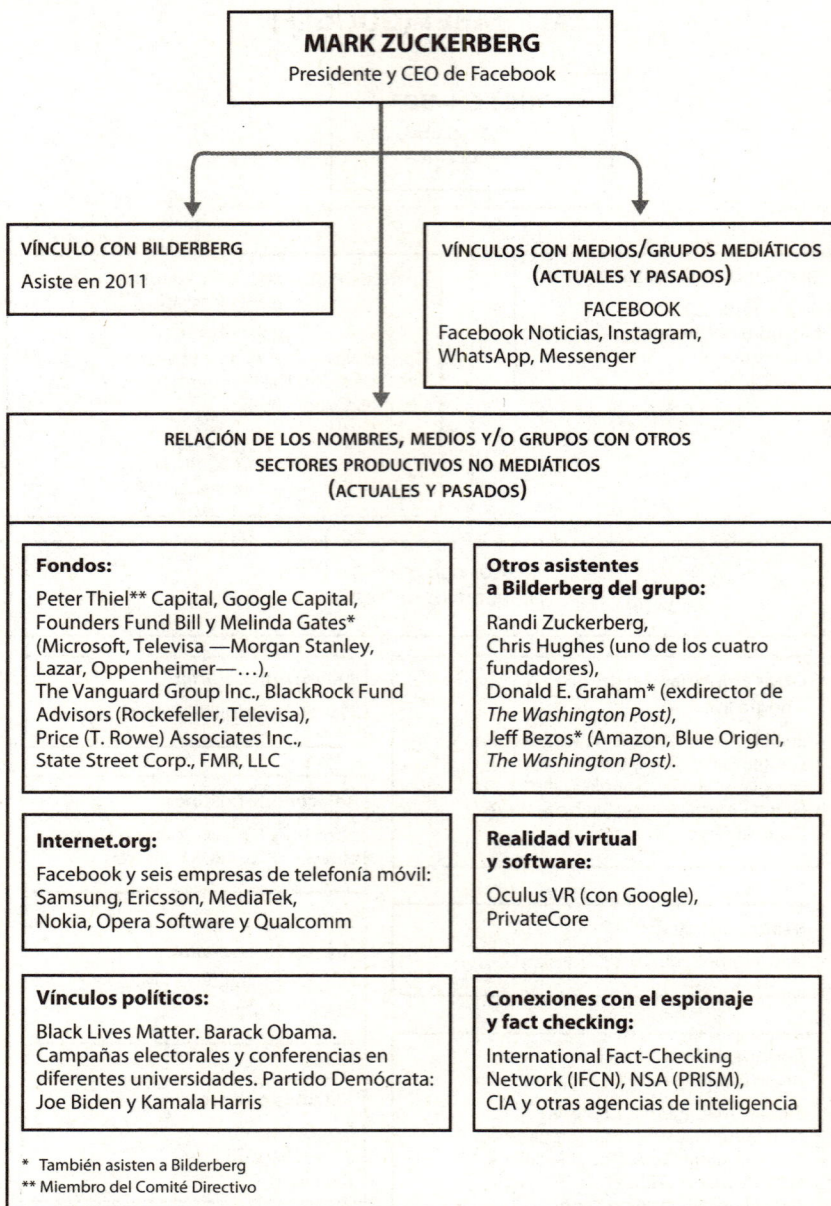

MARK ZUCKERBERG
Presidente y CEO de Facebook

VÍNCULO CON BILDERBERG

Asiste en 2011

VÍNCULOS CON MEDIOS/GRUPOS MEDIÁTICOS
(ACTUALES Y PASADOS)
FACEBOOK
Facebook Noticias, Instagram,
WhatsApp, Messenger

RELACIÓN DE LOS NOMBRES, MEDIOS Y/O GRUPOS CON OTROS
SECTORES PRODUCTIVOS NO MEDIÁTICOS
(ACTUALES Y PASADOS)

Fondos:

Peter Thiel** Capital, Google Capital,
Founders Fund Bill y Melinda Gates*
(Microsoft, Televisa —Morgan Stanley,
Lazar, Oppenheimer—...),
The Vanguard Group Inc., BlackRock Fund
Advisors (Rockefeller, Televisa),
Price (T. Rowe) Associates Inc.,
State Street Corp., FMR, LLC

Otros asistentes
a Bilderberg del grupo:

Randi Zuckerberg,
Chris Hughes (uno de los cuatro
fundadores),
Donald E. Graham* (exdirector de
The Washington Post),
Jeff Bezos* (Amazon, Blue Origen,
The Washington Post).

Internet.org:

Facebook y seis empresas de telefonía móvil:
Samsung, Ericsson, MediaTek,
Nokia, Opera Software y Qualcomm

Realidad virtual
y software:

Oculus VR (con Google),
PrivateCore

Vínculos políticos:

Black Lives Matter. Barack Obama.
Campañas electorales y conferencias en
diferentes universidades. Partido Demócrata:
Joe Biden y Kamala Harris

Conexiones con el espionaje
y fact checking:

International Fact-Checking
Network (IFCN), NSA (PRISM),
CIA y otras agencias de inteligencia

* También asisten a Bilderberg
** Miembro del Comité Directivo

RUPERT MURDOCH y LACHLAN MURDOCH
Copresidentes de News Corp. y 21st Century Fox

VÍNCULO CON BILDERBERG

Asiste en 1988

Editores de *The Economist*
en las reuniones de Bilderberg:

- Rupert L. Pennant-Rea
- Andrew Stephen Knight
- John Micklethwait
- Simon Jenkins
- Adrian Wooldridge
- Gideon Rachman
- Vendeline von Bredow
- Eduard McBride
- Zanny Minton Beddoes

Editor del *Financial Times*
- Martin Wolf

VÍNCULOS CON MEDIOS/GRUPOS MEDIÁTICOS (ACTUALES Y PASADOS)

NEWS CORP.: 21st Century Fox, *The Times, The Sun,* Dow Jones & Co., Barron's, *The Wall Street Journal,* News America Publishing, Reuters, *The Economist, Financial Times, Financial Times Deutschland,* Asia Times, Les Echos, Recoletos, *Marca, Expansión, El Cronista* (Argentina), *El Diario* (Chile), Diário Económico (Portugal), Sky TV, Thames TV, Pearson TV, Direct TV, Trolls Communications, Penguin, Simon & Schuster

Otros grupos y medios con relaciones, alianzas y vínculos: Rotana Media Group (propiedad del jeque Alwaleed bin Talal), Pearson, Vivendi, CBN, National Geographic

RELACIÓN DE LOS NOMBRES, MEDIOS Y/O GRUPOS CON OTROS SECTORES PRODUCTIVOS NO MEDIÁTICOS (ACTUALES Y PASADOS)

Fondos:
E. L. Rothschild LLC, Bertelsmann Investments The Vanguard Group, Inc., BlackRock Institutional Trust Company, NA Franklin Resources, Inc., Pzena Investment Management, LLC Harris Associates, LP, Price (T. Rowe) Associates, Inc., Value Holding, LP Yacktman Asset Management, LP Morgan Stanley, Eagle Capital Management, LLC Dow Jones (1988-2000): Bancroft family, Bankers Trust New York Co., Bancone Co., Bank Of East Asia, Capital Income Builder, Chemical Banking Co., Seligman Mutual Fund Investment Co., American Express, Hartford Financial Services Group

Familias:
Rothschild, Cadbury, Schroeder, Agnelli, Murdoch

Inmobiliaria:
REA Group

Educación:
Amplify, HarperCollins

Alianzas políticas:
Donald Trump

Fuente: Elaboración propia a partir de investigaciones propias y de los datos expuestos en el presente trabajo.

Google y YouTube han rentabilizado como pocos el desarrollo de las nuevas tecnologías en conjunción con el ámbito de la comunicación, generando en este sector nuevas vías, costumbres y formas de interacción —acercamiento-distanciamiento— entre los seres humanos. Ahora, con la *pandemia,* Google Maps vigila nuestros pasos y sabe si cumplimos las «normas de distanciamiento social». Ha sido escandaloso para quienes estamos en las redes sufrir y comprobar la censura de YouTube en estos meses de *pandemia.* No cesan de monitorizarnos, porque Google y YouTube han cambiado la forma en que nos relacionamos y comunicamos debido, entre otras causas, a su alcance internacional. Y esta *pandemia* es, como a todos nos han dicho, *global.*

Lo mismo puede decirse sobre ese «buen chico» llamado Mark Zuckerberg (Facebook) y sobre el magnate Rupert Murdoch, principal accionista de Fox News, *The Times* o *The Sun:*

A finales del mes de mayo de 2021, mi cuenta de Facebook, que tenía más de 55.000 seguidores, fue cerrada sin previo aviso y, por supuesto, sin explicaciones.

SEÑALAR AL DISIDENTE

No es la fuerza del cuerpo lo que cuenta, sino la fuerza del espíritu.

J. R. R. TOLKIEN

Para comenzar este epígrafe me parece oportuno recordar el artículo 19 de la Declaración Universal de los Derechos Humanos:

Todo individuo tiene derecho a la libertad de opinión y de expresión; este derecho incluye el de no ser molestado a causa de sus opiniones, el de investigar y recibir informaciones y opiniones, y el de difundirlas, sin limitación de fronteras, por cualquier medio de expresión[3].

Como dije al comienzo de este bloque, poco después de que la Organización Mundial de la Salud declarara la *pandemia* de la COVID-19, comenzó a hablarse de *infodemia;* esto es, del peligro de un exceso de información y noticias, ya que podrían mermar la confianza en las autoridades.

Así comenzó el bombardeo contra los «culpables». Se activaron campañas de comunicación y desprestigio muy violentas, no solo contra ellos, sino contra todos. Para que ninguno osara dudar, para que *nadie se quedase atrás.* La orden fue recibida en los cuarteles centrales y se incrementaron los cañonazos con mensajes terroríficos por parte de periodistas, políticos, científicos, funcionarios pseudointelectuales a sueldo, artistas… Todos oficialistas. Todos a una contra los librepensantes y los científicos no alineados con la autoridad, que hemos pasado a ser seres mucho más peligrosos que los terroristas clásicos.

A mis redes llegaron turbas de fanáticos, legiones de *fact checkers* (revisadores de hechos), etiquetándome con sus letras escarlatas. Me llamaban «disidente controlada», sembrando la duda sobre mi independencia y honestidad entre mis lectores. Algunos cayeron en la trampa y me escribieron diciéndome que les había decepcionado. Pensar por mí misma y criticar a la autoridad suprema era un pecado capital y yo debía ser castigada con la muerte intelectual y social.

El bombardeo al que fui sometida forma parte de las estrategias bélicas que caracterizan las guerras de carácter psicológico.

---

[3] http://www.derechoshumanos.net/normativa/normas/1966-PactoDerechosCivilesyPoliticos.htm#a19

Son campañas comunicativas, operaciones de desinformación, hostigamientos constantes y linchamientos y ataques públicos perfectamente diseñados para que diferentes actores políticos —Estados, Gobiernos, partidos, medios de comunicación, empresas globales, religiones, etc.— persuadan a la opinión pública para dirigir tanto su comportamiento como sus sentimientos. El objetivo es que los ciudadanos se posicionen a favor o en contra de ciertos temas y personalidades. De esta forma cae un telón de acero entre los verdaderos hechos y los intereses que ocultan estos actores públicos con sus convincentes y atractivos discursos.

El Ministerio de la Verdad

Llegados a este punto, compruebo que la famosa novela de George Orwell titulada *1984,* que en las últimas décadas ha adquirido una gran actualidad, ha influido en que muchos analistas empleen el concepto de «sociedad orwelliana» para describir la dirección —y la realidad— de nuestras sociedades contemporáneas. La novela apareció en 1949 y constituye un alegato demoledor contra los totalitarismos. Gracias a *1984* todos estamos familiarizados con términos como «omnipresente», «Gran Hermano» o «Policía del Pensamiento», siempre al acecho ante cualquier manifestación —por mínima que sea— de inconformismo o de cuestionamiento de lo que unos pocos llaman la «Verdad».

Tal y como nos cuenta Orwell, la tarea de gobernar el inmenso Estado colectivista de Oceanía recae en cuatro ministerios:

— *El Ministerio del Amor,* que se ocupa de administrar los castigos, la tortura y de reeducar a los miembros del Partido Único, inculcando un amor férreo por el Gran Hermano y las ideologías de dicho partido.

— *El Ministerio de la Paz,* que se encarga de asuntos relacionados con la guerra y se esfuerza para lograr que la contienda sea permanente, porque si hay guerra con otros países, el país está en paz consigo mismo.

— *El Ministerio de la Abundancia,* que se encarga de la economía planificada del Estado y de conseguir que la gente viva siempre al borde de la subsistencia mediante un duro racionamiento.

— *El Ministerio de la Verdad,* que se dedica a manipular o destruir los documentos históricos de todo tipo (fotografías, libros y periódicos) para conseguir que las evidencias del pasado coincidan con la versión oficial de la historia sostenida por el Estado.

El protagonista de la novela, Winston Smith, trabaja en el Ministerio de la Verdad y su principal tarea es retocar y reescribir la historia de Oceanía. Poco a poco se irá dando cuenta de que su labor contribuye a la elaboración de la gran farsa en la que se basa el Gobierno del Partido Único —dirigido por el Gran Hermano—, un Gobierno que se apoya en la falsedad intencionada de la información para crear un determinado estado de opinión y de sentimiento en el conjunto de la población.

El peligro de la autoridad y el relato únicos

Como en la novela de Orwell, en los últimos años han surgido miles de agencias y centros concebidos para perseguir a los discrepantes e imponer la Verdad de la autoridad. La palabra y los medios de comunicación constituyen el centro neurálgico de esta estrategia.

En octubre de 2020, UK Research and Innovation (UKRI) había invertido 388 millones de libras para modernizar los laboratorios de investigación en comunicación global y equipararlos a los centros dedicados al cambio climático y la COVID-19. Por lo que parece, Reino Unido quiere ser uno de los líderes mundiales en el campo científico de la comunicación a través de sus Labs Class World.

En su web se presentan así[4]:

> Entre una pandemia mundial, una crisis climática, una política polarizada y un panorama mediático confuso, es muy difícil entender el mundo actual. Las noticias falsas, la desinformación, las teorías de la conspiración y los engaños se distribuyen de forma rápida y más eficaz que la verdad, los hechos y el contexto. A veces puede ser abrumador intentar comprender, hacer frente e interactuar con las noticias y las redes sociales de hoy. Estamos aquí para ayudar.
>
> Somos un grupo de investigadores de la Universidad de Liverpool y la Universidad de Dundee, provenientes de diversos orígenes, como estudios de medios, retórica y razonamiento computacional. Este proyecto se enmarca en el área de «información de crisis», el estudio de *cómo se genera y fluye la (mala) información sobre la COVID-19* a través de plataformas de medios. El objetivo principal es *aplicar ingeniería inversa a la manipulación de la información,* proporcionando a los ciudadanos los medios para actuar como verificadores de hechos. [Las cursivas son mías].

---

[4] https://www.ukri.org/about-us/policies-standards-and-data/good-research-resource-hub/

Otro de los centros de generación de opinión como estrategia propagandística es Project Syndicate, que se presenta con la máscara de una organización internacional sin ánimo de lucro basada en la unión de editores de prensa y la asociación entre periódicos. Considerada la mayor fuente de artículos de opinión del mundo, solo distribuye comentarios y análisis realizados por su red de expertos y activistas, premios Nobel, economistas, pensadores políticos, líderes empresariales y académicos, e instan a la creación de nuevas redes entre ellos. Es decir, se trata de la opinión oficial del Ministerio de la Verdad.

El número de instituciones de este tipo está aumentando y, a raíz de la declaración pandémica de la OMS y su *infodemia,* todas han recibido grandes sumas de dinero. El caso más llamativo es el de la Coalición para la Procedencia y Autenticidad de los Contenidos (C2PA, por sus siglas en inglés), un conglomerado de empresas de comunicación entre las que destacan la Red Internacional de Verificadores de Datos del Instituto Poynter[5], la Joint Developement Foundation, la Content Authenticity Iniciative (CAI, por sus siglas en inglés, liderada por Adobe) y el proyecto Origin (liderado por Microsoft y la BBC). Todas son empresas tecnológicas punteras y se han asociado para, según afirman, «generar confianza» en los contenidos *on-line.* De hecho, fue más o menos esto lo que el pasado 22 de febrero Microsoft publicó en su web[6]:

---

[5] https://www.poynter.org/ El Poynter Institute for Media Studies, Inc. se llamaba Modern Media Institute, Inc. y cambió su nombre en 1984. La institución fue fundada en 1975 y tiene su sede en San Petersburgo, Florida.

[6] https://news.microsoft.com/es-xl/entidades-de-medios-y-tecnologia-unen-fuerzas-para-crear-un-grupo-de-estandares-destinado-a-generar-confianza-en-el-contenido-en-linea/

Entidades de medios y tecnología unen fuerzas para crear una serie de estándares destinados a generar contenidos *on-line*.

Las organizaciones que forman parte de la C2PA —Adobe, Arm, BBC, Intel, Microsoft y Truepic— trabajan al unísono para desarrollar modelos que permitan averiguar la procedencia de los contenidos que se publican en la Red y permitir así a los editores y consumidores rastrear el origen y la evolución de estos, incluidos vídeos, imágenes, audios y documentos. En sus propias palabras, «el esfuerzo se ha centrado en abordar la desinformación en el ecosistema de noticias digitales». Es un asedio contra los libres.

Según ellos, «existe una necesidad urgente de abordar el engaño generalizado en los contenidos *on-line,* un engaño en aumento por los avances en inteligencia artificial que se difunde de manera rápida por Internet». Aseguran que su coalición ha nacido para «fortalecer el periodismo y proteger los cimientos de nuestras sociedades democráticas». ¿En serio alguien se cree semejante afirmación? ¿Acaso queda algo de democracia después de estos asaltos a la libertad de expresión y de pensamiento? Bajo el disfraz de defender la libertad de prensa, lo que están haciendo es amordazarla, como ocurre en la novela de Orwell, y coserle la letra escarlata a quienes no comulgan con los dogmas del Gran Hermano o, en este caso, del Gran Inquisidor Universal.

La alianza de las grandes empresas tecnológicas y los medios de comunicación impulsada por Bill Gates para luchar contra la «desinformación» en Internet —es decir, lo que él considera «desinformación»— se corresponde con el punto 17 de la Agenda 2030. Lo que se pretende en realidad es reforzar la censura uniendo en una sola red global a todas las agencias de verificadores de datos o *fact checkers.* Y, por supuesto, esa red global —la mencionada C2PA— está financiada por los GAFTAM (Google, Amazon, Facebook, Twitter, Apple y Microsoft), que vigilarán la interpretación que hagamos de las noticias publicadas por los gigantes mediáticos. Es decir, se te castigará como creador de bulos o desinformador si, tras leer una noticia del *The Washington Post,* concluyes que no es veraz. Lo ha dicho *The Washington Post* y punto. La nueva Santa Inquisición prohíbe leer entre líneas, precisamente eso que nos enseñaron a hacer en el primer curso de la carrera de Periodismo.

Los *fact checkers* dan cursos y másteres en las facultades de Ciencias de la Comunicación de todo el mundo para instruir a los futuros periodistas sobre cuál es la información correcta que deben difundir. Me recuerda a la frase que, sin ruborizarse, el presidente del fondo de inversión estadounidense Blackrock, Laurence Fink, pronunció en el Foro de Davos: «Hay que educar al pueblo para que vote al líder correcto»[7]. Es decir, el que ellos quieren. De la misma forma nos señalan no solo el *qué* sino el *cómo* debemos leer. La nueva Santa Inquisición, como el Ministerio de la Verdad de la novela de Orwell, en realidad tiene un único objetivo: la fabricación en masa de analfabetos funcionales obedientes a la autoridad tiránica.

[7] https://www.elmundo.es/economia/2015/01/25/54c3ef0bca-474165768b457e.html 2015

Operaciones psicológicas de influencia

El 1 de mayo de 2020, la OMS contrató a la agencia de relaciones públicas Hill+Knowlton Strategies para limpiar su deteriorada imagen pública[8]. Las inesperadas críticas y denuncias contra la institución, sobre todo en las redes sociales, pero también en medios de comunicación, estaban socavando su imagen como fuente fiable. ¿Recuerdan la frase del actual director general de la OMS, Tedros Adhanom?: «¡Confíen en nosotros!».

La organización pagó 135.000 dólares por su limpieza de cara. En la siguiente tabla vemos a qué acciones específicas se destinó el dinero:

NIVEL 3
Estados Unidos, Reino Unido y cuatro países más
Fase 1: Identificación de *influencers* 30.000 dólares EE. UU.
Fase 2: Pruebas de mensajes   65.000 dólares
Fase 3: Estructura del plan de campaña   40.000 dólares
Total   **135.000 dólares**

Se trata de buscar a «personas influyentes» que alaben a la OMS en las redes sociales sin que parezca que han sido compradas para ese fin. Hill+Knowlton buscó tanto a «macroinfluencers», con millones de seguidores, como a «microinfluencers», aquellos autores de blogs y perfiles con cuentas menos nutridas pero más especializadas.

---

[8] El contrato está en poder del Departamento de Justicia de Estados Unidos. https://efile.fara.gov/docs/3301-Exhibit-AB-20200714-38.pdf

FASE 1
IDENTIFICACIÓN DE *INFLUENCERS* Y PRUEBAS DE MENSAJES

Identificar al *influencer:* Usando nuestra propia herramienta de análisis global, Sherlock+, H+K identificará a los *influencers* en regiones clave, en función de su relevancia, su alcance y su grado de compromiso. Los *influencers* tienen distintos puntos fuertes y sirven para distintos fines y clasificaremos las voces destacadas en tres categorías:

- *Macroinfluencers:* los que tienen muchos seguidores (más de un millón), como las celebridades, para amplificar más el mensaje de la OMS.
- *Microinfluencers:* los que tienen menos seguidores, pero muy fieles, y actúan como asesores de confianza y validadores informados.
- Héroes ocultos: no tienen una cantidad importante de seguidores, pero, de todos modos, están presentes en las conversaciones y las orientan, como los expertos en salud que aparecen con frecuencia en los programas de noticias.
- La comunidad científica, médica y sanitaria, para garantizar que crean en las recomendaciones que se dan y las defiendan.
- Los medios de comunicación, para garantizar que los artículos estén equilibrados en un momento de preocupación que raya en el pánico y la incertidumbre.
- Las ONG, para garantizar que los grupos de iguales y las organizaciones con base local respalden el papel de la OMS y sus recomendaciones.
- El público informado: los que lo leen todo y usan sus propios canales y sus redes para validar o invalidar lo que se dice.

Pruebas de mensajes:
Será decisivo establecer una estimación básica de la sensibilización pública y las percepciones de la OMS.

En el apartado de «CRONOGRAMA + PRESUPUESTO» leemos:

> Esperamos que el proceso completo de investigación y planificación dure aproximadamente seis semanas, incluido un mes para realizar la investigación de *prueba de mensajes* e identificación de *influencers,* y otras dos semanas para analizar todos los resultados y desarrollar el plan.

Como vemos, el objetivo de Hill+Knowlton es crear una inmensa red de personas influyentes dispuestas a cobrar por mentir para que los ciudadanos confíen en el asesoramiento de la OMS y sigan sus directrices de salud pública. La agencia es especialista en este tipo de campañas de *marketing*, e incluso usó sus recursos para justificar la invasión norteamericana de Kuwait en la segunda Guerra del Golfo, en 1990, cuando se encargaron de diseñar y falsear unas imágenes de soldados iraquíes sacando de sus incubadoras a bebés kuwaitíes y estampándolos contra el suelo para así justificar la «guerra justa» de Estados Unidos contra Irak y contra el tirano Sadam Husein. El presidente George Bush padre aludió a estas imágenes mentirosas en sus discursos.

Durante la *pandemia,* la gran mayoría de la población global cree haber recibido información cuando, en realidad, no sabe identificar a una fuente comprada o a un personaje influyente al que se le ha pagado para repetir un mensaje en las tertulias de televisión y en sus plataformas de comunicación social.

«¿Por qué muere la gente?», ha sido uno de los mensajes planificados por estas empresas de *marketing,* un mensaje que los ciudadanos han repetido sin cesar después de escucharlo una y mil veces de boca de los líderes de opinión pagados. Otro mensaje que ha dado la vuelta al mundo es «quédate en casa». O el mantra reiterativo de que las autoridades, los expertos y los científicos —no los grandes financieros— son los que nos dicen lo que debemos hacer.

Respecto a las vacunas, la propaganda mediática no ha cesado de repetirnos titulares como «científicos y expertos afirman que son seguras para la mayoría de la población», «los ensayos demuestran que las vacunas COVID-19 disminuyen la gravedad de la enfermedad y su mortalidad», o «vacúnate por el bien de todos». E incluso se atreven a criminalizar a quienes, libremente y amparándose en la ley, optan por no vacunarse. El 15 de abril de 2021 apareció el siguiente tuit:

> Los antivacunas no salen gratis.
> El rechazo a vacunarse vendrá con un coste para todos nosotros. Las personas que se nieguen a vacunarse contra la COVID-19 tendrán un mayor gasto sanitario. Los que sí nos vacunemos les pagaremos la factura.

Algunas de las respuestas a este mensaje son bastante esclarecedoras:

> Creo que esto debería regularse. Si una persona se niega a vacunarse, no debería ser atendida por esa patología en la sanidad pública. Así de simple. Es su elección, vale. Pero si decide libremente no ser solidario con la sociedad, debería ser recíproco.

> Cuánta humanidad desprende sus palabras. No hay duda de que debe ser muy buena persona. Por cierto, a los negritos que llegan en patera tampoco los tratemos, que ellos no han contribuido a la sanidad de este país. Y muchos ni estarán vacunados siquiera.

> No me parece razonable este argumento. A las personas que fuman y sufren cáncer se les paga el tratamiento y no por ello el Gobierno lo prohíbe [fumar]. ¿Será porque obtiene gran recaudación por ello?

LA TERCERA GUERRA MUNDIAL YA ESTÁ AQUÍ

Es decir, que negarse a ponerse una vacuna experimental, desarrollada en diez meses, la primera en el mundo de su clase, no aprobada por las Agencias del Medicamento y considerada como terapia génica, es ser antivacunas. ¡Qué nivel!

En efecto, la campaña no funciona con todo el mundo y las trampas cada vez son más y mejor percibidas. Sin embargo, este tipo de operaciones psicológicas de influencia suelen ser más efectivas que la propaganda gubernamental. Los atrapados en esta red de mentiras creen que están librando una batalla contra el enemigo, por lo que se convierten en protagonistas de un psicoescenario, de una historia ficticia en la que desempeñan un papel destacado. El lavado de cerebro es tal que se han inmunizado contra los argumentos contrarios a su fe. Ellos tienen conciencia, el resto no. Así de simple.

El objetivo de estos mensajes no es que los ciudadanos piensen, sino que acaten los protocolos y acepten el discurso de las autoridades. Mediante esta estrategia comunicativa, el poder consigue recortar las libertades civiles y violar unos derechos que creíamos intocables, como el de la libertad de pensamiento y expresión, el de la propiedad privada o el de reunión. De este modo se ha logrado que muchas personas no hayan puesto un pie en la calle durante meses, que no hayan visitado a sus familiares durante más de un año y que los países y las familias se hayan arruinado económica y moralmente.

Estas agencias de relaciones públicas, contratadas por los Gobiernos, las empresas y las instituciones, han logrado que los periodistas expresen en sus crónicas frases como la que le escuché a una reportera peruana: «Los medios de comunicación tratamos de que los ciudadanos *confíen en la información que dan las autoridades* respecto a las vacunas, que no les tengan temor...». Es el periodismo convertido en lacayo del poder. Y los que no se doblegan son perseguidos por la Santa Inquisición de la palabra.

PREMIANDO A LOS INQUISIDORES, PERSIGUIENDO A LOS CRÍTICOS

En abril de 2021, la directora ejecutiva de YouTube, Susan Wojcicki, fue premiada por su defensa de la libertad de expresión por la organización estadounidense Freedom Forum Institute. Resulta llamativo que la propia plataforma sea una de las patrocinadoras del premio.

Los organizadores de la ceremonia Freedom of Expression Award 2021 destacaron que su objetivo era «reconocer a las personas por sus valientes actos de expresión libre y sin miedo». Mis carcajadas las deben de estar oyendo desde sus respectivos infiernos. Todas las entrevistas que me han hecho desde España e Hispanoamérica a raíz de las investigaciones realizadas para mi libro *La verdad de la pandemia* fueron censuradas en YouTube. Creo que solo permanecen dos o tres de las más de cien que concedí.

Asimismo, la Asociación de la Prensa de Madrid entregó en enero de 2021 el Premio APM al Periodista Joven del Año a la cofundadora y CEO de Maldita.es, Clara Jiménez Cruz, «por ser pionera en la verificación de noticias»[9] y por toda su labor contra los críticos de la pandemia.

En enero de 2020, YouTube suspendió, por «al menos siete días», el canal del entonces presidente estadounidense, Donald

---

[9] https://maldita.es/nosotros/20210112/clara-jimenez-cruz-cofundadora-de-malditaes-premio-apm-al-periodista-joven-del-ano/

Trump, y suprimió uno de sus vídeos por vulnerar su política contra la incitación al odio. En marzo de 2021, la plataforma confirmó que en los últimos seis meses había eliminado más de 30.000 vídeos con «información falsa o engañosa» sobre las vacunas contra el coronavirus. La nueva Santa Inquisición solo apoya los mensajes coincidentes con los criterios sanitarios de la Organización Mundial de la Salud, según la portavoz de la compañía, Elena Hernández, a *Axios*[10]. Es la primera vez que la plataforma publicita datos sobre la eliminación de vídeos de esta temática y que reconoce públicamente que YouTube persigue este tipo de «información falsa» sobre las vacunas. Hay más de 800.000 vídeos eliminados por «información incorrecta» sobre el coronavirus desde febrero de 2020.

Pero la persecución al crítico o al disidente no debe cesar nunca y para que no haya errores es necesario crear —y actualizar— herramientas que permitan un seguimiento exhaustivo de los movimientos de los ciudadanos en las redes sociales. En este sentido, en noviembre de 2020 el Centro Criptológico Nacional (CCN), dependiente del Centro Nacional de Inteligencia, encontró el modo de analizar la «desinformación» que se mueve en Internet en torno a la antiglobalización. El instrumento creado para tal fin, al que han denominado ELISA, es una «herramienta de cibervigilancia que pretende facilitar la monitorización de fuentes abiertas, así como el perfilado de medios y entidades de redes sociales». Los resultados de la incipiente investigación concluyen que de abril a septiembre de 2020 hubo más de 1.800 contenidos «antiglobalistas» en más de un centenar y medio de plataformas digitales *potencialmente maliciosas*.

---

[10] https://www.axios.com/youtube-removed-30000-covid19-vaccine-videos-misinformation-a8968086-95a4-4d5e-86da-0e22ddbc1b6a.html

Potencialmente maliciosas ¿por qué? Pues porque, según ellos, erosionan la legitimidad de los líderes estatales, cuestionan el pluralismo, rechazan la economía de mercado, atacan a los medios de comunicación tradicionales, critican a los organismos multilaterales y niegan la evidencia científica.

Como señala Juanma Olarieta, editor de mpr21, «lo peor es que la censura ya no proviene de la Audiencia Nacional o del Tribunal Supremo, sino que son las empresas privadas, sobre todo las digitales, quienes imponen su relato. De alguna manera se ha privatizado la censura y esto te imposibilita recurrir o ir a un juicio, eliminando cualquier posibilidad de defenderte ante ella»[11].

Como vemos, estamos ante el Ministerio de la Verdad orwelliano, y ni siquiera se molestan en disimularlo. Al mismo tiempo que se hacía pública la operación ELISA para perseguir a los disidentes, el Gobierno de España creaba un Comité Contra la Desinformación, dirigido por el jefe de Gabinete de Presidencia, Iván Redondo, para controlar a los medios de comunicación. Según dijeron desde el Ejecutivo, la «transparencia y la información veraz procedente de fuentes contrastadas de los medios de comunicación y las administraciones son los objetivos de este diseño, que tendrá su corolario en una Estrategia Nacional de Lucha contra la Desinformación». Y, además, participan el Consejo de Seguridad Nacional, la Secretaría de Estado de Comunicación y el CNI. El general de la Guardia Civil José Manuel Santiago afirmó públicamente en rueda de prensa desde el Congreso de los Diputados, el 19 de abril de 2020, que uno de los

---

[11] https://www.elconfidencial.com/espana/2020-11-22/elisa-la-herramienta-de-ciberseguridad-del-cni-que-investiga-la-desinformacion-en-espana_2842835/

objetivos del instituto armado era luchar contra los bulos de la epidemia y «minimizar ese clima contrario a la gestión de la crisis por parte del Gobierno». Terrible.

Otro ejemplo es este tuit que apareció el pasado 12 de abril en la cuenta de un profesor de Psicología de Madrid:

> Un negacionista discreto tiene un pase (puede tener una justificación por mil razones), pero los negacionistas proselitistas, como Miguel Bosé y todos estos, son un peligro para sí mismos y para toda la sociedad.

A lo que alguien le respondió, sencillamente, pegando la definición de «Manipulación mental» que recoge Wikipedia:

> La manipulación se produce cuando un individuo o grupo de individuos ejerce una toma de control del comportamiento de una persona o de un grupo, utilizando para ello técnicas de persuasión o de sugestión mental, en busca de eliminar las capacidades críticas o de autocrítica de la persona, esto es, su capacidad de juzgar o de rehusar informaciones u órdenes mentales.

Pero, en ocasiones, la guerra pasa de la palabra a la violencia física. A la periodista peruana Vania Herrera, los «verificadores» de Perú la tenían entre ceja y ceja por su programa en Radio Los Andes, en el que entrevistaba a médicos y científicos que presentaban pruebas y difundían opiniones críticas que ponían en cuestión la versión oficial de la *pandemia*. Consiguieron cerrarle el canal, pero, no contentos con eso, atacaron a su hijo de dieciocho años, golpeándolo tan fuerte que perdió un par de dientes. Hablé con ella porque no se amedrentó y quería que su caso se hiciera público. Esta fue su respuesta:

Yo quiero que, si me pasa algo, la gente sepa que fueron los verificadores de datos de Perú, el diario que sanciona cuentas y restringe el paso de los doctores que difunden otra información. Aquí ya cortaron el pase a la invermectina y se ha vuelto prohibido como el dióxido de cloro.

En sus perfiles de Instagram y Facebook publicó lo siguiente:

Amigos, buenas tardes, no sé cómo empezar. Estoy muy triste y preocupada. Mi hijo sufrió un asalto, dos sujetos le golpearon muy duro. Él pensó que le querían robar la bicicleta, pero lo tiraron al suelo y lo patearon, le metieron muchos golpes, tan fuerte que va a perder un diente y el otro se rompió. Necesitará un implante, tiene dos fracturas en el diente que va a perder. No se llevaron ni la bicicleta ni los audífonos. Puse la denuncia y voy a intentar pedir garantías personales.

Recurro a ustedes, ya que haré una actividad en la casa de mis padres, y por ahora estoy ofreciendo estas bolsas de tela, que es lo que tengo a disposición para vender, ya que todo me saldrá por un aproximado de mil dólares. Les pido disculpas si toco sus puertas, de más está decirles que todos estamos en una situación no grata para nadie. Si está en ustedes poder colaborar les voy a agradecer muchísimo.

Creo que, como entenderán, me mantendré alejada, porque mi hijo necesita mucho más apoyo moral de lo normal. Él es un joven que apenas cumplió dieciocho años, muy bueno y tranquilo. Verle llegar ensangrentado en ese estado me ha consternado mucho. Pero, a pesar de todo, no mantendré a mis hijos con miedo, así haya sido un intento de robo fortuito o un ataque premeditado. Las prioridades creo se me entienden. Les pido estemos en sus oraciones mis hijos y yo, les agradezco desde ya sus bendiciones.

[...]

A Vania le cerraron el canal y su hijo fue atacado físicamente, pero nadie consiguió arrebatarle ni la valentía ni la honestidad. Después de atender a su hijo, pronto volvió al combate.

A lo largo de estos casi dos años de *pandemia,* hemos visto de todo. En muchos casos ni siquiera habrían necesitado sacar a la Policía a la calle porque la desinformación y las coacciones eran tan profundas que la gente obedecía órdenes inexistentes. Por ejemplo, el 6 de diciembre, las fronteras con Francia estaban abiertas, pero nadie circulaba por ellas, a excepción del coche en el que viajábamos mi marido y yo. Habíamos preguntado a unos amigos de Donosti y nos dijeron que no se podía cruzar la frontera. Pero no era verdad. La desinformación corría como la pólvora y todo el mundo se hacía eco de medidas que en realidad nadie había decretado. No existían.

Esta *pandemia* ha demostrado que, aunque las órdenes y los protocolos sean absurdos, dañen nuestras libertades y derechos, nos empobrezcan económica y humanamente, e incluso acaben matándonos, si el Ministerio de la Verdad las expone en sus campañas propagandísticas como «mandatos salvadores de vidas», una parte de la población no solo obedecerá, sino que odiará ferozmente a quienes no estamos dispuestos a someternos. El Ministerio de la Verdad es la autoridad máxima y sus expertos no necesitan presentar pruebas científicas para justificar sus órdenes. Con salir en televisión es suficiente.

ANTE EL ESPEJO DEL FUTURO

Aldous Huxley definió el libro de Orwell como «profundamente importante», pero no coincide en su visión del futuro, ya que argumenta que el totalitarismo no se impondrá mediante «una bota en la cara». Frente al Estado orwelliano que aniquila la libertad de pensamiento y construye una memoria histórica y propagandística mediante la burocracia y la represión, Huxley temía la llegada de un totalitarismo más refinado, una dictadura científica que usaría la biotecnología y la programación condicionada para esclavizar a las personas[12]. Desarrollaré este asunto en el capítulo 8, «El transhumanismo y la inteligencia artificial».

Lo que estamos viviendo en esta guerra, cuyo fin último es una esclavitud sofisticada y creada para la consecución de un orden mundial *estable,* es la sincronicidad de ambas distopías: una bestia híbrida que comparte rasgos de ambas novelas. El consumismo y el *felicismo,* la distracción y la evasión de lo real, la propaganda y las *fake news,* los pasaportes sanitarios y las cámaras de reconocimiento facial nos ponen frente al espejo desafiante de un futuro que poco a poco va revelándose e imponiéndose en el presente.

En el prólogo de *Un mundo feliz,* Huxley ya nos avisaba:

Robespierre logró la forma más superficial de revolución: la política. Yendo un poco más lejos, Babeuf inventó la revolución económica.

Sade se consideraba a sí mismo como un apóstol de la revolución auténticamente revolucionaria, más allá de la mera política y la economía, la revolución de los hombres, las mujeres y los niños individuales, cuyos cuerpos debían en adelante pasar a ser propiedad sexual común de todos, y cuyas mentes debían ser lava-

---

[12] Recomiendo el visionado del documental *George Orwell, Aldous Huxley: 1984 ou Le meilleur des mondes?,* de Philippe Calderon y Caroline Benarrosh (Francia, 2017), que hasta hace poco estaba colgado en YouTube, de donde ha sido eliminado.

das de todo pudor natural, de todas las inhibiciones, laboriosamente adquiridas, de la civilización tradicional. Sade era un loco y la meta más o menos consciente de su revolución eran el caos y la destrucción universales.

Las personas que gobiernan *El mundo feliz* pueden no ser cuerdas, si consideramos el sentido absoluto del término, el sentido absoluto de la palabra, pero no son locos de atar, y su meta no es la anarquía, sino la estabilidad social. Para lograr esta estabilidad llevan a cabo, por medios científicos, la revolución final, personal, realmente revolucionaria[13].

Él los conocía bien. Se había criado entre ellos. Era un elegante profesor en el elitista colegio Eton, donde se forma la realeza británica. Allí, en 1917, conoció al estudiante Eric Blair (quien luego se convertiría en George Orwell, su seudónimo literario). Huxley fue el profesor de francés de aquel joven becario que se movía como un pez vagabundo en una pecera de oro. Eran años convulsos, la Gran Guerra, la Revolución Rusa y la propaganda del fascismo y el comunismo en Europa. Allí comenzó a gestarse la vigilancia aterradora y paternalista del «Gran Hermano» y la todopoderosa ciencia alienante del mundo feliz en un Londres futurista donde la eugenesia, el hedonismo y el sexo han matado al ser humano. ¿Ficción?

---

[13] Aldous Huxley en el prólogo a la edición de *Un mundo feliz* de 1969.

7
BOMBARDEO MEDIÁTICO EN LAS AULAS

Algunas personas solo quieren ver arder el mundo.

Batman el caballero de la noche,
de CHRISTOPHER NOLAN, 2012.

Desde las aulas hasta los talleres de vacaciones, pasando por los videojuegos, las series de Disney y el resto de plataformas o los programas de televisión dirigidos especialmente a los más pequeños, el adoctrinamiento en los «nuevos mandamientos» del Gran Reseteo está resultando imparable. Lo vemos a todas horas y en todas las facetas de nuestra vida cotidiana. No podía ser de otro modo, ya que nuestros hijos constituyen uno de los elementos de conquista más valiosos. En realidad, de ellos depende que el nuevo mundo global se materialice, que respire, se desarrolle e imponga su ley. Una ley basada en la tecnología, en la biomedicina, en el «salvemos el planeta» —a costa de lo que sea— o en esa supuesta «igualdad y libertad de género» que, como veremos, invita a la promiscuidad y a adoptar una visión del sexo y de la sexualidad absolutamente despojada de valor. A fin de cuentas, como describió Aldous Huxley en *Un mundo feliz,* «todo el mundo pertenece a todo el mundo», que es como decir que todo el mundo puede tener sexo con todo el mundo.

El bombardeo mediático que padecen los niños en las aulas queda patente con solo echar un vistazo a las portadas de sus libros de texto. Están concebidos con el fin de que se preparen *para lo que viene…* No en vano el punto 4 de la Agenda 2030 hace referencia a la implantación de una «educación de calidad» universal en cualquier rincón del planeta. La pregunta es inmediata: ¿de calidad para quién?

Una educación cimentada en la enfermedad y la vigilancia

A principios de este 2021 recibí este inquietante *e-mail* de una madre mexicana:

> Hola, Cristina […], aquí te dejo las portadas de los libros de texto de mi hija; en verdad son unos descarados estos malditos de la OMS y todos los infelices que nos tienen en esta situación. Yo vivo en la ciudad de Morelia (Michoacán, México) […]. Más tarde te mando las nuevas portadas, porque cada seis meses nos dan los libros nuevos y en verdad me sorprenden cada vez que los recibo; es como si nos estuvieran avisando de lo que pasará…

Cuando descargué los archivos en el ordenador y vi las portadas de los libros de texto —de secundaria, para niños de trece años—, sentí que estaba en una película distópica de ciencia ficción. ¡Una mascarilla para ilustrar la portada del libro de Lengua y unos viales de vacunas para el de Matemáticas!

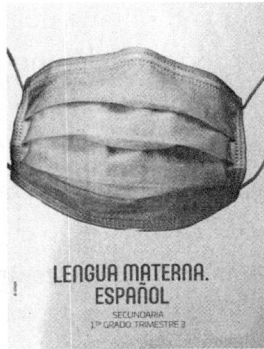

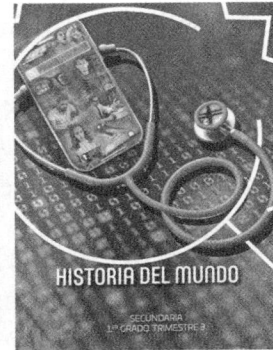

En el de Biología, ¡una montaña de píldoras y cápsulas! Y en el de Historia del Mundo, un teléfono móvil conectado a un fonendoscopio. No hay que ser un lince para darse cuenta de que se trata de un mensaje subliminal aterrador: la historia de la humanidad es la historia de las enfermedades.

En el apartado de actividades, y bajo el epígrafe «Epidemia de la economía», los alumnos deben contestar a preguntas del tipo:

> Puesto que vivimos en una sociedad y una economía de carácter global y las enfermedades se propagan a gran velocidad, ¿cómo crees que podríamos detenerlas? ¿Cerrando las fronteras?

Tendría un pase si todo se quedara ahí, en una pregunta-trampa que, al menos, invita a los chavales a reflexionar. Pero no, la cosa empeora cuando lees la respuesta que, por supuesto, viene a continuación:

> Definitivamente no, pues aplicar medidas de control epidémico como esta [cerrar las fronteras en caso de epidemia] tendría impactos negativos sobre la economía personal y nacional. Y, sin embargo, podríamos estar obligados a ello para preservar la salud, pues solo treinta países del mundo cuentan con las estructuras necesarias para enfrentarse a una epidemia.
>
> Ante un cierre fronterizo, las repercusiones sobre la economía serían gravísimas, pues habría que paralizar los intercambios comerciales y de personas y afrontar cuantiosas pérdidas. Tal vez lo más conveniente para evitar el contagio sería contar con *protocolos de prevención y control sanitario* para las regiones del mundo con mayor prevalencia epidémica. [Las cursivas son mías].

A los más pequeños se les prepara —se les adoctrina— para un futuro que se considera irremediable y lleno de luces y sombras. Así, otro ejercicio plantea el siguiente tema de reflexión:

¿Te gustaría que cuando compraras algo por Internet o pidieras una pizza, un dron te la entregara? Pues no es tan de ciencia ficción como suena, gracias a los drones repartidores.

En el futuro, estos aparatos sobrevolarán las ciudades transportando documentos y productos a fin de reducir tiempos de entrega y disminuir problemas de tráfico y de huella de carbono relacionados con los transportes tradicionales.

Amazon y Google ya tienen en marcha prototipos, pero hay problemas de legislación. Expertos en seguridad temen que los drones sean usados para espiar a personas. Y es que la ley es ambigua al respecto de la privacidad, con multas elevadas para uso personal, pero con áreas grises al respecto de compañías privadas [...]

¿Tú qué crees que deberían hacer los Gobiernos al respecto de los drones? ¿Qué implica su uso para el futuro?

En otra actividad de clase se plantea a los alumnos —de catorce años— una especie de historia de ficción futurista en la que una epidemia de poliomelitis arrasa el planeta. Pese a que muchos años atrás se inventó una vacuna contra esta enfermedad, los casos se extienden por todo el mundo, e incluso hay quien habla de una «invasión zombi». Estamos en 2060 y la OMS ya no tiene competencias. Solo algunos recuerdan que este organismo perdió su credibilidad cuando, años atrás, «un grupo de activistas denunciaron la complicidad de la organización con las grandes compañías farmacéuticas que se enriquecían a costa del dinero de los Gobiernos creando vacunas inútiles y costosas».

A partir de 2060 la humanidad comenzó a creerse inmune, indestructible, casi perfecta. Había olvidado el significado de ciertas palabras: virus, vacunas, epidemia, pandemia. Solo un reducido número de personas, a quienes se consideraba dinosaurios de la medicina, custodiaban el sentido de esas palabras, el legado de la OMS. *Custodiaban la esperanza.*

A continuación viene la pregunta trampa: «¿Cuál fue el error de la humanidad en esta historia del futuro?». El párrafo final de la actividad no tiene desperdicio:

Si respondiste «sentirse inmune», ignorar la enseñanza del pasado, acertaste. A pesar de los avances científicos, organismos como la OMS tienen mucha vida por delante, su labor no terminará, pues aunque hayamos vencido a ciertos agentes patógenos, el futuro es neblinoso. Más vale estar prevenidos, informados y, sobre todo, atentos a las indicaciones de las organizaciones de salud nacionales e internacionales, pues ellas siempre velarán porque todos nos sintamos seguros... ¿O no?

De este modo sibilino pero taxativamente explícito se introducen las cuestiones de la Agenda 2030-50 en la educación. Les hacen creer a los niños que habrá más *pandemias* y que tienen que prepararse para ellas. Es una ofensiva terrorista. ¿A esto llama la ONU educación de calidad?

DIRIGIENDO LA SEXUALIDAD

Los Objetivos de Desarrollo Sostenible de la Agenda 2030 están interconectados y, como vemos, la educación es el medio más eficaz para difundirlos, una educación que se pretende sea *homogénea, universal* y basada en la *igualdad de género*.

Para lograr ese objetivo, desde diferentes instituciones —ayuntamientos, consejerías de Educación e Igualdad— se elaboran y difunden guías sobre «derechos sexuales» y, sobre todo, sobre los derechos reproductivos de las mujeres jóvenes. En España tenemos multitud de ejemplos, pero quiero destacar la guía elaborada por el Instituto de Igualdad del Gobierno de

Canarias. Como era de esperar, el primer punto es la anticoncepción y los embarazos no planificados[1], que se corresponden con los puntos 4 y 5 de la Agenda 2030: «Educación de calidad e Igualdad de género». El texto destaca que el objetivo que se persigue es «reflexionar sobre cómo el género impacta en el conocimiento de nuestro cuerpo sexuado», al tiempo que se ofrece información útil para «tomar decisiones en este terreno: anticoncepción, píldora del día después, interrupción voluntaria del embarazo, etc.».

No está de más recordar que en la Conferencia Mundial sobre la Mujer de Naciones Unidas, celebrada en Pekín en 1995, se declaró que «los derechos humanos de las mujeres incluyen su derecho a ejercer el control y decidir libre y responsablemente sobre las cuestiones relativas a su sexualidad, incluida su salud sexual y reproductiva, libres de coerción, discriminación y violencia». Asimismo se reconocía que «la capacidad de las mujeres para controlar su fecundidad constituye una base fundamental para el disfrute de otros derechos». Siguiendo con este argumento, todas estas guías *institucionales* ponen de manifiesto que el reconocimiento, por parte de la comunidad internacional, de los derechos sexuales y reproductivos como derechos humanos fundamentales implica que los derechos humanos en general —igualdad, integridad, autonomía, libre decisión, educación, información, privacidad, opinión y participación— se trasladan al ámbito de la sexualidad.

Partiendo de esa base, los conceptos se pervierten hasta el extremo de vulgarizar las relaciones humanas en el ámbito

---

[1] https://www.gobiernodecanarias.org/cmsgobcan/export/sites/iciigualdad/_galerias/ici_documentos/documentacion/Guia_AnticoncepcionENP_ICI_2017.pdf

sexual. Las guías —siempre amenizadas con unos dibujos en los que se caricaturizan, e incluso se ridiculizan, los órganos sexuales masculinos y femeninos— se centran en tres áreas:

1. Anticoncepción y prevención del embarazo no planificado[2].
2. Deseo, erotismo y prevención de Infecciones de Transmisión Sexual (ITS).
3. Diversidad sexual y de género.

En el apartado dedicado a la masturbación aparece la siguiente explicación[3]:

La masturbación es la manera en la que nos proporcionamos placer a nosotras mismas a través de cualquier tipo de estimulación directa. […] La masturbación se ha asociado habitualmente a la sexualidad de los hombres Cis[4]. Esto tiene que ver con cómo el sexismo ha negado la sexualidad de las mujeres y, mucho más, su autoerotismo, es decir, darnos placer a nosotras mismas por el mero hecho de disfrutar. De hecho, se piensa que los hombres se masturban más, pero la realidad nos dice que más bien lo comunican más, porque la sexualidad está directamente relacionada con la masculinidad hegemónica: simplificando mucho, «la sexualidad te hace hombre». Si entendemos el binarismo de género

---

[2] El Estado español reconoce estos derechos en la Ley Orgánica 2/2010, de 3 de marzo, de Salud Sexual y Reproductiva y de la Interrupción Voluntaria del Embarazo.

[3] https://www.gobiernodecanarias.org/igualdad/documentos/Ediciones/Guia_Sex_2_DPS.pdf

[4] Según leemos en esta guía, una mujer o un hombre es Cis cuando hay continuidad entre la identidad sentida (mujer, hombre) y el sexo asignado a partir de la visualización de los genitales.

como *una construcción de opuestos y complementarios,* la frase anterior trae aparejada la absurda conclusión de «la falta de sexualidad te hace mujer», de ahí que no sea casual que el insulto más popular hacia las mujeres sea «puta». [Las cursivas son mías].

Quien encuentre un solo axioma sensato y lógico en este texto que me lo haga saber. Y, por si quedaba alguna duda, tampoco aquí se abstienen de colocar una ilustración en la que se ve a una niña acariciándose los genitales.

Al parecer, el binarismo de género es *una construcción de opuestos y complementarios,* mientras que los 112 géneros que reconoce la ONU están al servicio de la paz mundial... Parece que se olvidan de que se han producido asesinatos entre parejas homosexuales por celos, abandonos y disputas de todo tipo.

Pero sigamos. Después de enseñarles a los niños a masturbarse, las guías aportan ejercicios prácticos para que experimenten entre ellos[5]. Primero se les explica cómo deben actuar los pequeños a la hora de acariciarse: «Lo harán por turnos, de manera que en cada turno haya una persona que recibe y la otra que da. Quien recibe se concentra en sentir; la que da, en dar».

Y el ejercicio termina así: «Cuando hayan acabado, dediquen un rato a hablar sobre cómo se han sentido, tanto recibiendo como dando. Estas preguntas pueden orientarles: ¿Qué sentiste al dar? ¿Y al recibir?». Me quedo sin palabras ante semejante ataque a la libertad sexual de los más jóvenes.

---

[5] https://www.gobiernodecanarias.org/igualdad/documentos/Ediciones/Guia_Sex_2_DPS.pdf

235

Contra el poder de las mujeres y la familia

Yo me considero metafeminista; esto es, voy más allá de la definición de feminismo que ofrece el *Diccionario* de la Real Academia Española: «Principio de igualdad de derechos de la mujer y el hombre». En mi opinión, las mujeres somos seres superiores a los hombres y, de hecho, la guerra actual que estamos viviendo pretende acabar con nosotras. Considero que la denominada «violencia de género» no es un concepto válido, porque, en realidad, no es una violencia que se dirige contra un género, no se dirige contra la mujer. Más bien se trata de una violencia dirigida contra un concepto superior, contra el principio de la Vida y de la Creación, contra la génesis de las civilizaciones desde la antigüedad hasta nuestros días. Dicho de otro modo: la guerra es contra la *madre,* porque ella es el *alma* de la familia.

La propia guía reconoce mi argumento en su definición de género:

El género es un mecanismo cultural que distingue a las personas entre mujeres y hombres, a través de una interpretación de determinadas características del cuerpo sexuado, asignándoles diferentes funciones y valorando de manera desigual lo que es considerado femenino de lo masculino. Esto nos coloca en *diferentes posiciones de poder* en las relaciones sociales. [Las cursivas son mías].

Efectivamente, las mujeres tenemos *diferentes posiciones de poder* en la sociedad en función de nuestras capacidades y potencialidades. Nuestro poder ha sido el Poder, con mayúsculas, en las civilizaciones primitivas. Y el gran Poder de la mujer es el de ser las educadoras de los hijos. ¿Por qué si no a la primera lengua que aprendemos de niños la llamamos «lengua madre»? ¿Por qué si no al país en el que has nacido se le llama «madre patria»? Las mujeres son las que educan y explican quiénes somos, de dónde venimos, cómo nos comunicamos y entendemos el mundo... Por ello estoy convencida de que la Agenda 2030 se ha diseñado para robar a las mujeres su papel fundamental como instructoras en las *polis*.

El poder tradicional de las mujeres se basa en la biología y, sin embargo, estas nuevas materias curriculares afirman que la biología ya no es un parámetro válido para explicar nuestra identidad. «Eso es algo muy antiguo que ya no se tiene en cuenta», me explicó hace poco un sexólogo educador, olvidándose —y haciendo que los pequeños se olviden— de que es la biología la que posibilita la maternidad. Como estamos viendo, en el nuevo mundo nacido del Gran Reseteo, los niños nacerán en laboratorios y en vientres de alquiler porque el *no tendrás nada* incluye no tener hijos. Así, el poder histórico de las madres *se iguala* al de los 112 géneros que reconoce la ONU, una igualdad artificiosa con la que, de manera sibilina, se pretende extirpar el poder a las mujeres.

Puesto que en este nuevo mundo feliz en construcción las familias desaparecerán —es una institución arcaica propia de civilizaciones atrasadas, nos dicen—, la mujer y el hombre ya no forman esa pareja capaz de crear una, lo que implica que las relaciones y las personas se instrumentalizan para volverse meros objetos generadores de placer sexual.

Como adulta que ha sido joven considero esencial que se enseñe biología y sexualidad en las escuelas, pero una cosa es enseñar y otra bombardear para confundir el alma de los niños y adolescentes. Es un auténtico escándalo que Unicef, la agencia de la ONU que supuestamente vela por los niños, defienda en uno de sus últimos informes[6] que negar el uso de la pornografía a los niños «infringe sus derechos». Los filtros de las páginas de pornografía para evitar el acceso de los menores son ahora considerados por Unicef un obstáculo para la «educación vital en sexualidad». Para ellos son «herramientas de garantía de la era digital y derechos del niño». Es decir, la pornografía es un derecho humano para los niños. ¿Cómo podemos leer estos supuestos sin pensar en la pedofilia?

Una cosa es explicar cómo son nuestros órganos y cómo se produce un embarazo para evitarlo en jóvenes inexpertos o desinformados, y otra muy distinta es que la ONU promueva y reconozca la existencia de 112 géneros. Una cosa es el aborto que realiza una mujer privada —una práctica que ha existido siempre y seguirá existiendo— y otra es el aborto institucional como política de Estado, dirigido a controlar la demografía mundial.

Para confundir a la ciudadanía y matar la maternidad hay que hacer propaganda, diseñar campañas de *marketing* e introducir en las escuelas eufemismos como «salud reproductiva» o «planificación familiar» —que son los que constantemente usa Bill Gates en sus conferencias y entrevistas—, y así se evita pronunciar las palabras «muerte» o «asesinato». El doctor en Filosofía Pablo Muñoz Iturrieta señala: «Todo aborto es, por definición, una *mala praxis* en la que siempre muere una persona. A veces dos».

Este acto de ingeniería social comienza por el lenguaje y asocia el concepto «mujer» a otras ideas con las que se construyen los nuevos estereotipos, que son difundidos como símbolos

[6] «Digital Age Assurance Tools and Children's Rights Online across the Globe», http://c-fam.org/wp-content/uploads/Digital-Age-Assurance-Tools-and-Childrens-Rights-Online-across-the-Globe.pdf

—mensajes subliminales que calan en la psique— en los medios de comunicación, series, películas, anuncios publicitarios, canciones y videoclips. Y puesto que todo empieza con el lenguaje, se han inventado nuevas palabras para nombrar sus nuevas concepciones humanas:

- *Sexismo:* conjunto de pensamientos o actos que atribuyen unas cualidades y patrones de conducta diferenciados y de desigual valor a hombres y mujeres.
- *Heterosexismo:* conjunto de pensamientos o actos que parten de la premisa de que todas las personas tienen una orientación sexual de deseo heterosexual, lo que supone una valoración superior de este frente al resto.
- *Intersexfobia:* es el rechazo, la discriminación, la invisibilización, la denostación y los diferentes tipos de violencia basados en prejuicios y estigmas hacia las personas con variaciones en las características sexuales, que transgreden la idea del binarismo acerca de cómo deben ser los cuerpos de hombres y de mujeres, derivados de las concepciones culturales hegemónicas.

Abrir por todo el mundo centros de Planned Parenthood[7], donde se puede abortar hasta los nueve meses de gestación, completa la estrategia de reducción de la población mundial disfrazada de lucha por la libertad de la mujer. Se trata de un asesinato en el vientre de la madre y forma parte de la ingeniería social planificada por las élites. Las relaciones humanas se redu-

---

[7] *Unplanned* es el documental que cuenta la vida de Abby Johonson, exdirectora de Planned Parenthood, donde expone el negocio millonario y las aberraciones cometidas por dicha organización. Twitter inició una censura contra las cuentas que difundieron la película.

cen, se simplifican y se estereotipan únicamente como sexo y erotismo. Una de estas prácticas peligrosas que enseñan en las escuelas es el llamado *sexting,* que explican así:

> Llamamos *sexting* a la práctica que consiste en compartir vídeos y fotos de contenido erótico a través de Internet, utilizando para ello, sobre todo, el teléfono móvil. En principio, se trata de una práctica consensuada entre las personas implicadas, cuya finalidad es el disfrute compartido. Solo hay *sexting* si ambas partes quieren hacerlo y, por tanto, es una práctica consciente, consensuada y transparente.

Después de estas líneas se incluye un código QR con un «decálogo para *sextear* de manera segura».

Ante semejante despropósito, el doctor Muñoz Iturrieta denuncia[8]:

> Esta obscena obsesión de meterse en la sexualidad de los menores es patológica. Además de la corrupción de menores, se facilita la acción de los pederastas. Niños hipersexualizados y sin madurez.

Vulgarización del sexo

Podríamos pensar que la ONU intenta engañarnos haciéndonos creer que la sexualidad y el erotismo no existían hasta que los inventaron ellos. Sin embargo, los modelos que utilizan son

---

[8] El doctor en Filosofía Pablo Muñoz Iturrieta cuenta con una amplia producción bibliográfica sobre este asunto. Entre sus obras destaca *Atrapado en el cuerpo equivocado. La ideología de género frente a la ciencia y la filosofía,* Metanoia Press, Madrid, 2018.

tan vulgares que causan repulsión en las mentes sanas. Si nos vamos a la antigua Sumer, la cuna de la civilización, nos encontramos con la diosa-reina Inanna, que es la protagonista del mayor número de poemas sumerios, de una amplia temática. En el siguiente poema se cuenta su historia de amor con el pastor-rey Dumuzi:

Mi vulva, el cuerno,
la Barca del Cielo
está llena de entusiasmo como la joven luna.
Mi tierra sin labrar se encuentra en barbecho.
En cuanto a mí, Inanna, ¿quién arará mi vulva?
¿Quién arará mi campo alto? ¿Quién arará mi terreno mojado?
En cuanto a mí, la joven mujer, ¿quién arará mi vulva?
¿Quién colocará allí el Buey?
¿Quién arará mi vulva?

Dumuzi responde:
   Gran Dama, el rey arará tu vulva.
   Yo, Dumuzi el Rey, araré tu vulva.
Inanna:
   ¡Entonces ara mi vulva, hombre de mi corazón!
   ¡Ara mi vulva!

En el regazo del rey estaba el cedro en ascenso.
Las plantas crecieron altas a su lado.
Los granos crecieron a su lado.
Los jardines florecieron lujosamente[9].

---

[9] D. Wolkstein y S. N. Kramer, *Inanna: Queen of Heaven and Earth*, Harper & Row Publishers, Nueva York, 1983.

Como vemos, la literatura erótica existe desde el comienzo de la civilización. Pero este poema destila sensibilidad y belleza, ternura y conexión entre los protagonistas, unos lazos que van más allá del sexo como instrumento. Hay comunicación metafísica entre Inanna y Dumuzi, y eso los humaniza. El sexo no es un acto vulgarizado, sino todo lo contrario de lo que plantean las guías para jóvenes con las que pretenden adoctrinarlos.

Si nos vamos a la antigua China, encontramos a Fuxi (伏羲), el primero de los tres Augustos y los cinco emperadores, el sabio más antiguo del que habla la historiografía de esta civilización. Según cuentan las leyendas ancestrales, él enseñó a sus alumnos a cazar con armas y a pescar con redes, e instituyó la unión de una mujer con un hombre, es decir, la familia. Este hecho es presentado como progreso y avance civilizatorio en contraposición con lo primitivo y salvaje:

En el principio no existían ni la moral ni el orden social. Los hombres solo conocían a sus madres, no a sus padres. Cuando estaban hambrientos, buscaban comida; cuando estaban satisfechos, tiraban los restos. Devoraban los animales con la piel y el pelo, bebían su sangre y se vestían con pieles y juncos. Entonces llegó Fuxi y miró hacia arriba y contempló lo que había en los Cielos y miró hacia abajo y contempló lo que ocurría en la Tierra. Y unió al hombre con la mujer, reguló los cinco cambios y estableció las leyes de la Humanidad[10].

Estas enseñanzas sobre las sociedades antiguas, sobre cómo se formaron y avanzaron en complejidad, ni están ni se las espera en las aulas.

---

[10] Del libro *Báihu tōngyì* (白虎通義), escrito por Ban Gu (32-92) a comienzos de la dinastía Han. En Richard Wilhelm y Cary F. Baines, *I Ching* (1967).

La familia y la madre son en sí mismas estructuras de poder que fortalecen al ser humano y sus relaciones con el mundo. En torno a la madre y a la familia nos hemos organizado desde épocas atávicas. Por eso no es de extrañar que en la web Open Democracy —financiada por el todopoderoso George Soros (véase el capítulo 3, «La moral psicópata») y la familia Rockefeller— se asegure que «la crisis del coronavirus nos muestra que ahora es el momento de abolir la familia», pues es en los hogares «estándar» donde se produce, según la OMS, la mayor parte de la violencia doméstica, «el abuso más difundido, pero uno de los menos denunciados de entre los derechos humanos».

El inquietante artículo, firmado por la activista estadounidense Sophie Lewis, contiene perlas como estas:

> Lejos de ser un momento para aceptar la ideología de los «valores familiares», entonces, la pandemia es un momento sumamente importante para aprovisionar, evacuar y, en general, empoderar a los sobrevivientes y a los refugiados del hogar nuclear.
> [...]
> Incluso cuando el hogar nuclear privado no representa una amenaza física o mental directa para la persona de uno, sin maltratar a su cónyuge, sin violar a los niños y sin criticar a nadie, la familia privada en cuanto modo de reproducción social todavía, francamente, apesta[11].

Los puntos 4 y 5 de la Agenda 2030 son en realidad ataques al individuo y a la familia bajo el disfraz de una supuesta liberalización sexual. Se trata de una vieja argucia —experimentada en los regímenes dictatoriales, como en la Cuba socialista de

---

[11] https://www.opendemocracy.net/en/oureconomy/coronavirus-crisis-shows-its-time-abolish-family/

Fidel Castro—, un método de ingeniería social que las élites consideran infalible.

Las políticas de género se han diseñado en laboratorios elitistas y están siendo introducidas en las escuelas para adoctrinar a niños y niñas de edades muy tempranas. Su objetivo es la debilitación mental y relacional del enemigo (nosotros) para evitar que utilicemos los espacios educativos, políticos y mediáticos e impedir que analicemos y denunciemos las corrupciones del sistema.

En el prólogo a *Un mundo feliz,* Aldous Huxley escribió un párrafo de enorme calado que describe a la perfección lo que está ocurriendo:

> A medida que la libertad política y económica disminuye, la libertad sexual tiende, en compensación, a aumentar. Y el dictador (a menos que necesite carne de cañón o familias con las cuales colonizar territorios desiertos o conquistados) hará bien en favorecer esta libertad. En colaboración con la libertad de soñar despiertos bajo la influencia de los narcóticos, del cine y de la radio, la libertad sexual ayudará a reconciliar a sus súbditos con la servidumbre que es su destino.

La desaparición de la familia tradicional (que parte de una madre y un padre) es uno de los pilares del Gran Reseteo propuesto e implantado por las élites. La idea es que todos vivamos en una especie de tribu global, una única familia transhumana en la que todos los cuerpos pertenecen a todos y quien no esté dispuesto a prestar el suyo para el placer de los demás será etiquetado como un egoísta antisocial, un enfermo, un disonante cognitivo.

Para terminar este capítulo me parece oportuno recordar las espeluznantes palabras del director del Centro de Incubación y

Acondicionamiento del «mundo feliz» que Huxley describe en su novela:

—Hasta que, al fin, la mente del niño se transforma en esas sugestiones, y la suma de estas sugestiones es la mente del niño. Y no solo la mente del niño, sino también la del adulto, a lo largo de toda su vida. La mente que juzga, que desea, que decide... formada por estas sugestiones. ¡Y estas sugestiones son nuestras sugestiones! [...]. ¡Sugestiones del Estado!

8
EL TRANSHUMANISMO Y LA INTELIGENCIA ARTIFICIAL

> Las herejías que debemos temer son las que pueden
> confundirse con la ortodoxia.
>
> JORGE LUIS BORGES

El transhumanismo, ese movimiento del que tanto se habla y del que tan poco se sabe, podría ser concebido como una suerte de regreso a la eugenesia que promovió Francis Galton en el siglo XIX y que se hizo tan popular entre la izquierda progresista de la época, por más que fuera satanizada a raíz de los experimentos llevados a cabo por el nazismo. Recordemos las palabras del premio Nobel de Literatura Bernard Shaw (1856-1950), feroz defensor de Iósif Stalin, al que calificó, como él, de socialista fabiano:

> La exterminación debe ponerse sobre una base científica si alguna vez se debe llevar a cabo de manera humana y apologética, así como a fondo. [Si] deseamos un cierto tipo de civilización y cultura, debemos exterminar al tipo de personas que no encajan en ella.
> Todos deben conocer al menos a media docena de personas que no son de ninguna utilidad en este mundo y que son más problemáticos que útiles. Vayan y díganles: «Señor o señora, ¿sería tan amable de justificarme su existencia?». Si no la pueden justificar, si no cumplen con su parte, si no producen tanto como con-

sumen o, a ser posible, más, entonces está claro que no podemos utilizar una gran organización o nuestra sociedad para mantenerlos vivos, porque su vida no nos beneficia y no puede serle de mucha utilidad a ellos tampoco.

Deberíamos encontrarnos comprometidos en matar a muchas personas a quienes ahora dejamos vivas. [...] Una parte de la política eugenésica finalmente nos llevaría a un uso extensivo de la cámara letal. Una gran cantidad de personas tendrían que dejar de existir simplemente porque desperdician el tiempo de otras personas para cuidarlas[1].

¿MEJORAR AL SER HUMANO?

La primera persona que popularizó el término «transhumanismo» fue el ya citado Julian Huxley (1887-1975), hermano de Aldous, considerado uno de los padres de la eugenesia. En 1957, en su obra *Religion without Revelation (Religión sin revelación),* escribió lo siguiente:

Tal vez el transhumanismo servirá: el hombre permaneciendo hombre, pero trascendiéndose mediante la realización de nuevas posibilidades de y para su naturaleza humana.

El término hacía referencia a una visión del ser humano según la cual este puede —y debe— mejorarse a sí mismo a

---

[1] Citado por Gil L. Wolfgang, «Bernard Shaw: ¿Un intelectual a favor del genocidio?», en *Prodavinci,* 17 de marzo de 2018: https://prodavinci. com/bernard-shaw-un-intelectual-a-favor-del-genocidio/ En un discurso público, grabado en un noticiario del 5 de marzo de 1931, Shaw dio expresión a la doctrina nazi de «la vida indigna de la vida».

través de la ciencia y la tecnología, ya sea desde el punto de vista genético o desde el ambiental y social. De alguna manera se habla de una *trascendencia* del hombre concreto y de la especie humana en general. Sigue, por tanto, un patrón religioso.

A partir de estos supuestos, el estadounidense Raymond Kurzweil, director de Ingeniería de Google, especializado en Ciencias de la Computación e inteligencia artificial, afirma que hacia el año 2050 la tecnología llegará a tal punto que la medicina será capaz de aumentar la esperanza de vida. Los procesos de envejecimiento serán cada vez más lentos y, con el tiempo, llegarán a desaparecer, sobre todo gracias a la nanotecnología. Él afirma que la evolución de la tecnología será tan rápida y profunda que representará una ruptura en el tejido de la historia humana. Uno de sus proyectos para conseguir este objetivo es «Google Brain», con el que construye una máquina que imita la mente humana. Si tiene éxito en la creación de una «conciencia informática», gracias a la cual el cerebro dejará de tener el límite establecido por la naturaleza, habrá logrado la *singularidad*. Así, en 2009, Kurzweil y su socio Peter Diamandis (empresario espacial y presidente de la X Prize Foundation) fundaron, junto a los ultrapoderosos Google y NASA, la Universidad de la Singularidad, en Silicon Valley, con el objetivo de generar posibilidades cada vez mayores de simbiosis entre seres humanos y máquinas, lo que formará a los futuros líderes para que identifiquen los grandes retos de la humanidad.

Entre los objetivos del transhumanismo, por nombrar solo algunos, se encuentra que a través del uso responsable de la ciencia y la tecnología, los seres humanos seamos capaces de convertirnos en transhumanos, cuyas capacidades cognitivas, físicas y mentales serían un desafío para la naturaleza y el mundo tal como los conocemos en la actualidad.

¿Seres humanos desechables?

El uso de la ciencia y la tecnología para *mejorar* el ser humano —física, emocional, mental y moralmente— me resulta espeluznante. ¿Acaso podemos pensar que de nuevo *todo es por nuestro bien?* Semejante perversión de nuestra esencia responde a intereses ocultos. Y, por supuesto, de nuevo nos topamos con las élites globalistas, empeñadas en diluir al ser humano —ser pensante, racional y moral— para convertirlo en un mero instrumento controlable, manipulable… y desechable. Y lanzo otra pregunta para la reflexión: ¿esas supuestas mejoras tecnológicas no causarán aún más exclusión social? Dicho de otro modo: ¿las personas no modificadas genética y tecnológicamente no serán los nuevos *pobres* de este nuevo «mundo feliz» que pretenden imponernos? Desaparecerán las clases sociales —el trabajo lo realizarán las máquinas— pero, gracias a la ingeniería genética, ¿no pasarán a ser *clases biológicas?*

Ya están experimentando la nueva estratificación humana con el llamado «pasaporte verde» que diferencia entre las personas vacunadas y las no vacunadas. Y, claro, el gurú Raymond Kurzweil aludió directamente a la nanotecnología como herramienta de la inteligencia artificial aplicada al campo de la medicina y a que miles de personas inoculadas en todo el mundo se han vuelto «magnéticas»… Es un experimento en campo abierto que va a costar la vida de muchos. Un «laboratorio vivo o viviente», lo llama Alex Pentland, del que hablamos extensamente en mi libro anterior[2].

Causa pavor imaginar el momento en el que nazca el primer ser humano con el genoma directa y deliberadamente editado. A eso es a lo que se dedica el «Proyecto Genoma Humano», que hace ya dieciocho años, en 2003, gastó 2.700 millones de dólares para crear el primer genoma completo. Seis años después, secuenciar el genoma costaba 100.000 dólares y a día de hoy solo mil. Como se puede comprobar, la distopía se acerca a toda velocidad en nombre del «avance de la ciencia» y del «progreso de la civilización».

También están en marcha el «Proyecto Cerebro Humano», que financia la Comisión Europea con 1.000 millones de euros durante más de diez años, y la iniciativa de la Fundación Obama sobre Investigación del Cerebro a través de Neurologías Innovadoras Avanzadas (BRAIN, por sus siglas en inglés).

En el contexto de las personas magnéticas tras la inoculación de las «vacunas COVID» resulta revelador conocer el proyecto del Pentágono «BrainSTORMS», que desarrolla un sistema con nanopartículas y campos magnéticos para monitorizar y controlar las 80.000 millones de neuronas del cerebro[3]. Sakhrat Khizroev es el líder de un equipo de neurocientíficos, físicos, químicos, biólogos e ingenieros de materiales en DARPA, el brazo de investigación avanzada del Pentágono.

Khizroev rivaliza con Elon Musk, creador de Neuralink, y asegura que es imposible acceder al cerebro con electrodos,

---

[2] Véase *La verdad de la pandemia,* ob. cit., págs. 101 y sigs.

[3] https://www.elconfidencial.com/tecnologia/novaceno/2021-03-24/pentagono-darpa-cerebro-control-nanoparticulas_3004028/?fbclid=IwAR-3P1rwU67Z9hjlnUerGdYAD5mK3Buh13Oa7XTVc6HZs-KLF3LoL-2veU6Dw

conectarlo a máquinas de forma eficiente y desentrañar sus secretos. Él se decanta por inyectar unos 80.000 millones de nanopartículas para leer y controlar el cerebro, aunque también afirma que pueden ser ingeridas *en un vaso de agua*. Estas nanopartículas se unirían a todas y cada una de las neuronas que hay en el cerebro para comunicarse inalámbricamente con una máquina.

Estas partículas son dos mil veces más finas que un cabello humano. Se llaman MENP (nanopartículas magneto-eléctricas, por sus siglas en inglés) y son capaces de recibir y emitir campos magnéticos a la vez que interactúan eléctricamente con células humanas. Aunque suena a ciencia ficción, Khizroev lleva usando los MENP en la investigación de enfermedades desde 2010.

Visualización de un MENP, capaz de interactuar con señales eléctricas y campos magnéticos (Sakhrat Khizroev).

BrainSTORMS es un sistema para la comunicación entre el cerebro humano y los ordenadores mediante MENP, un proyecto que permitirá que los soldados y pilotos controlen aviones de combate con la mente. Pero este experimento ya se realizó con éxito en la Unión Europea en el año 2014, como expuse en mi libro *Hijos del Cielo*[4]. Khizroev asegura que el programa estará terminado en algo más de tres años. Pero lo que la exposición de su proyecto no dice es que para que el proyecto esté listo en el plazo previsto necesitan experimentar con la población. Poco más que añadir.

Ante este panorama, resulta cuando menos sospechoso que el presidente de China, una terrorífica dictadura que atenta sistemáticamente contra los derechos humanos y que ya ha incorporado estos avances científicos y tecnológicos, fuera tan aplaudido por las élites occidentales en el Foro de Davos, del que se convirtió en un «amiguete» más, además del invitado especial en la última edición. ¿Alguien es capaz de pensar que Xi Jinping y las élites globócratas estén pensando en la libertad y en el bienestar de las sociedades cuando defienden estos postulados?

LA INTELIGENCIA ARTIFICIAL (IA) Y EL PENSAMIENTO MÁGICO

La persiana automatizada se eleva, pero no es eso lo que le despierta, sino el sol, que entra por la ventana exactamente a las 6:57 horas. Justo en ese momento un sensor fotosensible combinado con el «histórico» de la casa han coordinado el despertador. Huele a café recién hecho.

Pone los pies en el suelo y empieza a sonar un *mix* personalizado. Es la música que le activa por las mañanas. Esta-

---

[4] Ver págs. 130-131.

mos en 2035 y su vivienda inteligente conectada a la red de telecomunicaciones le ha preparado la ducha y el desayuno.

El chip del termo eléctrico ha calculado —de acuerdo a las duchas previas— cuánta agua tiene que calentar. Se trata de no perder energía de los paneles fotovoltaicos ubicados en la fachada sur del edificio. Después de todo, el excedente ya se está vendiendo y los micropagos empezarán a ingresarse en la cuenta de la comunidad en cuestión de minutos. La instalación se amortiza sola.

En la cocina, el café está en su punto, y el *emoji* de la manzana aparece en la puerta del frigorífico junto a otro de un corazón. Seguir una dieta saludable es mucho más fácil cuando alguien o algo te lo recuerda. Coge una manzana mientras las noticias del día comienzan a sonar en forma de breves *podcasts*. Por lo visto, el calendario para la fusión nuclear sigue su curso.

«Qué pena que aún no haya brazos robóticos que recojan y frieguen», piensa mientras deja la taza en el lavavajillas. Al menos, la nevera hace lo que debe y acaba de comprar una manzana. Se lava los dientes con un cepillo conectado que le informa de su estado de salud. Se viste y coge la mochila con el portátil y la ropa del gimnasio.

Hay oficinas flexibles por toda la ciudad.

Apenas ha caminado unos metros cuando un minibús eléctrico y autónomo de seis plazas se le acerca. El 5G hizo posible esta tecnología, pero con el 6G ha mejorado mucho: su móvil le ha comunicado que diez pasajeros compartirán el trayecto durante cinco kilómetros. Es una forma interesante de hacer contactos camino del trabajo, al que llega media hora después de dos transbordos.

Los tornos en la entrada del edificio de hoy detectan sus facciones y leen su tarjeta RFID (identificación por radiofrecuencia). Las puertas se abren. Hoy hay reunión de empresa, por lo que la oficina flexible asignada automáticamente está algo más lejos de su casa.

«La calidez humana aún no se puede enviar por los cables», suele decir la responsable del departamento cuando finaliza la reunión. Y tiene razón. Recoge y guarda sus cosas y comprueba que la mesa está limpia como una patena. Tras la reunión, todos ocupan su espacio en la oficina y comienzan a trabajar con su propio equipo de IA, que, gracias al Procesamiento del Lenguaje Natural, es el asistente perfecto.

La jornada laboral —seis horas— ha terminado. Conocedora de sus rutinas y gustos, la inteligencia artificial integrada en el *smartphone* le dice cuál es la ruta más corta hasta su casa, aunque le pregunta si antes no quiere pasarse por el gimnasio afiliado al programa de empresa. En total, veintiún minutos caminando hasta el gimnasio, treinta y cinco de *spinning* y diecisiete andando hasta casa, que le servirán para relajarse.

Antes de salir de la oficina, la máquina de *vending* le llena la cantimplora con agua fresca y, automáticamente, le dispensa un plátano. La cantidad que debe pagar se embolsa directamente en su tarjeta de crédito, que ni siquiera ha tenido que mostrar porque basta con sus rasgos faciales para identificarse.

Aún quedan varias horas de sol cuando pasa por el *locker* refrigerado y herméticamente cerrado que hay junto a su casa. Tras identificarse facialmente, por la apertura metálica que hay en el centro salen varios paquetes de *e-commerce* en el interior de una bolsa de tela reutilizable que luego devolverá.

Ya está a un paso de su casa, pero antes de entrar le pregunta a su *smartphone* si hay alguna cena pública en las inmediaciones. El «BlaBlaCar de la comida» lleva años popularizándose y se ha convertido en la única manera de consolidar el tejido social del barrio. Se apunta a la «cena tradicional marroquí» que está a tan solo setecientos metros. Una buena forma de cerrar el día.

Ya de noche, cuando entra en su habitación para acostarse, las persianas bajan y el altavoz que hay bajo la cama reproduce el sonido de la lluvia[5].

* * *

El relato fantástico-distópico que acabas de leer, aunque pueda parecer que plantea un mundo cómodo y deseable, en realidad oculta una agenda de intenciones infames. Pero ¿de verdad lo oculta? No tengo ninguna duda de que al lector perspicaz no se le habrán escapado ni el dirigismo en el consumo ni el inevitable control personal que implica la aceptación de una forma de vida basada en esas premisas.

Aunque el proceso de vigilancia y manipulación de masas comenzó hace cien años, las llamadas «plataformas sociales» se han convertido en la actualidad en un espectacular instrumento de control. Cada vez que clicas un «me gusta» o un «me enfada» en Facebook, cada vez que retuiteas una noticia o un comen-

---

5 Publicado en la web de la compañía Orange https://blog.orange.es/innovacion/asi-sera-tu-vida-gracias-al-iot-y-la-ia/. Firmado por Marcos Martínez.

tario que contiene una palabra concreta y cada vez que sigues a un *influencer* que el sistema ha introducido como señuelo, estás enviando información sobre ti a un Gran Ordenador Central que se encarga de recolectarla. Esas ingentes cantidades de información estratificadas por grupos —Big Data— son procesadas y analizadas por especialistas en manipulación social, que buscan la clave para construir un relato con el que convencerte y llevarte a actuar de una manera determinista. El objetivo es crear una Gran Mente de Grupo Global, para lo cual necesitan *hackear* nuestros cerebros e insertar en ellos nanotecnología robótica.

LOS HUMANOS DEL FUTURO

El argumento de miles de robots adueñándose del mundo es recurrente en las películas de ciencia ficción. Pero ¿qué te parecería si fueras *tú* el robot del futuro? ¿Qué pensarías si el mundo estuviera habitado por millones de seres de cualidades extraordinarias, más rápidos, más inteligentes, más bellos y más fuertes? La inteligencia artificial lo hará posible. Así nos lo cuenta la publicidad con la que sus creadores la venden: «Inserta en tu mente un microchip que te permitirá pagar en los restaurantes, abrir la puerta de tu casa sin necesidad de llave, conducir tu coche autónomo y que tu asistente ponga música y compre en el supermercado lo que más te gusta». ¿En qué clase de criaturas nos convertiríamos si esta nueva tecnología se dirigiese a promover la esclavitud y el dominio de unos hombres sobre otros?

En 1970, el politólogo estadounidense de origen polaco Zbigniew Brzezinski (1928-2017), asesor del presidente Jimmy

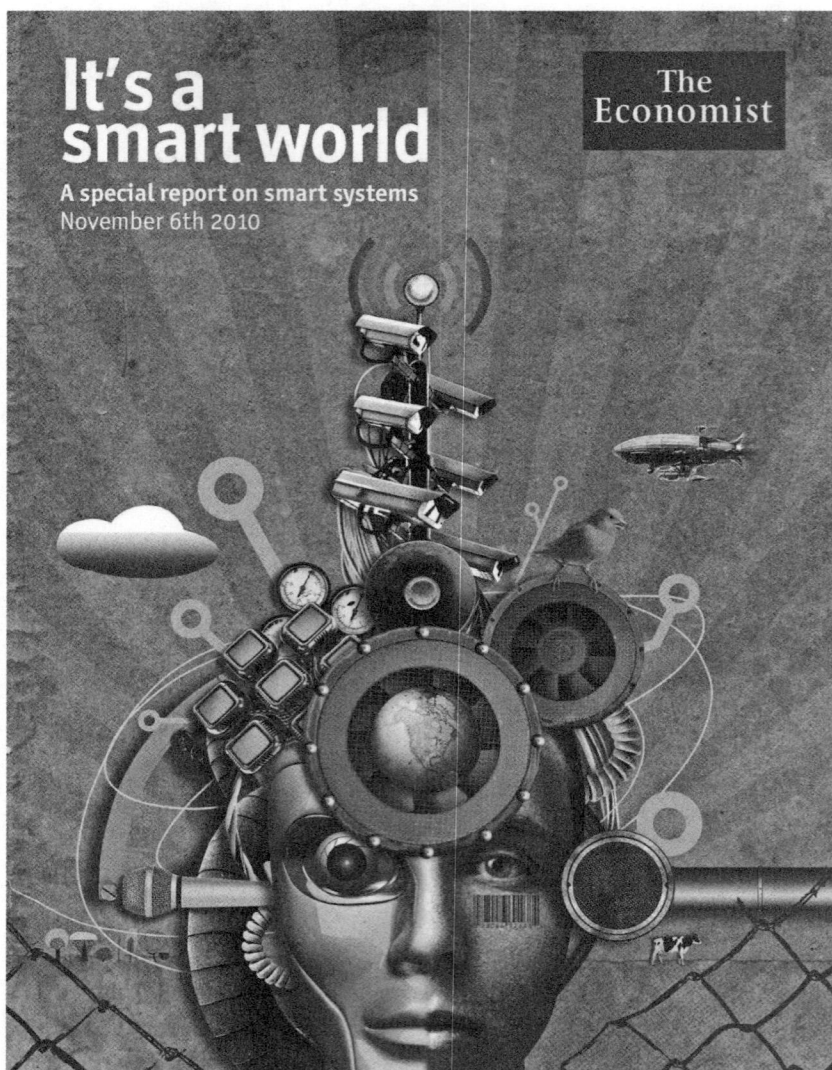

It's a smart world

A special report on smart systems
November 6th 2010

The Economist

Portada de *The Economist*, 2010.

Carter, publicó *Between Two Ages* («Entre dos eras»), donde avanzaba que la época que se avecinaba —que él denominó «Era Tecnotrónica»— va diseñando paulatinamente una sociedad cada vez más controlada:

Esa sociedad será dominada por una élite de personas libres, de valores tradicionales, que no dudará en realizar sus objetivos mediante sofisticadas técnicas con las que influirán en el comportamiento de la población y controlarán y vigilarán con todo detalle a la sociedad, hasta el punto de que llegará a ser posible establecer una vigilancia casi permanente sobre cada uno de los ciudadanos del planeta.

Según Brzezinski, se trataría de una sociedad determinada cultural, psicológica y económicamente por la tecnología, que sería utilizada para controlarla y vigilarla. ¿Imaginó en algún momento Brzezinski que ese vigilante totalitario tendría la apariencia (interfaz) de un inocente juego en el que los niños compartirían gustos y emociones ignorando dónde acaban sus datos?

En la década de los años setenta del siglo pasado, este gurú ya avisó de que los procesos políticos se estaban convirtiendo en globales, que los avances tecnológicos tendrían un impacto definitivo en todos los ámbitos de la sociedad —desde las relaciones personales hasta las laborales— y que el ciudadano que desconociera los intereses de poder que hay detrás de ellos será más fácilmente manipulable y «dirigido».

«CYBER POLYGON» O LA CIBERPLANDEMIA

El Foro de Davos realizará en julio de este año[6] un ensayo de ciberataque a nivel planetario, respaldado por el Centro de Ciberseguridad (del propio Foro Económico Mundial), el Ban-

---

[6] Dejo constancia de ello en los días que entrego el manuscrito a mis editoras; principios de junio de 2021.

co de Santander, Visa, Interpol y la ICANN (entidad que asigna y organiza los nombres de los dominios en Internet). La prueba se está organizando de manera similar al llamado «Event 201», el experimento que el Foro de Davos, la Fundación Bill y Melinda y Gates y algunas de las principales empresas farmacéuticas diseñaron en octubre de 2019 para prepararse ante el estallido de una pandemia… Apenas cinco meses después se produjo el confinamiento de la población mundial por el coronavirus.

Con semejante antecedente, la noticia sobre el ensayo de ciberataque del mes de julio ha creado una gran inquietud. Según dijeron en su momento, el «Event 201» era un «ejercicio multimedia de pandemia en el que participan líderes gubernamentales, de la política y la salud pública, junto con empresas globales que pertenecen a industrias clave en la respuesta a pandemias, para que las economías y las sociedades se mantengan activas durante un brote intercontinental grave y de rápida transmisión»[7]. O sea, que se trataba de «prevenir» mejor que curar, de estar preparados para *lo que pudiera pasar*… Pues bien, todos hemos visto lo que *ha pasado,* y ahora preparan el siguiente escenario.

Parece que las élites globócratas no han tenido bastante con el caos generado por la *pandemia* y ahora van a por más. De nuevo se trata de crear pánico entre la población y en las economías nacionales para lograr más bloqueos y censura en Internet. En el sitio web del evento «Cyber Polygon 2021» se advierte de que, dadas las tendencias de digitalización impulsadas en gran medida por la crisis de la COVID-19, «un solo vínculo vulnerable es

---

[7] https://cienciaysaludnatural.com/ciberplandemia-llamada-cyber-polygon-para-bloquearnos-en-internet/

suficiente para derribar todo el sistema, como el efecto dominó», por lo que «un enfoque seguro del desarrollo digital hoy *determinará el futuro de la humanidad* en las próximas décadas»[8]. ¿Determinar el futuro de la humanidad? De nuevo nos encontramos con un atentado contra nuestras libertades y nuestros derechos bajo la justificación de un ciberataque del que los ciudadanos desconocerán la autoría. Están convencidos de que controlan nuestros destinos y de que nuestras vidas están a su servicio. Y no pararán hasta subyugar completamente a las *masas manipulables,* ya sea mediante una censura directa, ya sea restringiendo el acceso a determinados servicios —financieros, institucionales, laborales, informativos, etc.—, en el caso de que alguien no cumpla ciertas leyes, mandatos o regulaciones, como, por ejemplo, encerrarse en casa, llevar mascarilla o ponerse una vacuna experimental.

Cuando se produzca este ciberataque será un arma más en su Tercera Guerra Mundial usado para derribar a sus enemigos. Es interesante que en los libros de texto ya están enseñando a los niños que existen «*hackers* buenos» y «*hackers* malos». Obviamente, serán estas élites las que cataloguen quién es quién.

LA INTELIGENCIA ARTIFICIAL Y LA CIBERSEGURIDAD

El concepto «inteligencia artificial» se adoptó durante la Conferencia de Dartmouth, que tuvo lugar en el verano de 1956 en la Universidad privada Dartmouth College, en New Hampshire (Estados Unidos). Un año después, los matemáticos esta-

---

[8] https://cyberpolygon.com/about/ %23link-s181/

dounidenses John McCarthy y Marvin Minsky fundaron el Laboratorio de Inteligencia Artificial en el Instituto de Tecnología de Massachusetts (MIT), donde el primero desarrolló, en 1958, el primer lenguaje para procesamiento simbólico (LISP). En 1971, mientras Brzezinski daba conferencias sobre su «Era Tecnotrónica», McCarthy recibió el Premio Turing[9], dedicado a galardonar a los creadores de los avances más importantes del mundo de la computación. Dos décadas después, en 1997, el campeón mundial de ajedrez Garri Kaspárov perdía ante la computadora autónoma Deep Blue.

En julio de 2006 se celebró el 50.º aniversario de la Conferencia de Dartmouth[10] con una charla inaugural que llevaba por título «Dartmouth Artificial Intelligence Conference: The Next Fifty Years», cuyo lema era la multidisciplinariedad, pues acudieron especialistas de áreas tan heterogéneas como la neurobiología, la psicología, la filosofía, la lingüística, la lógica, la computación, las matemáticas o la arquitectura. Y es que la inteligencia artificial es una especie de pilar maestro que posibilita la alquimia en cualquier campo. De hecho, las grandes empresas globales de IA apoyan y financian la Agenda 2030, porque los servicios que esperan implementar gracias a ella

---

[9] La Asociación para la Maquinaria Computacional (ACM) otorga cada año el Premio Turing para las Ciencias de la Computación. Desde 2014 lo patrocina Google, con un premio de un millón de dólares estadounidenses para el ganador. Al británico Alan Turing se le considera uno de los héroes de la Segunda Guerra Mundial por haber descifrado los códigos militares nazis, especialmente los de la máquina Enigma. Se cree que su trabajo acortó entre dos y cuatro años la duración de esa guerra.

[10] Fue patrocinado por Dartmouth College, General Electric y la Fundación Frederick Whittemore. Además, recibió una subvención de 200.000 dólares de la Agencia de Proyectos de Investigación Avanzada de Defensa (DARPA) para que realizara un informe acerca del avance conseguido en estas décadas.

aumentarán sus beneficios económicos y les permitirá el control del mundo.

Junto con la ingeniería genética, la IA se ubica en el centro de la Cuarta Revolución Industrial, una era que promete sustituir a los hombres por las máquinas en unas cotas tan altas y unas simas tan profundas como nunca pudo hacerse en el pasado.

La inteligencia artificial se está aplicando en todos los campos; no solo para los coches sin conductor o las cámaras de reconocimiento facial que el *premier* británico, Boris Johnson, quiere colocar a la entrada de todos los *pubs* de Reino Unido con la excusa de una supuesta «seguridad sanitaria», sino, además, para controlar tu cerebro y, por tanto, manipular tu psique.

Con el manido argumento de la seguridad, la tecnología de vigilancia masiva ha ido ganando cada vez más espacio en nuestra vida cotidiana. Las invasiones a nuestra privacidad y el ataque a nuestras libertades personales y sociales se han normalizado, porque de nuevo el tirano asegura que nos observa *por nuestro bien*. Así, para «facilitarnos» la vida, los drones y los satélites vigilan los movimientos de todos nosotros en el interior de las ciudades inteligentes, en los desplazamientos migratorios, en el desarrollo de las enfermedades... Son como relojes que detectan tus constantes vitales para que los vigilantes sean avisados, en el caso de que vayas a rebelarte, para adelantarse a tus movimientos y encarcelarte, tal y como profetizó el gran Philip K. Dick en su relato *The Minority Report,* llevado al cine por Steven Spielberg en 2002.

Los pioneros impulsores de la «Era Tecnotrónica» tan solo llegaron a vislumbrar los inicios de la IA. Los grandes magnates que soñaban con la dominación y la vigilancia absoluta que impidiera al común de los mortales rebelarse contra un injusto sistema de privilegios abusivos han ido muriendo y los que quedan,

¿QUÉ DATOS PERSONALES GUARDAN LAS APLICACIONES?

SIGNAL

NINGUNA
El único dato personal que almacena
es tu número de teléfono y no hace ningún
intento de vincularlo con tu identidad

TELEGRAM

- Información de contactos
- Contactos
- Identidad del usuario

WHATSAPP

- Identidad del dispositivo
- Identidad del usuario
- Datos publicitarios
- Historial de compras
- Ubicación
- Correo
- Contactos
- Interacción con productos
- Datos de *crash*
- Información de rendimiento
- Información de diagnóstico
- Información de pago
- Apoyo al cliente
- Otros contenidos del usuario

FACEBOOK

- Historial de compras
- Información financiera
- Ubicación exacta
- Ubicación aproximada
- Ubicación física
- Correo
- Nombre
- Número de teléfono
- Otra información del usuario
- Contactos
- Fotos y vídeos
- Contenido de juegos
- Otros contenidos del usuario
- Historial de búsqueda
- Historial del navegador
- Identidad del usuario
- Identidad del dispositivo
- Interacción del producto
- Señas
- Información publicitaria
- Datos de *crash*
- Datos de rendimiento
- Información de otros
  diagnósticos
- Otro tipo de datos
- Salud
- *Fitness*
- Información de pago
- Archivos de audio
- Apoyo al cliente
- Información sensible
- Message

como Henry Kissinger, están en el final de sus días. Quieran o no, esto significa que las formas violentas y la imposición por la fuerza van a ir perdiendo fuelle —como estamos observando— para pasar a una dictadura no solo consentida, sino deseada. Como no quiero pensar —porque en el colegio y en casa nunca me enseñaron a hacerlo—, pagaré para que unos algoritmos me digan qué tengo que hacer en cada momento y cómo comportarme para vivir en esa sociedad mágica que están construyendo gracias a los datos que le facilito al tirano.

Nuestra seguridad no está a salvo. Muy al contrario, nos ponemos en grave peligro al facilitar toda esa información sobre quiénes somos. Por ejemplo, Facebook tiene acceso a nuestras fotos, vídeos, historiales de búsqueda y de navegación. Un amigo abogado ganó un caso defendiendo a una mujer que adujo la infidelidad de su esposo como argumento para divorciarse y pedirle una indemnización millonaria. Mi amigo había contratado los servicios de un despacho de ciberdetectives que, a su vez, compró la información de todos y cada uno de los movimientos del demandado a una empresa que tenía acceso a esa información gracias a las aplicaciones que Facebook necesita para funcionar. De ese modo, el abogado y su defendida supieron a quién había telefoneado el demandado, dónde se encontraba, los lugares a los que viajaba y con quién lo hacía.

Somos muchos los que estamos preocupados por la alarmante intromisión de las grandes empresas tecnológicas en nuestra intimidad y privacidad, hoy protegidas por ley pero vulneradas con la excusa pandémica. Cuando, a principios de 2021, WhatsApp anunció cambios en sus términos y condiciones de su recolección de datos personales, millones de usuarios cambiaron de aplicación de mensajería instantánea, lo que hizo que Telegram y Signal experimentaran un espectacular aumento en las descargas debido a la poca o nula cantidad de datos que retienen.

Según Sensor Tower, la herramienta que monitoriza el posicionamiento en la Red, WhatsApp sufrió un descenso del 11 % en su número de descargas durante la primera semana de 2021. Mientras el valor de esta aplicación caía precipitadamente en bolsa, Signal registró 7,5 millones de descargas, cuarenta y tres veces más que la semana anterior.

Principales empresas de inteligencia artificial[11]

— **Google,** claramente líder en IA, está viviendo un proceso masivo de adquisiciones, después de haber adquirido doce *startups* de IA en cuatro años.

— **Deepmind** es una empresa de investigación de Google que se centra enteramente en la investigación de IA que abarca desde el cambio climático hasta el cuidado de la salud y las finanzas.

— **IBM** ha sido líder en el campo de la inteligencia artificial desde la década de 1950. Sus esfuerzos en estos días están en torno a IBM Watson.

— **iCarbonX,** una *startup* biotecnológica china que utiliza IA para proporcionar análisis de salud personalizados y predicciones de índices de salud.

— **Microsoft** tiene una combinación de proyectos de IA orientados al consumidor.

— **Narrative Science** crea tecnología de generación de lenguaje natural para traducir datos de múltiples silos a lo que llama historias.

— **Neurala** desarrolla «The Neurala Brain», un *software* de redes neuronales de aprendizaje profundo que hace que dispositivos como cámaras, teléfonos y drones sean más inteligentes y fáciles de usar.

— **Orbital Insight** utiliza imágenes geoespaciales satelitales e IA para obtener información no visible a simple vista.

— **Phrasee** se especializa en la generación de lenguaje natural para el *marketing*.

— **Tencent,** una de las mayores empresas de redes sociales que ha salido de China. Recientemente ha fundado un laboratorio de IA que desarrolla herramientas para procesar información en todo su ecosistema, incluyendo procesamiento de lenguaje natural, agregadores de noticias y reconocimiento facial.

[11] Según la Fundación Bankinter: https://www.fundacionbankinter.org/blog/noticia/future-trends-forum/estas-son-las-45-empresas-lideres-en-inteligencia-artificial

NEURALINK

Es feliz y juega a videojuegos.

ELON MUSK

El físico estadounidense Elon Musk, cofundador de la tecnológica Neuralink, acaba de decirnos que *sus* monos son felices y juegan a videojuegos[12]. Se podrá expresar más alto, pero no más claro. Un mono feliz jugando a videojuegos es el sueño húmedo de los tiranos para sus esclavos. De entrada debo confesar que de todas las aplicaciones relacionadas con la inteligencia artificial la que más me inquieta es Neuralink.

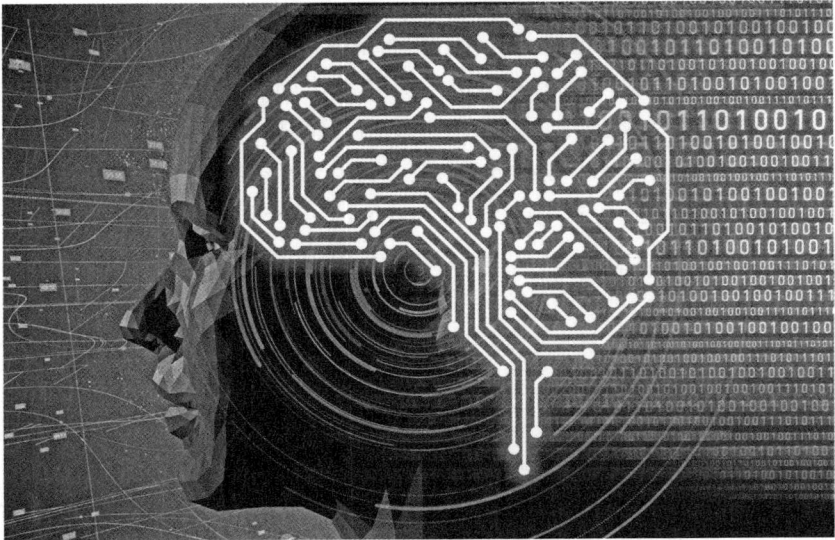

---

[12] https://www.muycomputerpro.com/2021/02/02/neuralink-cerebro-computadora. El centro de investigación de Neuralink, desarrollada por neurocientíficos, está en la Universidad de Stanford y ha publicado varios vídeos de las pruebas.

En el otoño de 2017, Elon Musk, cofundador además de Tesla, The Boring Company, Starlink, SolarCity, Halcyon Molecular y SpaceX, presentó Neuralink al mundo y explicó que un robot implantará en el cerebro humano unos hilos con sensores integrados para que personas con parálisis controlen su ordenador a través de sus pensamientos. Pero aparte de la utilización de su «invento» por los enfermos de Parkinson, Alzheimer o de parálisis provocadas por accidentes, el verdadero proyecto —según la propia publicidad de la empresa— es la modificación de la naturaleza humana, inservible para ese futuro inminente en el que las máquinas realizarán el trabajo de los hombres y estos serán desconectados del alma.

«No quiero emocionarme demasiado, pero el potencial es verdaderamente transformador para restaurar las funciones motoras y cerebrales», afirmó Musk poco antes de irse de la lengua y dejar patente que el plan maestro era crear una especie de híbridos humanos-máquina. Si no quieren «acabar convirtiéndose en algo inútil e innecesario», los humanos deben «fusionarse con la inteligencia artificial», aseguró Musk.

En febrero de 2021 ofreció más detalles de Neuralink y explicó sus experimentos con animales: «Tenemos un mono con un implante inalámbrico en el cráneo con pequeños cables que puede jugar a videojuegos con la mente. No puedes ver dónde está el implante y es un mono feliz. Tenemos las mejores instalaciones para monos del mundo. Queremos que jueguen al Mind-Pong entre ellos».

La nanotecnología de Neuralink se basa en una especie de máquina de coser que incrusta unos hilos flexibles —más delgados que un cabello humano— en el cerebro para recepcionar las ondas cerebrales[13], que son procesadas e interpretadas por el ordenador. En realidad, es un amplificador que haría innecesaria la utilización de las manos. En el capítulo 1 («Ataque a la psique») ya vimos que nuestro cerebro produce impulsos eléctricos —información— que viajan a través de nuestras neuronas. Estos impulsos eléctricos producen ritmos, conocidos como ondas cerebrales. Si se efectúa una injerencia artificial y se interrumpe este proceso natural, se pueden manipular las percepciones del cerebro, es decir, se puede *hackear*. El ser humano se comporta y toma decisiones de acuerdo a sus percepciones del mundo, por lo que si la máquina modifica esas percepciones, el humano quedará a expensas de la máquina. Por tanto, las capacidades del alma —la comprensión de lo que ocurre mediante procesos interneuronales— serán sustituidas por las capacidades de la inteligencia artificial.

Neuralink, como canal de interacción entre el hombre y la máquina, permite el acceso a toda la información cognitiva y emocional humana. Esto cambiaría nuestra naturaleza y, sobre todo, nos volverá más vulnerables e indefensos. Nuestras intenciones, nuestras opiniones reales —esas que solemos ocultar para ser aceptados en un grupo— y nuestros movimientos quedarían a disposición de quien pague por ellos.

En ese caso nos encontraríamos desnudos frente al mundo, sin máscaras, sin protección. La empresa comerciaría con nuestras intimidades y se las vendería a los tiranos. Pero, aún más, Neuralink se propone imprimir en la corteza cerebral nuevas informaciones-imágenes. Es una cadena de hierro para los esclavos, la más vanguardista y, además, con una simple descarga

---

[13] Los científicos de Neuralink estiman que usarán un rayo láser para atravesar el cráneo en lugar de taladrar agujeros.

eléctrica —lo sabemos por el experimento de Milgram— nos podrían disuadir en cuanto mostremos la menor intención de rebelión.

Si ya están intentando coaccionarnos mediante unas *vacunas* y un «pasaporte» que nos permita trabajar, viajar o entrar en un bar, ¿acaso no nos obligarán a llevar el implante de Neuralink desde el momento de nacer por la seguridad y la paz mundial? Seríamos monos felices y estaríamos entretenidos para siempre. Estaremos en el «mundo feliz» de Huxley, en el que unos esclavos serán técnicos y otros, los simios felices que ignoran quiénes son y cómo están siendo manejados. Si todos estamos conectados a una máquina, se logrará el objetivo totalitario: una Mente de Grupo, pues todas las mentes recibirán los mismos datos diseñados artificialmente. Es la domesticación tecno. Es la tecno-esclavitud.

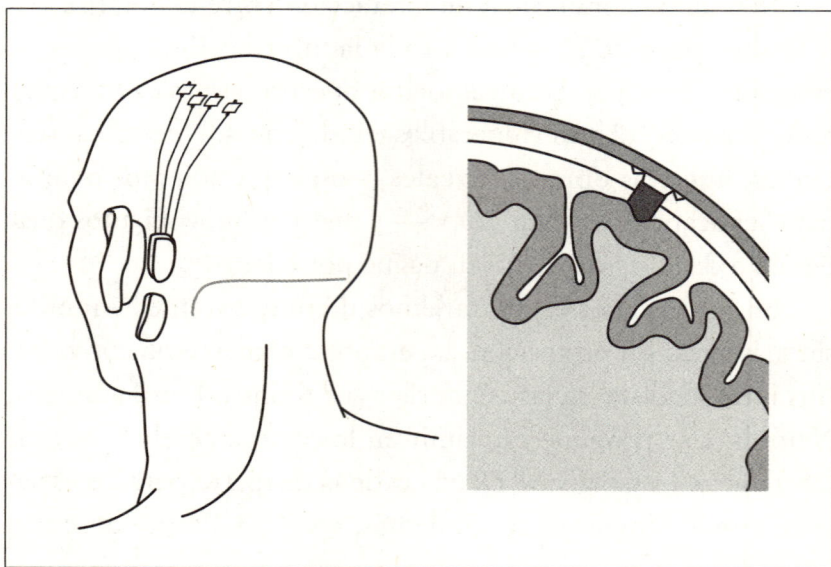

Esquema del proyecto Neuralink.

Los avances en inteligencia artificial, lejos de convertir a los robots en humanos, tienen el peligro de transformar a los humanos en robots. No hay duda de que las cuestiones bioéticas de los riesgos de la fusión de los humanos con las máquinas deben ser resueltos antes de que sea demasiado tarde. Para evitarlos, estas grandes empresas tecnológicas recurren al *marketing* del deseo. En breve, todo el mundo querrá un implante y no se detendrá ni un instante a preguntarse por qué, para qué y qué consecuencias tendrá. El comportamiento de muchos frente a las llamadas «vacunas COVID» demuestra lo fácil que es venderle un caramelo a un niño.

UNA BOMBA ATÓMICA EN EL CEREBRO

De la misma manera que nada frenó a las élites a la hora de lanzar la bomba atómica, nada los disuadirá de conducirnos hacia un mundo sin retorno de implicaciones inimaginables. Por eso es imprescindible prepararnos para defendernos.

Además de la recopilación masiva de datos personales y del ataque a nuestra privacidad, nos transmiten un mensaje tranquilizador: si no tienes nada que ocultar, no tienes nada que temer, como dijo Séneca. Pero no es cierto. Por supuesto que tenemos mucho que perder: nuestras estrategias de defensa, además de, obviamente, el derecho a la privacidad y a la intimidad. ¿Podemos hoy, en la era de la vigilancia, de las plataformas sociales y del Big Data, defender nuestros derechos? La vanguardia de la investigación se centra en la física social (cómo se comportan y manipulan los grupos), vinculada al Big Data, la inteligencia artificial y la privacidad de nuestra información. Nuestros datos —reacciones, gustos, costumbres, emociones— terminan en el

Centro de Dinámicas Sociales del MIT (Instituto Tecnológico de Massachusetts), entre otros centros de investigación, donde son medidos y analizados. Para su director, Alex Pentland, la «física social es lo que pasa cuando todas estas grandes cantidades de datos (Big Data) se encuentran con las ciencias sociales. Lo que obtienes es ciencia predictiva del comportamiento humano».

La predicción del comportamiento está unida a la manipulación previa del entorno vital a través de los mensajes difundidos en los medios de comunicación, en las escuelas y en la cultura de masas. A esa sugestión previa la llamamos «ingeniería social», que comenzó en la Escuela de Chicago y se viene practicando desde el período de entreguerras. Las nuevas tecnologías de comunicación de los GAFTAM (Google, Apple, Facebook, Twitter, Amazon y Microsoft), los también llamados «Seis Grandes», posibilitan una gran disponibilidad de datos que las personas facilitan sin conocer cuál será su uso final.

Desde los orígenes de las civilizaciones humanas, la manipulación de los gobernantes y dominadores se ha asentado en la raíz del miedo. Por ello es fundamental que preservemos la intimidad de nuestros miedos, porque el Big Data pretende acceder a este bastión de la identidad individual y colectiva. Quien conoce tus miedos puede controlar tu comportamiento. Nuestros sentimientos y nuestras emociones constituyen una información muy preciada por los propietarios de los grandes conglomerados y plataformas de comunicación, que pugnan por la hegemonía mundial y el control de la población. Necesitan saber qué piensas y qué temes porque tus pensamientos y tu miedo condicionan, por ejemplo, tu voto en las elecciones y quieren venderte a sus candidatos políticos, a sus líderes juveniles y sus catástrofes globales. Para ello necesitan conocer cuál es el mensaje maestro que deben confeccionar para engañarte.

El pasado 6 de abril, en la sección de «Tecnología» del diario digital *20minutos.es,* aparecía el siguiente titular[14]:

> ## La inteligencia artificial ayudaría a detectar con un 85 % de precisión los comportamientos suicidas en Twitter.

Y digo yo: si los puede detectar, también los podrá provocar…

En mi tesis doctoral, titulada «Interrelación entre el poder socio-político-mercantil y el poder mediático mercantil: el Club Bilderberg (1954-2016)», analicé la propiedad de los grandes conglomerados de comunicación, donde incluso encontré a los servicios secretos. El poder financiero ha absorbido al llamado «cuarto poder», es decir, a la información libre, y los propietarios de los medios condicionan el uso de las redes, el mensaje y la censura. Por ello es esencial conocer la intencionalidad de los propietarios de los medios y no ofrecer información que ponga en peligro nuestras libertades individuales implantándonos nanotecnología en el cerebro.

Además, si vulneran nuestros derechos, debemos poner una reclamación como usuarios. Siempre digo que nos quejamos poco y mal y que debemos ser activos en la búsqueda de información, porque en esta Tercera Guerra Mundial las armas son cada vez más sofisticadas y la IA es como una bomba atómica a punto de estallar en nuestras conexiones cerebrales.

---

[14] https://www.20minutos.es/noticia/4646995/0/esta-inteligencia-artificial-ayudaria-a-detectar-con-un-85-de-precision-los-comportamientos-suicidas-en-twitter/

Quiero recordarte que tu identificación electrónica está vinculada a tu cuenta bancaria, a tus registros médicos, a tu historial «delictivo» como ciudadano indomable que eres... ¿Te gusta este nuevo mundo, mono feliz que juegas a los videojuegos? Pregúntate por qué los canales de los *youtubers* más famosos están dedicados a los videojuegos.

En agosto de 2020, un mes después de su publicación, *La verdad de la pandemia* ya era un *best seller* en España y se acababa de gestar su lanzamiento en Hispanoamérica. En aquellos días recibía una media de mil mensajes privados diarios, tanto a través de mis plataformas de comunicación social como del correo de mi blog. Un día llegó uno en el que alguien, con un marcado tono proactivo, me preguntaba: «Cristina, ¿qué podemos hacer?». Mis compromisos del momento apenas me dejaban contestar, pero debido al enorme interés que suscitó en mí, establecimos contacto. V. me escribió lo siguiente:

> Me encanta escuchar tus vídeos en YouTube o las participaciones que tienes como invitada.
>
> Realmente, estás en la búsqueda de la verdad y despertando conciencias. Te invito a que platiquemos sobre inteligencia artificial. La IA es el nuevo control del mundo de una manera «justificada». Para 2030 será muy tarde hablar de ella si no se establecen leyes universales para controlarla. Existen dos tipos de IA: la que ayudará al ser humano a ser mejor y la que lo destruirá.
>
> Como ingeniero de sistemas y actual dueño de una empresa de *software* que desarrolla aplicaciones con IA, veo que si Latinoamérica, incluyendo a España, no avanza en IA, el *gap* entre las potencias mundiales y las del tercer mundo será abismal.
>
> Y eso empezará en 2030.
>
> Me preocupa que nadie hable sobre este tema. Me preocupa que, en lo «obscurito», los que sí saben de lo que estoy hablando

están caminando a marchas forzadas para que en 2030 exista un control «legal» para influir en las sociedades.

Imagínate que en 2030 ya no te puedes subir a un avión comercial porque tus «puntos» como ciudadano no son los suficientes como para hacerlo... ¿Y quién controla los «puntos»? Pues los Gobiernos con sus cámaras, que estarán por todos lados chequeando tu comportamiento y asignándote puntos en base a lo que ellos decidan qué es bueno o malo. Una especie de control «legal» a través de «puntos» del ser humano.

Te escribo y hasta me da miedo pensar que eso ya está pasando en China y es cuestión de tiempo que pase en todo el mundo: 2030.

Cristina, tu voz, tus comentarios, tu energía podrían ser un medio para empezar a hablar a la sociedad de lo que viene y de que no permitamos que esto llegue a suceder.

Todos estamos muy «distraídos» con la pandemia porque todo lo que te comento se está cocinando debajo de la mesa para que en 2025 tengamos un adelanto de lo que te estoy comentando y para que en 2030 se implemente ese control a nivel mundial.

Tenemos que empezar a hablar del tema antes de que sea demasiado tarde.

[…].

A todos los despiertos, es decir, a los vivos que no tememos la vida, que la vivimos, la pensamos, la reímos y la lloramos, la sufrimos y la celebramos, nos preocupa y nos inquieta la inteligencia artificial. Fundamentalmente, porque no tiene límites y porque aún no se ha redactado una legislación que la regule. En una de sus últimas entrevistas, Henry Kissinger dijo: «Pero no sé adónde nos va a llevar la IA...». Hasta él está fascinado por las posibilidades ilimitadas de control que promete.

En mi opinión, la inteligencia artificial es capaz de provocar una devastación similar a la de la bomba atómica. Destrozaría al sujeto, lo abrasaría, aunque no veamos exteriormente la forma de hongo que caracteriza la detonación nuclear. En este sentido, estamos presenciando otra inversión más en la época de las inversiones. La mentira es la verdad, la paz es la guerra, la libertad es la esclavitud, lo feo es lo bello y lo malo es lo bueno.

EL PENSAMIENTO MÁGICO: DE LAS CAVERNAS DE ROCA A LAS CAVERNAS DEL CEREBRO

Solemos pensar que las personas cultas no creen en la magia. Sin embargo, una parte significativa de la población se sirve de ella —o lo hará pronto— para buscar, con angustia y desconcierto, una seguridad que nunca llegará. Los planificadores de la ingeniería macrosocial han diseñado una serie de catástrofes con las que inocular el miedo irracional en la población, tras lo cual aparecen los «magos» que nos dicen lo que tenemos que hacer para salvarnos de la muerte.

Cuanto más desarrollada está una civilización, más compleja se vuelve y, para seguir manteniéndola, cada vez será más necesario adquirir un conocimiento técnico y racional de sus procesos internos. Creemos que ese desarrollo ha implicado la desaparición paulatina del pensamiento mágico y de la práctica de la adivinación que caracterizó tanto a las sociedades primigenias como al Imperio romano. De hecho, el César no acudía a batalla alguna sin la compañía de sus augures. Sin embargo, ahora a nadie se le ocurre pensar que el IV Regimiento de la Armada de Estados Unidos se situará en el mar de China y lanzará un proyectil siguiendo los oráculos de un mago. En su *Moralia,* Plutarco (46-120 d. C.) ya habló de la disminución del número de oráculos en comparación con las épocas precedentes.

Y, pese a todo, millones de personas siguen creyendo en el arte de la adivinación, si bien ahora ha adquirido —gracias a la inteligencia artificial y al Big Data— un cariz «científico» del que antes carecía. Ya tiene hasta nombre: Ciencias de la Predicción del Comportamiento. Vuelven los brujos, los adivinos y son muchos los que creen que sus profecías son infalibles.

Pero no todos caerán en la trampa. Los individuos más inteligentes de las sociedades buscarán una explicación racional y coherente de los acontecimientos que se están produciendo. Dicho de otro modo: cuanto más compleja es una civilización, más esencial es detenerse para preguntarnos cómo funcionan las cosas.

La magia es el terreno en el que se va a desarrollar la inteligencia artificial, lo que inevitablemente dará lugar a una forma de ensimismamiento hipnótico más peligroso aún que la televisión como instrumento de manipulación de masas. Los deseos y la imaginación —aún no dominados por gran parte de la humanidad— van a encontrar en los juegos propuestos por la inteligencia artificial una vía directa hacia la desorientación.

El ciclo vital de las sociedades primigenias giraba en torno a las estaciones: era el clima lo que movía a los individuos a cazar, sembrar, recolectar... Si el «cambio climático» se alía con la inteligencia artificial para provocar falsas percepciones ambientales en las personas, además de crearlas, la desorientación y la manipulación van a ser descomunales. Ya no importará lo real, sino lo que tu «robot personal» —ese que llevas en tu *smartphone*— te diga que es real. Porque la IA tiene la capacidad de trastocar tus percepciones sensoriales. Los «disparos» irán directamente a tu cerebro en el momento preciso en que los señores de la guerra así lo dispongan.

A través del «cañón» que colocaron en tu cerebro al nacer, dispararán imágenes y crearán un psicoescenario al modo en que lo hacían las antiguas chamanas antes de salir de caza. Como cuando se sentaban alrededor del fuego y relataban historias de la vida y del más allá.

Más que una sustituta de la inteligencia humana, la inteligencia artificial puede anular su enorme potencial. Como vimos en el capítulo 1, la inteligencia es el resultado de la enorme actividad que se produce en esa unidad bio-psico-espiritual que es el ser humano.

La inteligencia artificial pretende modificar la actividad neuronal natural de nuestro cerebro. Es decir, quiere interferir en el pensamiento y el resultado será un pensamiento artificial-máquina en lugar de lógico-humano. La IA es el arma más perfecta jamás inventada para convertirnos en androides.

¿SUEÑAN LOS ANDROIDES CON OVEJAS ELÉCTRICAS?

Después de que gran parte de la humanidad abandonara la Tierra por la lluvia radioactiva causada por las armas nucleares de la Guerra Mundial Terminus, las Naciones Unidas construyeron unas colonias en el espacio y alentaron a la gente para que se estableciese en ellas. Primero las asustaron con inquietantes eslóganes: «¡Emigra o degenera! ¡Elige!». Y después obsequiaron a cada familia emigrante con un androide «sirviente» diseñado a su medida. Quienes permanecían en la Tierra vivían en ciudades caóticas donde la radiación causaba enfermedades degenerativas.

Este es el escenario en el que se desarrolla la novela de Philip K. Dick titulada *Do Androids Dream of Electric Sheep? (¿Sueñan los androides con ovejas eléctricas?*)[15] y el paralelismo con los planes de la élite es asombroso. Uno de sus proyectos «estrella» es quedarse con la Tierra y enviarnos a vivir a colonias en el espacio. En este propósito están trabajando, entre otros, Space X, una de las empresas del citado Elon Musk; Blue Origin, de Jeff Bezos, fundador de Amazon, y el Partido Comunista Chino, que prevé construir un Palacio Celestial. No es casualidad que cada vez más a menudo aparezcan en los medios de comunicación noticias en las que nos alertan de que un meteorito va a destruir la Tierra. Es decir, nos están sugestionando para que, cuando llegue el momento, aceptemos como algo normal la necesidad de emigrar al espacio para sobrevivir. No hace falta decir que una de las áreas en la que más está trabajando la inteligencia artificial es el proyecto espacial.

Pero aún hay más paralelismos. En la novela de Philip K. Dick leemos que, como los animales están en peligro de extinción, poseer uno ha pasado a ser un símbolo de estatus. Además, se considera una responsabilidad moral cuidar a las mascotas adecuadamente y con todo tipo de lujos. El movimiento animalista, que desde hace unos cuantos años invade nuestras vidas, y la alta consideración social adquirida, de repente, por los animales —cada vez más parecida a la de los seres humanos— se revelan como un mecanismo más de ingeniería social en el contexto de la guerra contra la humanidad. Durante la *pandemia,* los perros tuvieron más libertades que los adultos y los niños. Hace poco un amigo me contaba que su hijo se había obsesionado con los perros hasta el punto de pasarse el día frente a la

---

[15] Título de la novela de Philip K. Dick (1968) que inspiró la película de Ridley Scott *Blade Runner* (1982), en la que los androides, de composición biológica, se llaman «replicantes».

ventana para verlos pasear mientras le decía llorando: «Papá, quiero ser un perro».

En la novela de Dick, la revista *Sydney* marca la tendencia en el mundo de las mascotas y su elevado precio hace que las familias que no pueden permitirse adquirir un animal natural compren uno artificial (ya hay perros robots en el mercado). Preguntarle al vecino si su gato es real o eléctrico es de mala educación, «más aún que averiguar si los dientes, el pelo o los órganos internos de una persona son genuinos».

Los androides, fabricados con elementos bio-orgánicos, son el resultado de la simbiosis entre los humanos y las máquinas que una tecnología como la promovida por Neuralink podría fabricar. En su primera fase, la tecnológica leerá las señales del cerebro, y en la segunda, se enviarán señales al cerebro. ¿Eres capaz de imaginar lo que se programará para las tecno-personas? ¿Cuántos esclavos tendrán los ejércitos del tirano? ¿Cuántos técnicos estarán disponibles para trabajar en sus fábricas? ¿Cuántos policías habrá en las calles? ¿Cuántos verdugos en las guillotinas? ¿A qué precio se venderán en el mercado de esclavos?

Tras la implantación masiva de interfaces cerebro-máquina, quien tenga la llave de la puerta trasera de estas máquinas controlará a la humanidad.

En la distopía planteada en la novela de Philip K. Dick, el surgimiento de una nueva religión es uno de los elementos clave del argumento. Se trata del *Mercerismo,* fundado por Wilbur Mercer. Cuando Deckard, el protagonista —cazador de androides—, se cuestiona dejar su trabajo, el líder anciano le dice:

—Te verás forzado a hacer el mal allá donde vayas. Es la condición esencial de la vida verse requerido a traicionar la propia identidad. Siempre llega el momento en que todo ser vivo debe hacerlo. Es la sombra última, la derrota de la creación: es la maldición de la obra, la maldición que se alimenta de toda vida. Hasta en el último rincón del universo.

En un mundo dominado por la omnipresencia tecnológica, los humanos viven confundidos. Al protagonista le resulta complicado discernir si el androide es humano o no. No es fácil distinguir la apariencia de la verdad y, por lo general, se impone lo impostado. En la novela de Dick, todo lo que los humanos perciben como real es falso y, además, la condena de los vivos es la muerte y la degeneración, mientras que lo artificial ha logrado la perfección y será eterno.

¿Quién no pagaría por conectarse a una máquina y evadirse? Los androides. Solo ellos valoran la naturaleza humana y sueñan con convertirse en humanos. He ahí la paradoja. He ahí la moraleja. Los androides saben que la máquina es un fraude como sustituta de la inteligencia humana y, por tanto, de la conciencia. Los androides anhelan tener una conciencia, que es lo único que su ser-máquina no puede darles. Y los humanos, que la tienen, la detestan y la adormecen con mecanismos de evasión tecnológicos.

En el futuro, los humanos convertidos en androides soñarán con volver a ser humanos y se aburrirán de sus ovejas eléctricas, dejándolas arrumbadas en el desván o tirándolas directamente a la basura.

EL PARAÍSO EN LA TIERRA

Dotados con la mejor y la peor de las tecnologías creadas —las herramientas del bien y del mal—, el ser humano avanza hacia un horizonte distópico en el que uno de los dos hijos mayores de Eva obtiene ventaja tras asesinar a su hermano. Caín

—el malicioso, el envidioso, el codicioso— no soporta la bondad, la belleza ni la libertad de Abel, y está convencido de que, si lo destruye, erradicará de una vez por todas la esperanza de convertir la Tierra en un paraíso para los humanos.

Sí, el cuerpo de Abel ha sido enterrado bajo la tierra marrón del lugar que antes ocupaba el paraíso. Pero su espíritu jamás desapareció y traspasó las fronteras del tiempo. El mito de Abel está vivo porque Caín no logró salirse con la suya. No venció. Ahora Caín sigue paseando su sombra por la Tierra y se retuerce de impotencia y de rabia al comprobar que la vida de su hermano sigue adelante y que su espíritu viaja por el mundo desde hace milenios para explicarnos en dos conceptos tan sencillos como reales e infinitos que toda la tecnología que inventemos no será sino una sucursal de la tecnología innata del ser humano: el Bien y el Mal.

Silicon Valley Paradise

Caín está pasando una temporada en San Francisco, en el Valle de Santa Clara (Silicon Valley). Quiere conocer de primera mano qué se cuece en el centro del mundo, allí donde se encuentran las mayores empresas tecnológicas y las mentes más brillantes del planeta. Un tercio de todo el capital riesgo de Estados Unidos se invierte en Silicon Valley y, por eso, también es una «incubadora». Es decir, donde más bebés-empresa nacen y se desarrollan, quizá porque están bien arropadas y reciben mucho cariño… O quizá no sea del todo cierto, porque en Silicon Valley hay más posibilidades de morir que en ningún otro lugar. La gigantesca competencia que allí existe convierte al Valle de Santa Clara en un mar plagado de tiburones: espionaje, ataques de las grandes empresas a las pequeñas, intento de compra de cualquier *startup* que sobresalga para que no crezca demasiado y se acabe convirtiendo en una nueva depredadora o en una libertadora de esclavos…

Todas las tecno-armas para el Bien y para el Mal se concentran a los pies de un conjunto de montañas reverdecidas por el agua de la lluvia, la humedad de las nubes y la bahía de San Francisco. Entre ellas reptan las serpientes. Miles, millones de serpientes. Caín las observa con entusiasmo. Se siente satisfecho al comprobar sus avances. Es la Cuarta Revolución Industrial. Y cada revolución cambia el mundo. Cada revolución le ofrece a Caín una nueva oportunidad de convertirse en el gran vencedor de la batalla, en el rey de reyes, en el emperador del mundo.

Las palabras malditas

Una noche, Caín encendió un gran fuego a los pies de las montañas de Santa Clara. Hacía tiempo que buscaba la clave que le diera el dominio absoluto del paraíso en construcción. Tras un sinfín de noches en vela meditando sobre esta cuestión, finalmente concluyó que la llave maestra del control estaba en el lenguaje y en el poder de algunas palabras. Se dio cuenta de que para dominar el paraíso debía hacer desaparecer algunas de ellas. No todas, solo las esenciales. «Nadie echará de menos lo que nunca llegó a conocer —pensó—. Si les oculto las palabras peligrosas, estos humanos nunca se descubrirán a sí mismos, no sabrán de qué están hechos, desconocerán que poseen una gran fuerza interior y un enorme potencial. De ese modo, ignorando su poder, serán míos. Serán mis servidores, mis esclavos». Caín comenzó a anotar en su libreta las palabras malditas:

- ✓ *Amor*
- ✓ *Libre albedrío*
- ✓ *Conocimiento*
- ✓ *Entendimiento*
- ✓ *Alma-Ser personal*
- ✓ *Alma-Ser colectivo*
- ✓ *Mal*
- ✓ *Bien*

Satisfecho de su hallazgo, Caín se percató de que esas ocho palabras configuraban la frontera entre las bestias y los hombres, entre los esclavos y los libres, entre los sabios y los ignorantes, entre los humanos y los androides. Quemándolas en la hoguera, extinguidas entre las llamas, todo estaría bajo su dominio. Los hombres tendrían miedo de vivir y, por tanto, nunca se conocerán a sí mismos. Jamás serán libres. «Yo decretaré sus destinos», rio en lo más profundo de su ser. Entonces escuchó un trueno. Miró a lo alto. Pero vio que el cielo estaba despejado.

CUARTA PARTE

GUERRA TOTAL

Estado es el nombre que se da al más frío de todos los monstruos fríos.
El Estado miente con toda frialdad y de su boca solo sale esta mentira:
«Yo, el Estado, soy el pueblo».

FRIEDRICH NIETZSCHE, *Así habló Zaratustra*

En la primavera de 2020, uno a uno todos los gobernantes del mundo fueron decretando el estado de alarma y el confinamiento de los ciudadanos. La televisión lanzaba psicodardos envenenadores de almas utilizando la falacia de las cifras y asustando con imágenes de centenares de muertos y con la falta de medios en los hospitales y centros de salud. Los test PCR, las mascarillas, los equipos de protección sanitarios, los asintomáticos supercontagiadores y los negacionistas asesinos eran las noticias con las que diariamente abrían los informativos. El pánico, la confusión y la incertidumbre se instalaron en las mentes y en los corazones de muchos. La comodidad del teletrabajo parecía alegrar a otros. Pocos sabían lo que estaba sucediendo ni hasta cuándo tendríamos que soportar esta situación *excepcional*. Pero ¿verdaderamente se trataba de una situación excepcional?

El ser humano tiene una capacidad de adaptación extraordinaria y todos hemos observado cómo poco a poco millones de personas en el mundo adoptaban sin rechistar un nuevo modo de vida que hasta aquel momento nos hubiera parecido pura ficción. Prohibieron el contacto físico entre las personas, visitar a nuestros familiares era una herejía y el uso de las mascarillas se volvió obligatorio. El recelo y la desconfianza entre los ciudadanos campaban a sus anchas e incluso desde los medios de comunicación se nos invitaba a denunciar a quienes no cumplieran las normas. Estaba prohibido reír, cantar, amar, sentir. Lo primero que prohíbe el aspirante a tirano es el amor. Se estaba creando un nuevo Estado global con sucursales locales basado en la vigilancia y en la obediencia. Apenas unas pocas voces se alzaban para intentar que la población abriera los ojos y protestara ante los grandes poderes, cuyos intereses —económicos y de control de la población— estaban detrás de lo que pasaba.

FASES DE LA TÁCTICA DE LAS PANDEMIAS

- **Paso 1:** Crear una gran crisis *pandémica* con la declaración oficial de la OMS.
- **Paso 2:** Atemorizar y angustiarnos a todos con los medios de comunicación.
- **Paso 3:** Atacar las economías e industrias para hacer que los países se endeuden (confinando a las personas sanas y cerrando sus negocios).
- **Paso 4:** Apropiarse de parte de la soberanía, riquezas y recursos de los países. (Con la ruina económica compran las empresas a saldo, mientras los Gobiernos nos imponen los mandatos y protocolos de autoridades supranacionales).
- **Paso 5:** Matar a los enemigos.
- **Resultado:** Una jugada maestra.

Como ya denuncié en *La verdad de la pandemia,* este ataque radical a nuestro estilo de vida responde a una estrategia de guerra concebida por los grandes conglomerados económicos y mediáticos y por las instituciones que están a su servicio. ¿Para qué? Para poner en jaque a la humanidad, culpar al ciudadano corriente de los desastres de la naturaleza —pandemias, cambio climático— y conseguir que todos nos arrodillemos complacientes ante un Nuevo Orden Mundial, un Estado global del que se erradicarán la libertad, la espiritualidad y el derecho natural a la diferencia. Y, mientras tanto, los propietarios de esas grandes corporaciones, aplaudidos por las instituciones globalistas, como la ONU y la OMS, acumulan cada vez más poder y riquezas y marcan la hoja de ruta a los Gobiernos nacionales, que han perdido toda su autonomía. Incluso se han apropiado del discurso pervirtiendo el lenguaje e invirtiendo el significado de las palabras.

El *para qué* de todo esto es la clave. *¿Para qué* las vacunas, los protocolos sanitarios y las mascarillas? *¿Para qué* el distanciamiento social y las aplicaciones rastreadoras? *¿Para qué* la promoción de la OMS? *¿Para qué* la recolección de datos y la creación del Big Data? *¿Para qué* este experimento mundial? Para que los nuevos profetas y dioses de la nueva religión llamen ciencia predictiva a lo que no es más que sugestión, premeditación y tiranía. Para acelerar la llegada de la Bestia.

El gran negocio de esta guerra es un monstruo bastardo en cuyas venas se mezclan un sinfín de intereses de geopoder, geoeconomía, geosalud y geoestrategia. Con la *pandemia* ha llegado un Nuevo Orden Mundial y la historia nos cuenta que los órdenes mundiales son transformados y creados por las revoluciones burguesas o por las grandes guerras entre naciones. El alcance y las consecuencias geopolíticas, económicas, sociales y jurídicas de esta falsa *pandemia* son enormes y, además, globalizadas. En esta guerra, el enemigo no se muestra a la población, sino que se disfraza. El mal se presenta como el bien. Pero hay una parte inmensa de la población que sabe lo que está ocurriendo, un conocimiento que pone en peligro la logística de los estrategas. Ahora las mentiras y las distorsiones —las principales armas en esta Tercera Guerra Mundial— se están volviendo contra ellos.

9
DICTADURA SANITARIA

Y sucedió así. De repente, una sombra negra, una nueva peste cubrió el cielo de las ciudades y pueblos de la Tierra e, *ipso facto,* los viandantes cayeron muertos sobre el asfalto y las aceras. Las imágenes de la ciudad china de Wuhan del mes de diciembre de 2019 dieron la vuelta al mundo. Los noticieros crearon la alarma, los políticos se dejaron llevar por los «expertos», los ciudadanos morían y se suicidaban aterrados por el terrorismo mediático… En 2015, Bill Gates aseguró que la Tierra tenía excedente de población y, para resolver el problema que creaba ese «exceso de vida», las vacunas serían el instrumento más eficaz. Cinco años después, todos los habitantes del planeta hablaban de *vacunas* porque las *necesitaban,* porque no podían vivir sin ellas. Y, sin embargo, muchos vacunados murieron. «Casos extremadamente raros», dijeron los «expertos» oficiales que desfilaban a diario por los medios de comunicación. Ellos ponían el foco en la enfermedad, pero el foco real, el relevante, había que ubicarlo en la intencionalidad de las medidas adoptadas para solucionar el problema que el Poder había creado. La enfermedad y la solución partían de la misma fuente y habían sido diseñadas para alcanzar un fin.

Los protocolos implantados para luchar contra la *pandemia* han sido diseñados para quedarse, con la justificación de que solo así la humanidad se salvará. Ninguna de las medidas implantadas para la creación de la Nueva Normalidad ha sido adoptada al azar ni se circunscribe a un problema sanitario. La consigna es que todos debemos vacunarnos por la «paz social», que desconfiemos los unos de los otros, que nos defendamos cubriéndonos la cara con una mascarilla, que no nos abracemos, que no nos toquemos…[1]. La población ha sido clasificada como si fuera ganado. ¿Qué clase de mente perversa es capaz de planear la división de las familias y la polarización de una sociedad mediante la asignación de etiquetas: negacionista/sumiso, concienciado/aconsciente, responsable/irresponsable?

---

[1] Medidas que se promulgaron desde el MIT. Véase *La verdad de la pandemia,* ob. cit.

EL CAMPO DE BATALLA SANITARIO

A continuación expongo brevemente en qué consisten las principales armas bélicas en el campo de batalla sanitario de esta Tercera Guerra Mundial:

— *Vacunas*. Experimento genético que provoca muertes, interrupción de embarazos, infertilidad a largo plazo, reducción de la población mundial y pérdida de libertad. Los vacunados se someten a la presión del grupo para no sentirse solos y excluidos. De ese modo se acaba con la libertad individual a cambio de un supuesto bien común. Cedes tu libertad y la sacrificas por los demás. Resultado: todos perdemos la libertad.

— *Compañías farmacéuticas*. Según la propaganda de las distintas autoridades, vacunarnos es la única opción, lo que lleva a las farmacéuticas a blindarse con contratos que las exime de responsabilidad ante los posibles efectos secundarios de las *vacunas* bajo el pretexto de la urgencia. Las instituciones gubernamentales han accedido a este chantaje, lo que las convierte en cómplices de las muertes y de las enfermedades causadas por las vacunas.

— *Test* PCR. Su utilización como prueba diagnóstica para la COVID-19 es uno de los mayores escándalos de esta trama. Se trata de un instrumento que tan solo sirve para aumentar el número de contagiados en las estadísticas y presionar así a la población para que acepte las restricciones a sus libertades. Al doctor alemán Christian Drosten se le atribuye la propuesta de utilizar este test para diagnosticar la COVID-19. Recomendó 45 ciclos, pero se descubrió que los ciclos superiores a 35 producen falsos positivos. La OMS recomendó limitarlos a 22. Por tanto, de todos los diagnosticados, ¿cuántos son enfermos reales por COVID-19?

El inventor de la PCR, Kary Mullis, premio Nobel de Química en 1993, había afirmado que este test no servía para diagnosticar virus. Falleció —muy oportunamente— en agosto de 2019, unos meses antes del comienzo de la *pandemia.* Mullis se había mostrado muy crítico con el doctor Anthony Fauci, director del Instituto Nacional de Alergias y Enfermedades Infecciosas de Estados Unidos, a quien consideraba un medrador, por más que el *marketing* de las grandes empresas mediáticas lo hayan elevado a los altares.

— *Mascarillas.* Es un claro ejemplo de obediencia a la autoridad bajo pena de multa y exclusión social. Al igual que las PCR, las mascarillas han dejado de ser instrumentos sanitarios para convertirse en herramientas de los verdugos. Numerosos científicos afirman que la mascarilla provoca muertes por inhalación de CO_2 propio y por neumonías e infecciones bacterianas, pero sus voces han sido apartadas del debate público en los medios de comunicación y descalificadas con ataques e insultos infames. El Centro Europeo para la Prevención y el Control de Enfermedades (ECDC) dice lo siguiente respecto al uso de la mascarilla:

[La mascarilla tiene] un efecto protector de pequeño a moderado, pero aún existen incertidumbres significativas sobre el tamaño de este efecto. La evidencia de la efectividad de las mascarillas, los protectores faciales/viseras y los respiradores no médicos en la comunidad es escasa y de muy baja certeza. Se necesitan estudios adicionales de alta calidad para evaluar la relevancia del uso de mascarillas médicas en la pandemia de COVID-19. En áreas con transmisión comunitaria de COVID-19, se recomienda usar una mascarilla *médica o no médica* en espacios públicos confinados, y se puede considerar en entornos al aire libre con mucha gente[2]. [Las cursivas son mías].

Me resulta llamativo que este informe tardase un año en realizarse y hacerse público.

Aunque en muchos países del mundo el uso de la mascarilla nunca fue obligatorio, el decreto pandémico del Gobierno de España (BOE del 9 de junio de 2020, artículo 6) señalaba su obligatoriedad, «siempre que no resulte posible garantizar el mantenimiento de una distancia de seguridad interpersonal de, al menos, 1,5 metros». Aun así, todos hemos visto cómo agentes de la Policía y de la Guardia Civil han protagonizado escenas vergonzantes llevándose detenidas y esposadas a personas sin mascarilla que estaban solas; es decir, personas que cumplían la ley. De hecho, no han sido pocos los agentes de Policía que han sido reubicados —ya no eran rentables— por negarse a salir a las calles a acosar a los ciudadanos. Y pese a todo este psicodrama ejemplarizante, no tengo conocimiento de que las multas hayan sido ejecutadas. A fin de cuentas, la jurisdicción de un estado de alarma no obliga al uso de mascarillas, como tampoco puede obligarnos a permanecer en casa.

A día de hoy, no hay ningún estudio que haya estimado el número de casos prevenidos por el uso continuado de mascarillas en la población española. Tampoco se ha evaluado si su uso supone un beneficio en la reducción de la transmisión del virus cuando la prevalencia es baja.

---

[2] https://www.ecdc.europa.eu/en/publications-data/using-face-masks-community-reducing-covid-19-transmission (15 de febrero de 2021) y Wearing masks could pose health hazard, says head of EU agency (theparliamentmagazine.eu)

— *Estadísticas de letalidad y mortalidad*. Según las tablas comparativas, en 2020 no hubo un exceso de mortalidad respecto a años anteriores en ningún país del mundo. Esto demuestra la manipulación y la falta de transparencia de los datos oficiales. Las estadísticas falseadas, como han denunciado miles de científicos independientes, se han usado para provocar el miedo de la población y someterla a la autoridad.

— *Muertes no pandémicas*. Es decir, muertes producidas por otras enfermedades no atendidas por el cierre de la atención primaria en los hospitales o por diagnósticos erróneos realizados por teléfono desde los centros de salud. Es llamativo que los mismos protocolos hayan sido aplicados de forma estándar en distintos países con diferentes sistemas e infraestructuras de salud. Este protocolo ha favorecido la reducción de la población mundial, a la que también ha contribuido el ascenso del número de suicidios. Por ejemplo, en España, en una ciudad como Vitoria —de casi 250.000 habitantes—, se estima que unos trescientos jóvenes se han quitado la vida. La prensa lo ha silenciado. En Estados Unidos, un médico de California aseguró que hubo más intentos de suicidio en mayo de 2020 (durante las cuatro semanas de encierro domiciliario) que los que se producen en todo un año en circunstancias normales, y que los suicidios superaron con creces las muertes por coronavirus en el estado de California. Puntualizó que nunca había visto tanta «lesión intencional» en su carrera[3].

---

[3] https://www.dailymail.co.uk/news/article-8347011/Doctors-California-say-people-killed-four-weeks-YEAR.html

—*Pasaportes verdes.* Se pretende que el documento que confirma que has sido vacunado sea obligatorio y actúe como salvoconducto para poder trabajar, viajar y acceder a determinados establecimientos. Pero, si la vacuna no es obligatoria, ¿cómo puede serlo este documento? El pasaporte verde causará una grave discriminación. Según la propaganda oficial, solo quien disponga de ese documento podrá moverse libremente y tendrá acceso a determinados puestos de trabajo, un claro signo de nepotismo y dictadura, así como de sugestión. En marzo de 2021, la canciller alemana, Angela Merkel, afirmó que en verano comenzaría a usarse el pasaporte europeo de vacunación, que será digital y podrá llevarse en el teléfono móvil[4]. Marcados los individuos como ganado de primera y de segunda categoría, el pasaporte verde no es más que otra trampa hacia la segregación, el control y la subyugación de las personas.

—*Cuarentena obligatoria de la población* versus *inmunidad de rebaño.* A pesar de que la COVID-19 causa un número reducido de casos clínicos en grupos específicos de riesgo y de avanzada edad —de los que solo muere un pequeño porcentaje—, una de las medidas clave en la respuesta a la *pandemia* fue el confinamiento obligatorio de la población, un encierro particularmente intenso en Occidente y en Hispanoamérica. Las razones ocultas de esta medida nunca han sido explicadas de forma transparente a la población y han tenido grandes efectos tanto a

---

[4] https://www.abc.es/sociedad/abci-pasaporte-vacunacion-europeo-estara-listo-antes-verano-202102252044_noticia.html

nivel psicológico[5] y económico como en lo que a la evolución de la *pandemia* se refiere. La no exposición de los grupos de bajo riesgo al virus ha impedido que se produzca la inmunidad de grupo, y, por tanto, la desaparición paulatina del virus entre la población no se ha producido, lo que ha dado lugar a las supuestas «nuevas olas».

— *Cooperación de la población*. En cualquier plan de control de enfermedad, la cooperación de la población es fundamental. En la *pandemia* se han observado distintas estrategias psicológicas para que los ciudadanos acaten de manera «voluntaria» todas las medidas de control. Si esa cooperación hubiese fallado, hace tiempo que la *pandemia* habría acabado. Este fenómeno no es nuevo, ha pasado antes en la historia, por ejemplo, durante la dictadura del general Videla en Argentina (1976-1981). Los militares argentinos recibieron formación por parte de sus homólogos franceses en técnicas de manipulación psicológica, algunas de la cuales incluían la «cooperación de los prisioneros». La Escuela de Mecánica de la Armada (ESMA), en Buenos Aires, fue el mayor centro de prisioneros políticos del país. Desde allí, los presos molestos eran eliminados en los llamados «vuelos de la muerte». Los engañaban diciéndoles que serían trasladados a otros centros —así evitaban la resistencia— cuando en realidad iban a ser arrojados al mar. Es decir, *colaboraban* bajo falsas promesas de mejoramiento de su situación.

---

[5] Samantha K. Brooks, Rebecca K. Webster, Louise E. Smith, Lisa Woodland, Simon Wessely, Neil Greenberg y Gideon James Rubi, «The psychological impact of quarantine and how to reduce it: rapid review of the evidence», *Lancet,* 2020, núm. 395, págs. 912-920.

—*Posverdad.* Durante la *pandemia,* la información contradictoria ha sido la nota dominante. Todas las áreas han sido contaminadas por el exceso de información, hasta el punto de que se ha producido una normalización de la mentira en la ciencia de la salud pública. Esto pone de manifiesto la total falta de ética que tanto los Gobiernos como los profesionales sanitarios han demostrado. Este fenómeno ha favorecido la aparición de la nueva censura al servicio del discurso científico único: los *fact checkers.* El exceso de información también se ha visto en las normas implementadas y en los cambios constantes de estas para tener a la población bloqueada e incapaz de pensar. Ni siquiera los gobernantes las recordaban, como le ocurrió a Boris Johnson, primer ministro de Reino Unido[6], cuando en mayo de 2020 se equivocó de medio a medio al hablar de las medidas de cuarentena impuestas por su Gobierno.

VACUNAS, CONFUSIÓN, FRAUDE

Tras los informes de diagnóstico de pacientes con neumonía inexplicable o «atípica» —como la describió Taiwán— que se realizaron a finales de diciembre de 2019 en la ciudad china de Wuhan, se identificó y se nombró al agente causante como coronavirus SARS-CoV-2. Fue la Organización Mundial de la Salud quien le puso nombre a la «nueva enfermedad»: COVID-19. Las autoridades oficiales se apresuraron en señalar a la vacuna como

---

[6] Boris Johnson confused by his own COVID-19 restrictions - You Tube.

la única esperanza para acabar con el caos provocado por la enfermedad y, de hecho, apenas pasaron doce meses desde que aparecieron los primeros casos hasta que comenzaron las campañas de vacunación en los países y territorios más poderosos —en apenas tres meses, Israel vacunó al 55 % de su población, lo que le permitió autopromocionarse como modelo a seguir—. Sin embargo, en los meses de marzo y abril de 2021 estalló la polémica porque empezaron a certificarse muertes y efectos secundarios graves a causa de las vacunas.

El 13 de abril de 2021, la Administración de Alimentos y Medicamentos (FDA) y los Centros para el Control de Enfermedades (CDC) de Estados Unidos emitieron una declaración conjunta sobre la vacuna de Johnson & Johnson, en la que se recomendaba «una pausa en el uso de esta vacuna por precaución»[7]. Tras la paralización en Estados Unidos, la propia farmacéutica anunció que «retrasará proactivamente el lanzamiento» en Europa, después de afirmar que tomaba esta decisión tras revisar, en colaboración con las autoridades europeas, un desorden «extremadamente raro» de coágulos de sangre en personas que recibieron la vacuna.

Posteriormente, la FDA señaló:

> Hasta el 12 de abril, se han administrado más de 6,8 millones de dosis de la vacuna Johnson & Johnson en Estados Unidos. Los CDC y la FDA están revisando los datos de *seis casos* notificados en Estados Unidos de un tipo de coágulo sanguíneo raro y grave en individuos (en mujeres de dieciocho a cuarenta y ocho años) después de recibir la vacuna.

---

[7] https://twitter.com/US_FDA/status/1381925613691412480

Esos trombos «extremadamente raros» eran similares a los asociados a la vacuna de AstraZeneca[8] —222 casos solo en Europa; doce en España—, lo que hizo que el alarmismo y la desconfianza se extendieran entre la población. Pero, como era de esperar, un gigante farmacéutico (en este caso, dos) no deja de vacunar por apenas *unos cuantos casos* que salen mal.

Puesto que, desde el principio, la vacuna fue planteada —y vendida— como la única solución para acabar con la *pandemia,* nadie estaba dispuesto a corregir su estrategia. Como mucho, podían retrasarla, pero el relato tenía que continuar. Así, en abril de 2021, tras conocerse los primeros casos de trombos en personas vacunadas con Johnson & Johnson, comenzaron a sucederse los titulares: «Janssen paraliza la entrega de 300.000 dosis a España y deja en el aire el plan de vacunación de Sánchez»[9] (13 de abril de 2021); «Alemania se suma a Francia y vacunará con Pfizer o Moderna a quienes tienen la primera dosis de AstraZeneca»[10] (14 de abril de 2021). Y eso a pesar de que, a estas alturas de la película, la «oficialidad» ya había afirmado que la vacuna no protege del contagio ni evita la propagación del virus, que seguirá mutando por los siglos de los siglos.

La confusión y el miedo volvían a recuperar su protagonismo y el intercambio de opiniones opuestas se sucedían en las redes sociales:

---

[8] https://www.reuters.com/article/us-health-coronavirus-johnson-johnson-va/u-s-calls-for-pause-on-johnson-johnsons-covid-19-vaccine-idUSKBN-2C01BC

[9] https://www.20minutos.es/noticia/4655595/0/janssen-paraliza-entrega-300000-dosis-espana-deja-en-aire-plan-vacunacion-sanchez/

[10] https://www.20minutos.es/noticia/4656091/0/ultimas-noticias-directo-coronavirus-covid-espana-restricciones-contagios-muertes-vacunas-estado-alarma/

> Mañana me vacuno con AstraZeneca y, aunque sigo con las mismas dudas, hoy por hoy es la única forma de acabar con este infierno. Aquí en Andalucía no podemos perder más tiempo con la economía parada.

> Si te vacunas para acabar con el infierno, es la peor razón posible, porque te vas a vacunar anualmente dos veces, y todo por ceder a la coacción y al miedo. Vacúnate porque crees que estás más seguro vacunado que si no lo estás y haz un análisis serio de los datos y de tu edad. Salud *versus* vacuna.

Sin embargo, a pesar de los malos resultados de Johnson & Johnson y de AstraZeneca, el parón duró poco. A principios de mayo, la vacuna de la primera compañía ya estaba de vuelta en Estados Unidos[11] y, el 10 de mayo, la directora ejecutiva de la Agencia Europea del Medicamento, Emer Cooke, afirmaba: «Seguimos autorizando la vacuna de AstraZeneca a todas las personas mayores de dieciocho años. Yo me estoy vacunando con AZ»[12]. Y añadía: «Nos queda mucho por conocer de esta enfermedad». Y tanto que le queda por conocer…, todo el contexto geopolítico y el papel desempeñado en él por la COVID-19.

Desconfianza generalizada

Las vacunas se han convertido en un arma esencial en esta guerra. Ha habido un desorbitado interés por ellas en todo el mundo —en su uso y suministro, en su fabricación y logística—

---

[11] https://espanol.cdc.gov/coronavirus/2019-ncov/vaccines/safety/JJUpdate.html

[12] https://www.elmundo.es/ciencia-y-salud/salud/2021/05/10/60990d-6b21efa0fb088b463a.html

y hemos podido conocer situaciones escandalosas. Desde todos los rincones del mundo me escriben para contarme casos de los que, por lo general, los medios oficiales no se hacen eco. Uno de ellos es el de Sandra, que el 10 de mayo de 2021 me escribió lo siguiente:

> Cristina, mi abuela está mal. La vacunaron hace tres meses con Pfizer y en octubre le pusieron la de la gripe «normal» más otra que no sabemos qué es. Pero el otro día se cayó en casa. No sabe cómo fue porque dice que perdió el conocimiento. La doctora la revisó y dijo que todo estaba bien, pero pasaron los días y cada vez se encontraba peor, hasta que ayer no se podía mover de la cama. Hoy se la llevaron en ambulancia al hospital y le han hecho muchas pruebas, pero no le ven nada. Tiene ochenta y seis años, pero estaba bien. De hecho, en octubre la operaron para quitarle la vesícula y se recuperó enseguida, estaba muy bien. Y ahora esto. Nos dicen que no saben qué tiene, que puede ser demencia senil. Pero todo es muy raro. Ha ocurrido a los tres meses de ser vacunada. Y, encima, a mi padre no le dejaban entrar en el hospital. Al final lo ha conseguido y se ha llevado a mi abuela a casa.

Mientras leía el mensaje me acordé del titular de una noticia que me había sorprendido esa misma mañana[13]:

> **Los informes de la UE relacionan la vacuna de AstraZeneca con un trastorno degenerativo raro.**

---

[13] https://www.elmundo.es/ciencia-y-salud/salud/2021/05/10/6098e-930fdddff711b8b462c.html

Poco más que añadir. Las personas informadas conocen cientos de casos similares.

También recibí un mensaje de Eider Sánchez, una enfermera española que trabaja en Francia, el 7 de mayo de 2021:

> Hola, Cristina, te mando por aquí el audio de una compañera enfermera en Francia. En él testimonia cómo hace diez días le pusieron la AstraZeneca al marido de su madre y ayer lo llevaron hospitalizado de urgencia por un trombo cerebral. Está bien que lo oigas, al menos para ver los matices, etc.
>
> Además, me gustaría comentarte que, por desgracia, la mayor parte del equipo sanitario del hospital donde trabajo, así como los residentes (personas mayores con Alzheimer), se han vacunado con Pfizer. Yo me he negado y, en principio, no me han puesto pegas… Lo que sí me gustaría señalar es que no he tenido mi última menstruación, aunque sí los dolores habituales. Creo haber oído (no solo mi caso) que las personas vacunadas con ARNm pueden estar dispersando ciertas sustancias y que esto puede afectar a la fertilidad de otras personas.

Tres días después, Eider volvió a escribirme:

> Cristina, finalmente el padrastro de mi amiga ha muerto de un paro cardiaco después de una semana hospitalizado y a los diez días de recibir la vacuna de AstraZeneca.

Los planes de vacunación están siendo un auténtico desastre para las élites. El proceso de producción de las dosis no es tan rápido como esperaban, lo que ha impedido que las vacunas se inoculen con la premura deseada. Pero el verdadero fracaso es el de los fallecimientos que las vacunas empezaron a causar, lo que ha generado la alerta y la inquietud entre la población. De hecho, muchas personas han rechazado inocularse.

> ## Las autonomías piden poner ya AstraZeneca a menores de 60 años ante los miles de dosis sin usar[14].

Este titular pone en evidencia que el rechazo de la población a ser vacunada es alarmante para el poder, como ya ocurrió con la falsa *pandemia* de Gripe A, cuando tuvieron que destruirse seis millones de dosis porque nadie quiso ponérselas[15]. Aquella campaña fue un auténtico fracaso. Tan solo tres millones de españoles se vacunaron contra el virus H1N1, lo que nos costó 333 millones de euros en dosis inútiles. La ministra de Salud entonces era Trinidad Jiménez (PSOE), quien unos años antes había confesado que pertenecía al Club Bilderberg y a la Comisión Trilateral. Pese a la adversidad, el experimento de la Gripe A sirvió a las élites para aprender cómo debían plantear las siguientes *pandemias*.

En el mes de mayo de 2021 —cinco meses después de que se inoculara la primera «vacuna COVID» en España—, según datos oficiales, tan solo se habían puesto tres millones de dosis. Un mes antes, el nefasto presidente Pedro Sánchez había prometido que a finales de agosto estarían vacunadas 33 millones

---

[14] https://www.20minutos.es/noticia/4689876/0/autonomias-piden-poner-astrazeneca-menores-anos-miles-dosis-usar/

[15] https://www.20minutos.es/noticia/787110/0/destruccion/vacuna/gripe-a/

de personas en nuestro país[16]. ¿Acaso pretendía engañar a sus amos con esa cifra mágica[17]?

A pesar del bombardeo mediático y de las coacciones psicológicas, la desconfianza respecto a las vacunas va en aumento y, de hecho, se cuentan por millares los ciudadanos que han sido presionados para inocularse. Algunos han sucumbido por sus circunstancias económicas o familiares, pero otros han denunciado las presiones en los tribunales y han ganado el juicio.

Tras el final del estado de alarma en España (9 de mayo de 2021), algunos jóvenes salieron a celebrarlo, lo que provocó una gigantesca campaña por parte de los medios criminalizando a la juventud. «Culpables, culpables, culpables… ¡A la hoguera!», repetían como un mantra los pseudoperiodistas y demás caterva. Pero la contraofensiva ciudadana era imparable:

> A finales de agosto iban a morir todos los profesores (los cuatro que han fallecido ha sido por la vacuna) y todos los niños por la irresponsabilidad de empezar las clases. Los mismos agoreros ya prevén lo mismo con los que salieron ayer para dentro de quince días.

> Exacto, aún recuerdo las entrevistas a esas madres que no llevarían a sus hijos al cole para salvarles la vida. Llevamos quince meses sufriendo terrorismo y viviendo en una dictadura.

> También nos decían: «Vais a pagar el exceso de las Navidades»; luego «el exceso de los puentes», después «la Semana Santa, pagaréis los excesos»… Todo igual, la misma situación… Solo meter miedo.

---

[16] https://www.elperiodico.com/es/sociedad/20210406/pedro-sanchez-vacunacion-espana-agosto-11637904

[17] El 33 es una cifra fundamental para la masonería y simboliza el más alto grado de consciencia espiritual por parte del ser humano. Según la tradición cristiana, Jesucristo murió a los treinta y tres años de edad.

Mientras a famosos e *influencers* se les pedía que difundieran en sus redes las imágenes de su vacunación, el rechazo de millones de ciudadanos llevó al presidente de Estados Unidos, Joe Biden, a anunciar, a principios de mayo de 2021, una decisión inusitada: «Estados Unidos fuerza a Europa a liberar las patentes de las vacunas»[18]. La presidenta de la Comisión Europea, Ursula von der Leyen, señaló estar dispuesta a discutir cualquier propuesta «eficaz y pragmática» para acelerar la difusión e inoculación en todo el mundo. Sin embargo, el presidente de la Patronal Farmacéutica norteamericana, Stephen Ubl, no recibió con agrado la propuesta de Biden, argumentando que el problema de la distribución estriba en la escasez de los ingredientes de fabricación, lo que podría desembocar en una competencia atroz por conseguirlos.

Respecto a esa «escasez de ingredientes», la clave está en el material proveniente de fetos abortados que se precisa para fabricar las vacunas, algo que el Vaticano considera «moralmente aceptable». De hecho, la Oficina de Prensa de la Santa Sede emitió un comunicado en el que señalaba que el papa Francisco había revisado la cuestión (en la tercera semana de diciembre de 2020) y había concluido que era «moralmente aceptable recibir vacunas contra la COVID-19 que han utilizado líneas celulares de fetos abortados en su proceso de investigación y producción», mientras que otras vacunas «éticamente inobjetables» no estén disponibles al público. Aun así, matizaba que eso «no significa una cooperación formal con el aborto del que se derivaron las células de las que se produjeron las vacunas»[19]. O sea, no estoy

---

[18] https://www.abc.es/sociedad/abci-eeuu-apoya-liberacion-patentes-vacunas-contra-covid-19-202105052201_noticia.html

[19] https://www.latimes.com/espanol/internacional/articulo/2020-12-21/vaticano-permite-vacuna-con-celulas-de-fetos-abortados

de acuerdo con el aborto, pero, ya que se aborta, usemos los fetos para salvar vidas. Qué pragmático es el papa Francisco…

La exención de patentes está prevista por la Organización Mundial del Comercio, aunque solo se ha recurrido a ella en una ocasión: en la denominada «epidemia de sida» de 2001, cuando se repartieron antirretrovirales genéricos a los más pobres de la Tierra. ¿Cómo no?

La falta de consenso para la liberación de las patentes de las vacunas deja en evidencia que este fenómeno está motivado por el negocio, no por la salud de la población. Recordemos que la emergencia está totalmente al servicio de las farmacéuticas productoras de las numerosas vacunas, muchas de ellas financiadas con dinero público, que están exentas de responsabilidad en casos adversos. Han recibido la autorización de urgencia por parte de las autoridades públicas como la EMA y las agencias del medicamento nacionales, que se supone deben velar por la seguridad de los ciudadanos, pero que están demostrando una profunda corrupción.

Esta nueva exención propuesta por Joe Biden —en realidad, por quienes lo manejan— es solo una estrategia más *para no dejar a nadie atrás* ante la animadversión generalizada entre la población respecto a las vacunas. Tanto es así que las autoridades regalan donuts, cervezas y cigarrillos de marihuana, viajes, billetes de avión y becas universitarias para convencer a los indecisos y a los reacios[20]. Después de los escándalos causados por las muertes y enfermedades provocadas por las vacunas, el Gobierno de Estados Unidos se ha comprometido a regalar 60 millones de dosis de AstraZeneca a *los más pobres*.

---

[20] https://elpais.com/sociedad/2021-05-05/donuts-cervezas-y-marihuana-gratis-para-incentivar-la-vacunacion-en-estados-unidos.html

La Administración Biden se apresuró a manifestar que la liberación de las patentes sería «una medida excepcional para una situación excepcional» y que tendría una duración limitada en el tiempo. Aun así, la medida provocó la caída en Bolsa de las principales compañías farmacéuticas.

Me encanta cuando los planes no salen según lo previsto.

Experimentos con los más frágiles

Una de las noticias que más conmocionaron a la opinión pública fue la muerte, en enero de 2021, de veintitrés ancianos en una residencia de Noruega que habían sido vacunados con Pfizer-BioNTech. Los medios intentaron durante varios días tranquilizar a la población, hasta que el director médico de la Agencia Noruega del Medicamento (NOMA), Steinar Madsen, manifestó que las víctimas eran personas «frágiles» a quienes los efectos secundarios «agravaron su estado». Con «frágiles» se estaba refiriendo a pacientes con «insuficiencia cardíaca avanzada, demencia o EPOC [Enfermedad Pulmonar Obstructiva Crónica]». Otro médico de la NOMA, Sigurd Hortemo, también afirmó que fueron «reacciones comunes a este tipo de vacunas que, en algunos enfermos, pueden ser fatales»[21]. La pregunta es inevitable: ¿por qué vacunan a los más vulnerables si de antemano conocen que las consecuencias pueden ser fatales? Todos eran mayores de ochenta años y algunos superaban los noventa. ¿Acaso son estas personas las que ponen en riesgo la economía de las corporaciones y los Gobiernos? El de Noruega

---

[21] https://www.elespanol.com/mundo/20210120/verdad-ancianos-muertos-noruega-ponerse-vacuna-covid/552446210_0.html

es un caso paradigmático de lo que está sucediendo en todos los países del mundo. Las vacunas se están empleando a fondo con los ancianos. Se trata de un crimen de lesa humanidad y los responsables deben ser juzgados para que recobremos la confianza en la civilización, así como en las leyes y en las instituciones que la posibilitan. De lo contrario, nos adentramos en el oscuro territorio de la barbarie.

Respecto a la vacunación de los niños, diversos centros clínicos han acogido un ensayo para la inoculación. A mediados de marzo de 2021, la farmacéutica Moderna anunció el inicio de su ensayo en fase 2/3 para su vacuna de ARN mensajero-1276 en niños de seis meses a doce años. El estudio, denominado Kid-COVE, se está realizando en colaboración con el Instituto Nacional de Alergias y Enfermedades Infecciosas y la Autoridad de Investigación y Desarrollo Biomédico Avanzado (BARDA)[22]. Los investigadores han completado la inscripción de 6.750 niños sanos de Estados Unidos y Canadá[23], y eso pese a que el director del Centro de Educación sobre Vacunas del Hospital Infantil de Filadelfia, Paul A. Offit, que participa en el proyecto, reconociera que 170 niños habían muerto por COVID-19, «aproximadamente el mismo número que el de los niños que mueren a causa de la influenza [gripe] cada año». ¿Para qué, entonces, los someten a un experimento que puede costarles la vida?

Varios estudios científicos muestran que los niños contagiados de COVID-19 raramente tienen síntomas clínicos y no trans-

---

[22] National Institute of Allergy and Infectious Diseases (NIAID) y el Biomedical Advanced Research and Development Authority (BARDA).

[23] https://www.healio.com/news/primary-care/20210317/moderna-begins-phase-23-trial-to-test-covid19-vaccine-in-children?utm_source=selligent&utm_medium=email&utm_campaign=news&M_BT=509115274809

miten el virus[24]. Esto es compatible con la hipótesis del «hospe-dador final» de la enfermedad, es decir, que este grupo se contagia de un adulto, pero no puede contagiar. Lo mismo ocu-rre con la tuberculosis, aunque, a diferencia de la COVID-19, los niños sí sufren la tuberculosis de forma clínica. Con la infor-mación disponible en estos momentos, la vacunación contra la COVID-19 en niños carece de justificación. Y eso por no hablar del peligro que supone la posibilidad de abrir la puerta a posi-bles efectos adversos, aún desconocidos, que nunca aparecerían si no se interfiriera artificialmente en este grupo. Está claro que la decisión de vacunar a los niños no es preventiva.

Sin embargo, cientos de pruebas y experimentos se han puesto en marcha en todo el mundo. Por ejemplo, niños de entre tres y die-cisiete años formarán parte del ensayo clínico de la Universidad Católica de Chile que, según su rector, Ignacio Sánchez, comenzará en julio de 2021 pero cuyos resultados no se esperan hasta el mes de noviembre. El plan es iniciar una campaña de vacunación masiva en el país antes de que comience el curso escolar del año siguiente.

---

[24] Danis Kostas, Olivier Epaulard, Thomas Bénet, Alexandre Gaymard, Séphora Campoy, Elizabeth Bothelo-Nevers, Maude Bouscambert-Duchamp, Guillaume Spaccaferri, Florence Ader, Alexandra Mailles, Zoubida Boudalaa, Violaine Tolsma, Julien Berra, Sophie Vaux Forestier, Emmanuel Caroline Landelle, Erica Fougere, Alexandra Thabuis, Philippe Berthelot, Raphael Veil, Daniel Levy-Bruhl, Christian Chidiac, Bruno Lina, Bruno Coignard, Christine Saura, «Cluster of Co-ronavirus Disease 2019 (COVID-19) in the French Alps», febrero de 2020, Clin Infect Dis, julio de 2020, 28;71(15), págs. 825-832.doi: 10.1093/cid/ciaa424.
Brandal Lin T, Ofitserova Trine S, Meijerink Hinta, Rykkvin Rikard, Lund Hilde M, Hungnes Olav, Greve-Isdahl Margrethe, Bragstad Karoline, Nygård Karin, Winje Brita A., «Minimal transmission of SARS-CoV-2 from paediatric COVID-19 cases in primary schools», Noruega, Agosto-noviem-bre de 2020. Euro Surveill. 2021; 26 (1): pii=2002011.https://doi.org/10.2807/1560-7917.ES.2020.26.1.2002011

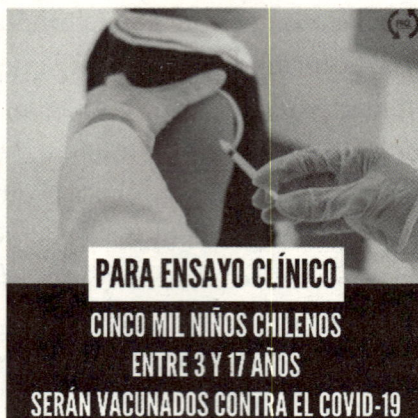

PARA ENSAYO CLÍNICO
CINCO MIL NIÑOS CHILENOS
ENTRE 3 Y 17 AÑOS
SERÁN VACUNADOS CONTRA EL COVID-19

En la nota de prensa que a comienzos de mayo publicó la Alianza para la Vacunación y la Inmunización (GAVI) se afirmaba que el dinero recaudado en la cumbre coordinada por la Comisión Europea (4 de mayo de 2020) «ayudará a inmunizar a *300 millones de niños* durante los próximos cinco años, salvando hasta ocho millones de vidas, y apoyará el acceso universal a las vacunas COVID-19». Es absolutamente perverso que 300 millones de niños inocentes vayan a pasar por las manos de estos criminales.

Uno de los aspectos más graves de todo este asunto es la ausencia de debates sobre bioética en los medios de comunicación. En 2019, Federico de Montalvo, profesor de Derecho Constitucional, fue nombrado presidente del Comité de Bioética de España, entidad que asesora a los Gobiernos central y autonómicos acerca de las implicaciones éticas de las leyes de gestación subrogada, prisión permanente revisable, eutanasia, educación sexual, vacunación… En una entrevista al periódico *El Mundo* manifestó lo siguiente[25]: «Hay que retirar por un tiem-

---

[25] https://www.elmundo.es/espana/2019/01/22/5c460f2dfc-6c837e1a8b4750.html

po la patria potestad a los padres que no quieran vacunar». Sin duda, los generales de esta guerra estaban situados en el punto preciso antes del asalto. Esta declaración de intenciones va pareja a la de la ministra de Educación española, Isabel Celaá que no quiere retirar el uso de la mascarilla en los colegios: «Los niños se sienten como héroes llevándola»[26]. Son verdaderamente abominables. Los médicos que han propuesto otros modos de curar la COVID-19 no han sido escuchados ni por la OMS, ni por las farmacéuticas, ni por los gobernantes.

Chantajes con las *vacunas:* ¿errores humanos o intereses geopolíticos de una camarilla de mafiosos, corruptos y degenerados? Unos psicópatas cuya obsesión mesiánica por los niños les lleva a creer que pueden tratarlos peor que al ganado.

LA GUERRA FARMACÉUTICA

Las «vacunas COVID-19» se han convertido en armas geoestratégicas, tanto de reafirmación de hegemonías como de búsqueda de aliados. China utilizó la suya para decir «aquí estamos; no solo existe Occidente», y poco después Rusia hizo lo propio con su Sputnik. De este modo estas dos potencias movían sus piezas en el tablero de las alianzas y las relaciones diplomáticas mundiales.

En *La verdad de la pandemia* ya avancé que unas cien compañías farmacéuticas estaban trabajando para las llamadas «vacunas COVID-19», pero solo ocho eran financiadas por la Coalición para las Innovaciones en Preparación para Epidemias (CEPI, por sus siglas en inglés), organismo asociado a la Alian-

---

[26] https://www.telecinco.es/informativos/sociedad/educacion/isabel-celaa-ministra-educacion-mascarillas-colegios_18_3141345177.html

za Global para la Vacunación y la Inmunización (GAVI), ambos creados por la Fundación Gates[27].

El primer ministro británico, Boris Johnson, quien copresidió la Cumbre Global de Vacunas a principios de junio de 2020 junto con el filántropo Bill Gates, describió a GAVI como una especie de «OTAN de la salud»[28]. Reveladora comparación.

Jefes de Gobierno en la Cumbre Mundial sobre Vacunas (4 de junio de 2020), entre los que estaban los primeros ministros y presidentes de Estados Unidos (Donald Trump), Japón (Shinzō Abe), Francia (Emmanuel Macron), Reino Unido (Boris Johnson), Canadá (Justin Trudeau), la Comisión Europea (Ursula von der Leyen), Alemania (Angela Merkel), España (Pedro Sánchez), Holanda (Mark Rutte), India (Ram Nath Kovind), además de Bill Gates, el secretario de la ONU (António Guterres) y de la OMS (Tedros Adhanom).

---

[27] Para conocer quiénes son los propietarios de las principales empresas farmacéuticas encargadas de la fabricación de vacunas COVID-19, véase *La verdad de la pandemia*, ob. cit., págs. 245-261.

[28] https://www.youtube.com/watch?v=1S0LAbObZV0

Como parte de su estrategia de vacunación, la Unión Europea y el resto de países aseguraron preacuerdos de compra con las principales compañías farmacéuticas. Todas están en la fase de ensayos en humanos.

— **Moderna:** compañía biotecnológica estadounidense. En diciembre de 2020, la UE le pidió 80 millones de dosis de su vacuna basadas en ARN mensajero y Estados Unidos se aseguró 200 millones con la opción de comprar 300 millones más. Se trataba de un Contrato de Compra Anticipada financiado con el Instrumento de Apoyo a Emergencias. En agosto del pasado año, la UE había recaudado casi 16.000 millones de euros en el marco de la Respuesta Global Coronavirus, convocada con la iniciativa de la Fundación Gates (4 de mayo de 2020)[29]. Otros países a los que ha vendido sus dosis son Canadá, Suiza, Reino Unido, Japón y Corea del Sur.

— **Oxford-AstraZeneca:** compañía británica-sueca. Per Alfredsson, vicepresidente de Operaciones Globales de Biología de AstraZeneca, subrayó que la producción de su vacuna global cuenta con «cadenas de suministro regionales que consisten en más de veinte socios en más de quince países». Sus dosis también son producidas en la India por Serum Institute of India, el mayor fabricante de vacunas del mundo. Ha vendido a la Unión Europea, Reino Unido, India, Argentina… Las muertes y los efectos adversos que ha causado han generado una fuerte

---

[29] Como ya expliqué en *La verdad de la pandemia.* https://ec.europa.eu/commission/presscorner/detail/en/ip_20_1513

reacción popular contra esta compañía, apoyada por una campaña mediática internacional.

—**BioNTech-Pfizer:** desarrollada por la empresa biotecnológica alemana BioNTech y el gigante farmacéutico estadounidense Pfizer. Fue la primera vacuna autorizada para su uso en la Unión Europea para la franja de doce a quince años. Le han comprado dosis Estados Unidos, Reino Unido, México, Chile, Colombia e Israel, entre otros. Pfizer cuenta con un amplio currículo de corrupción de médicos y funcionarios de salud pública para ocultar que sus experimentos en Asia y África han causado estragos, lo que le ha llevado a pagar multas millonarias. El 20 de mayo de 2021, la UE anunció que había firmado un tercer contrato por la compra de 1.800 millones de dosis adicionales entre finales de 2021 y 2023[30]. El suministro comenzará en 2022, a pesar de los escándalos producidos por las reacciones adversas que en esa fecha ya comenzaban a circular en los móviles de la población.

—**Johnson & Johnson:** esta compañía es la cuarta en ser autorizada en territorio europeo, donde se han comprado 300 millones de dosis. En la nota de prensa se indicaba

---

[30] En la nota de prensa leemos lo siguiente: «El contrato de hoy con la alianza BioNTech-Pfizer se basa en la amplia cartera de vacunas que se producirán en Europa, incluidos los contratos ya firmados con AstraZeneca, Sanofi-GSK, Janssen Pharmaceutica NV, Curevac y Moderna y la propia BioNTech / Pfizer. La Comisión ha concedido una autorización de comercialización condicional para las vacunas desarrolladas por BioNTech y Pfizer, Moderna, AstraZeneca y Johnson & Johnson. Esta cartera diversificada de vacunas garantiza que Europa tenga acceso a dosis suficientes para inmunizar a toda su población, incluso para los virus variantes».

https://ec.europa.eu/commission/presscorner/detail/en/IP_21_2548

lo siguiente: «La vacuna se basa en un adenovirus, un virus inofensivo que transmite las "instrucciones" del virus que causa COVID-19. Esto permite que las propias células del cuerpo produzcan la proteína exclusiva del virus COVID-19. El sistema inmunológico de la persona reconoce que esta proteína única no debería estar en el cuerpo y responde produciendo defensas naturales contra la infección por COVID-19. El adenovirus en la vacuna no se puede reproducir y no causa enfermedad»[31].

Sin embargo, en abril de 2021, la Unión Europea anunció que no compraría los 300 millones de dosis que tenía apalabrados debido a los efectos secundarios detectados en los ya inoculados. Por la misma causa tampoco adquiriría la misma cantidad de dosis precontratadas a AstraZeneca. La UE apostaba a partir de entonces por la tecnología de ARN mensajero (ARNM) de Pfizer-BioNTech, en vez de la tecnología de vectores virales de AstraZeneca y Johnson & Johnson. Brasil, Reino Unido, Unión Africana, Chile, Colombia, Canadá Corea del Sur están entre los países compradores. Ha provocado trombos en las personas inoculadas. Tras seis casos constatados en Estados Unidos se suspendió su uso, pero poco después volvió a aprobarse.

—**Curevac:** esta empresa alemana firmó un préstamo de 75 millones de euros con el Banco Europeo de Inversiones el 6 de julio de 2020 para el desarrollo y producción a gran escala de vacunas, incluida la de COVID-19. Es pionera en el desarrollo de un nuevo tipo de vacunas basadas en ARN mensajero transportado a las células por

[31] https://ec.europa.eu/commission/presscorner/detail/en/ip_21_1085

nanopartículas lipídicas. El principio básico es el uso de esta molécula como soporte de datos para transmitir la información gracias a la cual el cuerpo produce sus propias sustancias activas para combatir diversas enfermedades[32].

— **Novavax:** esta compañía estadounidense de biotecnología desarrolla vacunas de próxima generación para enfermedades infecciosas graves. Su tecnología se basa en reproducir la proteína espicular del virus y adherirla a partículas microscópicas para posteriormente ser inoculada. Cerró un acuerdo de compra anticipada con GAVI para suministrar a la COVAX Facility su vacuna de proteínas recombinantes. Novavax fabrica y distribuirá 1.100 millones de dosis de NVX-CoV2373 a los países asociados a GAVI[33]. La compañía trabaja con el Serum Institute of India (Serum Institute)[34].

— **Sinopharm:** forma parte del Grupo Farmacéutico Nacional de China, respaldado por el Estado. Los Emiratos Árabes Unidos aprobaron la vacuna de Pekín en diciembre de 2020. Baréin y Pakistán son dos de sus principales compradores y Marruecos ha cerrado un acuerdo para producirla.

— **Sinovac:** otra vacuna china. Al igual que Sinopharm, la población empezó a ser vacunada con ella cuando estaba

---

[32] https://ec.europa.eu/commission/presscorner/detail/en/ip_20_2136

[33] Véase *La verdad de la pandemia,* ob. cit.

[34] COVAX Facility es un mecanismo global de riesgo compartido para la adquisición conjunta y la distribución equitativa de vacunas COVID-19 que actualmente incluye a más de 190 economías participantes, diseñado y administrado por GAVI, la Alianza de Vacunas. Es parte de COVAX, codirigido por CEPI, GAVI y la Organización Mundial de la Salud (OMS), que están trabajando en alianza con fabricantes de vacunas de países desarrollados y en desarrollo, Unicef, la Organización Panamericana de la Salud (OPS), el Banco Mundial y diversas organizaciones civiles.

en fase de prueba experimental. Entre sus clientes están Singapur, Turquía, Brasil, Chile e Indonesia.

— **Sputnik V:** la vacuna de Rusia, que fue el primer país en aprobarla. Entre sus clientes están Bielorrusia, Argentina y Guinea. Está desarrollada por el Instituto de Investigación Gamaleya y el Ministerio de Salud de la Federación de Rusia, y financiada por el Fondo de la Riqueza Soberana de Rusia (RDIF). Según la RDIF, la vacuna se fabrica junto a sus asociados en India, China, Brasil, Corea del Sur y otros países. Más de cincuenta países han solicitado la compra de más de 1.200 millones de dosis.

— **Covaxin:** pertenece a la compañía india Bharat Biotech International, que afirma que producirá unos 700 millones de dosis en 2021 en sus cuatro instalaciones nacionales. A finales de mayo de 2021, los medios de comunicación globales comenzaron a difundir imágenes alarmistas de muertos en las calles de las principales ciudades indias, mientras aseguraban que la *pandemia* se había descontrolado en el país.

Los casos de trombosis y muertes provocados por las vacunas de AstraZeneca y Janssen inclinaron la balanza hacia Pfizer y Moderna, cuya tecnología de ARN mensajero se había descubierto veinte años antes, aunque hasta ahora no se había utilizado de forma masiva por su alto coste y porque no existía una enfermedad «adecuada» para realizar el experimento. Inquietante que de pronto haya aparecido esa *enfermedad tan adecuada...*

Ninguna de las vacunas que se están inoculando ha sido aprobada por los organismos de salud pública, sino que han sido *autorizadas* por el mecanismo de emergencia ante el terror disparado por los medios de comunicación, los filántropos y los gobernantes, que se han convertido en meros comerciantes de vacunas. Miles de científicos de todo el mundo han cuestionado la decisión de aprobarlas antes de los ensayos pertinentes, que normalmente duran entre doce y quince años e involucran a miles de personas.

Los medios de comunicación han calificado de «hito histórico» el hecho de que la industria farmacéutica comenzara a fabricar vacunas en sus plantas para otros competidores, dentro del objetivo de aumentar la producción para cubrir la demanda y acelerar las campañas de inmunización. Sin embargo, como ya expuse en *La verdad de la pandemia,* la competencia solo es aparente, ya que estas empresas comparten propietarios.

Como percibirán mis inteligentes lectores, nos presentan en las televisiones un psicoescenario perfecto para que la comunidad internacional —ese ente abstracto y multiforme— tome las riendas de un país, desplazando a su Gobierno, en nombre de la salud mundial, de la paz mundial o de la salvación mundial.

Un negocio muy lucrativo

El filántropo Bill Gates nunca ha ocultado que pretende hacerse con el mercado global de la salud, porque lo considera un negocio aún más lucrativo que la banca. Ya hemos mencionado lo mucho que le preocupa la «excesiva» población del planeta y afirma que vacunar masivamente es la solución. Su plan pasa también por esterilizar con las vacunas a gran parte de la población, especialmente en los países que considera más superpoblados y pobres.

En España, el Gobierno se ha gastado ya la friolera de 1.900 millones de euros en «vacunas COVID-19», tal y como reconoció en marzo la ministra de Hacienda y portavoz del Ejecutivo

María Jesús Montero[35]. Además, en el mes de diciembre de 2020, los Gobiernos reconocieron haber «subvencionado» a las compañías farmacéuticas con 8.600 millones de dólares —según la empresa de análisis de datos científicos *Airfinity*—, a los que hay que añadir los 1.900 millones donados por determinados filántropos después de recaudar una gran parte en nuestras arcas públicas. Como contrapartida, las empresas fabricantes tan solo habrían gastado 3.400 millones de dólares para innovación e investigación.

Semejante gasto ha supuesto un incremento monumental de la deuda nacional de los países, circunstancia que se traduce en que ahora mismo cada español debe unos 30.000 euros a las arcas públicas. ¿Cuál ha sido la solución del presidente del Gobierno, que durante su campaña electoral prometió no subir los impuestos? Pues precisamente subir los impuestos[36] ante el retraso de las ayudas de la Unión Europea —140.000 millones de euros— para la recuperación de la *pandemia*.

Pero nadie puede resistirse a una campaña mediática de estas características. Las farmacéuticas lo saben. Los grandes filántropos lo saben. Los organismos supranacionales lo saben. Las vacunas han generado pánico a morir, pero, sobre todo, a quedar excluido socialmente y a ser tachado de irresponsable y de asesino *si no me vacuno*.

Cuando en enero de 2021 al fin cayó el maná del cielo, este llegó muy escaso y tuvieron que multiplicar los panes y los peces. La falta de dosis provocó la mezcla de distintos tipos de vacu-

---

[35] https://www.elespanol.com/invertia/observatorios/sanidad/20210302/espana-gasta-millones-euros-compra-vacunas-covid-19/562944465_0.html

[36] https://www.eleconomista.es/economia/noticias/11203350/05/21/Todos-los-impuestos-que-el-gobierno-sube-a-la-clase-media.html

nas, algo que habían asegurado que no podía hacerse. Posteriormente nos dijeron que sería necesaria otra dosis y luego otra, para acabar confirmando que tendríamos que vacunarnos todos los años. La confusión y las muertes generaron aún más ansiedad y miedo, el caldo de cultivo perfecto para hacer a los ya manipulados más vulnerables y fáciles de convencer de cualquier cosa. Mientras tanto, a los que no confiamos en las versiones oficiales nos han hecho más fuertes. ¿Cómo era aquello de la selección natural?

LA OMS, BRAZO DE LA AUTORIDAD MUNDIAL

El papel asignado a la OMS por las élites que la controlan —especialmente Bill Gates, que es su principal financiador— es el de marcar los protocolos de actuación de los diferentes Gobiernos y establecer los hábitos de comportamiento de la población en la Nueva Normalidad. Con mayor o menor claridad, su trabajo es dejar en evidencia la ineptitud de las autoridades nacionales y locales a la hora de gestionar un problema global. Pero la estrategia oculta consiste en que sus dueños privados quieren convertir a la OMS en la autoridad mundial en materia de salud. Es esta organización la que marca la pauta y el paso —es decir, define los protocolos— y los Gobiernos obedecen.

Fue durante la investigación que llevé a cabo para la redacción de *La verdad de la pandemia* cuando descubrí numerosos artículos en los que la OMS y sus científicos colaboradores defendían la reducción del crecimiento de la población y afirmaban que trabajaban desde los años setenta del siglo XX en programas de investigación de vacunas contra la fertilidad.

La OMS se fundó en 1948 e inmediatamente adoptó la política de la «planificación familiar», aunque los antecedentes se remontan al año 1916, cuando se inauguró en Estados Unidos la primera clínica de control de natalidad fundada por la enfermera Margaret Sanger. Poco después, debido a la repulsa que sus objetivos causaron en la opinión pública, esas clínicas pasaron a formar parte de la red Planned Parenthood, mientras la OMS seguía insistiendo en que la «reducción de la fertilidad» era una necesidad fundamental no solo para Estados Unidos, sino para la «salud mundial». Ha pasado un siglo desde entonces, pero esta ideología elitista sigue activa en la actualidad, aunque es completamente desconocida por la mayoría de los ciudadanos.

Por lo que respecta a la *pandemia,* la OMS ha alabado la gestión del Partido Comunista Chino —sostén de una dictadura gigante, no lo olvidemos— y nunca ha puesto en duda las cifras de contagios y de fallecidos que el Ejecutivo chino ha reportado. Lo cierto es que la OMS ordena, manda y actúa, y la mayor parte de los Gobiernos ha optado por envolverse en su manto para justificar sus decisiones.

¿Han funcionado los protocolos de la OMS?

La OMS ha jugado a ser el *poli* bueno y el *poli* malo. Un año después de recomendar el *lockdown* (cuarentena) de la población mundial, aseguró que no era una medida recomendable porque provocaba pobreza. El 19 de febrero de 2021 podía leerse este titular:

La OMS pide ahora evitar las cuarentenas como método principal para controlar el avance del coronavirus.

Debajo del titular se explicaba que las cuarentenas y los confinamientos perimetrales «solo tienen una consecuencia que nunca hay que menospreciar, [y que] es hacer que la gente pobre sea mucho más pobre»[37].

Según diversos análisis realizados por organismos independientes, el modelo matemático del epidemiólogo británico Neil Ferguson (también conocido como «modelo del Imperial College»), con el que predijo cientos de miles de muertes en Gran Bretaña, fue defectuoso y poco realista[38]. Esto se hizo especialmente evidente en el caso de Suecia, donde, aun sin medidas de aislamiento de la población, solo se produjeron una pequeña parte de las muertes predichas por ese modelo:

Sin embargo, el Imperial College siguió insistiendo en que el confinamiento de la población «salvó tres millones de vidas»[39] en Europa, una mentira que los medios han difundido a lo largo y ancho del planeta. Finalmente, Ferguson tuvo que renunciar como asesor del Gobierno británico después de saltarse el encierro para encontrase con su amante[40]. Será el karma.

---

[37] https://www.infobae.com/america/mundo/2020/10/12/la-oms-pidio-ahora-evitar-las-cuarentenas-como-metodo-principal-para-controlar-el-avance-del-coronavirus/

[38] https://www.telegraph.co.uk/technology/2020/05/16/neil-fergusons-imperial-model-could-devastating-software-mistake/

[39] https://www.bbc.com/news/health-52968523

[40] https://www.telegraph.co.uk/news/2020/05/05/exclusive-government-scientist-neil-ferguson-resigns-breaking/

MUERTES POR CORONAVIRUS EN SUECIA

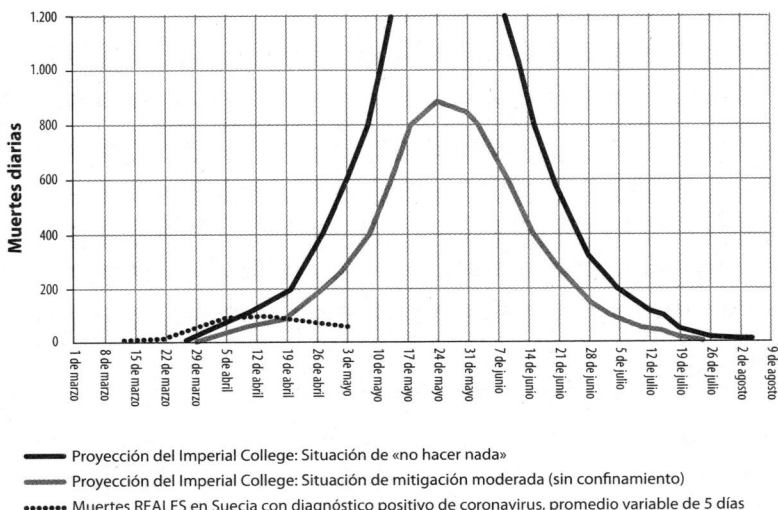

- ▬▬ Proyección del Imperial College: Situación de «no hacer nada»
- ▬▬ Proyección del Imperial College: Situación de mitigación moderada (sin confinamiento)
- •••••• Muertes REALES en Suecia con diagnóstico positivo de coronavirus, promedio variable de 5 días

Según la proyección de «respuesta moderada sin confinamiento» de Neil Ferguson (Imperial College), **en Suecia tendría que haber habido centenares de muertes por día desde aproximadamente finales de abril hasta junio, llegándose a un máximo de casi 1.000 muertes diarias,** además de muchas más muertes colaterales, por «saturación de los hospitales».

En realidad, las muertes alcanzaron un máximo de unas **85 diarias** durante dos semanas (del 4 al 18 de abril) y después siempre fueron disminuyendo. La tendencia indica menos de 30 muertes por día a mediados de mayo, decayendo a casi ninguna en junio.

Hospitales saturados. Las curvas de predicción negrita y gris del Imperial College se refieren solo a las muertes causadas directamente por el virus, según la predicción de Neil Ferguson. **Las dos curvas de predicción del Imperial College también están sujetas a un multiplicador al alza (no consta) para el efecto previsto de «hospitales saturados».** Esto no ocurrió en Suecia. La línea de puntos de la realidad observada indica todo el impacto que tuvo la epidemia en Suecia.

Proyecciones en Suecia del Imperial College (líneas negrita y gris) *versus* las muertes con diagnóstico positivo de coronavirus reales y comprobadas (línea de puntos). A través de la Folkhälsomyndigheten, la Agencia de Salud Pública sueca (8 de mayo de 2020).

Por su parte, la Universidad ETH Zurich publicó un estudio que demostraba que el 21 de marzo de 2020 Suiza tenía controlada la enfermedad, pero reformuló sus conclusiones[41] para no contradecir abiertamente la versión oficial de la OMS. Y es que las previsiones de las autoridades se basaron en criterios poco realistas, como la propaganda que se hizo de la supuesta falta de camas en hospitales. Los hechos han demostrado —a la vista de la cifra oficial de los recuperados (99,98 % de la población mundial que se contagió)— que el aislamiento marcado por la OMS fue médicamente innecesario y socialmente contraproducente.

El neumólogo alemán Wolfgang Wodarg[42] se ha mostrado muy crítico con la OMS y sus protocolos para luchar contra la *pandemia* de la COVID-19 y ha llegado a afirmar que la solución pasa por «aislar a los alarmistas». En enero de 2010, Wodarg denunció la planificación de la Gripe A[43] y la ola de histeria y pánico que recorrió el mundo. Señaló como responsable a la OMS y denunció los vínculos de médicos y científicos con las compañías farmacéuticas[44]. Coincide en la denuncia que realicé en *Los amos del mundo están al acecho* —censurado en España

---

[41] https://www.aargauerzeitung.ch/schweiz/die-schweiz-hatte-die-kurve-auch-mit-weniger-einschrankungen-gekriegt-war-der-lockdown-ubertrieben-ld.1221111

[42] Fue presidente de la Asamblea Parlamentaria del Comité de Salud del Consejo de Europa, del que es miembro honorario desde 2010. En Estrasburgo, presidió el Subcomité de Salud y fue vicepresidente del Comité de Cultura, Educación y Ciencia. Inició y acompañó a la comisión de investigación de la OMS sobre el H1N1 (gripe porcina). Desde 2011 trabaja como profesor universitario independiente, médico y científico de la salud.

[43] http://www.humanite.fr/Grippe-A-Ils-ont-organise-la-psychose

[44] https://web.archive.org/web/20100108090307/http://www.pharmatimes.com/WorldNews/article.aspx?id=17147

durante siete años—, en el que afirmé que todo fue una campaña diseñada al servicio de los intereses de las élites.

Los supuestos colapsos en hospitales han constituido un elemento fundamental para la creación del psicoescenario pandémico. A lo largo de estos meses he podido conversar con numerosos médicos y enfermeros que me han asegurado —y demostrado con imágenes— que, mientras permanecíamos encerrados en casa, muchos hospitales no estaban colapsados. El colapso generalizado solo existía en la televisión, pero había que argumentarlo y, para ello, las autoridades decidieron cambiar el criterio de admisión de enfermos. «Enfermos que en circunstancias normales jamás habían sido ingresados en el hospital o en la UCI lo hicieron durante la pandemia. Y así fue como [los colapsos] se crearon artificialmente», me explicó una enfermera cuyo testimonio coincide con el de los numerosos profesionales que me han escrito.

Y es que no suele decirse que los centros hospitalarios recibían subvenciones por cada ingreso y diagnóstico de COVID-19 que realizaban. Solo el Real Decreto-ley 22/2020, de 16 de junio, por el que se regula la creación del Fondo COVID-19, repartió 16.000 millones de euros a las comunidades y ciudades autónomas[45]. Además, basándose en el tan manido «no dejar a nadie atrás», se realizaría una «distribución de recursos adicionales en materia de sanidad y servicios sociales, mediante el Fondo Social Extraordinario, dotado con 300 millones de euros, el Fondo dotado por el Ministerio de Sanidad de 1.000 millones de euros, de los cuales ya se han distribuido 300 millones de euros; las prestaciones en favor de familias beneficiarias de ayudas o becas de comedor, por un total de 25 millones de euros, y las aporta-

---

[45] https://www.boe.es/diario_boe/txt.php?id=BOE-A-2020-6232

ciones adicionales de 100 millones de euros al Plan Estatal de Vivienda 2018-2021».

Ante semejante lluvia de millones resulta más que comprensible la docilidad de políticos, médicos, científicos, periodistas y ciudadanos a los que el dinero les ha matado la rebeldía.

Denuncias

Como reacción a las leyes e imposiciones pandémicas, las acciones de protesta ciudadana han sido innumerables, a pesar de que son ocultadas por la prensa. Por su parte, el abogado alemán Reiner Fuellmich, especializado en Derecho Internacional y de los consumidores, ha creado el Comité Corona[46], en el que colaboramos el ya citado Wolfgang Wodarg y yo misma, para preparar una serie de demandas contra el Gobierno alemán y la OMS. Al caso ya se le llama popularmente el «segundo juicio de Núremberg».

Fuellmich coordina una demanda internacional contra el virólogo Christian Drosten, entre otros, al que acusa de haber «engañado» a la gente al afirmar que las pruebas de PCR son capaces de detectar una infección por SARS-CoV-2. Oficialmente, el doctor Drosten, director del Instituto de Virología del Hospital Charité de Berlín, fue quien propuso el uso masivo de las PCR como método diagnóstico. Es también uno de los tres científicos a los que se atribuye el descubrimiento del virus del SARS, otro coronavirus que en 2002-2003 infectó a unas 8.000 personas en unos 30 países y que causó cerca de 800 muertes. Toda una *señora pandemia,* como pueden imaginar. Pero, casualmen-

---

[46] https://corona-ausschuss.de/

te, Drosten es, además, uno de los miembros del comité de expertos oficial de la Comisión Europea. Ninguno de esos *expertos* ha sido elegido al azar[47].

Uno de los combates pioneros contra la vacunación masiva lo inició Barbara Loe Fisher, cofundadora y presidenta del Centro Nacional de Información sobre Vacunas (NVIC)[48]. En 1982 fundó esta organización con padres de niños enfermos por las vacunas para prevenir lesiones y muertes mediante la información en los centros de educación pública. Durante los últimos cuarenta años ha liderado una campaña de información para instituir la seguridad de las vacunas y la protección del consentimiento informado en las políticas y leyes de salud pública. Su lucha comenzó cuando su hijo mayor sufrió convulsiones, colapso e inflamación cerebral pocas horas después de recibir su cuarta inyección de DPT o triple vacuna bacteriana (contra la Difteria, el Tétanos y la Tos ferina) en 1980, cuando tenía dos años y medio. El pequeño se quedó con múltiples discapacidades de aprendizaje y trastorno por déficit de atención, y estuvo confinado en un aula de educación especial durante toda su formación en la escuela pública. Su libro DPT: A Shot in the Dark (1985), del que fue coautora junto con el doctor Harris Coulter, fue la primera crítica importante y bien documentada del sistema de vacunación masiva en Estados Unidos, y en él pide que se realicen reformas de seguridad y que se respete el derecho al consentimiento para la vacunación.

---

[47] Pueden consultar el equipo completo, así como las instituciones que dirigen en *La verdad de la pandemia*.

[48] https://www.nvic.org/

Mintiendo con las cifras y otras infamias

Comencemos este epígrafe ofreciendo cifras reales: a fines de marzo de 2021, según datos oficiales, había cerca de 3 millones de muertes[49] por COVID-19 en una población de casi 8.000 millones de personas. La letalidad global media (IFR) es de 0,1 % a 0,35 % y la mortalidad global es de aproximadamente 0,035 %. En comparación, la pandemia de gripe de 1918 tuvo una mortalidad global de alrededor del 2,3 %[50] (40 millones de muertes en una población de 1.800 millones de personas)[51].

El 13 de abril de 2021, Project Veritas, un grupo de comunicación que se dedica a desenmascarar las prácticas tendenciosas y antiperiodísticas de los medios de comunicación estadounidenses, publicó un polémico vídeo en su canal de YouTube. En él vemos a Charles Chester, director del área técnica de la cadena CNN, mientras creía estar en una cita romántica. Era su quinto encuentro con una supuesta enfermera a la que había conocido por Tinder. La verdad era que la mujer trabajaba para Project Veritas y que Chester ignoraba que estaba siendo grabado.

---

[49] https://ourworldindata.org/explorers/coronavirus-data-explorer?-zoomToSelection=true&time=2020-03-01..2021-03-28&pickerSort=asc&pickerMetric=location&Metric=Confirmed+deaths&Interval=Cumulative&Relative+to+Population=false&Align+outbreaks=false&country=~OWID_WRL

[50] https://www.visualcapitalist.com/worlds-deadliest-pandemics-by-population-impact/

[51] https://swprs.org/studies-on-covid-19-lethality/#3-median-age-of-covid-19-deaths-per-country. Ver también https://swprs.org/covid-19-mortality-overview/ (marzo de 2021).

Durante el encuentro, el influyente directivo reveló detalles polémicos de la cobertura de la CNN durante la *pandemia* de la COVID-19, como subrayar e inflar las cifras de muertes diarias a petición del director de la cadena de televisión. Chester explicó que, durante los meses más críticos, la CNN incluyó un contador que mostraba la cifra diaria de muertes en el país, un método que también se ha usado en España y en Hispanoamérica. Chester reconoció que se sentía culpable por actuar así: «¿Por qué [la cifra] no es tan alta hoy? Sería mejor si fuera más alta. Y luego me digo: "¿Qué mierda estoy alentando? Es terrible que estemos haciendo esto"». Sin embargo, nadie lo impidió. Cuando las cifras crecían, había más reacciones en el público. «El miedo es lo que realmente te mantiene sintonizado», dijo Chester, y, le gustase más o menos, la orden llegaba desde arriba, así que no tenía más opción que *obedecer:* «He estado en la sala de reuniones muchas veces, donde mi director me decía que bajara [las cifras] y yo las bajaba, pero luego recibíamos una llamada telefónica. Hay un teléfono rojo especial. Suena y es el jefe de la CNN diciendo: "No hay nada de lo que estás emitiendo ahora que me impulse a quedarme [sintonizado]. Vuelve a poner los números porque es lo más atractivo que teníamos. Así que vuelve a ponerlos"». Y Chester continúa: «Las noticias tristes no se llevan bien con el *rating.* Si puedes hacer que alguien se apasione, eso funciona». Sí, pero ¿a qué precio?

La muerte de los ancianos durante la *pandemia* está siendo el crimen más infame jamás cometido en la historia. Además de los daños que está provocando la inoculación de estos novedosos virales en los más mayores, el aislamiento al que fueron sometidos en sus habitaciones de las residencias durante los primeros meses de la *pandemia* causó miles de muertos en todo el mundo.

Un año le llevó al Gobierno de España empezar a ofrecer cifras sobre el número de ancianos fallecidos. En total, 29.575 personas que vivían en residencias de mayores en España han muerto (oficialmente, a causa del coronavirus), según los datos disponibles el 2 de mayo de 2021 y recopilados por los Ministerios de Derechos Sociales, Sanidad y Ciencia e Innovación, que aún son provisionales[52]. Pero la veracidad de ese dato es oscilante, pues 10.492 muertes serían de personas con *síntomas compatibles* con el coronavirus que vivían en estos centros. ¿Síntomas compatibles?

Con respecto a las estadísticas mundiales, se estima que el 85 % de los muertos son ancianos. Supongo que, al fin, Christine Lagarde estará feliz, pues mientras era gerente del Fondo Monetario Internacional (FMI) ya alertó «del riesgo de que la gente viva más de lo esperado» y exigió a los Gobiernos que reconocieran que el envejecimiento les podía crear un serio problema económico en el futuro. Es lo que José Viñals, responsable del Departamento de Mercado de Capitales del FMI, denominó «riesgo de longevidad». Según Viñals, «vivir más es bueno, pero conlleva un riesgo financiero importante». Y continúa: «Nos va a costar más como individuos, a las corporaciones y a los Gobiernos. Por eso debemos preocuparnos ahora por los riesgos de la longevidad, para que los costes no nos atosiguen en el futuro»[53]. Entre las soluciones propuestas por el FMI se encuentra la contratación de seguros privados y la expresión, siempre inquietante, «entre otras».

---

[52] https://www.rtve.es/noticias/20210507/radiografia-del-coronavirus-residencias-ancianos-espana/2011609.shtml

[53] https://elpais.com/economia/2012/04/11/actualidad/1334133453_457282.html

El cuadro clínico de la COVID-19
Y LAS RESPUESTAS SILENCIADAS

Han sido muchos los médicos y especialistas que han puesto en duda la versión oficial que se ha vendido de la enfermedad provocada por el SARS-CoV-2. Que sus opiniones no hayan sido difundidas por los medios de comunicación globalistas no significa que no existan y que no estén sustentadas por la ciencia. Por ejemplo, el doctor alemán Klaus Püschel ha afirmado recientemente que el virus de la COVID-19 «no es tan amenazante como se sospechaba inicialmente» y que la sensación de peligro se ha visto «demasiado influenciada por las imágenes de los medios», que se centraron en los casos más graves para generar pánico «con mensajes erróneos». Muy al contrario de lo que se afirma, el SARS-CoV-2 «no es un virus asesino» y el clamor por las nuevas medicinas o las vacunas está «impulsado por el miedo, no por hechos».

Como otros expertos, el doctor Püschel enfatizó que el cierre con cuarentena en el hogar era «justo la medida más incorrecta», ya que la falta de ejercicio en sí misma promueve la trombosis, uno de los principales efectos del virus, como lo es también de la gripe común[54].

Un empleado del Ministerio del Interior alemán, responsable de la protección contra desastres, escribió un documento de análisis de cien páginas sobre el manejo de la crisis causada por el coronavirus, que se filtró a la prensa a principios de mayo de 2021 y generó fuertes reacciones. En el documento, la llamada *pandemia* de la COVID-19 se describe como

---

[54] https://www.clinica-aeromedica.net/ambiente/covid-19-basta-ya-de-mentiras/

una «falsa alarma global», porque «probablemente nunca hubo un riesgo más allá del nivel normal» para la población en general. Ahora, el daño colateral causado por el aislamiento de la población es significativamente mayor que el beneficio reconocible y excede con mucho el potencial de riesgo de la enfermedad.

Por su parte, y a pesar de que en su población hay muchas personas de edad avanzada, el estado de Florida introdujo restricciones mínimas y ningún cierre general. Incluso las playas pronto se reabrieron, medida que fue muy criticada por la mayoría de los medios de comunicación estadounidenses. Sin embargo, a Florida le fue muy bien en comparación con otros Estados. En una entrevista, el gobernador explicó que desde el principio se dio cuenta —a partir de las cifras reportadas por Corea del Sur e Italia— que el virus solo era peligroso para un grupo de riesgo muy pequeño y, por tanto, protegió los hogares de ancianos lo mejor posible.

Cuando la expansión de la COVID-19 en Europa y Estados Unidos disminuyó su ritmo, los medios globalistas se centraron en la situación de algunos países de América del Sur, especialmente Brasil. Sin embargo, el hecho es que con 36.000 muertes hasta la fecha (mayo de 2021) y la curva ya «aplanada», sus 210 millones de habitantes están mejor que la mayoría de los países europeos[55]. Sin embargo, los medios de comunicación de los globócratas no han cesado de atacar al presidente Jair Bolsonaro, que es un soberanista convencido que desde el primer momento denunció la *pandemia*. Las élites globalistas ansían hacerse con la Amazonia y no saben cómo derrocar a este verso suelto que se empeña en llevarles la contraria.

---

[55] https://www.bbc.com/mundo/noticias-america-latina-52383340

En otros países latinoamericanos, como Ecuador, además del coronavirus, la fiebre del dengue también se propaga con síntomas similares, lo que ha supuesto a una doble carga en el sistema de salud. Sin embargo, en Perú se ha comprobado que el 80 % de los casos confirmados de coronavirus permanecen asintomáticos[56].

En general, la tasa de mortalidad por la COVID-19 ha sido mucho más baja en los países de América del Sur y África que en Europa y Estados Unidos, lo que puede deberse a la población más joven, a factores climáticos o una menor realización de PCR. Por otro lado, el Banco Mundial espera hasta 60 millones de víctimas de la pobreza provocada por las medidas y protocolos pandémicos adoptados en todos los países del mundo[57]. Y mientras informan de estas cifras, se frotan las manos pensando en el botín y en su preciada obra de destrucción global.

---

[56] https://www.bbc.com/mundo/noticias-america-latina-52383340
[57] https://www.bbc.com/news/world-africa-54418613

10
Bioterrorismo y guerra biológica

Conoce a tu enemigo y conócete a ti mismo,
y podrás luchar centenares de batallas sin desastre.

Sun Tzu, *El arte de la guerra*

Aunque desde el principio consideré que el SARS-CoV-2 era un arma biológica, esta hipótesis no apareció en la prensa oficial hasta que, en enero-febrero de 2021, un comité de expertos de la OMS visitó China para investigar el origen del virus y protagonizó un rifirrafe con el Gobierno de Pekín.

Aunque no podemos concretar cuándo empezaron a utilizarse las armas biológicas, la historia nos ha hecho partícipes de diferentes épocas y contextos en los que las enfermedades han sido usadas como armas para llevar a cabo atentados terroristas y guerras bacteriológicas.

Durante la Primera Guerra Mundial, el Gobierno británico estuvo dispuesto a lanzar cinco millones de raciones de alimento vacuno infectadas con ántrax y almacenadas con anterioridad. Los alemanes, por su parte, habían descubierto con el gas mostaza y el cloro que algunas armas no eran fiables porque actuaban indiscriminadamente y podían volverse en su contra: un cambio en la dirección del viento bastaba para que los muertos por gas fueran sus propios soldados.

Tanto en la Segunda Guerra Mundial como en el período de entreguerras se desarrollaron programas de armas bacteriológicas en diversos países, incluso después de la ratificación y la entrada en vigor de la Convención sobre la Prohibición de Desarrollo y Almacenamiento de Armas Bacteriológicas y Toxínicas y su Destrucción (CABT) en 1975. Un gran número de países, entre los que destacaban la Unión Soviética y Estados Unidos, pasaron a desarrollar, producir y probar agentes biológicos para fines militares.

¿Podría ser el SARS-CoV-2 la nueva arma no convencional de la primera gran guerra del siglo XXI? Los virus en general y el coronavirus en particular son agentes infecciosos susceptibles de ser utilizados como armas biológicas, pues presentan las características intrínsecas necesarias —infectividad, virulencia, letalidad, patogenicidad, período de incubación, contagiosidad y estabilidad— y no hay ni profilaxis ni un tratamiento adecuado que cure la enfermedad[1].

El 21 de febrero de 2021 recibí un *e-mail* muy interesante de la epidemióloga veterinaria Ángela Lahuerta Marín, directora de un importante laboratorio, que contactó conmigo en representación personal[2]:

> Hola, Cristina. [...] Me gustaría darte alguna información que igual podría serte útil. El CDC de Estados Unidos define *bioterrorismo* como «el uso deliberado de virus, bacterias y otros agentes para causar enfermedades o muertes en personas, animales o plantas». [...] El uso de agentes infecciosos de forma deliberada en animales no es nuevo, se ha hecho ya varias veces y con consecuencias desastrosas, así que no me sorprende que también se haya hecho en humanos.

---

[1] https://atalayar.com/blog/la-covid19-el-arma-biol%C3%B3gica-del-siglo-xxi.

[2] Este capítulo ha sido redactado con la estimable ayuda de la doctora Ángela Lahuerta Marín, sin cuyas explicaciones y aclaraciones no habría sido podido ampliar la tesis de arma biológica que ya avancé en *La verdad de la pandemia*.

En los años setenta del siglo pasado, Estados Unidos introdujo el virus de la peste porcina africana de forma deliberada en Cuba y la isla tuvo que sacrificar a miles de cerdos. [...] Otro caso muy bien documentado es el uso del virus de la mixomatosis para controlar poblaciones de conejos tanto en Australia —causó mucho sufrimiento a esta especie— como en Francia, lo que hizo que la enfermedad se extendiese por toda Europa.

En tiempos de *infodemia* y confusión, quien no dude del discurso oficial se estará vendiendo a los poderosos y les estará haciendo el trabajo sucio. Sin embargo, cada vez somos más los que cuestionamos los mensajes que nos transmiten por televisión. Por ejemplo, en octubre de 2020, el médico responsable de la unidad de enfermedades infecciosas del Complejo Hospitalario Universitario A Coruña, (CHUAC), Enrique Míguez, ya habló de la *pandemia* como una guerra bacteriológica perfecta. Además, precisó que hubo cinco entradas de virus en España y que los datos que se filtraban desde China no fueron los correctos, en especial en lo que al nivel de contagio se refiere[3]. ¿Por qué esta ocultación de los datos? ¿Por qué tanto miedo a la verdad? Porque la verdad es siempre la primera víctima de una guerra.

En una entrevista a *Euronews* en junio de 2020, el secretario general de la OTAN, Jens Soltenberg, afirmó que «China se está acercando con sistemas de armas que pueden alcanzarnos a todos» y aunque «no tenemos indicios que demuestren que el coronavirus sea hecho por el hombre, [...] la pandemia en sí misma es un recordatorio del peligro potencial relacionado con la guerra biológica». OTAN *dixit*.

---

[3] https://www.lavozdegalicia.es/noticia/ferrol/2020/10/02/covid-19-guerra-bacteriologica-perfecta/0003_202010F2C4991.htm

El origen del virus

Desde el comienzo de la *pandemia,* la especulación y el misterio han rodeado al origen del virus. Si nos remitimos a la versión oficial, a finales de diciembre de 2019 se detectaron varios casos de neumonía atípica en la ciudad china de Wuhan, cuya causa se atribuyó a un nuevo virus denominado SARS-CoV-2 (desde un punto de vista genético, muy similar al SARS-CoV-1), que se categorizó como «zoonótico»; es decir, transmitido desde animales, o desde productos alimenticios de origen animal, al ser humano. Se dijo que el hospedador principal era el murciélago, si bien se especuló con otro posible intermediario, el pangolín. Nos dijeron también que el lugar de la transmisión fue el mercado «húmedo» de Wuhan, donde el consumo de animales salvajes forma parte de la cultura de la población.

Hasta aquí, todo bien. Pero pasemos a analizar con más detalle cómo se comportan los patógenos que los humanos y los animales comparten y veamos si la versión oficial tiene sentido y si se sustenta científicamente.

Los animales y los seres humanos comparten enfermedades e infecciones, porque vivimos en el mismo ecosistema y las interacciones entre unos y otros son constantes. La mayoría de bacterias y virus tienden a adaptarse a su hospedador como seres parasitarios microscópicos: su intención no es matarlo, sino vivir en y de él. Si son expuestos a un nuevo hospedador, los primeros contactos son de lucha tanto para el patógeno, que intenta conquistar el nuevo territorio, como para el nuevo hospedador —humano—, que intenta eliminarlo, en muchas ocasiones mediante una respuesta intensa de su sistema inmune, que puede causar enfermedades graves e incluso la muerte. Es una guerra entre dos combatientes que implica un importante gasto biológico para ambos. El proceso de adaptación es tan costoso que si el patógeno logra vivir en el humano, la transmisión del hospedador a otro ser de su misma especie —es decir, de humano a humano— resulta prácticamente imposible[4]. El gasto biológico de la transmisión en los primeros estadios de adaptación implica un proceso de años e incluso de siglos.

Esta realidad científica genera serias dudas sobre el origen animal —murciélago o pangolín— de un virus que pasa al ser humano. ¿Cómo lo hace? La única posibilidad es ingiriendo un animal infectado, pero, según nos dijeron desde principios de 2020, el virus solo podía transmitirse de humano a humano. Por ejemplo, el virus MERS-CoV —coronavirus causante del síndrome respiratorio de Oriente Próximo—, detectado por primera vez en Arabia Saudí en 2012, tuvo su origen en dos hospedadores, el murciélago y el camello, y los casos en humanos registraron una mortalidad de 35 %, con una transmisión de humano a humano muy limitada[5].

Sin embargo, en el caso del SARS-CoV-2, la insistencia de los medios en el origen animal del virus resulta cuando menos sospechosa. ¿Quizá es porque una enfermedad humana —que solo afecta a los humanos— *salida de la nada* habría creado demasiadas dudas?

Pasemos ahora a analizar el indicador de infectividad. Esto es, el número de replicación (R0, por sus siglas en inglés), que indica el número de personas a las que un infectado es capaz de contagiar. Básicamente, si el R0 es menor de 1 —es capaz de

---

[4] Nathan D. Wolfe, Claire Panosian Dunavan, Jared Diamond, «Origins of major human infectious diseases», *Nature,* vol. 447j17, mayo de 2007, jdoi:10.1038/nature05775

[5] https://www.who.int/news-room/fact-sheets/detail/middle-east-respiratory-syndrome-coronavirus-(mers-cov)

contagiar, como máximo, a una persona—, el agente infeccioso termina desapareciendo. El virus del sarampión —típicamente humano— tiene un R0 de 15, mientras que el de la influenza o gripe común es de 1,5. El del SARS-CoV-2 es de 2,5; es decir, es más infeccioso que la gripe. A continuación se explican gráficamente los R0 de distintas enfermedades infecciosas. El punto con rayitas es la persona infectada inicial, y los puntos negros, las personas a los que aquella es capaz de infectar:

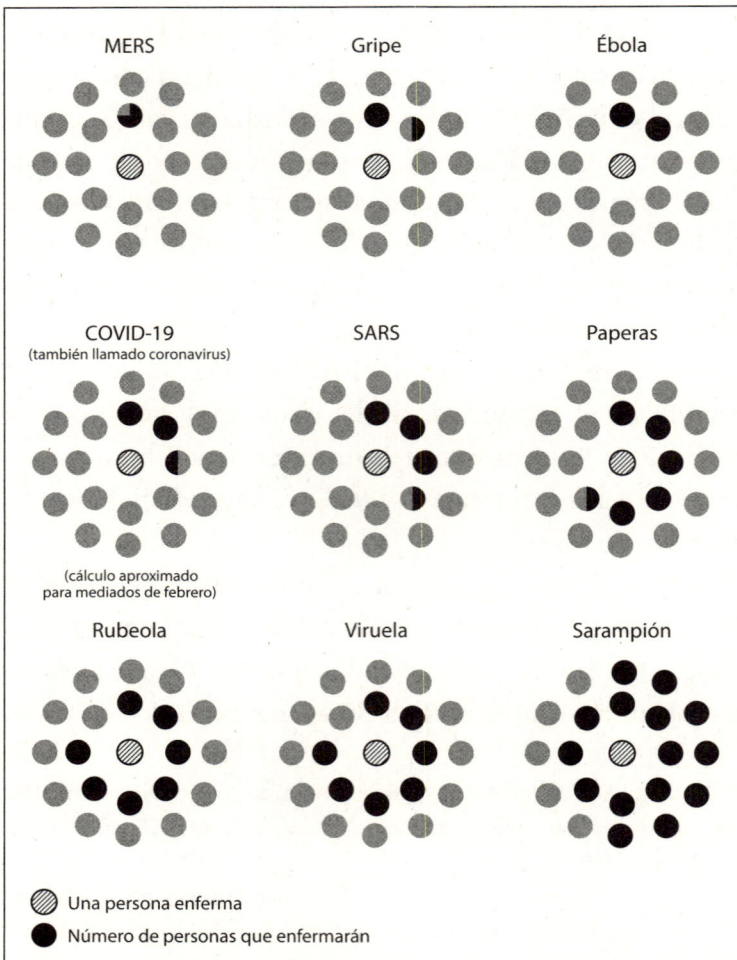

De modo que tenemos un nuevo virus que se transmite —inicialmente— por ingestión de comida contaminada, que se adapta en tiempo récord al ser humano y que se extiende a toda velocidad por el aire mediante saliva contaminada con partículas virales.

Pero ¿cómo afecta el virus a los humanos? Si observamos el caso del MERS —lo consideramos un buen ejemplo de *nuevo virus*—, la mayoría de las personas infectadas desarrollan enfermedad clínica. Esto es lo que, por lógica, habríamos esperado del SARS-CoV-2 y, sin embargo, los casos de enfermedad en humanos son escasos y principalmente aparecen en grupos vulnerables de la población: gente inmunodeprimida, anciana o con patologías previas. Es decir, individuos cuyo sistema inmune está claramente dañado.

Y, por si fuera poco, un nuevo grupo sale a escena: los asintomáticos, que suponen el 99 % de los casos, es decir, personas infectadas a las que el virus no les causa enfermedad. Esto sucede porque su sistema inmune reconoce al virus y lo mantiene bajo control. En este sentido, el SARS-CoV-2 se comporta de un modo muy similar al virus de la gripe, que lleva conviviendo con nosotros desde hace siglos: causa la muerte en las personas más vulnerables, pero apenas provoca unos días de malestar —o incluso no hay síntomas— en la inmensa mayoría de la población.

Veamos ahora los casos clínicos: ¿cómo se comportan los coronavirus en los humanos? Según la información disponible en el Centro Europeo para el Control y la Prevención de Enfermedades (ECDC), los coronavirus humanos son, sobre todo, respiratorios o digestivos. Los principales síntomas clínicos respiratorios incluyen el catarro común, la rinitis, la tos, el dolor de

garganta y, en ocasiones, la fiebre[6]. Parecen pocos si los compa-
ramos con la ingente cantidad de síntomas clínicos asociados a
la COVID-19, que van desde la caída del cabello hasta ataques
al corazón. Esta otra realidad científica introduce una nueva
hipótesis: ¿es el comportamiento de este virus compatible con
un origen natural, o es un coronavirus creado y manipulado artificialmente en un laboratorio?

Al comienzo de la *pandemia,* un grupo de investigadores
indios publicaron que el genoma del virus tenía tres inserciones
genéticas totalmente incompatibles con una mutación ocurrida
en condiciones naturales[7]. Se trata de una conclusión de enorme
interés que explicaría la gran variedad de síntomas clínicos, en
absoluto habituales en infecciones por coronavirus típicos. Por
supuesto, rápidamente se produjo la respuesta por parte de un
grupo de investigadores en línea con la versión «oficial», que
desmintieron la tesis de los investigadores indios, aunque sin
demasiada evidencia científica[8]. Resulta sospechoso que el artículo de estos fuera retirado de Internet a las pocas semanas de
aparecer publicado.

También contamos con las declaraciones de Luc Montagnier, permio Nobel de Medicina en 2008 por descubrir el

---

[6] https://www.ecdc.europa.eu/en/search?s=coronavirus+humanos&

[7] El artículo científico del grupo de investigadores indios ha sufrido la censura y la purga documental, muy habitual en estos tiempos de
guerra, y nos ha sido imposible relocalizarlo. Si alguno de los lectores
hubiese tenido la precaución de archivarlo, le ruego que me lo haga llegar.

[8] Kristian G. Andersen, Andrew Rambaut, W. Ian Lipkin, Edward C.
Holmes y Robert F. Garry, «The proximal origin of SARS-CoV-2», *Nature
Medicine*, vol. 26, abril de 2020, págs. 450-455. www.nature.com/natureme-
dicin

virus del sida (VIH), que tuvo el atrevimiento de afirmar que la COVID-19 es el resultado de un «accidente industrial». Su análisis de la estructura del nuevo coronavirus le llevó a concluir que no había surgido de manera natural, pues, según manifestó, había detectado ciertos elementos del VIH en su genoma, así como del parásito de la malaria. En su opinión, el SARS-CoV-2 ha sido manipulado genéticamente en Wuhan[9].

A partir de este punto surgen nuevos interrogantes: si el SARS-CoV-2 se creó en un laboratorio, ¿se liberó de forma accidental o fue una acción deliberada? Para responder a esta pregunta resulta útil analizar cuál fue la respuesta de la población humana en la epidemia del SARS-CoV-1 (2003). Detectado originalmente en Hong Kong, este coronavirus posee una R0 de 3,5 —más que el de la COVID-19— y se extendió por una docena de países, incluidos Canadá y Estados Unidos, y algunos territorios de Hispanoamérica, Europa y Asia. Sin embargo, se contuvo rápidamente y, según la información publicada por los Centros de Control de Enfermedades (CDC), desde 2004 no se han detectado nuevos casos[10]. De ahí se concluye que es posible contener rápidamente un potencial nuevo virus que se extiende de forma natural o artificial en la población.

Sin embargo, el SARS-Cov-2 se extendió en unos pocos meses por todo el mundo. ¿Es esto factible en condiciones natu-

---

[9] ttps://www.pourquoidocteur.fr/Articles/Question-d-actu/32192-Revelations-l-origine-SARS-CoV-2-Luc-Montagnier-Nobel-marginal-habitue-polemiques

[10] SARS | Home | Severe Acute Respiratory Syndrome | SARS-CoV Disease | CDC.

Monumento en memoria de los médicos que perdieron la vida
luchando contra el SARS-CoV-1, Hong Kong.

rales? ¿Podría tratarse de un virus modificado en laboratorio e
introducido deliberadamente en la población? Si así fuera, estaríamos ante una acción de «bioterrorismo», tal y como lo define
el CDC.

Si, en efecto, así fuera, la introducción del virus debió de
hacerse en muchas poblaciones de forma sincronizada, lo que
explicaría por qué no se pudo contener y por qué se extendió

tan rápidamente. Podríamos preguntarnos si quizá la prioridad no era contenerlo, sino que se expandiese por todo el planeta… Solo esto puede justificar los cambios mundiales que se han producido desde que el virus apareció. Y otra pregunta inquietante: ¿las nuevas variantes —que tienden a aparecer cuando se introduce la vacunación— también se están produciendo deliberadamente? El 11 de octubre de 2020, el filántropo Bill Gates nos dio una pista al respecto:

> Si en los próximos meses hacemos bien las cosas, podremos ampliar las actividades. Pero a nivel global, la normalidad solo volverá cuando vacunemos a toda la población mundial.
>
> Estamos desarrollando un gran trabajo con pruebas y medicamentos, pero alcanzar esa ambiciosa meta con la vacuna es algo que jamás se ha hecho.
>
> La única forma de volver por completo a la normalidad es teniendo, quizá no la primera generación de vacunas, sino una superefectiva y que sea aplicada a muchas personas. Así se podría acabar con la enfermedad a nivel mundial[11].

¿Estamos ante una operación industrial a gran escala y los humanos somos la nueva población de «conejos» que hay que controlar, como ya sucedió en Australia y en Francia, donde en los años cincuenta del siglo pasado se introdujo el virus de la mixomatosis para reducir la población de este roedor[12]?

---

[11] https://www.youtube.com/watch?v=_Q8D1tdpeIU

[12] La mixomatosis es una enfermedad causada por el virus mixoma, que hace menos de un siglo diezmó las poblaciones de conejos silvestres en Europa y Australia. El patógeno no era letal en su origen en Sudamérica, por lo que se creyó que sería idóneo para controlar las plagas de conejos en otros continentes. Sin embargo, el resultado fue desastroso: en 1950, tras introdu-

La OMS se ha tomado muchas molestias en intentar convencer a la población de que la introducción deliberada de un virus creado en un laboratorio no es posible. En enero-febrero de 2021, el equipo «independiente» de científicos que la OMS envió a Wuhan aseguró que el virus ni se originó en China[13] ni se creó en un laboratorio[14]. ¿Acaso los murciélagos hospedadores del SARS-CoV-2 deberían ser clasificados como aves migratorias? Todo es posible para hacernos creer lo increíble.

EL DISCURSO OFICIAL SIEMPRE GANA… ¿O NO?

Para poner fin a la crisis global, todos los esfuerzos se han enfocado en la ciencia y en la tecnología como únicas armas capaces de luchar contra un virus que nos ha cambiado la vida. Sin embargo, ni la ciencia, ni la tecnología, ni los gobernantes, ni los filántropos han destruido al monstruo. Por el contrario, lo han alimentado y lo han hecho más grande y más enloquecido. Han destrozado la economía, las leyes, la seguridad y la libertad. Las vacunas no han acabado con el miedo ni con la ansie-

---

cir conejos infectados en Australia, la mixomatosis se extendió 2.000 kilómetros en menos de dos meses y mató al 99 % de los animales enfermos (se pasó de 600 millones de ejemplares a tan solo 100 millones en dos años). En 1952, el virus se introdujo ilegalmente en Francia y en 1953 llegó al Reino Unido, lo que llevó a resultados igualmente devastadores. https://www.abc.es/ciencia/abci-conejo-darwin-desvela-como-estos-animales-lucharon-contra-virus-letal-201902142022_noticia.html?ref=https:%2F%2Fwww.google.com%2F

[13] https://www.independent.co.uk/news/who-team-visits-wuhan-research-lab-at-center-of-speculation-team-wuhan-team-origins-who-b1796726.html

[14] .https://www.who.int/publications/i/item/who-convened-global-study-of-origins-of-sars-cov-2-china-part

dad provocados por el terrorismo mediático de los mercaderes y tiranos.

Lejos de conseguir la confianza que nos pidieron, han amplificado las dudas y críticas sobre el papel de los científicos en la sociedad, sobre la necesidad de información veraz y de estimular el pensamiento crítico. Lejos de la humildad y de la unión que se espera de los científicos y gestores, se ha abierto una brecha entre los oficialistas —soberbios y censores— y los que, desde nuestros ámbitos de especialización, hemos reclamado el espacio público para exponer otros análisis e interpretaciones. Porque la verdad no se impone con métodos totalitarios, sino que se expone de forma libre y sin condicionamientos económicos o geoestratégicos.

Los periodistas —principales mediadores del estrés psicológico— han deformado la realidad al no contextualizar las noticias con rigor y buena praxis. Todos han opinado como si fueran expertos en virus, en pandemias y en luchas de poder, pero ninguno tenía la formación adecuada para hacerlo. Los políticos se han escudado en un mantra que han repetido sin cesar: tomaban las medidas siguiendo el consejo de los expertos y los científicos. De ese modo se han escabullido de sus responsabilidades como representantes públicos. Y las masas los han creído.

Pero quedan muchas preguntas por resolver. Los científicos aún no nos han dicho por qué el coronavirus no causa síntomas en algunas personas y, sin embargo, fulmina a otras. Esa es la clave para entender qué tipo de enfermedad es esta. Pero ellos persisten en su propaganda. Si alguien muere sin vacunar, es que ha muerto de COVID-19 y debería haberse vacunado. Si el que fallece es un vacunado, se oculta o se dice que no está demostrado que haya muerto por la vacuna contra la COVID-19. El discurso oficial siempre gana. Al menos, eso es lo que creen.

Un virus quimera para la guerra

Desde que se declaró la *pandemia,* la censura no solo ha afectado a las noticias que nos llegan, sino que la ciencia también ha sido perseguida y castigada cuando sus conclusiones no se corresponden con la versión oficial. Por ello es difícil encontrar artículos revisados por pares[15] y opiniones de científicos sin conflictos de intereses que reten a la versión única y analicen la *pandemia* desde otro ángulo. Así, científicos y académicos se han visto obligados a exponer sus hipótesis por medios distintos de los tradicionales usados en ciencia. En lo que convencionalmente se denomina «literatura gris» encontramos evidencias que deben ser tenidas en cuenta y que, en condiciones normales, «no heréticas», habrían sido publicadas en revistas científicas de prestigio.

Un claro ejemplo de esto son los llamados «Informes Yan»[16], escritos por la doctora y viróloga china Li-Meng Yan junto a varios colaboradores. Desde Estados Unidos, ella ha denunciado públicamente la creación del SARS-CoV-2 en un laboratorio militar del Gobierno chino. En su opinión, el SARS-CoV-1 también habría sido concebido artificialmente.

A estas alturas todos sabemos que China es una potencia mundial en el estudio de los coronavirus. La doctora Yan detalla en sus informes el procedimiento *in-vitro* (en laboratorio) de la modificación del virus para hacerlo capaz de causar enferme-

---

[15] La revisión por pares es la evaluación del trabajo realizada por una o más personas con competencias similares a las de los productores del trabajo. En el ámbito de las revistas científicas la revisión por pares es una herramienta usada en la valoración crítica de los manuscritos enviados a las revistas, por parte de los expertos que no forman parte del personal editorial.

[16] «The Wuhan Laboratory Origin of SARS-CoV-2 and the Validity of the Yan Reports Are Further Proved by the Failure of Two Uninvited "Peer Reviews"», Zenodo.org

dades en los seres humanos. Según sus artículos, el SARS-CoV-2 habría sido creado en el laboratorio a partir de un coronavirus «plantilla» aislado de murciélagos denominado ZC45. Unas proteínas específicas de los hospedadores habrían sido manipuladas para infectar a un nuevo hospedador: el ser el humano. Y describe cómo los diferentes atributos de los genomas de distintos virus —como el polémico RaTG13 (del que no se sabe si es natural o creado)— fueron utilizados para crear el virus quimera-SARS-CoV-2[17].

La doctora Yan aboga por la necesidad de una investigación oficial urgente. Denuncia un fraude científico a gran escala y aporta pruebas de que prominentes científicos norteamericanos —favorables a la versión oficial de la *pandemia*— habrían recibido financiación del Gobierno chino para sus investigaciones[18]. Es el caso del doctor Anderson[19], autor del artículo publicado en *Nature Medicine* en el que refuta el origen artificial del virus. También acusa al representante de la salud pública norteamericana, el doctor Anthony Fauci, por conocer y encubrir el origen del SARS-CoV-2[20].

---

[17] «Unusual Features of the SARS-CoV-2 Genome Suggesting Sophisticated Laboratory Modification Rather Than Natural Evolution and Delineation of Its Probable Synthetic Route», Zenodo.org

«SARS-CoV-2 Is an Unrestricted Bioweapon: A Truth Revealed through Uncovering a Large-Scale, Organized Scientific Fraud», Zenodo.org

[18] https://www.scienceopen.com/document?vid=bfbda2fe-2dd4-4d47-bd4b-5650a3b4f0c9

[19] Kristian G. Andersen, Andrew Rambaut, W. Ian Lipkin, Edward C. Holmes and Robert F. Garry, «The proximal origin of SARS-CoV-2», *Nature Medicine*, vol. 26, abril de 2020, págs. 450–455. www.nature.com/naturemedicin

[20] «Chinese Whistleblower Dr. Li-Meng Yan Blames Dr. Fauci for COVID-19 Outbreak Coverup», TechTimes.com

CRONOLOGÍA BÉLICA VIRAL (2003-2020)

Si las evidencias descritas en los «informes Yan» son ciertas, el SARS-CoV-1 podría ser un virus quimera[21] —un nuevo miroorganismo híbrido creado artificialmente—, lo que explicaría por qué está patentado en Estados Unidos[22]. Si el virus hubiese aparecido naturalmente, no cumpliría las condiciones necesarias para ser patentado, pues lo que ocurre de forma natural, sencillamente, no se puede patentar. Por el contrario, si se hace en un laboratorio, se requiere un proceso de creación intelectual y se convierte en candidato para una patente. Parece que las piezas encriptadas de este puzle encajan.

Recapitulemos y miremos los acontecimientos desde el ángulo de una guerra biológica (2003-2020) y desde el planteamiento científico, basado en el ensayo y error. Comprobaremos que todo ha sido planeado cuidadosamente por los «investigadores/instigadores».

No es casualidad que el SARS-CoV-1 fuera liberado en 2003 en Hong-Kong, es decir, en China, país que cumple todos los requisitos para que una manipulación de este tipo tenga éxito: falta de transparencia en todos los ámbitos, incluida la ciencia —con normas más relajadas que potenciarían lo que se denomina *ethics dumping* (saltos éticos)—, y una población con costumbres singulares, sobre todo en lo que a consumo de animales salvajes se refiere. Estas epidemias no hubiesen sido creíbles de

---

[21] Un virus quimera se define como «un nuevo microorganismo híbrido creado artificialmente por la unión de fragmentos de ácido nucleico pertenecientes a dos o más microorganismos diferentes, en donde al menos dos de los fragmentos contienen genes esenciales necesarios para replicación».

[22] Número de patente: US 7,220,852 B1, concedida el 22 de mayo de 2007.

iniciarse en países desarrollados. ¿Se imaginan a los noruegos comiendo murciélagos? Una vez liberado, el SARS-CoV-1 se extendió, pero algo falló: el virus pudo contenerse rápidamente y no causó pandemia alguna, tan solo un pequeño susto.

Seis años después (2009-2010), los «investigadores», tras observar los aciertos y los fallos del intento anterior, liberaron el virus de la Gripe A, una variante del Influenzavirus A, con el que se realizó el primer ensayo de pandemia mediática planetaria. A fin de cuentas, hay cerdos en todos los países del mundo y fue a través de ellos como se extendería el virus por todas partes. Los medios de comunicación crearon el pánico en todos los rincones del mundo e incluso el Gobierno británico contempló la posibilidad de habilitar fosas comunes para los miles de muertos que se esperaban: los más alarmistas hablaban de 700.000 fallecidos.

Sin embargo, algo volvió a fallar porque las víctimas mortales fueron poco más de 280.000 (únicamente 60 en Gran Bretaña). Aunque los muñidores pandémicos presionaron para que todos nos vacunáramos, no lo consiguieron. ¿Quizá porque los ataques mediáticos no estaban bien coordinados? Pronto se dieron cuenta de que debían colocar a las personas precisas en los puestos de mando adecuados. Lo seguirían intentando.

El análisis de los métodos empleados en sus campañas propagandísticas, la identificación de los elementos participantes, de los relatos para crear el miedo y de sus emisores, me dio las claves para definirla como arma de guerra y advertí que volvería a ser disparada contra la humanidad. Era la «táctica de la pandemia».

En 2012, se liberó el MERS-CoV, esta vez en Arabia Saudí, otra área sin transparencia política ni informativa. Este virus tenía un índice mayor de mortalidad —un 35 %—, pero observaron que no era capaz de extenderse entre la población general, pues se transmitía, sobre todo, por contacto con camellos, un animal poco común en la mayor parte del mundo.

En diciembre de 2013 surgió un brote descontrolado de ébola en Guinea, en el África subsahariana, y se extendió a Liberia, Sierra Leona, Nigeria, Mali, Senegal, Estados Unidos, España —un caso de una enfermera— y Reino Unido. La pandemia estuvo activa hasta junio de 2016 y murieron 11.323 personas, según datos oficiales. El miedo mediático introdujo un nuevo elemento en el psicoescenario: los EPI (Equipos de Protección Individual), esos trajes blancos como de astronautas que inundaron las pantallas de la televisión y a los que ya todos nos hemos acostumbrado. En Estados Unidos, la llegada de un misionero infectado dio lugar a una cobertura mediática descomunal, con policías custodiando la ambulancia por las calles. La muerte se paseaba por las avenidas oscuras como símbolo de lo que estaba por llegar. El miedo quedó grabado en el subconsciente.

Dos años después, en 2015, y luego, en septiembre de 2019, Bill Gates declaró que «el mundo tiene que prepararse para la próxima gran pandemia letal». El 5 de octubre de 2019, un comité de expertos de la OMS y del Banco Mundial, reunidos en una junta recién creada y llamada The Global Preparedness Monitoring Board (GPMB)[23], entregó a la ONU un análisis de riesgo:

---

[23] https://apps.who.int/gpmb/index.html. A estas alturas de la historia me resulta escandaloso reencontrarme entre los miembros de la junta directiva al doctor George F. Gao, director general del Centro Chino para el Control y la Prevención de Enfermedades (CDC); al doctor Chris Elias, presidente del Programa de Desarrollo Global de la Fundación Bill y Melinda Gates; al doctor Anthony S. Fauci, director del Instituto Nacional de Alergias y Enfermedades Infecciosas (NIAID), de los Institutos Nacionales de Salud de Estados Unidos; al doctor Victor J. Dzau, presidente de la Academia

«El espectro de una urgencia sanitaria global se vislumbra en el horizonte», afirmaron con solemnidad y alevosía. ¿Qué había que hacer para prevenir esa *urgencia sanitaria global?* Recaudar dinero. Los países ricos debían contribuir. Pero ¿dónde?, ¿cómo? Los expertos del Banco Mundial y de la ONU señalaron directamente al Fondo Mundial de Lucha contra la Malaria, el Sida y la Tuberculosis; a la alianza GAVI, presidida por Bill Gates, y a la Asociación Internacional de Fomento, que ofrece préstamos asequibles a países en desarrollo. «Hay que prepararse para lo peor», dijeron[24].

Y a la cuarta fue la vencida. Se creó el SARS-CoV-2 y las élites se aseguraron de que esta vez sí hubiera una *pandemia global.* Una vez detectados los primeros casos en Wuhan, en diciembre de 2019, Taiwán advirtió a la OMS de la aparición de una neumonía atípica en la isla y en China. Pero la institución hizo oídos sordos hasta que todos los «expertos» estuvieran en sus puestos. La campaña mediática estaba arrancando y los disidentes fueron expulsados del núcleo duro militar.

La liberación sincronizada del virus en diferentes poblaciones demuestra que ahora sí contaban con la complicidad de numerosos países y, por supuesto, de todas sus estructuras público-administrativas-mediáticas para implementar los protocolos que ya conocemos. Los gobernantes redactaron normas propias de regímenes dictatoriales; las economías se derrumbaron; se establecieron cierres perimetrales y nadie podía circular sin un salvoconducto. Ni siquiera podías quitarte la mascarilla sin un certificado médico. En televisión, los medios repetían que los

---

Nacional de Medicina de Estados Unidos; y a Henrietta H. Fore, directora ejecutiva de Unicef (¡los niños!).

[24] https://elpais.com/elpais/2019/09/25/planeta_futuro/1569435266_953355.html

hospitales estaban colapsados, pero los vídeos de los sanitarios bailando al son de una canción extraña para estos tiempos tenebrosos circulaba de móvil en móvil. A las ocho de la noche, los ciudadanos salían a aplaudirles al balcón. Se convirtieron en los grandes héroes de esta trama, e incluso en junio de 2020 les concedieron el Premio Princesa de Asturias de la Concordia. En aquellos días tuve una corazonada: esa niña llamada Leonor no será reina de España. Lo sentí mientras veía aquel blasfemo funeral de las víctimas por televisión. Era propaganda.

Cuando escribo esto es 21 de mayo de 2021. Son las 2:33 horas de la madrugada. El experimento aún sigue en marcha y ahora estamos en la etapa de prevención: la fase de las vacunas genéticas en fase experimental, un experimento no consentido ni informado, sino realizado con coacciones y mentiras. La semana pasada empezaron a circular unos vídeos en los que a las personas vacunadas se les quedaba pegado un imán en la zona donde les habían pinchado. El mundo se ha convertido en un laboratorio vivo y todo el Big Data que se está generando acaba en el Laboratorio de Dinámicas Sociales del MIT, dirigido por el gurú de la élite Alex S. Pentland, así como en las fundaciones de los grandes filántropos, la ONU, la OMS, Unicef, el Banco Mundial y los Gobiernos nacionales. Todos están cometiendo ilegalidades al acceder a nuestros datos privados.

Siempre creí en la veracidad del análisis del virólogo y premio Nobel de Medicina Luc Montagnier cuando afirmó que el SARS-CoV-2 era un virus de laboratorio. Que los agentes oficialistas y los portavoces de la BigPharma (grandes laboratorios farmacéuticos) lo atacaran y ridiculizaran era, para mí —entrenada en observar sus métodos—, más que un indicio: una prueba de que no mentía. Más aún cuando explicó que el virus contenía fragmentos de VIH, puesto que, como ya he dicho, obtuvo el premio Nobel precisamente por desentrañar el genoma del virus del sida[25]. ¿Por qué exponerse de ese modo si no estaba seguro de sus afirmaciones? Respecto a las vacunas, Montagnier ha manifestado lo siguiente:

> Es un error enorme, un error científico y un error médico. Es un error inaceptable. Los libros de historia lo demostrarán, porque es la vacunación la que está creando las variantes […]. Está claro que las nuevas variantes se crean mediante selección mediada por anticuerpos debido a la vacunación […]. Las nuevas variantes son una producción y el resultado de la vacunación. En cada país es lo mismo, la muerte sigue a la vacunación[26].

Con todas estas evidencias, resulta preocupante que no existan investigaciones oficiales a nivel internacional. Estamos hablando de altos representantes de la salud pública instigando y encubriendo la creación de nuevos virus en laboratorios militares con el fin de hacer enfermar y matar a la población. A lo largo de estos meses hemos observado que los gobernantes no han intentado protegernos, sino que han trabajado para sí mismos, para conservar sus cargos o aspirar a uno mejor en esas grandes organizaciones globales que *velan por la humanidad* y con las que han estado colaborando durante toda esta falsa *pandemia*. Los gobernantes no están legislando para establecer férreos controles de biocontención y bioseguridad, ni siquiera han prohibido la creación de patógenos «quimera». Estos desaprensivos están jugando a ser dioses. Están desarrollando armas de guerra cuyo fin es provocar enfermedades y muerte en los humanos, los animales y las plantas. Son bioterroristas.

---

[25] A pesar de las sospechas de virus quimera que aún están en el aire.
[26] https://www.lifesitenews.com/news/nobel-prize-winner-mass-covid-vaccination-an-unacceptable-mistake-that-is-creating-the-variants

Pero el combate aún no ha terminado. Durante la Segunda Guerra Mundial, los experimentos se realizaron en el interior de los campos de concentración, rodeados de alambradas. Ahora el experimento se desarrolla en nuestras casas, en nuestros hospitales, en las calles, en las escuelas. Pero, como en cualquier experimento, aunque el investigador lo planee cuidadosamente e intente mantener todo bajo control, siempre surgen variables desconocidas que no se han tenido en cuenta y que pueden hacer que fracase. En la *pandemia* de la COVID-19, esas variables comienzan a ser evidentes. El experimento está siendo un auténtico fracaso. El divorcio de los Gates no presagiaba nada bueno. El tipo que se creyó más listo que los demás, el chico de la élite, que se fue quedando sin amigos por el camino porque ambicionaba coronar la cima del mundo y que, cual Prometeo, robaría el conocimiento a las entrañas de la Creación, está demostrando que es un fraude.

Ayer recibí un mensaje de móvil. Era un mensaje del médico psiquiatra español Ernesto Estrada, que pedía la difusión de unos interesantes datos:

El análisis de las ampollas que contiene la vacuna de Oxford, que han llevado a cabo el doctor Jean-Bernard Fourtillan y el doctor Christian Tal Schaller, concluye que la composición es la siguiente: en primer lugar, cuatro fragmentos del virus VIH1, causante, como todos sabemos, del sida. En segundo lugar, secuencias de ADN del parásito de la malaria. En tercer lugar, 157 secuencias de ADN y proteínas cuyo rol es inexplicado. Y, en cuarto lugar, [...] un descubrimiento muy importante que puede explicar el magnetismo: encuentran nanopartículas para el control externo por el 5G. Estas nanopartículas responden a la patente de Microsoft US2019-038084. Los tres doctores concluyen que el SARS-CoV-2 estaría compuesto por secuencias de ARN asociadas a secuencias del virus del VIH. También dicen que el SARS-CoV-2 es un virus artificial sintetizado en Francia por el Instituto Pasteur en el año 2011 a partir del virus SARS-CoV-1, que fue sintetizado en Hanoi en el año 2003. Y, desde allí, el SARS-CoV-2 fue vendido al Partido Comunista Chino y transferido a la ciudad de Wuhan[27].

Después de comprobar la identidad del doctor Estrada y de contactar con él por intermediación de un amigo médico, continué investigando acerca de Jean-Bernard Fourtillan, que en España es absolutamente desconocido. Profesor jubilado de farmacología, toxicología, química terapéutica y farmacocinética, había protagonizado el documental *Hold-up* («Atraco»), que a finales de 2020 se volvió viral en Francia.

Según Fourtillan, varias patentes demostrarían, por un lado, que fue el Instituto Pasteur el que creó el virus y, por otro, que este existiría al menos desde 2015, momento en el que se realizaron pruebas para detectar la COVID-19. Respecto a las patentes, encontré la relativa a una nueva cepa de coronavirus asociada al síndrome respiratorio agudo severo (SARS), edición de una muestra enumerada con el número 031589 y tomada en Hanoi (Vietnam)[28].

Fourtillan asegura que dos componentes de esta vacuna están clasificados como «secreto de defensa». Es llamativa su afirmación acerca de que la vacuna contra la COVID-19 contie-

---

[27] Las vacunas con nanopartículas de grafeno fueron sintetizadas hace unos veinte años, pero hasta ahora no han sido utilizadas masivamente.

[28] Número de patente europea: EP 1 694 829 B1. Depositada el 2 de diciembre de 2004.

ne fragmentos del virus del sida y de la malaria porque coincide con el análisis que realizó Luc Montagnier sobre el virus SARS-CoV-2. También me llama la atención que el farmacéutico francés se refiera al Instituto Pasteur, ya que desde el principio de mis investigaciones para *La verdad de la pandemia* intuí su conexión con esta trama porque las manifestaciones públicas de varios investigadores del centro eran afines a la versión oficial y porque, además de pertenecer al sospechoso equipo de expertos seleccionado por la Comisión Europea, sus feroces ataques contra Montagnier, sin contraargumentar sus afirmaciones, me generaron enormes dudas desde el punto de vista del método científico aplicado. Es decir, por su inexistencia.

Tras las acusaciones realizadas en el documental *Hold-up,* el Instituto Pasteur interpuso una denuncia contra Fourtillan por «difamación». Por su parte, el farmacólogo declaró en un vídeo publicado el 4 de diciembre en AgoraTVNews que había demandado al Instituto Pasteur por «mentiras y crímenes de lesa humanidad cometidos por una banda organizada».

En el documental, Fourtillan agrega que el SARS-CoV-2 contiene partículas de nanotecnología para control externo con 5G patentado por Microsoft. Al buscar este número de patente, lo que encontré fue el documento «Publication Number WO/2020/060606. Sistema de criptomonedas que utiliza datos de actividad del cuerpo»[29]. Poco después descubrí que un *fact checker* boliviano, ChequeaBolivia, se había tomado la molestia de calificar de bulo esta información[30]:

---

[29] https://patentscope.wipo.int/search/en/detail.jsf?docId=WO2020060606.

[30] https://chequeabolivia.bo/es-falso-que-la-vacuna-de-oxford-astrazeneca-contenga-vih-y-nanoparticulas-5g

Es falso que la vacuna de Oxford–AstraZeneca contenga VIH y nanopartículas 5G.

Este verificador basa su contraargumentación en la desacreditación de los científicos y no en analizar el contenido de los datos, así como la explicación, aportados por estos.

Jean-Bernard Fourtillan fue detenido el 7 de diciembre y puesto en prisión preventiva en el centro de detención de Nimes. Allí fue sometido a un reconocimiento médico, que concluyó que necesitaba tratamiento psiquiátrico. Fue internado en el centro hospitalario Le Mas Careiron[31] (Uzes, Francia). Sus defensores fueron a las puertas del psiquiátrico a exigir su liberación.

Cuando busqué bibliografía científica referente a la nanotecnología, descubrí un artículo —del que posteriormente su editor se «retractó»— que llamó poderosamente mi atención: «5G Technology and induction of coronavirus in skin cells» («Tecnología 5G e inducción de coronavirus en células de la piel»)[32]:

En esta investigación mostramos que las ondas milimétricas 5G podrían ser absorbidas por células dermatológicas que actúan como antenas, transferidas a otras células, y desempeñar el papel principal en la producción de coronavirus en las células biológi-

---

[31] https://www.francetvinfo.fr/sante/vaccins/ce-que-l-on-sait-de-l-hospitalisation-en-psychiatrie-du-militant-anti-vaccin-jean-bernard-fourtillan-apparu-dans-hold-up_4218039.html

[32] Firmado por los investigadores del Departamento de Física Nuclear, Subnuclear y Radiológica de la Universidad G. Marconi (Roma, Italia): M. Fioranelli y M. G, Roccia, de Central Michigan Saginaw (Michigan, Estados Unidos), M. Jafferany. del Departamento de Dermatología y Venereología, I. M. Sechenov Primera Universidad Médica Estatal de Moscú (Moscú, Rusia), O. Y. Olisova, K. M. Lomonosov y T. Lotti.

cas. El ADN se construye a partir de átomos y electrones carga-
dos y tiene una estructura similar a la de un inductor. Esta estructura se puede dividir en inductores lineales, toroidales y redondos.
Los inductores interactúan con ondas electromagnéticas externas,
se mueven y producen algunas ondas extra en el interior de las
células. Las formas de estas ondas son similares a las formas de
las bases hexagonales y pentagonales de su fuente de ADN. Estas
ondas producen algunos agujeros en los líquidos fluidos del
núcleo. Para llenar estos agujeros, se producen bases hexagonales
y pentagonales adicionales. Estas bases podrían unirse entre sí y
formar estructuras similares a virus como los coronavirus. Para
producir estos virus dentro de una célula es necesario que la longitud de onda de las ondas externas sea más corta que el tamaño
de la célula. Por tanto, las ondas milimétricas de 5G podrían ser
buenas candidatas para su aplicación en la construcción de estructuras similares a virus como los coronavirus (COVID-19) dentro
de las células.

O sea, los investigadores exponen que las ondas de la tecnología 5G pueden atravesar la membrana celular y conducir a
la producción de SARS-CoV-2. Sin embargo, puesto que el
tamaño de las ondas de radio es mayor que el de las células de
la piel, las primeras no pueden atravesar las segundas. Es decir,
basándonos en este estudio, podemos señalar que no hacen falta ni un virus ni vacunas para provocar el coronavirus ni la enfermedad denominada COVID-19, pues ambos pueden generarse
con ondas 5G. Esto sí explicaría el motivo por el que algunos
científicos señalan que este virus no ha sido secuenciado. El grupo de investigadores concluye:

Nuestros resultados muestran que, al disminuir la longitud
de onda, las ondas emitidas desde las torres de 5G y tecnologías

superiores podrían tener más efecto en la evolución de los ADN dentro de las células. Esto se debe a que las membranas celulares dermatológicas actúan como una antena para estas olas. Están construidos a partir de partículas cargadas, como electrones y átomos, y podrían emitir o recibir ondas. Por otro lado, una antena solo podría generar ondas en las que su longitud no sea mayor que su tamaño. Por tanto, una membrana celular podría recibir ondas milimétricas en la tecnología 5G. Estas ondas podrían atravesar la membrana e interactuar con materias biológicas dentro de una célula. Si las longitudes de onda de las ondas 5G son iguales o menores que el tamaño de un núcleo, pueden atravesar la membrana nuclear e interactuar con los ADN. Estos ADN se construyen a partir de bases hexagonales y pentagonales y, por sus movimientos, emergen algunos agujeros. Estas bases podrían unirse entre sí y formar algunos virus como el coronavirus. Se concluye que, en la próxima generación de tecnología móvil, ondas emitidas de las torres tendrán más efectos sobre las células biológicas.

En esta investigación, hemos demostrado que la tecnología móvil de nueva generación, como 5G, podría tener el papel principal en la construcción de varios tipos de virus, como los coronavirus, dentro de una célula. Algunas longitudes de onda en estas tecnologías son más pequeñas que el tamaño de las células biológicas y podrían atravesar la membrana celular y entrar en el núcleo. Estas ondas pueden ser captadas por una antena dermatológica, transferirse a las células huésped, interactuar con los ADN y moverlos. Un ADN se forma a partir de partículas cargadas y, por sus movimientos, emergen ondas electromagnéticas. Estas ondas producen agujeros hexagonales y pentagonales en líquidos dentro del núcleo y en la célula. Para rellenar estos huecos, se producen bases. Estas bases se unen entre sí y pueden construir virus como los coronavirus.

Sorprendentemente, este trabajo ha sido invalidado, como leemos en PubMed[33]: «Después de una investigación exhaustiva, el editor jefe se retractó de este artículo, ya que mostraba evidencia de una manipulación sustancial de la revisión por pares». ¿Suponemos que la revista científica donde se publicó, *Biolife,* recibió presiones por parte de los censores?

La guerra contra la ciencia y los científicos que investigan y cuestionan el mensaje dominante es más que evidente. Como escribió Aldous Huxley en *Un mundo feliz,* la ciencia es un peligro público y hay que mantenerla subyugada.

---

[33] https://pubmed.ncbi.nlm.nih.gov/32746604/

Además de generar coronavirus con ondas 5G, tras la campaña de vacunación de la gripe y de la COVID-19 aumentaron las muertes, según constatan numerosos estudios, como el del investigador científico Christian Wehenkel[34]:

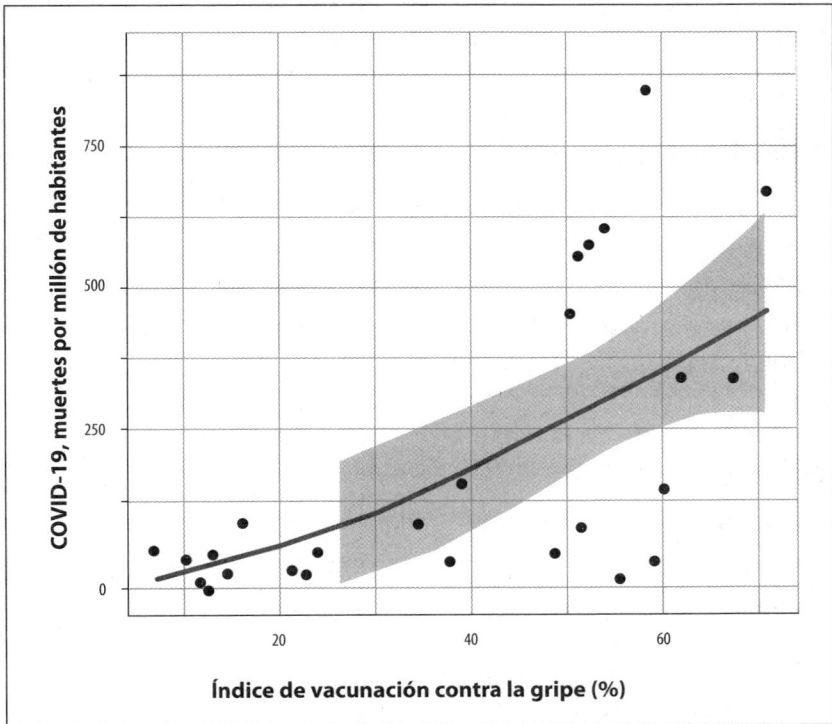

Asociación de muertes por COVID-19 por millón de habitantes (MPMH), hasta el 25 de julio de 2020, con el índice de vacunación contra la gripe (IVG) de personas de 65 años o más en 2019 con los datos más recientes disponibles en Europa (26 países con más de medio millón de habitantes). La media (línea oscura) y la desviación estándar (área gris) se basan en modelos aditivos generalizados (GAM); r s (IVR × DPMI) = +0,687 con p= 0,00015.

---

[34] Christian Wehenkel, «Positive association between COVID-19 deaths and influenza vaccination rates in elderly people worldwide», PeerJ, doi 10.7717/peerj.10112.

Por otra parte, los casos de trombos en los vacunados por la COVID-19 no han dejado de aparecer. Son tantos ya que la prensa se ha hecho eco de ellos:

> ## Los primeros vacunados con las dos dosis llegan a los hospitales[35].

> ## Sanidad llama al orden a las comunidades para que no recomienden la segunda dosis de AstraZeneca[36].
>
> En España se han registrado 20 casos de trombos, cuatro de ellos mortales.

En una carta de la Alianza por la Libertad Médica del Reino Unido al secretario de Estado responsable de la distribución de las «vacunas COVID» en ese país, Nadhim Zahawi, la Alianza mostraba su preocupación por el impacto de las vacunas en las personas mayores y en los hogares de ancianos.

Los datos de la OMS muestran que las muertes semanales en residencias de ancianos se triplicaron en las dos semanas entre el 8 y el 22 de enero de 2021, momento en el que hubo un aumento masivo en la tasa de vacunación de los residentes de residencias de ancianos[37].

---

[35] https://www.abc.es/sociedad/abci-primeros-vacunados-dosis-lle-gan-hospitales-202105190102_noticia.html

[36] https://elpais.com/sociedad/2021-05-27/sanidad-llama-al-or-den-a-las-comunidades-para-que-no-recomienden-la-segunda-dosis-de-as-trazeneca.html 27 de mayo de 2021

[37] https://www.globalresearch.ca/urgent-warning-covid-19-vaccine-re-lated-deaths-elderly-care-homes/5736791

Por su parte, la asociación española Víctimas de los Políticos reunió todas las noticias de fallecimientos en las residencias de ancianos tras la primera inoculación de la vacuna contra la COVID-19 y obtuvo un resultado de 2.747 contagios y 930 muertes[38].

El pasado 15 de mayo entrevisté al doctor Jon Ander Etxebarria, decano del Colegio de Biólogos de Euskadi, que destacó este fenómeno:

> No ha habido más muertes en 2020-2021 que en años anteriores. [La curva] está creciendo un poco ahora y considero que el aumento puede estar relacionado con la vacuna COVID. ¿Qué es lo que ha ocurrido? Sí es cierto que hubo un pico en marzo-abril de 2020, que es cuando hubo más fallecidos. Ese es el pico que hay que estudiar, porque no puede ser debido a un virus respiratorio al uso, sino a una toxificación con vehículo sanguíneo. ¿Qué pudo haber sucedido? ¿Quién falleció en el pico de marzo-abril de 2020? Personas que se vacunaron de la gripe, mayores de sesenta y cinco años. Por ello, lo que hay que estudiar es qué ocurrió con la vacuna de la gripe de 2019-2020.

El doctor José Luis Sevillano y el bioestadístico Ricardo Martín Delgado, creador del canal de comunicación La Quinta Columna (que también está analizando la relación entre las vacunas y las antenas de 5G), exponen que en las «vacunas COVID» han inyectado grafeno. Como muchos lectores ya saben, a media-

---

[38] Incluye *links* a las noticias publicadas por las muertes. https://victimasdelospoliticos.org/estudio-realizado-de-todos-los-contagios-y-supuestos-fallecimientos-post-vacuna-covid-19-en-espana/ y https://drive.google.com/file/d/1X-xf2cCuI2KKSuxzqMbDlxYPE8dsTPhp/view. Febrero de 2021.

dos del mes de mayo comenzaron a circular por las plataformas de mensajería privada vídeos de personas magnetizadas que generaron un gran desasosiego entre la población. La difusión masiva de estas imágenes creó tal alerta en las autoridades que rápidamente los verificadores de hechos de todo el mundo las calificaron de bulos y aparecieron ridiculizadas en los programas de televisión de masas.

Sin embargo, existe una extensa bibliografía —que he estado consultando— sobre la utilización del grafeno en medicina y salud, a pesar de que se mantenía en el área especializada y no era de conocimiento popular[39]. Ahora sabemos que el grafeno también se ha introducido en el gel hidroalcohólico y en las mascarillas. Interesante. Al preguntarle por este asunto, Martín Delgado asegura:

> Con las vacunas están inoculando partículas de grafeno que, al interactuar con los fluidos del cuerpo, provoca agregados en la sangre, o sea, trombos. La nanotecnología había sido introducida en viales, especialmente en la vacuna antigripal de la temporada 2019-2020. Esa tecnología provoca que las personas se vuelvan magnéticas e interacciona con la perturbación electromagnética de las antenas 5G que están junto a las residencias de ancianos. Así consiguieron las muertes para justificar la necesidad de vacu-

---

[39] Dejo aquí tres artículos interesantes que se pueden encontrar en Internet: «Vacunas COVID-19 de nanopartículas de ARNm-lípidos: estructura y estabilidad»: https://www.sciencedirect.com/science/article/pii/S0378517321003914?via%3Dihub y https://www.elconfidencial.com/tecnologia/novaceno/2021-03-24/pentagono-darpa-cerebro-control-nanoparticulas_3004028/ y https://www.agenciasinc.es/Entrevistas/El-magnetismo-del-grafeno-se-puede-controlar-con-atomos-de-hidrogeno#top y https://www.uab.cat/web/detalle-noticia/queremos-inyectar-nanorobots-guiarlos-dentro-del-cuerpo-y-hacer-que-electroestimulen-tejidos-celulares-o-liberen-farmacos-1345680342040.html?noticiaid=1345737712795

nar a toda la población mundial. Las vacunas COVID-19 tendrían la misma nanotecnología. Esta tecnología registra los efectos electrofisiológicos de las neuronas utilizando el grafeno. Y no solo detecta la actividad de las neuronas, sino que es capaz de emitir, por lo que van a *manipular la conducta* de todos los inoculados a través de *radiofrecuencias*. [Las cursivas son mías].

Conclusión: se están utilizando varios tipos de armas en esta guerra contra la población. Además de provocar muertes, el laboratorio viviente está reportando un Big Data mundial, unos datos biométricos acerca del comportamiento de estas armas en el cuerpo y la mente de las personas que de otro modo sería imposible obtener.

No muchos saben que en la ciudad china de Xichang se encuentra la granja de cucarachas más grande del mundo. Hay 6.000 millones de cucarachas que, si escaparan, causarían un gran desastre ecológico. Pero la inteligencia artificial las mantiene dentro, contentas y felices, para que lo único de lo que tengan que ocuparse sea de crecer y tener cucarachitas. Las máquinas que «vigilan» la granja no saben nada de ellas. No les interesan. Tan solo predicen su comportamiento y se anticipan a sus necesidades de alimento, temperatura o humedad antes de dirigirlas al matadero y aprovechar sus supuestas propiedades medicinales.

Algo parecido es lo que estos bárbaros genocidas pretenden hacer con los humanos: controlar la mente social-colmena planetaria mediante la inteligencia artificial. Porque quien logre someter la voluntad de las personas logrará el dominio de la Tierra y del espacio. La Tercera Guerra Mundial es una guerra tecnobiológica, mediática y magnética. En julio de 2021 se activan las antenas 5G a nivel mundial. Pero en China ya trabajan con el 6G. Es una especie de pesadilla, una película de zombis atacando a los humanos.

La desconexión alma-cuerpo es el objetivo final, como ya analizamos en el capítulo 2. Se trata de actuar en la glándula pineal y *hackear* los cerebros para anular la capacidad de pensar y de sentir de los humanos. Quieren convertirnos en zombis, en cucarachas en el interior de una inmensa granja, anticiparse a nuestras necesidades y deseos, y enviarnos mensajes acerca de cómo debemos comportarnos.

Esta tecnología en manos del Mao del siglo XXI dará lugar al más perverso de los regímenes totalitarios de la historia de la humanidad. Hay varios candidatos al trono, y es por ocuparlo por lo que se está haciendo la Tercera Guerra Mundial.

GUERRA BIOLÓGICA: ESTADOS UNIDOS *VERSUS* CHINA

Un arma capaz de provocar una gran devastación social. Con la potencia y precisión para interrumpir el devenir cotidiano e imponerse sobre la vida empresarial y personal. Un arma para invadir tus espacios, tu oficina, la casa de tus padres, el parque donde juegan tus hijos, las escuelas donde socializan, los hospitales donde te curas.

Un arma que explote de pronto. Como el hongo de la bomba nuclear, pero en lo abstracto. En el alma social. Un arma para todo un planeta. Como no se había hecho explosionar nunca hasta ahora.

¿Y para qué querrías esa arma? Para dominar el mundo. Para coronarme emperador imperial. Para demostrar que mis ideas son más poderosas que las tuyas. Para demostrarte que mi sistema es el correcto. Y así, de esa forma, humillarte delante de todos. Y para que te arrodilles ante mí.

Chen Ping, profesor de la Universidad de Pekín[40], aseguró en un vídeo que en 2020 el Partido Comunista Chino (PCCh) ganó la guerra comercial, la guerra de la ciencia y la tecnología y, especialmente, la guerra biológica. «El logro no tiene precedentes. Este es un récord de los que hacen época». O sea, la República Popular China avanza victoriosa en la Tercera Guerra Mundial.

En el vídeo, difundido por la activista y defensora de los derechos humanos Jennifer Zeng[41], el investigador afirma:

> El modelo occidental ha fallado, la civilización marítima de quinientos años está condenada, el PCCh ha ganado y liderará el camino de la modernización en la nueva era después de la revolución de la biología tras la pandemia.

Le pregunté al disidente chino Yuan Lee[42] sobre el sentido de estas declaraciones en el contexto actual y me dijo: «En China hay muchos profesores así. No es que digan la verdad, es que quieren presumir». Pero veamos cuál es el motivo del engreimiento del profesor Chen Ping:

---

[40] En su perfil académico, https://www.researchgate.net/profile/Ping-Chen, podemos leer: «Ping Chen trabaja actualmente en el Institute China, Fudan University. Ping investiga en Economía Monetaria, Economía Financiera y Complejidad Económica. Su proyecto actual es la "crisis financiera, complejidad económica, derecho y economía". Es presidente del Comité Académico, Centro de Nueva Economía Política, Universidad de Fudan, Shanghai, China».

[41] Jennifer Zeng, que ejerce la crítica contra el régimen de Xi Jinping en su canal de YouTube, Inconvenient Truths, lo capturó y lo colgó en su muro de Twitter el 18 de mayo de 2021. https://twitter.com/jenniferatntd/status/1394691764741627907?s=20

[42] https://www.youtube.com/channel/UCjZHQIUm_HhopuNXVZxb-cpA

Creo que el intento de Trump de salvar el declive de la hegemonía internacional de Estados Unidos durante sus cuatro años ha fracasado. Este fracaso no es solo el fracaso de la campaña personal de Trump para la reelección como presidente, sino también el fracaso de la globalización del neoliberalismo de las últimas cuatro décadas, liderada por Estados Unidos y Reino Unido.

A continuación subrayó el elemento clave de su propaganda:

Por tanto, el modelo de desarrollo y modernización de Estados Unidos y Europa no es digno de imitación y repetición por parte de China […]. La adoración que existe hacia el culto liberal estadounidense dentro de China es, en realidad, infundado.

Esta declaración, más allá de la intención de mostrar fortaleza, lo que pone en evidencia son las grietas del propio sistema chino. La estructura de poder del gigante asiático no se sostiene: China se está resquebrajando y se desangra por días. No sirve ni el ultraliberalismo de las corporaciones estadounidenses ni el ultracomunismo asiático en un mundo en el que las comunicaciones no pueden ser controladas por un mando único (una asociación de propietarios, una oligarquía). Por tanto, las palabras de Chen Ping constituyen una simple declaración propagandística para que los chinos críticos con el régimen de Xi Jinping se sometan al *verdadero vencedor* y el mundo se entere de quién manda en el escenario geopolítico actual… Pero detengámonos un momento. ¿Qué ha dicho este profesor sobre la guerra biológica?

EL PROGRAMA SECRETO DE ARMAS BIOLÓGICAS
DEL PARTIDO COMUNISTA CHINO

El mes de mayo de 2021 fue turbulento. Los acontecimientos se sucedían a un ritmo frenético y uno de los sucesos más importante fue la reclamación, por parte de un grupo de dieciséis científicos prominentes[43], de una investigación más a fondo «para determinar el origen de la pandemia. Las teorías de la liberación accidental de un laboratorio y el derrame zoonótico siguen siendo viables. Saber cómo surgió la COVID-19 es fundamental para establecer estrategias globales que mitiguen el riesgo de futuros brotes».

Tres meses antes y tras pasar veintisiete días en Wuhan (catorce de ellos en un hotel), la misión de «expertos» de la OMS regresó con un escueto informe mientras Washington acusaba a Pekín de ocultar información. Uno de los miembros del equipo, el australiano Dominic Dwyer, denunció que China se había negado a compartir datos, pero el zoólogo Peter Daszak lo desmintió: «Como líder del grupo de trabajo con animales y medioambiente, encontré confianza y aperturismo por parte de mis contrapartes en China»[44]. Es decir, la guerra se intensificaba y los bandos se posicionaban a favor o en contra de Pekín.

La OMS había liderado esta misión bajo el lema «One Salud» («Una Salud»)[45]. El equipo consideró el «derrame zoo-

---

[43] «Investigate the origins of COVID-19» («Investigar los orígenes de la COVID-19»), *Science,* vol. 372, núm. 654314, mayo de 2021, pág. 694. https://science.sciencemag.org/content/372/6543/694.1

[44] https://twitter.com/PeterDaszak/status/1360551108565999619?s=20

[45] En este enfoque publicitario de una salud única tan característica del globalismo participaba la Organización Mundial de Sanidad Animal (OIE), la Organización de las Naciones Unidas para la Agricultura y la Alimentación (FAO) y los países que se adhirieron.

nótico» de un huésped intermedio como «muy probable», y un accidente de laboratorio como «extremadamente improbable». Pero, según los científicos del artículo de *Science,* «ambas teorías no tuvieron una consideración equilibrada. Solo cuatro de las 313 páginas del informe abordaban la posibilidad de un accidente de laboratorio». Las críticas se sucedieron y el director general de la OMS, Tedros Adhanom, se vio obligado a reconocer públicamente la falta de base del estudio y afirmó que era insuficiente[46].

Pero poco se hizo por ampliarlo. A las críticas se unieron las de los representantes republicanos en el Comité de Inteligencia de la Cámara de Representantes de Estados Unidos, que exigieron a Joe Biden y al director de la CIA una revisión acerca de la posible creación del virus en un laboratorio: «No está claro si el aparato de Inteligencia o cualquier otra parte del Gobierno de Estados Unidos está tratando de determinar la verdad»[47], puede leerse en la carta dirigida al presidente.

El diario semanal *The Mail on Sunday* ya había denunciado que el Instituto de Virología de Wuhan desarrollaba experimentos con coronavirus de murciélagos financiados con una aportación de 3,7 millones de dólares de la Administración Obama[48]. Los resultados de la investigación se publicaron en noviembre de 2017 con el título: «El descubrimiento de un rico acervo genético de coronavirus relacionados con el SARS en murciéla-

---

[46] https://www.who.int/publications/i/item/who-convened-global-study-of-origins-of-sars-cov-2-china-part

[47] https://summit.news/2021/05/17/gop-reps-demand-intel-update-from-biden-on-wuhan-lab-leak-possibility/

[48] https://www.dailymail.co.uk/news/article-8211257/Wuhan-lab-performing-experiments-bats-coronavirus-caves.html

gos proporciona nuevos conocimientos sobre el origen del coronavirus del SARS»[49]. Lo cierto es que seguimos sin saber «oficialmente» a qué se dedicaban los científicos en el laboratorio militar de Wuhan. Y lo más grave es que mientras el planeta entero se desangraba con la teoría de un coronavirus de murciélago, China y sus aliados observaban los errores que se cometían sin pronunciar una sola palabra. Aunque es su deber moral, no he visto a ningún presidente ni jefe de Estado reclamar responsabilidades a Xi Jinping. Tan solo lo han hecho unos pocos científicos y periodistas disidentes, que fuimos, y seguimos siendo, atacados, desprestigiados e, incluso, algunos han muerto.

Yo siempre defendí que en la trama del coronavirus había dos tipos de laboratorios: el primero, el Instituto Virológico de Wuhan, dedicado a la guerra; el segundo, los laboratorios elitistas de ingeniería social. Así lo expuse en *La verdad de la pandemia*. Poco después de su publicación, en julio de 2020, supimos que la ya mencionada Yan Li-Meng había huido de China. En Estados Unidos concedió varias entrevistas en las que acusó al Gobierno chino de fabricar la *pandemia* de la COVID-19. Además, sospechaba que creó el SARS-CoV-2 en el Instituto de Virología de Wuhan a partir de dos cepas de virus que se almacenan en un laboratorio con código PLA (Proprietary Laboratory Analyses[50]). La científica también denunció que el régimen comunista la perseguía para matarla.

En febrero de 2021, el doctor Yusen Zhou, que lideraba un equipo de investigadores del Laboratorio Estatal Clave de Pató-

---

[49] «Discovery of a rich gene pool of bat SARS-related coronaviruses provides new insights into the origin of SARS coronavirus». https://journals.plos.org/plospathogens/article?id=10.1371/journal.ppat.1006698

[50] https://www.medlearnmedia.com/insights/laboratory-insights/making-sense-of-proprietary-laboratory-analyses-pla-codes/

genos y Bioseguridad del Instituto de Microbiología y Epidemiología de Pekín, y miembro de la Academia de Ciencias Médicas Militares[51], fue encontrado muerto. Al parecer, Zhou había mantenido contactos con un desertor del Ejército Popular de Liberación de China (EPL) que había proporcionado a las agencias de inteligencia estadounidenses información sobre los programas de armas biológicas del PCCh[52].

El 6 de abril de 2021, la viróloga Yan publicó estos dos tuits[53]:

> También vale la pena mencionar que Yusen Zhou, esposo de Lanying Du y experto en AMMS [estrategias de evasión inmunológica] de CoV, falleció repentinamente. Justo antes de su fallecimiento, el 29 de abril de 2020, su grupo de investigación envió un manuscrito a *Science*.

> El último trabajo de Yusen Zhou describía la mutación Spike N501Y, que más tarde se demostró que era la mutación determinante de la variante B.1.1.7 predominante en el Reino Unido, que surgió en la población humana unos meses después, en otoño.

He pasado noches enteras buscando la información que los disidentes chinos y asiáticos tratan de hacer llegar a Occidente burlando la censura. Quienes viven en el régimen de Xi Jinping reclaman justicia y ansían que acabe su dictadura totalitaria. Pero la inmoralidad demostrada por la clase política y mediática de este lado del mundo resulta nauseabunda. Su silencio cóm-

---

[51] https://covid19.elsevierpure.com/en/persons/yu-sen-zhou

[52] https://www.nspirement.com/2020/10/07/a-chinese-defector-exposes-beijings-bioweapons-program.html

[53] https://twitter.com/DrLiMengYAN1/status/1379469839425802245?s=20.

plice es un delito de lesa humanidad, pues no solo no denuncian al dictador, sino que colaboran con él. ¿De qué puede presumir hoy la Unión Europea, ese monstruo dominado por grandes intereses e incapaz de defender a las verdaderas víctimas mientras permanece ensimismada y distraída con los objetivos de la Agenda 2030? Eso sí, la UE tiene un Premio Nobel de la Paz...

Poco después de la muerte de Zhou, un segundo desertor del Ejército Popular de Liberación escapó a Europa, donde se encuentra bajo la protección de un servicio de seguridad de la UE. El desertor está convencido de que la inteligencia china ha penetrado en el Gobierno de Estados Unidos, lo que le ha llevado a desconfiar de la CIA y de otras agencias de espionaje occidentales, según *The Washington Times*. Aun así, sigue proporcionando información sobre el programa de armas biológicas de China[54].

Las cuentas disidentes de Twitter señalan a un hombre, Shibo Jiang, profesor y director del Instituto de Microbiología Médica de la Universidad Fudan de Shanghái, como posible responsable de la creación del SARS-CoV-2. En febrero de 2021 fue elegido miembro de la Academia Estadounidense de Microbiología[55].

Shibo Jiang se doctoró en la Universidad Médica del Ejército Popular de Liberación y, entre 1987 y 1990, disfrutó de una estancia posdoctoral en la Universidad Rockefeller de Nueva York. Posteriormente desarrolló una amplia red de colaboración

---

[54] https://www.washingtontimes.com/news/2020/sep/16/second-china-defector-gives-biological-weapons-inf/ 16-septiembre-2020

[55] https://asm.org/Press-Releases/2021/February/65-Fellows-Elected-into-the-American-Academy-of-Mi y https://www.thegatewaypundit.com/2021/05/chinese-military-scientist-suspected-involvement-covid-19-creation-elected-american-academy-microbiology/

con otros laboratorios de investigación de virus estadounidenses y recibió más de 17 millones de dólares en subvenciones para investigación, la gran mayoría procedentes del Instituto Nacional de Alergias y Enfermedades Infecciosas (NIAID), dirigido por el doctor «Mengele» Fauci[56]. También trabajó en el VIH, que, tal y como afirmó Luc Montagnier, es uno de los virus utilizados para obtener esta arma de laboratorio denominada SARS-CoV-2.

Poco antes, en un informe sobre «cumplimiento de armas», el Departamento de Estado norteamericano proporcionó nuevos detalles sobre el programa encubierto de armas biológicas de China:

> Estados Unidos está preocupado por el cumplimiento respecto a la investigación y el desarrollo de toxinas de las instituciones médicas militares chinas debido a las posibles aplicaciones de doble uso y su potencial como una amenaza biológica. [...] Además, Estados Unidos no tiene suficiente información para determinar si China eliminó su programa de guerra biológica, tal y como requiere el Artículo II de la Convención[57] [sobre Armas Biológicas].

---

[56] Tras el inicio de la pandemia de SARS en noviembre de 2002, originada en Foshan (Guangdong, China), el EPL y Shibo Jiang desempeñaron un papel destacado en la investigación sobre el coronavirus humano. En 2005, Shibo Jiang trabajó con los científicos militares Yuxian He y Yusen Zhou, del Laboratorio Estatal Clave de Patógenos y Bioseguridad, del Instituto de Microbiología y Epidemiología de Pekín, de la Academia de Ciencias Médicas Militares de Pekín. Fueron financiados por el Gobierno chino y una empresa privada de biotecnología china, mientras que Shibo Jiang también estaba siendo respaldado económicamente por el NIAID de Fauci. Shibo Jiang no es el único científico del Partido Comunista Chino que ha sido elegido miembro de la Academia Americana de Microbiología.

[57] En 1972, los líderes de más de 180 países establecieron la Convención de Armas Biológicas, que prohibía su desarrollo. Sin embargo, son varios los países que no acatan las restricciones de la Convención.

Xi Jinping no le perdonaría a Trump esta *injerencia*.

En julio de 2020, el periodista australiano Anthony Klan publicó un informe en el que aseguraba que China había firmado un acuerdo secreto de tres años con Pakistán para impulsar sus armas de guerra biológica, que incluía experimentos con ántrax. El acuerdo fue firmado por el Instituto de Virología de Wuhan en China y la Organización de Ciencia y Tecnología de Defensa de Pakistán (DESTO). Es el Gobierno chino quien proporciona el apoyo material, financiero y científico para este proyecto. Pekín quiere convertir a Pakistán en su centro de investigación bioquímica para evitar posibles accidentes en su propio territorio. De hecho, el proyecto financió la prueba de una vacuna para la COVID-19 en ciudadanos paquistaníes.

En el mes mayo de 2020, un alto funcionario estadounidense reveló que China estaba trabajando en el desarrollo de armas biológicas que podrían dañar a personas en función de su origen étnico. China ha admitido tal posibilidad. En 2017, una publicación del Ejército chino definió la biología como un nuevo «dominio de Guerra». También sugirió que las guerras futuras podrían consistir en ataques genéticos[58].

En 2015, la inteligencia de Estados Unidos clasificó la manipulación de genes como un arma potencial de destrucción masiva. El hecho de que pueda crearse un virus que solo afecte a determinadas razas hace que esas armas sean aún más aterradoras.

Pero ¿es posible, científicamente, sostener la tesis del arma biológica, o se nos está yendo la cabeza imaginando conspiraciones internacionales al estilo de la Guerra Fría, que han acelerado la última fase de la Tercera Guerra Mundial? Esta es una

---

[58] https://www.nspirement.com/2020/10/07/a-chinese-defector-exposes-beijings-bioweapons-program.html

guerra tranquila y silenciosa llevada a cabo con armas silenciosas y tranquilas. ¿Acaso hay algo más silencioso que un microorganismo invisible? ¿Quién es capaz de sospechar de su presentador de informativos o de su *influencer* favorito cuando te cuentan la historia del murciélago chino y te suplican que te vacunes para que termine la pesadilla? Si caemos en la trampa de la vacunación colectiva, si cedemos nuestra libertad individual en pro de un bien común —que, en verdad, es un mal—, estaremos sentando un precedente en el imaginario global y en el Derecho consuetudinario que abrirá un nuevo camino para la justificación de los protocolos diseñados en la Agenda 2030. No podrás bañarte en el mar, porque el mar será suyo y se lo vas a infectar, gusano.

A día de hoy, el PCCh y sus socios están aliados contra la humanidad. Si es cierto lo que dice el doctor Chen Ping, deberíamos combatir de manera más eficaz para detener el expansionismo del Partido Comunista Chino y sus cómplices.

11
TERRORISMO MEDIÁTICO

¿Y qué veo volando hacia Israel como nubes,
como las palomas hacia su nido?
Son naves de los confines de la tierra, de tierras que confían
en mí, conducidas por las grandes naves de Tarsis a la cabeza.

ISAÍAS 60: 8

Las élites han puesto en marcha una estrategia para crear un ambiente de odio *guerracivilista* en cada una de las naciones del mundo y cuentan con la participación —ya sea inconsciente o interesada— de una parte de la población. Nuestro deber moral es comprender estas estrategias bélicas para evitar caer en sus trampas y degollarnos los unos a los otros.

Una de las armas más eficaces y potentes en esta gran guerra es el terrorismo mediático. La desinformación y la mentira

Duelo a garrotazos, una de las «Pinturas negras» de Francisco de Goya, realizadas entre 1819-1823.

son la fuente del miedo, que trastorna la psique de las personas hasta el extremo de acabar convertido en odio. Cuando una persona le abre la puerta al odio, accede a sus dominios y, una vez instalado allí —hay un no retorno—, los odiadores ejercerán perversiones, agresiones, crueldades y distopías sin límite contra los odiados. Lo hacen en nombre de la defensa y la salvación de sí mismos, aunque lo enmascaren bajo el lema de una salvación conjunta. Esta acción salvífica enmascara un egoísmo mal enfocado, enfermizo y obsesivo que acaba por devorarlos a ellos, pues nadie, ni siquiera el más soberbio de los dioses, puede salvarse solo. Muy al contrario, provocará su caída y la de todas las huestes que lo siguen.

TERRORISMO, DERECHO INTERNACIONAL Y DERECHOS HUMANOS

En 2006, la ONU aprobó su «Estrategia global contra el terrorismo», un instrumento dirigido a promover los esfuerzos nacionales, regionales e internacionales de lucha contra el terrorismo[1]. La resolución 60/288 dice lo siguiente:

> La promoción y la protección de los derechos para todos y el imperio de la ley son elementos esenciales de todos los componentes de la Estrategia, reconociendo que las medidas eficaces contra el terrorismo y la protección de los derechos humanos no son objetivos contrapuestos, sino que se complementan y refuerzan mutuamente.

Es decir, por terrorismo se entienden aquellos actos violentos dirigidos contra la población civil que persiguen objetivos políticos o ideológicos. La violencia bélica no solo se ejerce con

---

[1] https://www.un.org/counterterrorism/es/un-global-counter-terrorism-strategy

las armas tradicionales, sino, tal y como estamos viendo, con la propaganda, el *marketing,* la desinformación y la persecución de las voces críticas, que son potentes armas de control y sometimiento al invasor sin necesidad de disparar una bala ni sacar los tanques a la calle. La violencia bélica se está ejerciendo también contra la salud mental y física, pues los gobernantes obligan y coaccionan a las poblaciones a inyectarse un producto experimental, las «vacunas COVID», que no ha superado las fases de investigación y testeo previstas en la ley.

El terrorismo tiene un efecto directo sobre el ejercicio de algunos derechos humanos, en particular los derechos a la vida, la libertad y la integridad física. Los actos terroristas pueden desestabilizar Gobiernos, socavar la sociedad civil, poner en peligro la paz y la seguridad, y amenazar el desarrollo social y económico[2]. En este sentido, el Consejo de Seguridad de la ONU, en su resolución 1566 (2004), habló de

«... actos criminales, inclusive contra civiles, cometidos con la intención de causar la muerte o lesiones corporales graves o de tomar rehenes con el propósito de provocar un *estado de terror en la población en general,* en un grupo de personas o en determinada persona, intimidar a una población u obligar a un Gobierno o a una organización internacional a realizar un acto o a abstenerse de realizarlo». Poco después, amplió el significado e incluyó como acción terrorista «cualquier acto [...] destinado a causar la muerte o lesiones corporales graves a un civil o a un no combatiente cuando el propósito de dicho acto, por su naturaleza o contexto, sea intimidar a una población u obligar a un Gobierno o a una organización internacional a realizar un acto o a abstenerse de hacerlo. [Las cursivas son mías].

---

[2] https://www.ohchr.org/documents/publications/factsheet32sp.pdf

Las normas internacionales de derechos humanos están reflejadas en algunos tratados internacionales básicos —en particular, en los cuatro Convenios de Ginebra— y en el Derecho Internacional consuetudinario, que considera que los actos deliberados de violencia contra la población civil o contra los bienes de carácter civil constituyen crímenes de guerra susceptibles de que sus autores sean enjuiciados.

Se trata, por tanto, de respetar los derechos humanos en toda su amplitud ante el ataque de cualquier entidad —Estado o grupos de individuos—. Se trata de preservar la dignidad humana ante el chantaje o la coacción, venga de donde venga, porque la población civil siempre se encuentra desprotegida ante la agresión de quienes, por dinero o armas, son más fuertes y poderosos. Pero aún hay más: la Carta de las Naciones Unidas destaca el derecho a la vida como el «derecho supremo», porque sin su garantía efectiva todos los demás derechos no tendrían significado. De esto se concluye que es *obligación del Estado* proteger el derecho a la vida de todas las personas que se hallen en su territorio, y sin excepción alguna, aun en situaciones de emergencia pública.

Sin embargo, los gobernantes han obstaculizado a los críticos y premiado a aquellos miembros de la población que han colaborado con los invasores.

EL ODIO COMO ARMA DE GUERRA

En nuestras naciones —según la ley vigente— se protege la libertad de pensamiento, de información y de expresión, y se penaliza el llamado «delito de odio». Sin embargo, en la Tercera Guerra Mundial, el odio se ha convertido en uno de los principales instrumentos de combate, en un arma de guerra, y dispara sus balas mediante el terrorismo desinformativo o mediático, que acaba convirtiendo el sufrimiento en instrumento y en objetivo al mismo tiempo.

A día de hoy, ninguna ley en el mundo castiga el delito de terrorismo mediático, pues no ha sido tipificado ni reconocido jurídicamente. Sin embargo, podría estar contemplado como delito porque las consecuencias que genera son similares a las especificadas en algunos códigos, pactos y convenciones nacionales e internacionales. A continuación repasaremos el marco jurídico existente en torno a los delitos de odio y de terrorismo, pues este podría constituir el punto de partida para configurar esta vanguardista arma bélica —el terrorismo mediático global— con la que se está desarrollando la Tercera Guerra Mundial.

El Código Penal español especifica lo siguiente en relación al delito de odio:

— El art. 510.1.a) sanciona a quien fomente, promocione o incite públicamente al odio, hostilidad, discriminación o violencia.
— El delito del art. 510.1.b) castiga penalmente a quienes elaboren, produzcan y posean con la finalidad de distribuir soportes aptos para incitar al odio, hostilidad, discriminación o violencia.

A quienes «faciliten a terceras personas el acceso, distribuyan, difundan o vendan escritos o cualquier otra clase de material o soportes que por su contenido sean idóneos para fomentar, promover, o incitar directa o indirectamente al odio, hostilidad, discriminación o violencia contra un grupo, una parte del mismo, o contra una persona determinada [...].
— El delito del art. 510.1.c) castiga penalmente a quienes públicamente nieguen, trivialicen gravemente o enaltezcan los delitos de genocidio, de lesa humanidad o contra las personas y bienes protegidos en caso de conflicto armado.

Con el denominado «estado de emergencia», los gobernantes de todo el planeta han fomentado el odio entre familiares, padres e hijos, esposos, hermanos, primos, vecinos…, así como contra los investigadores libres y honestos, sin conflictos de intereses respecto a la BigPharma o la BigMedia, que utilizan como instrumentos los discursos y dogmas —uniformes— difundidos en los medios de comunicación y diseñados en los laboratorios de ingeniería social de las élites.

La historia nos enseña que es en los momentos de crisis cuando ciertos grupos —políticos, militares, religiosos, terroristas— argumentan que se ven obligados por las circunstancias a limitar los derechos y libertades civiles y a incautar las propiedades personales. De ese modo justifican su toma del poder, para controlar, nos dicen, el ambiente de crisis. Su autoridad representaría el orden frente al caos; así lo sentencia su propaganda. Dan carta blanca para odiar al catalogar como irresponsables, locos y asesinos a aquellos que ponen en peligro sus planes de control total. Es un asalto al poder.

Desde el punto de vista jurídico, los delitos de odio se configuran como delitos de peligro abstracto que adquieren entidad a través de las conductas personales o grupales que generan un riesgo para los bienes jurídicos relevantes en un sistema democrático. En esta guerra, son los gobernantes y una parte de la población —con su obediencia, su adhesión y su apoyo defensivo a las tesis autoritarias— quienes han puesto en peligro esos bienes jurídicos que son nuestros más preciados tesoros en el campo de las libertades y los derechos reconocidos por la ley.

Los delitos de odio cometidos por los políticos, científicos, multimillonarios y pseudointelectuales del sistema se complementan con actos de terrorismo desinformativo y propagandístico. Algunas campañas están diseñadas y financiadas para que, desde la televisión, el terrorismo salte a las calles destruyéndolo todo a su paso. Es un monstruo devorador de vida y derechos fundamentales. El terrorismo es el hijo predilecto del odio.

El Código Penal español tipifica así el delito de terrorismo:

—Art. 573.1. del Código Penal español: 1.ª [...] suprimir o desestabilizar gravemente el funcionamiento de las instituciones políticas o de las estructuras económicas o sociales del Estado, u obligar a los poderes públicos a realizar un acto o a abstenerse de hacerlo. [...]. 4.ª Provocar un estado de terror en la población o en una parte de ella.
—Art. 573. bis 1. 4.ª: las amenazas y coacciones.
—Art. 574.3: y el desarrollo de armas químicas o biológicas [...].

Constatamos, por tanto, que la utilización de armas biológicas está tipificada en el Código Penal. Tanto los delitos de odio como los de terrorismo son, además, el origen de otros delitos aún más graves si cabe, como el de lesa humanidad o de genocidio. En este sentido, nuestro Código Penal dice lo siguiente:

—*Delitos de genocidio.* Art. 607 bis: el que causare a otro, por cualquier medio o procedimiento, la pérdida o la inutilidad de un órgano o miembro principal, o de un sentido, la impotencia, la esterilidad, una grave deformidad, una grave enfermedad somática o psíquica, será castigado con la pena de prisión de seis a doce años.
—*De los delitos de lesa humanidad.* Art. 607 bis: son reos de delitos de lesa humanidad quienes cometan los hechos previstos en el apartado siguiente como parte de un ataque generalizado o sistemático contra la población civil o contra una parte de ella.

El Estatuto de Roma de la Corte Penal Internacional[3], vinculado a Naciones Unidas y creado para juzgar los crímenes de lesa humanidad, argumenta su propia existencia «teniendo presente que, en este siglo [se refiere al siglo XX], millones de niños, mujeres y hombres han sido víctimas de atrocidades que desafían la imaginación y conmueven profundamente la conciencia de la humanidad». A continuación reconoce que «esos graves crímenes constituyen una amenaza para la paz, la seguridad y el bienestar de la humanidad» y afirma «que los crímenes más graves de trascendencia para la comunidad internacional en su conjunto no deben quedar sin castigo y que, a tal fin, hay que adoptar medidas en el plano nacional e intensificar la cooperación internacional para asegurar que sean efectivamente sometidos a la acción de la justicia».

La Corte Penal Internacional, con sede en La Haya, tiene competencia sobre los crímenes más graves para la comunidad internacional en su conjunto:

— El crimen de genocidio.
— Los crímenes de lesa humanidad.
— Los crímenes de guerra.
— El crimen de agresión.

Considero que estos cuatro delitos se están cometiendo en la Tercera Guerra Mundial.

---

[3] https://www.un.org/spanish/law/icc/statute/spanish/rome_statute(s).pdf

El gran chantaje: delitos de terrorismo y su vinculación con los medios de comunicación

¿Es terrorismo mediático lo que estamos soportando desde que en marzo de 2020 la OMS declaró la *pandemia?* Considero que así es, porque ha sido precisamente desde los medios —incluidas, por supuesto, las grandes corporaciones tecnológicas— desde donde se ha chantajeando y sometido a la población, poniendo en riesgo los pilares que sustentan el Estado de Derecho y el marco de convivencia de las democracias del mundo entero. Han favorecido su rápida transformación en dictaduras autoritarias.

Veamos lo que el Código Penal dice sobre los delitos de terrorismo:

De los delitos de terrorismo:
1. Subvertir el orden constitucional, o suprimir o desestabilizar gravemente el funcionamiento de las instituciones políticas o de las estructuras económicas o sociales del Estado, u obligar a los poderes públicos a realizar un acto o a abstenerse de hacerlo.
2. Alterar gravemente la paz pública.
3. Desestabilizar gravemente el funcionamiento de una organización internacional.
4. Provocar un estado de terror en la población o en una parte de ella.

El terrorismo mediático de la Tercera Guerra Mundial se caracteriza por su vocación de expansión internacional y por incorporar nuevas formas de agresión, que consisten en captar a líderes carismáticos —líderes de opinión— para que difundan mensajes, dogmas, eslóganes y consignas por radio, televisión, prensa y, especialmente, Internet, adiestrando y adoctrinando en el odio a los receptores de dichos mensajes. De este modo, las élites han dividido y polarizado a la sociedad, creando una especie de guerra de todos contra todos, intensificando la ofensiva con determinados idearios extremistas y empleándose a fondo contra quienes se consideran «enemigos», como los jóvenes «de botellón» o las personas que rehúsan vacunarse.

Dicho de otro modo: se ha provocado un *estado de terror en la población o en una parte de ella.* Y esta operación militar cuenta con la complicidad necesaria de gobernantes, periodistas, jueces, fiscales e incluso agentes de la Policía, que se han convertido en una institución al servicio de la tiranía, ya que (supuestamente) han prevaricado y cometido perjurio durante la *pandemia.* Todos hemos visto cómo agentes del «orden público» han golpeado, detenido y humillado a personas que transitaban por la calle sin mascarillas, provocándolas además para acusarlas de delitos de rebelión. Como ejemplo, la detención del doctor argentino Mariano Arriaga, que no presentó resistencia alguna, como podemos ver en el vídeo que grabó uno de sus compañeros de manifestación. Sin embargo, la jefa de Policía encargada de la operación expresó públicamente ante las cámaras de televisión que se había rebelado.

Si estas actuaciones de terrorismo mediático no son denunciadas y castigadas por ley, seguirán produciéndose en las futuras crisis artificiales que ya nos tienen preparadas.

El vínculo existente entre terrorismo y medios de comunicación viene de lejos. En marzo de 1952 apareció el llamado «Documento sobre el terror»[4], publicado en *News From The*

---

[4] Véase Niceto Blázquez, *El desafío ético de la información,* Editorial San Esteban, Salamanca, 2016, pág. 275.

Iron Curtain, donde se habla del terror general o masivo como una práctica de violencia extrema contra la población. El sujeto responsable del terror no suele ser un particular, sino un grupo de personas bien organizadas, y el objeto del terror puede ser todo un pueblo o un sector social que concentra a los individuos a los que se pretende eliminar. Según este documento, el terrorismo provocará un choque psicológico sorpresivo que dará lugar a una gran inquietud en la gente. Y lo hará creando un clima social de terror y abatimiento generalizado que permitirá al perpetrador imponer su voluntad. Un psicoescenario.

El terrorismo mediático tiene como objetivo fundamental dirigir a la opinión pública hacia una determinada forma de pensar manipulando la percepción colectiva de los ciudadanos sobre ciertas cuestiones sociales que acontecen en su entorno. Pero cuando es ejercido por los estamentos democráticos o por regímenes dictatoriales y totalitarios, el sistema mediático y el discurso político se retroalimentan para exigir «mano dura» o «tolerancia cero» contra todos esos «ciudadanos irresponsables» a los que hay que denunciar, multar, detener e incluso encerrar en prisión.

LOS MENSAJES SON LAS BALAS: OBJETIVOS DEL TERRORISMO MEDIÁTICO

El uso manipulador del lenguaje es tan antiguo como el dominio de unos seres humanos sobre otros. Todos los conquistadores, magos, religiosos, políticos, economistas e intelectuales utilizaron las palabras para confundir, aterrorizar, ocultar y mantener ocultas las verdaderas relaciones de dominio y explotación.

Las palabras —el lenguaje— son las balas que el terrorismo mediático dispara contra la población civil. De este modo provocan el miedo, bloquean nuestras opciones de defensa, se apropian de los espacios públicos y llegan a deponer a presidentes de países y a situar a otros en la cima del poder. Es una violencia simbólica en la que las palabras, las expresiones y los eslóganes políticos son como dosis de un veneno psicológico fabricado para que los ciudadanos lo ingieran sin hacerse pregunta alguna.

Amazon versus *Donald Trump*

Quienes ostentan el oligopolio de la industria de la comunicación no están interesados en la ampliación de conciencias ni en la creación de unas condiciones sociales que aumenten la calidad de vida de los ciudadanos a costa de reducir sus ingentes beneficios. Durante los últimos cuatro años lo hemos observado en la campaña mediática de desprestigio y desgaste internacional dirigida a sacar a Donald Trump de la Presidencia de Estados Unidos. Desde que llegó a la Casa Blanca, las élites globalistas lo consideraron un enemigo, una mala influencia, un elemento desestabilizador al que había que «eliminar» para que no truncase sus planes y arruinase sus negocios.

Así, el 2 de abril de 2018, Trump volvió a criticar en su cuenta personal de Twitter —lo había hecho ya varias veces— el impacto en el sector de la distribución minorista y el empleo estadounidense del gigante del comercio electrónico Amazon:

Solo los tontos, o peor, dicen que nuestro deficitario servicio de Correos gana dinero con Amazon. Están perdiendo una fortuna y esto debe cambiarse. Además, nuestros minoristas que pagan sus impuestos están cerrando tiendas por todo el país… ¡No hay igualdad de condiciones!

El precio de las acciones de la compañía fundada por Jeff Bezos cayó en picado, hasta situarse en 1.394 dólares. Es decir, Amazon perdió en un solo un día más de 20.000 millones de dólares (16.230 millones de euros) de capitalización bursátil. Las críticas de Trump contra la posición dominante de Amazon supusieron un peaje cercano a los 100.000 millones de dólares (81.155 millones de euros)[5], tras lo cual Jeff Bezos —dueño también del periódico *The Washington Post*— y el resto de los accionistas se conjuraron contra el entonces presidente de Estados Unidos.

> ### Amazon se desploma en Bolsa al cargar Donald Trump contra su baja fiscalidad.

Pero la venganza se sirve en plato frío. Y con las elecciones de 2020 llegó el momento de fraguarla. Los globalistas multinacionales se posicionaron junto a Joe Biden, apoyaron el movimiento Black Lives Matter (BLM) y el llamado «Asalto al Capitolio» del 6 de enero de 2021, que finalmente derrotó a Trump.

Black Lives Matter versus *Donald Trump*

Los llamados «movimientos civiles», que la prensa presenta como espontáneos, constituyen otra arma fundamental de esta Tercera Guerra Mundial. Con su presión —sobre todo mediática, pero también en las calles— atacan a determinados líderes o

---

[5] https://www.lainformacion.com/mercados-y-bolsas/noticias-amazon-amazon-se-desploma-en-bolsa-al-cargar-donald-trump-contra-su-baja-fiscalidad/6345349/

gobernantes que las élites consideran hostiles a sus planes. Así, por ejemplo, la Alianza para la Vacunación (GAVI), propiedad de la Fundación Gates, tiene reservado un espacio para las «organizaciones de la sociedad civil» a las que el Gran Arquitecto-Filántropo financia y apoya:

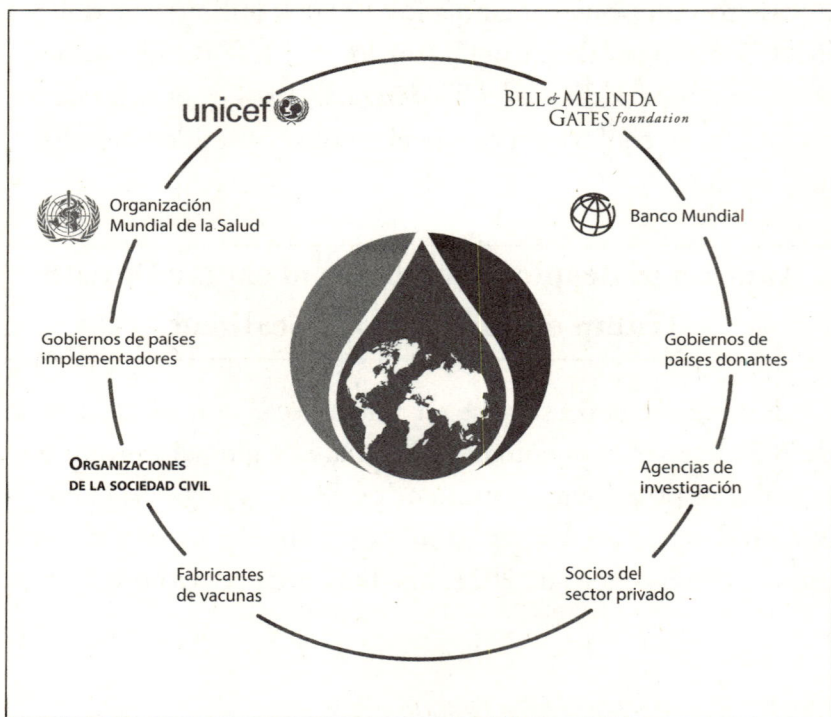

Alianza para la vacunación (GAVI).

En los meses previos a las elecciones de 2020, el movimiento Black Lives Matter tomó fuerza a raíz de la muerte de George Floyd en la ciudad de Mineápolis (Minnesota), «como resultado —según varios medios— de una práctica de abuso racial por parte de cuatro policías locales». El hecho generó una tormenta de indignación y protestas por todo el país en contra del racismo, la xenofobia y los abusos policiales hacia ciudadanos afroamericanos. Las protestas se extendieron a otras ciudades del mundo.

El 31 de mayo, la hipersensible Melinda Gates escribió el siguiente tuit:

> El vídeo de la brutal muerte de George Floyd me rompió el corazón. He visto las protestas que siguieron y me he sentido abrumada por la solidaridad. Y estoy escuchando cómo los defensores y activistas negros exigen a todos los estadounidenses que traten la justicia racial como una responsabilidad compartida.

Durante las siguientes semanas, la presión en las calles, en constante aumento, dio paso a las manifestaciones públicas de ciertos líderes de opinión e *influencers,* como Meghan Markle (duquesa de Sussex), que rompió su silencio para apoyar las «protestas contra el racismo»:

Meghan Markle habló sobre la muerte de George Floyd y las protestas de Estados Unidos.

Después del titular podía leerse: «La duquesa de Sussex dio un discurso a los alumnos de su antiguo instituto de Los Ángeles y dijo que lo que está ocurriendo es "absolutamente devastador" y que estaba nerviosa por no decir lo correcto, pero "me di cuenta de que lo único incorrecto era no decir nada"»[6].

Por su parte, el siempre dispuesto Barack Obama, premio Nobel de la Paz en 2009 que inició las actuales guerras de Orien-

---

[6] https://www.canalnet.tv/espectaculos/meghan-markle-hablo-sobre-la-muerte-de-george-floyd-y-las-protestas-en-estados-unidos_20200604/

te y las «Primaveras Árabes», tampoco perdió la oportunidad de sumarse a la campaña contra Donald Trump:

> **Obama considera las protestas una oportunidad para que despierte la ciudadanía.**

> **Obama reclama a los alcaldes de Estados Unidos que revisen los protocolos del uso de la fuerza policial[7].**

En este tipo de operaciones de influencia mediáticas (anteriormente denominadas de guerra psicológica), las Fuerzas de Seguridad siempre son culpabilizadas. Se trata de una trampa dialéctica y audiovisual, porque mediante la difusión de imágenes que *demuestran* la «brutalidad policial» se ataca al gobernante del Estado-nación contra el que la campaña se dirige, en este caso, Donald Trump.

Ni mucho menos estoy negando el hecho de que, en efecto, muchos agentes de la Policía estadounidense se extralimitan en sus funciones, pero quiero subrayar que los organizadores de estas protestas las concibieron para generar auténticas batallas campales en las calles y crear una sensación de caos que merme se la credibilidad del entonces presidente de la nación. Frente al caos que representa Trump, aparece un horizonte de orden simbolizado por sus rivales: Joe Biden y toda la camarilla que lo apoya.

---

[7] https://elpais.com/internacional/2020-06-04/obama-considera-las-protestas-una-oportunidad-para-que-despierte-la-ciudadania.html

Veamos un ejemplo de cómo actúa la maquinaria propagandística. En junio de 2020, en el diario *El País*[8], propiedad de las élites globalistas, apareció un artículo dirigido a destrozar la imagen pública y política de Donald Trump y elevar a los altares a su predecesor, Barack Obama:

> Frente a la *mano de hierro* que solicita el despliegue del Ejército para acallar las protestas, el mensaje de apoyo para todos aquellos que estos días luchan por cambiar un país que tiene «una larga historia de esclavitud y racismo». Frente a los *exabruptos que incitan a la violencia de Donald Trump*, la *voz calmada* del primer presidente negro de Estados Unidos, Barack Obama, habló y lo hizo fundamentalmente para dirigirse a los jóvenes de una nación que llevan ya más de una semana desafiando los toques de queda para clamar contra el racismo y la *violencia policial* tras la muerte de George Floyd, un hombre negro, bajo la rodilla de un policía blanco. [Las cursivas son mías].

El bueno de Obama proponía la calma, la esperanza y el despertar contra la tiranía presidencial. Les ofrecía a los jóvenes un futuro, les daba un sentido a sus vidas y les decía por dónde debían caminar para luchar contra el caos que, según él, implicaba el liderazgo de Trump:

> Pero Obama no traía un mensaje apocalíptico ni de enfrentamiento. El presidente del «sí se puede, declaró que por muy trágicos, difíciles e inciertos que fueran estos tiempos habían llegado como «una increíble oportunidad» *para que la gente despertara* y abriera los ojos para ver con claridad los desafíos y problemas estructurales a los que se enfrenta la sociedad. «Nos ofrecen

---

[8] https://elpais.com/internacional/2020-06-04/obama-considera-las-protestas-una-oportunidad-para-que-despierte-la-ciudadania.html

la oportunidad de trabajar juntos y derribarlos», expuso Obama en una reunión virtual ofrecida por su fundación, My Brother's Keeper Alliance. El expresidente ofreció lo que siempre ha ofrecido: esperanza. Lo que no es poco un tiempo de siembra, de odio y división. [Las cursivas son mías].

Ana Patricia Botín, miembro del comité directivo del Club Bilderberg, donde posiblemente conoció a Obama, también se mostró alineada con las supuestas protestas antirracistas en Estados Unidos. En junio de 2020 escribió estos tres *tuits*[9]:

Es difícil ver el vídeo de George Floyd bajo arresto. Pero, para citar a Ta-Nehisi Coates, «debemos ser ciudadanos conscientes de este mundo terrible y hermoso».

Santander se enorgullece de la diversidad de sus empleados y de las comunidades que nos llaman su banco. Así que me gustaría hacerme eco de nuestro director ejecutivo de Estados Unidos, Tim Wennes, cuando dijo ayer que reconocemos el dolor, la ira y la ansiedad que sienten muchos de nuestros amigos, familiares, clientes y colegas.

Que esta conciencia se convierta en solidaridad y acción, para hacer de nuestro banco un lugar mejor para trabajar, y de nuestras sociedades, un lugar de sanación.

¿«Un lugar de sanación» con la guerra que estaban organizando en las calles?

Esta campaña fue replicada por los miembros de la red globócrata, desde el más alto hasta el más pequeño, en todo Occidente, como el periodista de *elDiario.es* Moha Gerehou[10]:

---

[9] https://twitter.com/AnaBotin/status/1267726681080463360
[10] https://twitter.com/mohagerehou/status/1268072543249973249

> Que la acción no se quede en el hashtag #BlackOutTuesday.
> Esta es la convocatoria en Madrid para una concentración en memoria de George Floyd, de las vidas negras y contra el racismo.
> Este domingo a las 11 horas frente a la embajada de Estados Unidos. Si no podéis acudir, al menos difundid.

Esta ofensiva de guerra psicológica —disfrazada de lucha por los derechos humanos— fue difundida por todos los medios de comunicación de las élites, que sembraron la discordia, la división, la confusión y el odio entre la población para derribar a un presidente de Estados Unidos que esas mismas élites habían convertido en un demonio al que todo el planeta debía odiar. Y lo hicieron mediante una de las estrategias favoritas de la CIA —establecida durante la Guerra Fría— para crear un determinado estado de opinión en la población: la construcción de un mártir[11] (en este caso, George Floyd), al que nada ni nadie pueda poner en duda. De ese modo se influiría en el voto y se podría cambiar la dirección del país.

FINANCIACIÓN TERRORISTA: MERCENARIOS A SUELDO DE LA ESTRUCTURA DE PODER GLOBALISTA

Pero ¿quién paga a estas huestes?

Van de defensoras de los discriminados, pero están en la cumbre del feminismo orgánico y del movimiento negro, gracias

---

[11] El Programa Doctrinal de la CIA (1953), del que hablamos en el capítulo 2, en el epígrafe titulado «La Biblia de la Tercera Mundial», habla de esta estrategia como una de las formas para cambiar el estado de opinión de la población y aceptar los postulados del «mundo libre» frente al totalitarismo de la Unión Soviética y los países de su entorno.

a los cuales se han convertido en las líderes de una organización millonaria. Son Alicia Garza, Patrisse Cullors y Opal Tometi, conocidas por ser las fundadoras del Black Lives Matter. Desde hace años abogan por el supremacismo negro y la igualdad de género, mientras desatan la violencia en las calles de Estados Unidos en nombre de una nueva revolución marxista defendida por un ejército de jóvenes adoctrinados.

En 2015, Patrisse Cullors afirmaba:

> Realmente tenemos un marco ideológico. Alicia Garza, cofundadora de BLM, y yo somos organizadoras capacitadas. Somos marxistas entrenadas. Estamos muy versadas en todo tipo de teorías ideológicas y creo que lo que realmente intentamos hacer es construir un movimiento que pueda ser utilizado por muchos, muchos negros[12].

Esta «marxista entrenada» adquirió cuatro mansiones de lujo —tres de ellas por 3,2 millones de dólares— con los fondos recibidos tras la muerte de George Floyd. El patrimonio de Cullors ha ido en ascenso y los contratos millonarios parecen caerle del cielo. En octubre de 2020, la anticapitalista empezó a trabajar con Warner Bros Television Group para que los negros tuvieran más representación en las series y películas, según ella misma explicó en un comunicado. Los intentos por mantener oculta esta información han sido constantes, aunque, como es habitual, la verdad se ha abierto camino y las denuncias han llegado, aunque con cuentagotas. Sin embargo, la corrupción y la mercantilización del victimismo fariseo le ha costado caro.

---

[12] https://nypost.com/2020/06/25/blm-co-founder-describes-herself-as-trained-marxist/

A finales de mayo tuvo que dimitir de su cargo en la organización BLM[13].

Por su parte, Opal Tometi se presenta como «escritora feminista negra, estratega de comunicaciones y organizadora cultural». Es la directora ejecutiva de Black Alliance for Just Immigration (BAJI), una organización californiana marxista-leninista financiada por la Fundación NEO Philathropy. En realidad, el Black Lives Matter se financia de múltiples maneras, entre las cuales destacan las donaciones particulares y las de algunas organizaciones ligadas al Partido Demócrata. Es el caso de ActBlu, que ya sufragó las campañas presidenciales de Bernie Sanders de 2016 y 2020, y la de Joe Biden en 2020. Según el *New York Times,* la fundación demócrata ingresó 40 millones de dólares en las arcas del BLM, dinero que el movimiento usó para organizar las manifestaciones en Estados Unidos y en el resto del mundo.

Además, el BLM ha recibido donaciones millonarias de multinacionales como Amazon, Apple o Ikea —alrededor de 90 millones de dólares—. Otra organización implicada en el movimiento es la fundación Minnesota Freedom, que sufraga las fianzas de los detenidos en las revueltas. Según publicó el *New York Times,* en apenas unos días recaudó 20 millones de dólares en donaciones de particulares[14]. El dinero no solo se destina a la defensa jurídica de los salvajes manifestantes, sino que con él sufragan las acciones vandálicas y terroristas de gran parte de ellos. Es toda una organización criminal disfrazada de defensora de los derechos humanos.

---

[13] https://actualidad.rt.com/actualidad/393418-cofundadora-black-lives-matter-renuncia-criticas

[14] https://www.nytimes.com/2020/06/01/style/minnesota-freedom-fund-bail-george-floyd-protests.html

¿Quiénes son las víctimas?

En palabras de las fundadoras del BLM, lo que pretenden es revivir la «teología de la liberación en versión negra». Es decir, una mezcla de pensamiento religioso, marxismo y terrorismo dirigida a quebrar la estructura social defendiendo —según ellas— a todo aquel que «se sienta víctima del sistema». Pero ¿quién no se siente víctima del sistema? Todos podríamos adoptar la posición lastimosa de oprimidos, pero que no nos engañen: hay verdaderos oprimidos y hay oprimidos de salón, impostados, falaces, aprovechados y abusones. Las declaraciones de las líderes de BLM, como diosas antiguas del inframundo, llaman a todo tipo de demonios, a los que convocan para que acudan a sus cavernas: sociópatas, rebeldes sin causa propia, vándalos y depredadores, legiones y tropas que desatan su odio y destruyen ciudades con la promesa de que ellas los defenderán en los tribunales y de que los conducirán al paraíso.

Uno de los puntos clave de su «revolución» es la ofensiva estratégica contra la Policía: «Queremos que se deje de invertir tanto en armar a la Policía y que los recursos vayan a las comunidades negras, queremos poner fin a esta guerra contra los negros». Claro que lo quieren… A fin de cuentas, el movimiento responde a los objetivos de la Agenda 2030 y sus ciudades inteligentes, donde se prevé que los agentes desaparecerán para ser sustituidos por robots al servicio de la inteligencia artificial dirigida por los tiranos de las Big Tech.

Repito que no seré yo quien defienda la extralimitación policial en el ejercicio de sus funciones —durante la *pandemia* la he denunciado en repetidas ocasiones en mis plataformas de comunicación social—, pero es obvio que este tipo de operaciones psicológicas son el resultado de un pensamiento estratégico con objetivos y métodos a corto, medio y largo plazo.

Puesto que el BLM es un movimiento iconoclasta, a las pocas semanas de que estallaran las protestas, la alcaldesa de Washington, Muriel Bowser, del Partido Demócrata, rebautizó la calle que pasa frente a la Casa Blanca como Black Lives Matter[15], nombre que fue pintado por «activistas» con enormes letras amarillas sobre el pavimento en una acción claramente desafiante contra el presidente Trump. Cientos de estatuas fueron atacadas, derribadas y pintarrajeadas. La de Cristóbal Colón de Boston fue decapitada la noche del 9 de junio, después de que los manifestantes en Virginia demolieran otra estatua del almirante, la incendiaran y la arrojaran a un lago[16]. La de Juan Ponce de León, primer gobernante de Puerto Rico, fue retirada después de las protestas del 10 de junio en Bayfront Park, Miami. No se libraron ni George Washington ni Miguel de Cervantes. El busto del escritor universal, situado en el parque Golden Gate de San Francisco, apareció manchado con pintura roja y con la palabra «bastardo» junto a símbolos fascistas. En San Francisco (19 de junio) y Los Ángeles (20 de junio) atacaron las estatuas de fray Junípero Serra (1713-1784), el «apóstol de California», y cuatro días después, en Petra (Mallorca), su ciudad natal, su estatua apareció con una bolsa en la cabeza y una botella en la mano en la que sostiene la cruz. Esa misma semana, en Palma de Mallorca, alguien pintó en rojo la palabra «racista» sobre su monumento[17].

---

[15] https://www.elpais.com.uy/mundo/alcaldesa-washington-rebautizo-calle-pasa-frente-casa-blanca-black-lives-matter.html

[16] https://www.forbes.com.mx/mundo-asi-se-ven-las-estatuas-en-todo-el-mundo-despues-de-una-semana-de-protestas/

[17] https://www.lavanguardia.com/historiayvida/edad-moderna/20200629/481955036817/protestas-racismo-eeuu-floyd-estatuas-colon-cervantes-jefferson-davies-colbert-junipero-serra.html

Los ataques se extendieron a Francia, Bruselas, Italia, Inglaterra y Nueva Zelanda, mientras el BLM pedía un «revisionismo de la historia» y los antiguos héroes eran tachados de traficantes de esclavos, conquistadores o imperialistas. Una estatua del rey Leopoldo II, quien ha pasado a la historia como el muñidor de los asesinatos en masa de los congoleños a finales del siglo XIX y principios del XX, fue retirada por el Gobierno de la Plaza de Amberes, en Bélgica, después de convertirse en el blanco de manifestantes.

La estatua del duque de Wellington, en Glasgow (Escocia), apareció con una enseña del BLM. La de Churchill fue protegida por una cabina tras las protestas del 13 de junio en Londres, y otros setenta y ocho monumentos se tapiaron en Trafalgar Square para protegerlos de los ataques de los manifestantes.

Todas esas imágenes simbolizan el poder contra el que esta «organización de la sociedad civil» combate. ¿Y en qué consiste ese poder? Todas son imágenes del antiguo mundo, para ellos caduco y, por tanto, foco de su devastación. Su enemigo es la civilización occidental, asentada sobre el Derecho romano, la filosofía griega y los valores cristianos. Ni ley, ni pensamiento, ni democracia, ni moral. Todo debe ser arrasado para imponer el Nuevo Orden Mundial bárbaro.

12
BOTÍN DE GUERRA

> Jamás piensen que una guerra, por necesaria o justificada
> que parezca, deja de ser un crimen.
>
> ERNEST HEMINGWAY

EL CONTEXTO

A mediados de mayo de 2021 el mundo estaba en llamas. Vivíamos en un planeta enteramente en guerra. En Estados Unidos, en el marco de la ofensiva pandémica, el presidente Joe Biden amenazaba a sus conciudadanos con un chantaje propio de terroristas: «O vacuna o máscara». En suelo palestino, los musulmanes y los judíos volvían, una vez más, a las armas. Siempre que en la Tierra se producen fuertes turbulencias psicoemocionales, esa zona —considerada uno de los epicentros espirituales del planeta— estalla.

El Gobierno de Benjamín Netanyahu promocionaba una operación mediática internacional que alababa a Israel como el mejor modelo de gestión en la campaña de vacunación a la población. Sin embargo, a mediados de marzo recibí un *e-mail* que denunciaba una gerencia tiránica por su parte. Protejo la identidad de mi fuente y obvio mencionar su nombre:

> Estoy en contacto con varias mujeres activistas en Israel que me comunican la terrible situación en la que se encuentran. Des-

criben su día a día como una insufrible pesadilla. Su Gobierno está actuando como una organización terrorista. Están sufriendo una censura brutal que les impide comunicarse por cualquier medio. En muchos aspectos la situación es parecida a la que estamos viviendo aquí. Pero en otros es muy diferente. ¡Están vacunando sin opción a oposición a mujeres embarazadas y a niños!

Están utilizando los medios de comunicación para generar odio entre la población vacunada y la no vacunada. De tal modo que los no vacunados temen por sus vidas. Quienes no cumplen con el programa de vacunación pierden de forma inmediata el libre acceso a cualquier establecimiento público. También pierden su puesto de trabajo o el acceso a la educación. Las calles están repletas de agentes de la ley y el orden, intimidando a todo el público en general.

Por otro lado, el tráfico aéreo se ha suspendido. Todos los vuelos comerciales han sido cancelados. Son prisioneros en su propio país, en el que nadie puede entrar ni salir. Israel se ha convertido en un campo de experimentación.

Se están dando graves efectos secundarios en gran parte de las personas vacunadas, pero de eso no se habla en los medios. A día de hoy, se estima que se ha vacunado aproximadamente a la mitad de la población. Unos cinco millones de personas.

Israel necesita y pide ayuda. Las activistas con quienes trabajo están en contacto con importantes periodistas, médicos, abogados, disidentes, etc. Me preguntaba si estarías interesada en establecer algún tipo de comunicación con ellas. El enlace que te mando es un vídeo de una de las activistas de las que te hablo[1].

---

[1] https://m.facebook.com/story.php?story_fbid=2954302444838768&id=100007771245234 Esta activista pedía difundir este vídeo: «Por favor, ayúdanos y comparte estos crímenes contra la Humanidad. Hoy es Israel, mañana puede ser tu país».

Este grupo de médicos, abogados, activistas y ciudadanos vinculados a la comunidad Anshe Ha-Emet (Pueblo de la Verdad) ha demandado al Gobierno de Netanyahu ante la Corte Internacional de Justicia por violar el Código de Núremberg. Lo acusan de «crímenes contra la humanidad» por no pedir el respectivo «consentimiento informado» para la vacunación y de experimentar con los ciudadanos con las controvertidas vacunas de ARN mensajero, según informó el sitio web de noticias y apostolado laico *Church Militant* el 22 de marzo de 2021. La antropóloga judía Karen Herradine expuso lo siguiente:

> El Código de Núremberg, redactado después de que los médicos nazis fueran juzgados por realizar sus experimentos médicos con los prisioneros de los campos de concentración, estipula que es profundamente antiético forzar o coaccionar a una persona para que participe en experimentos médicos.

La indignación por la vacunación forzada en Israel aumentó cuando el director general de Pfizer, Albert Bourla (cuyos padres sobrevivieron a los campos de concentración nazis), calificó a Israel de «laboratorio mundial» para sus vacunas en una entrevista con *NBC News*[2].

El bufete de abogados A. Suchovolsky & Co. Law, que representa a los demandantes, argumenta que el acuerdo de Netanyahu con Pfizer consiste en un intercambio de millones de vacunas por información médica secreta y personal de los vacunados sin su consentimiento.

---

[2] https://www.youtube.com/watch?v=IAzIfqFI3cM YouTube NBC, 27 de febrero de 2021.

En una entrevista con el poeta y autor francocanadiense Guy Boulianne, la abogada Ruth Machnes Suchovolsky habló de la «dictadura» médica israelí:

> Es terrible lo que ocurre aquí. La gente enferma de parálisis. Y los medios de comunicación lo ocultan. Es una verdadera masacre. Una mujer de treinta y cuatro años, madre de cuatro hijos, no puede mover la mitad de su cuerpo. Está en una silla de ruedas. Han vacunado indiscriminadamente al 81 % del ejército. Es una dictadura médica. No podemos elegir en qué tipo de mundo van a vivir nuestros hijos. Tenemos que luchar[3].

Gilad Rosinger, nieto de un superviviente de los campos de concentración nazis, describió el sistema de pasaportes verdes como una «agenda preholocausto». Y agregó: «Si no te sometes a esta agenda perversa, demoníaca y tiránica; si decides decir: "¿Sabes qué? No estoy dispuesto a participar en este programa experimental", eres considerado un ciudadano de segunda clase en Israel»[4].

Por su parte, en la India, en mayo de 2021, la propaganda pandémica estaba en todo su apogeo[5]. Los medios oficiales hablaban de que se habían superado los 270.000 muertos, pero ocultaban los datos que algunos médicos habían intentado difundir: las muertes se estaban produciendo después de vacunar a la población. Así lo expresó la doctora española Amaia Forces[6] el

---

[3] https://www.churchmilitant.com/news/article/israel-hauled-before-hague-for-vaccine-holocaust

[4] https://www.facebook.com/watch/live/?v=423029958933793&ref=watch_permalink

[5] https://www.europapress.es/internacional/noticia-india-rebasa-270000-fallecidos-coronavirus-20210516082542.html

[6] https://www.20minutos.es/noticia/4678742/0/una-sanitaria-espano-la-en-la-india-gente-vacunada-con-astrazeneca-se-contagia-de-la-nueva-variante/ y https://www.elperiodico.com/es/yotele/20210430/ana-rosa-estupe-

29 de abril de 2021 en el *Programa de Ana Rosa* (Telecinco). Sin embargo, los medios españoles manipularon la información para centrarse en la propaganda provacuna y seguir aterrorizando con el mensaje de que la variante india llegaría de forma inminente a España y al resto del planeta provocando una gran devastación. Las cifras que se manejaban señalaban que se habían vacunado 40 de sus 1.300 millones de habitantes.

Taiwán volvía a reclamar su entrada en la OMS, una petición que el PCCh viene vetando en todos los organismos y foros internacionales en los que participa. El embajador del país en España, José María Liu, me recibió en su oficina el 12 de marzo de 2021, gracias a la intermediación del periodista chino Yuan Lee. *Epoch Times Asia* difundió la reunión[7]. El embajador me alertó acerca de la posibilidad de que el próximo año pueda suceder una guerra entre la isla de Taiwán y China, ya que la amenaza del gigante «va a ser cada vez más fuerte». Por ello, Taiwán está organizando su autodefensa y comprando armamento militar a Estados Unidos. El régimen de Pekín viola permanentemente su territorio aéreo para mostrar su superioridad. Liu argumentó que era necesario pararle los pies a China porque su expansión hegemónica no solo afecta a esta isla de 24 millones de habitantes, sino a las colindantes, como Filipinas, y al resto de países y organismos internacionales. «¿Pero cree que habrá guerra?», le pregunté. A lo que me respondió: «En estos momentos, todo es posible y todo es imposible. Pero los líderes políticos tienen que intentar evitarla. Es un mandato». Por ello Taiwán trabaja sin descanso para establecer y fortalecer vínculos diplo-

---

facta-ocurre-variante-india-11692136. Estas noticias ocultan la entrevista completa, que puede encontrarse en el citado programa, en la web de Telecinco de esa fecha.

[7] https://www.epochtimes.com/gb/21/3/17/n12816192.htm

máticos con todos los países. «El PCCh tiene 90 millones de miembros, pero en China hay 1.400 millones de habitantes. Esto significa que la población está controlada por una minoría», subrayó Liu. Le propuse que hablásemos de tiranías: «En la historia, los tiranos siempre caen. El PCCh es cada día más inestable, por eso necesita incrementar su control, porque tienen falta de confianza en sí mismos. China ha aumentado este año su presupuesto militar en más de 200.000 millones de dólares, y Taiwán, un poco más de 13.000 millones, dieciséis veces menos. Para mí, como taiwanés, es imposible vivir en dictadura porque he nacido en democracia. Y vamos a defenderla. Los taiwaneses prefieren morir antes que vivir en una dictadura».

¿Por qué no hay una campaña mediática dirigida a dar a conocer la exclusión de los taiwaneses de una institución —la OMS— que no se cansa de declarar que «trabaja por la salud global»?

Por su parte, en mitad de estas tensiones diplomáticas, Xi Jinping lograba atraer la atención internacional con titulares como este: «China hace historia al posar un vehículo en Marte en su primera misión»[8]. Como he expuesto en diferentes trabajos, el país asiático no solo ha manifestado públicamente su intención de ser la próxima potencia de la Tierra, sino que sus ambiciones se dirigen también al control del espacio. Cuando le hablé de este asunto, el periodista y activista Yuan Lee me dijo:

Lo primero que hice cuando vine a España fue buscar información acerca de Tiananmén. Sabía que había ocurrido algo en

---

[8] https://www.publico.es/internacional/mision-china-marte-china-historia-posar-vehiculo-marte-primera-mision.html. El explorador Zhurong —nombre de un dios del fuego de la mitología china— amartizó el 15 de mayo en una llanura de la Utopia Planitia, tras lo cual consiguió enviar señales a la Tierra, según la Administración Nacional China del Espacio (CNSA).

1989, pero en China esa historia está censurada. Vi los tanques en la plaza pasando sobre los cuerpos de los estudiantes y no paré de llorar. Yo tenía 23 años. Me comparé con ellos y me sentí un cobarde. ¿Qué hicieron ellos y qué estaba haciendo yo? 8.964. Esa cifra está prohibida en China. Allí no saben qué ocurrió. Sabemos que hubo una masacre, pero los detalles están silenciados. Por eso estoy comprometido en denunciar la tiranía del PCCh. Hay que hacer lo correcto.

Mientras tanto, en el hemisferio suramericano, en las calles de Colombia reinaba el caos al son de un vandalismo imbricado en las protestas del movimiento antifascista de los filántropos y los guerrilleros venezolanos disfrazados de policías. Los agentes de las Fuerzas de Seguridad no distinguían entre ellos y los manifestantes reales, por lo que los golpes y disparos se repartían por igual. Se desataron actos de violencia sexual, tratos inhumanos y degradantes contra los participantes, así como asesinatos de indígenas. Era un *totum revolutum* que el presidente Iván Duque ni entendía ni estaba capacitado para gestionar. La maquinaria propagandística de guerra lo señalaba como culpable. Que lo fuera o no apenas importaba.

Chile vivió una situación similar entre octubre de 2019 y marzo de 2020. La revuelta social se dirigió contra el presidente Sebastián Piñera y estuvo protagonizada por una importante parte de la sociedad que recibió el apoyo de los movimientos feministas financiados por el sistema elitista. Los actos iconoclastas se combinaron con el incendio de las iglesias y parroquias, así como con el derrumbe de las estatuas de los hombres que la historiografía chilena considera sus héroes antiguos, como Pedro de Valdivia o el general Baquedano, al que rodearon con un gran «ojo que todo lo ve». Este símbolo aparecía por todas partes, ya fuera en pintadas o en los pechos desnudos de las manifestantes.

411

La iconoclastia es un viejo mecanismo destructivo que encuentra su matriz en la Revolución Francesa y, más cerca de nosotros en el tiempo, en el estallido estudiantil de Mayo de 1968, movimiento diseñado en los laboratorios sociales de la Escuela de Chicago. La destrucción de los iconos simbólicos es una táctica de la guerra cultural con la que se pretende legitimar la muerte del régimen imperante para dar paso a la construcción de un nuevo mundo. Algunas de las acciones en Chile consistieron en representar la extracción de un ojo a estatuas como *La Serena* o la del filósofo Demóstenes. ¿En el nuevo mundo que reivindicaban los sesenta y ochistas, la filosofía estaría tuerta o incluso ciega? ¿Cómo se puede ser libre sin filosofía?

De este modo dejaban claras sus intenciones y las estamos viendo ahora: la Tercera Guerra Mundial va dirigida contra la civilización actual y afecta a todos los ámbitos, desde la economía hasta la política, desde lo social hasta lo cultural, desde la educación hasta la filosofía.

A finales de mayo, el Séptimo Juzgado de Garantía de Santiago de Chile declaró admisible una querella presentada contra el presidente Sebastián Piñera por su presunta responsabilidad en la supuesta toma de muestras «fraudulentas» de exámenes PCR para detectar el COVID-19[9].

Por su parte, en Perú renacía el movimiento terrorista Sendero Luminoso, con su marxismo teológico de la liberación.

Y en España, el asalto de miles de ciudadanos marroquís y subsaharianos a las fronteras de Ceuta y Melilla provocaba una escalada de tensión diplomática con Marruecos.

---

[9] https://www.latribuna.cl/noticias/2021/05/27/tribunal-declaro-admisible-querella-contra-presidente-pinera-por-presuntas-tomas-fraudulentas-de-test-pcr.html

En la imagen de la izquierda, estado en el que quedó el monumento al *Ingenio de la Libertad;* derecha, feministas en la Plaza de la Dignidad, Santiago de Chile[10].

También en este turbulento y bélico mes de mayo, Facebook levantó su prohibición y censura contra las noticias y opiniones acerca de la tesis del virus quimera fabricado en laboratorio. Pero yo ya estaba expulsada de la «comunidad» y no se me permitía exponer mis investigaciones al respecto. Aun así, comenzaba a resquebrajarse la *omertá* de las élites globalistas.

Después de más de un año de persecución a las voces críticas de la versión oficial, el cambio se produce porque fuentes de los servicios de inteligencia de Estados Unidos consideran que hay algunas pruebas que justifican una mayor investigación de la teoría de la «fuga de laboratorio» sobre el origen de la enfermedad. La ruptura de la ley del silencio arrastraba hasta al corrupto doctor Fauci, que también ha comenzado a hablar de «accidente» en el laboratorio de Wuhan. Nótese que subrayan la filtración accidental y silencian la posibilidad del lanzamiento intencionado, posibilidad que considero más veraz.

---

[10] http://inventarioiconoclastadelainsurreccionchilena.com/

Sin duda, algo grande estaba ocurriendo en los campos de combate metapolíticos. Algo que afectaba a ambos bandos: el del Bien y el del Mal.

EL BOTÍN POLÍTICO: EL TRONO DE ESTADOS UNIDOS

«Vamos a acabar con Trump y a imponer el socialismo y el feminismo negro en este país de esclavos», sentenció Alicia Garza (dirigente del BLM) tras el estallido por la muerte de George Floyd. Obviamente, el entonces presidente de Estados Unidos fue calificado de racista, xenófobo y antifeminista. Se trataba de una de las más relevantes batallas de esta guerra. Sería un combate a muerte para conquistar el trono presidencial de la primera potencia del mundo ante la cercanía de las elecciones presidenciales.

Estas luchas en nombre de la libertad y los derechos de la población negra destruyeron comercios, incendiaron ciudades, atacaron a ancianos y a niños y propiciaron que la ciudadanía se organizara para defender sus ciudades como si del Viejo Oeste se tratara. Pero la verdad era que tan solo estábamos en una de las escaramuzas previas al combate decisivo: el derrocamiento definitivo de Donald Trump mediante otra campaña propagandística de carácter mundial: el «Asalto al Capitolio».

El 3 de noviembre de 2020, cinco meses después de que estallaran las protestas en las calles de Estados Unidos al abrigo del BLM, se celebraron las elecciones presidenciales en las que el equipo formado por Joe Biden y Kamala Harris midió sus fuerzas frente a Donald Trump, ese verso suelto tan incómodo para las élites. Recordemos que, a finales del mes de mayo, Biden

La demócrata Nancy Pelosi (en el centro de la imagen), presidenta de la Cámara de Representantes, se arrodilla por George Floyd y muestra su apoyo al BLM.

había afirmado en una entrevista que quien votara por Trump «no es negro»[11].

Un mes después de los comicios, el 6 de enero, se produjo el «Asalto al Capitolio de Estados Unidos de 2021», que también tiene su propia página en Wikipedia[12], donde, dicho sea de paso, inmediatamente después de la publicación de *La verdad de la pandemia,* mi perfil volvió a desaparecer.

La revista *Time* dejó claro lo sucedido. ¿Cómo iba a perder la oportunidad de presumir de su hazaña? Habían ganado

---

[11] Durante la entrevista que le hizo Charlamagne tha God, copresentador del programa de radio *The Breakfast Club,* con cinco millones de seguidores, el entonces candidato pronunció esa frase en el último minuto: https://www.youtube.com/watch?v=KOIFs_SryHI

[12] https://es.wikipedia.org/wiki/Asalto_al_Capitolio_de_los_Estados_Unidos_de_2021

la batalla final y el mundo entero debería saberlo. El titular del artículo del 4 de febrero de 2021[13] es esclarecedor: «La historia secreta de la campaña en la sombra que salvó las elecciones de 2020». Estaba firmado por Molly Ball, la autora del *bestseller* titulado *Pelosi* (la primera mujer presidenta de la Cámara), que afirmó que la izquierda y la élite, junto con las Big Tech, manipularon las elecciones para «proteger» la democracia. ¿Habían creado una alianza para cometer un fraude para el bien? ¿Una alianza moral? ¿El fin justifica los medios?

Recordemos que el legendario director de *Time,* C. D. Jackson (miembro de la CIA), fue el organizador de la comitiva estadounidense de las primeras reuniones del Club Bilderberg y el jefe de la guerra psicológica del presidente Dwight D. Eisenhower. Jackson trabajó también en la Biblia de la Tercera Guerra Mundial y en *Time,* donde creó y popularizó el término mediático «experto» como operación psicológica de manipulación de masas. Con esos antecedentes, no extraña que la revista acusara a Trump de «teórico de la conspiración» cuando afirmó que le habían robado las elecciones. Pero no solo *Time* mostró claramente sus cartas. Todo el sistema mediático estadounidense e internacional del *establishment* atacó con ferocidad y con falta de rigor y de veracidad al entonces presidente. Quiero dejar claro que no estoy analizando ni la ideología ni la persona de Donald Trump, sino los métodos y las armas de guerra estratégica —mediática y psicosocial— diseñados y utilizados por las élites del poder para alcanzar sus objetivos.

A continuación destaco los párrafos del artículo de Molly Ball que considero más reveladores:

---

[13] https://time.com/5936036/secret-2020-election-campaign/

Algo extraño sucedió justo después de las elecciones del 3 de noviembre: *nada.*

La nación estaba preparada para el caos. Los grupos liberales habían prometido tomar las calles, planeando cientos de protestas en todo el país. Las milicias de la derecha se preparaban para la batalla. En una encuesta previa al día de las elecciones, el 75 % de los estadounidenses expresaron su preocupación por la violencia.

Una segunda cosa extraña sucedió en medio de los intentos de Trump de revertir el resultado: las empresas estadounidenses se volvieron contra él.

«Todo fue muy, muy extraño», dijo Trump el 2 de diciembre. «Unos días después de las elecciones, fuimos testigos de un esfuerzo orquestado para *ungir al ganador* [¿? Se supone que se refiere a Biden, pero no es verídico que Trump usara esta expresión que *Time* pone en su boca], incluso cuando todavía se estaban contando muchos Estados clave».

En cierto modo, Trump tenía razón.

Se estaba desarrollando *una conspiración detrás del escenario,* una que redujo las protestas y coordinó la resistencia de los directores ejecutivos. Ambas sorpresas fueron el resultado de una alianza informal entre activistas de izquierda y titanes empresariales. El pacto se formalizó en una declaración conjunta en la Cámara de Comercio de Estados Unidos y la AFL-CIO [Federación Estadounidense del Trabajo y Congreso de Organizaciones Industriales] publicada el día de las elecciones. Ambas partes llegarían a verlo como una especie de negociación implícita, inspirada en las masivas, a veces destructivas, protestas por la justicia racial del verano, en las que las fuerzas laborales se unieron con las fuerzas del capital para mantener la paz y oponerse al asalto de Trump a la democracia.

El apretón de manos entre las empresas y los trabajadores fue solo un componente de una vasta campaña partidista para proteger las elecciones, un extraordinario esfuerzo en la sombra dedicado no a ganar la votación, sino a garantizar que fuera libre y justa, creíble y sin corrupción.

[...] Su trabajo tocó todos los aspectos de la elección. Consiguieron que los Estados cambiaran los sistemas de votación y las leyes, y ayudaron a asegurar cientos de millones de dólares en fondos públicos y privados. Se defendieron de las demandas por supresión de votantes, reclutaron ejércitos de trabajadores electorales y consiguieron que millones de personas votaran por correo por primera vez. Presionaron con éxito a las empresas de redes sociales para que adoptaran una línea más dura contra la desinformación y utilizaron estrategias basadas en datos para combatir las difamaciones virales.

Porque Trump y sus aliados estaban llevando a cabo su propia campaña para estropear las elecciones. El presidente pasó meses insistiendo en que los votos por correo eran un complot demócrata y que las elecciones serían «manipuladas». [...]. Y pasó los meses posteriores al 3 de noviembre tratando de robar las elecciones que había perdido, con juicios y teorías de la conspiración, presionando a los funcionarios estatales y locales, y finalmente convocando a su ejército de partidarios a la manifestación del 6 de enero que terminó en violencia mortal en el Capitolio.

[...] Es la historia de una campaña creativa, decidida y sin precedentes cuyo éxito también revela lo cerca que estuvo la nación del desastre. [...]

Aunque suene como un sueño febril paranoico: una camarilla bien financiada de personas poderosas, [...] trabajando juntas detrás de la escena pública para influir en las percepciones y cambiar las reglas y las leyes, dirigen la cobertura de los medios y controlan el flujo de información. No estaban manipulando las elecciones; las estaban fortaleciendo. Y creen que el público debe comprender la fragilidad del sistema para garantizar que perdure la democracia en Estados Unidos.

En el artículo se señala a Mike Podhorzer, estratega y director político de la AFL-CIO (Federación Estadounidense del Trabajo), como el «arquitecto» que diseñó la operación de «protección» de las elecciones. Podhorzer comenzó a trabajar «con su red de contactos de todo el universo progresista: el movimiento sindical; la izquierda institucional, como Planned Parenthood y Greenpeace; grupos de resistencia, como Indivisible y MoveOn», y otros estrategas progresistas y activistas por la justicia racial:

> Proteger las elecciones requeriría un esfuerzo de una escala sin precedentes. A medida que avanzaba 2020, se extendió al Congreso, Silicon Valley y los poderes estatales de la nación. [La alianza] obtuvo impulso de las protestas de justicia racial del verano, muchos de cuyos líderes fueron una parte clave de la alianza liberal.

El artículo sigue explicando cómo con la excusa de la *pandemia* se instó a la ciudadanía a votar por correo y, de hecho, al final, «casi la mitad del electorado emitió sus votos por correo, prácticamente una revolución en la forma en que la gente vota». Mientras tanto, «las mentiras y las teorías de la conspiración de Trump, la fuerza viral de las redes sociales y la participación de extranjeros entrometidos hicieron de la *desinformación* una amenaza más amplia y profunda» para las elecciones. Esto llevó a las élites a tomar cartas en el asunto para eliminar «contenido o cuentas que difunden desinformación» y «controlar de manera más agresiva» las plataformas de comunicación. Así, en noviembre de 2019, «Mark Zuckerberg [Facebook] invitó a nueve líderes de derechos civiles a cenar en su casa, donde le advirtieron sobre el peligro de las falsedades relacionadas con las elecciones que ya se estaban extendiendo sin control». Vanita Gupta, presidenta y directora ejecutiva de la Conferencia de Liderazgo en

Derechos Civiles y Humanos, recientemente nombrada fiscal general adjunta en la Administración Biden, reconoció que en aquella reunión se vio con claridad la necesidad de «presionar, instar, conversar, intercambiar ideas para llegar a un lugar donde diseñamos reglas y cumplimientos más precisos».

El levantamiento por la justicia racial provocado por el asesinato de George Floyd en mayo no fue principalmente un movimiento político. Los organizadores que ayudaron a dirigirlo querían aprovechar su impulso para las elecciones. [...]

Decidieron que la mejor manera de asegurarse de que se escucharan las voces de la gente era proteger su capacidad para votar. [...] Las protestas del verano [BLM] habían demostrado que el poder de la gente podía tener un impacto masivo. Los activistas comenzaron a prepararse para repetir las manifestaciones si Trump intentaba robar las elecciones. Más de 150 grupos liberales, desde Women's March hasta Sierra Club o Color of Change, desde Democrats.com hasta Socialistas Demócratas de América, se unieron a la coalición «Proteja los resultados». [...]. Para detener el golpe que temían, la izquierda estaba lista para inundar las calles.

[...] Pero detrás del escenario, la comunidad empresarial mantenía sus propias discusiones sobre cómo podrían desarrollarse las elecciones y sus consecuencias. Las protestas de justicia racial del verano habían enviado una señal a los propietarios de negocios: el potencial del desorden civil para perturbar la economía.

Resultado de las elecciones presidenciales de 2020

El artículo de *Time* reconoce que «la noche de las elecciones se inició con muchos demócratas desesperados. Trump se adelantaba en las encuestas preelectorales; ganó Florida, Ohio y

Texas, mientras Michigan, Wisconsin y Pensilvania se mantenían demasiado cerca». Sin embargo, Podhorzer y sus colegas apenas se inmutaron, porque afirmaban que esos resultados estaban contemplados en su modelo. «*Si se contaban todos los votos, Trump perdería*», dijeron. Poco después, «Podhorzer presentó datos para mostrar que la victoria estaba al alcance de la mano» y que, por tanto, «*la campaña de concienciación pública* había funcionado».

Sin embargo, la situación seguía siendo muy complicada. El temor a que estallara la violencia en las calles llevó a la «alianza liberal» a intentar contener a los activistas progresistas, encabezados por el movimiento Antifa[14], para que no salieran a celebrar los resultados, pues eso podría dar lugar a enfrentamientos que justificarían la intervención de las Fuerzas de Seguridad, como había sucedido con el BLM.

El 7 de noviembre, cuatro días después de los comicios, y en mitad del caos y de la guerra informativa, los gigantes mediáticos de las élites ungieron a Biden ganador, invistiéndolo presidente de Estados Unidos sin esperar al recuento final ni a su posterior ratificación por parte de los diferentes Estados. Se mostraron muy apresurados por hacerse con el preciado botín… Trump había anunciado acciones legales contra lo que denominó «el robo de las elecciones», así que había llegado el momento de poner en marcha la siguiente fase: activar la maquinaria propagandística y asegurar que lo que Trump y sus votantes afirmaban no eran más que «teorías de la conspiración». Resulta paradójico que *Time* reconociera que la conspiración era real.

---

[14] Movimiento estadounidense conformado por grupos autónomos heterogéneos de izquierda que tienen como objetivo lograr cambios mediante el uso de la acción directa en lugar de reformas políticas.

Claro que se trataba de una «conspiración para el bien», es decir, tenía justificación moral.

El 14 de diciembre, Joe Biden fue nombrado presidente, de forma oficial, por el Colegio Electoral y posteriormente fue ratificado por el Senado el día 6 de enero de 2021. Su compañera de tándem, Kamala Harris, se convirtió en la primera mujer, primera persona negra, primera persona de ascendencia asiática y primera persona de ascendencia caribeña en ocupar el cargo de vicepresidenta de Estados Unidos. Todas esas «medallas» *new age* recuerdan a las de una militar que hubiera participado y vencido en una guerra mundial.

El asalto final

Pero faltaba la última batalla que daría la victoria definitiva en la guerra:

> Hubo un último hito en la mente de Podhorzer: el 6 de enero. El día en que el Congreso se reuniría para ratificar el conteo electoral, Trump convocó a sus partidarios para que acudieran a una manifestación en Washington, D. C. [...]
>
> Para su sorpresa, los miles de personas que respondieron a su llamada no se encontraron con contramanifestantes. Para preservar la seguridad y garantizar que no se les pudiera culpar por el caos, los activistas de izquierda debían «desalentar enérgicamente la contraactividad».

Dicho de otro modo: a los vándalos que habían incendiado las calles en los meses de verano ahora se les ordenó que se quedaran en casa. Y obedecieron. Es llamativo, ¿verdad?

Esa tarde, Trump se dirigió a la multitud vendiendo la mentira de que los legisladores o el vicepresidente Mike Pence podrían rechazar los votos electorales de los Estados. Les dijo que fueran al Capitolio y «lucharan como en el infierno». Luego regresó a la Casa Blanca mientras los asaltantes saqueaban el edificio [el Capitolio].

Los grandes medios hicieron un burdo montaje audiovisual superponiendo las imágenes de Donald Trump a las de eso que llamaron «el Asalto al Capitolio». El vídeo fue difundido por todo el mundo, culpabilizándolo de lo que ocurrió a continuación.

Mientras los legisladores huían para salvar sus vidas y sus propios partidarios eran pisoteados, Trump elogió a los alborotadores diciendo que eran «muy especiales».

Fue su último ataque a la democracia y, una vez más, fracasó.

Finalmente, la democracia venció. La voluntad del pueblo prevaleció. Pero es una locura, en retrospectiva, que se necesitara esto para organizar unas elecciones en Estados Unidos.

Un actor con la cara pintada y un gorro con cuernos apareció en las portadas de todos los periódicos del planeta. Los medios aseguraban que los que entraron eran seguidores de Trump descontrolados. La gran trampa logística y propagandística estriba en que aquel día, fuera de todo pronóstico, los verdaderos alborotadores se quedaron en sus casas. La campaña mundial con el nombre «Asalto al Capitolio» fue un éxito rotundo. En aquel momento, Trump supo que había perdido. Y mi opinión es que se retiró para evitar el estallido social que tenían preparado si finalmente no cedía a estas presiones. Si no se iba, las calles volverían a arder, como había sucedido en el mes de junio. Su imagen internacional estaba gravemente dañada. El tigre estaba en la jaula y era imposible escapar sin que su posible negativa a aceptar el destierro desembocara en una guerra civil en las calles.

¿Lo que ocurrió aquellos días que cambiaron la historia —no solo de Estados Unidos, sino del mundo entero— podría considerarse terrorismo mediático? Como acabamos de leer, la propia revista *Time* afirma que se creó una alianza de organizaciones civiles financiada por las élites empresariales y mediáticas estadounidenses, las mismas que apoyaron el Black Lives Matter, cuyas líderes, según ellas han reconocido, se inspiran en Elaine Brown, la legendaria líder de la organización terrorista Panteras Negras.

Una voluntad autoritaria que recurre al uso de la fuerza y de la violencia física para hacerse con el botín del trono de la Presidencia de Estados Unidos… ¿Acaso no es esto terrorismo disfrazado de «protección de los derechos humanos y de la democracia»? Si leéis la versión que aparece en Wikipedia sobre el «Asalto al Capitolio» os encontraréis con un relato de ficción.

La doctora María Alejandra Pastrana Sánchez, experta en Derecho Internacional, Procesal y Penal, expone:

En 2002, tan solo un año después de la aprobación de la PATRIOT Act, que produjo la tipificación de cuantiosos nuevos delitos, fue promulgada una nueva ley para reprimir la financiación del terrorismo: la «Suppression of the Financing of Terrorism Convention Implementation Act 179». En su sección 202 modificaba el Código Federal al introducir dos nuevos delitos: *proporcionar ayuda financiera al terrorismo* y entregar, colocar, descargar, o detonar un explosivo u otro dispositivo letal en o contra un lugar de uso público, edificios estatales o gubernamentales […]. Estos delitos continúan vigentes en el Código Federal actual.

[…] El Código Federal de Estados Unidos castiga *proveer o recolectar fondos,* directa o indirectamente, si la persona tiene la intención o el conocimiento de que esos fondos, en todo o en parte, van a ser usados para violar cualquier tratado contra el terrorismo […] o para dañar a un civil, siempre y *cuando el objetivo del acto sea intimidar a la población u obligar a un Gobierno o a una organización internacional a hacer o abstenerse de hacer algo»* [15]. [Las cursivas son mías].

No hay duda: los poderosos solo se sirven de la ley cuando les conviene. Son muchos los actos de terrorismo mediático que estamos presenciando y soportando. Y, mientras tanto, a los periodistas que no nos sometemos a la versión oficial, que la investigamos y analizamos, se nos considera enemigos en esta guerra.

EL BOTÍN ECONÓMICO

> Gates tiene un concepto napoleónico de sí mismo, un apetito derivado del poder y del éxito, sin que estos hayan fermentado y sin haber recibido nunca ningún revés.
>
> THOMAS PENFIELD JACKSON (juez presidente del caso de fraude antimonopolio Gates/Microsoft)

Millonarios gracias a las vacunas

Todas las guerras, además de conquistar el trono del poder, buscan obtener un botín económico para repartir entre los generales y las tropas aliadas que han participado en la contienda y asegurado la victoria.

---

[15] https://www.boe.es/biblioteca_juridica/abrir_pdf.php?id=PUB-DP-2020-171

El informe de People's Vaccine Alliance del 25 de mayo de 2021 destaca que entre los nuevos «multimillonarios de las vacunas» hay nueve presidentes o directores ejecutivos de empresas farmacéuticas que han acumulado un patrimonio neto de 19,3 mil millones de dólares durante la *pandemia*[16]. Los que hayáis leído mi libro anterior recordaréis que esta industria estaba alicaída. No tenían las ganancias deseadas, por lo que la obsesión con vacunarnos a todos responde también a un interés económico. Si en las dos guerras mundiales precedentes los industriales del acero y del petróleo se llevaron el botín, en esta Tercera Guerra Mundial han amasado aún más riquezas con las vacunas, las PCR, las mascarillas y los geles hidroalcohólicos.

El monopolio de las grandes farmacéuticas sobre las «vacunas COVID» ha generado un aumento masivo de la riqueza en 32.200 millones de dólares. Las vacunas han sido financiadas con dinero público ante la llamada de los filántropos y de la OMS, que organizaron grandes convocatorias y rondas de donaciones[17]. Si estas entidades no han cesado de propagar que trabajan al servicio de la humanidad, ¿cómo es que cobran por lo que, supuestamente, es un bien público mundial que, además, nos salvaría del caos, de los bloqueos económicos y de las restricciones jurídicas que padecemos? Respuesta: desde el principio, la falsa *pandemia* fue un negocio de guerra planificado.

La lista de los nuevos multimillonarios de vacunas incluye a cuatro magnates que se beneficiaron de los ingresos de la farmacéutica Moderna, el director ejecutivo de BioNTech y tres cofun-

---

[16] https://childrenshealthdefense.org/defender/nine-new-covid-vaccine-billionaires/

[17] Véase *La verdad de la pandemia,* ob. cit.

dadores de la compañía china de vacunas CanSino Biologics. Estos son sus nombres (ordenados según su patrimonio neto):

1. Stéphane Bancel, director ejecutivo de Moderna. Su capital asciende a 4.300 millones de dólares.
2. Ugur Sahin, CEO y cofundador de BioNTech. Capital: 4.000 millones de dólares.
3. Timothy Springer, inmunólogo e inversionista fundador de Moderna. Capital: 2.000 millones de dólares.
4. Noubar Afeyan, presidente de Moderna. Capital: 1.900 millones de dólares.
5. Juan López-Belmonte, presidente de la farmacéutica española Rovi, que llegó a un acuerdo con Moderna para fabricar un componente para la vacuna. Capital: 1.800 millones de dólares.
6. Robert Langer, científico e inversor fundador de Moderna. Capital: 1.600 millones de dólares.
7. Zhu Tao, cofundador y director científico de CanSino Biologics. Capital: 1.300 millones de dólares.
8. Qiu Dongxu, cofundador y vicepresidente senior de CanSino Biologics. Capital: 1.200 millones de dólares.
9. Mao Huihua, cofundador y vicepresidente senior de CanSino Biologics. Capital: 1.000 millones de dólares.

Entre los multimillonarios cuya riqueza se disparó durante la *pandemia* se encuentran inversores con acciones en las farmacéuticas que hoy detentan el monopolio de las «vacunas COVID», como el indio Pankaj Patel, presidente de Cadila Healthcare, compañía que, además de tener una vacuna en fase de experimentación, fabrica medicamentos como el Remdesivir para tratar la COVID, o Patrick Soon-Shiong, médico responsable de la vacuna ImmunityBio, seleccionada para la «Operación Warp Speed» del Gobierno de Estados Unidos, un programa dirigido a acelerar el lanzamiento de estas vacunas

Estos nuevos multimillonarios se unen al Olimpo de otras élites que también se han beneficiado de la *pandemia,* como el ya mencionado Elon Musk, de Neuralink y Tesla; Jeff Bezos, de Amazon; Mark Zuckerberg, de Facebook; Bill Gates, de Microsoft, y los cofundadores de Google, Larry Page y Sergey Brin. Todos ellos entraron en la lista de las diez mayores fortunas de *Forbes.* Entre los seis, desde principios de 2020 han aumentado sus capitales en 488.000 millones de dólares. Los botines de guerra son muy sustanciosos y no quieren compartirlos con las víctimas y damnificados, pues ya sabemos que las farmacéuticas se han blindado en sus contratos con los Estados ante las posibles denuncias por los efectos secundarios de las vacunas. Causas colaterales, los llaman. Tu muerte, si ocurre, tan solo es un efecto colateral.

Estas cifras astronómicas demuestran una vez más que la Agenda 2030 y el «Gran Reinicio» son un camelo para cabezas huecas. La dinámica del globalismo conduce a la creación de monopolios en todos los sectores productivos y la Tercera Guerra Mundial la ha acelerado. Mientras caían las PYMES de todo el mundo, aumentaba la concentración de riqueza en unas pocas manos, que, casualmente, en esta globalización suelen ser siempre las mismas.

Según datos de febrero de 2021, la *pandemia* se llevó por delante más de 207.000 empresas y a 323.000 autónomos en los primeros seis meses de crisis. El 21,5 % de las microempresas —las que tienen en plantilla de uno a cinco asalariados— echó el cierre durante los primeros nueve meses de 2020. En el mismo período se quedaron por el camino menos del 2 % de las compañías con cien o más trabajadores. De las más de 207.000 empresas que se han destruido, el 92 % —más de 190.000— son micropymes[18].

Thomas Jefferson defendió que el éxito de la lucha de Estados Unidos para superar el yugo del feudalismo anglosajón se basaría en el control perpetuo del territorio de la nación por decenas de miles de agricultores independientes, interesados en defender la democracia de un nuevo autogobierno. La ambición de Gates por apropiarse de los bienes raíces agrícolas de Estados Unidos incide en la dinámica de concentración feudal que distingue entre señores y vasallos.

Los bloqueos globales que este filántropo con complejo de Napoleón ha ayudado a orquestar y a implantar ha llevado a la bancarrota a más de 100.000 empresas en Estados Unidos y ha sumido a 1.000 millones de personas en la pobreza y la inseguridad alimentaria que, entre otros daños, mata a 10.000 niños africanos cada mes, mientras él, que se considera «defensor de los niños africanos», aumentaba su riqueza en 20.000 millones de dólares. Su fortuna lo convierte en el cuarto hombre más rico del mundo.

Con todo ese dinero Gates ha comprado voluntades políticas, mediáticas y médicas por doquier, mientras expandía su poder sobre las poblaciones globales adquiriendo los activos devaluados a precios de saldo y maniobrando por el control monopólico de la salud pública, privatizando las prisiones, la educación digital y *on-line* y las comunicaciones globales, promoviendo las monedas digitales, la vigilancia de alta tecnología,

---

[18] https://cincodias.elpais.com/cincodias/2021/02/03/economia/1612367119_734627.html#:~:text=As%C3%AD%2C%20de%20las%20m%C3%A1s%20de,%2C%20el%200%2C1%25

las redes de satélites, los sistemas de recolección datos y la Inteligencia Artificial[19].

El precio de las vacunas va desde los tres euros por dosis de la de Oxford-AstraZeneca, hasta los 31 de Moderna. Además, para viajar te obligan a hacerte una PCR, que puede costar entre 90 y 150 euros. Las grandes empresas multinacionales se están enriqueciendo desorbitadamente con productos financiados con dinero público. Un estudio reveló que el 97 % de la inversión para desarrollar la vacuna de AstraZeneca ha sido público[20]. ¿Y nos hablan de libre mercado? Es vergonzante. Este patrón de subvenciones a las megacorporaciones continuará con las «políticas verdes» que, obviamente, también estarán pagadas con nuestros impuestos.

Mientras los nuevos señores feudales esquilman a las clases medias y experimentan con la población mundial, a la que ha convertido en conejillos de indias, los casos de muertes y enfermedades causadas por las «vacunas COVID» no cesan de aparecer. Y eso que hacen lo posible por ocultarlos… Hasta el 25 de abril de 2021 se ha registrado en la base de datos FEDRA de la Agencia Española de Medicamentos un total de 17.297 notificaciones de acontecimientos adversos debidos a las «vacunas COVID», de las que ya se han administrado en España 14.290.507 dosis[21] (a fecha de este informe). Es decir, 121 noti-

---

[19] https://childrenshealthdefense.org/defender/bill-gates-neo-feudalism-farmer-bill/

[20] https://elpais.com/sociedad/2021-04-16/un-estudio-revela-que-el-97-de-la-inversion-para-desarrollar-la-vacuna-de-astrazeneca-fue-publica.html?ssm=TW_CM

[21] https://www.aemps.gob.es/informa/boletines-aemps/boletin-fv/2021-boletin-fv/5o-informe-de-farmacovigilancia-sobre-vacunas-covid-19/

ficaciones por cada 100.000 dosis. Recordemos que, con menos casos de COVID-19 diagnosticados, los informativos abrían con grandes titulares sensacionalistas y se efectuaban cierres perimetrales en poblaciones y ciudades. Según la Agencia Española del Medicamento (AEM):

> De las 17.297 notificaciones de acontecimientos adversos, 3.171 fueron consideradas graves, entendiéndose como tal cualquier acontecimiento adverso que requiera o prolongue la hospitalización, dé lugar a una discapacidad significativa o persistente, o a una malformación congénita, ponga en peligro la vida o resulte mortal, así como cualquier otra condición que se considere médicamente significativa.

El 80 % de los casos han sido comunicados por profesionales sanitarios; el 20 %, por ciudadanos particulares.

— Pfizer: 10.892 casos (63 %).
— AstraZeneca: 4.559 casos (26,3 %).
— Moderna: 1.780 casos (10,3 %).

La AEM no informa de los casos mortales, pero señala que más de tres mil notificaciones han sido consideradas graves. Es decir, aún no existen pruebas de que las «vacunas COVID» hayan salvado vidas, pero sí sabemos —según datos oficiales— que han causado una gran cantidad de efectos adversos e incluso enfermedades de enorme gravedad.

Las muertes producidas desde el inicio de la *pandemia* integran y aumentan el botín de guerra de estas élites obsesionadas con la reducción de la población.

Soberanías endeudadas

La Tercera Guerra Mundial está generando unos gastos gigantescos para los Estados y un drástico aumento de la deuda pública, que ha superado el 100 % respecto al PIB en el promedio mundial, aunque podría superar el 120 %. Según el informe de la escuela de negocios EAE Business School del 27 de enero de 2021, se ha producido un fuerte aumento del gasto junto a unos ingresos «inciertos»[22]. Respecto a España, el informe dice lo siguiente:

— En los primeros nueve meses de 2020, la deuda ha aumentado en España cerca de 19 millones cada hora, «un ritmo insostenible».
— El dato de deuda pública acumulado hasta la fecha en 2020 multiplica por más de 10 el incremento respecto al año anterior.
— Desde 2008, el incremento de deuda pública ha sido aproximadamente de 72.600 millones cada año.
— La deuda de la Seguridad Social se ha multiplicado por 3,4 desde el año 2015 y ha aumentado un 36 % en el tercer trimestre de 2020.
— El Gobierno estima que los ingresos públicos en 2021 aumentarán un 13 % respecto del ejercicio 2020 a través de tributos, como la Tasa Tobin o la Tasa Google, o las bebidas azucaradas, aunque es «poco probable a la vista de la evolución de la pandemia».

---

[22] https://www.eae.es/actualidad/noticias/el-covid-19-incrementa-la-deuda-publica-y-podria-superar-el-120-del-pib-en-2020-con-un-fuerte-aumento-del-gasto-pero-unos-ingresos-inciertos

— Cataluña es la comunidad más endeudada, con un 35,9 % del PIB, seguida de la Comunidad Valenciana (46 % de su PIB) y la Comunidad de Madrid (15,8 % de su PIB).
— El informe del EAE apunta a la creación de una moneda digital o criptomoneda como un modo de «volver a empezar».

En el momento de cierre del tercer trimestre de 2020, el volumen de deuda acumulada era de 1.308.439 millones de euros, que representa el 118,4 % del PIB estimado para dicho año y un aumento de 119.350 millones de euros en los primeros nueve meses, lo que supone un incremento de 442 millones de euros diarios de deuda pública. En comparación con el aumento experimentado en el año 2019, que fue de tan solo 15.509 millones de euros (42,5 millones cada día), el dato acumulado hasta la fecha en 2020 multiplica por más de 10 el incremento. Según explica Juan Carlos Higueras, el autor de este estudio del EAE Business School:

> Si continuamos a este ritmo, podría acabar el año 2021 con un aumento en volumen de 161.340 millones de euros, situando el nivel de deuda pública acumulada en 1,35 billones de euros, que equivalen al 122,2 % del PIB.

En un informe previo titulado «Deuda pública 2019», la escuela de negocios concluye que, en 2018, España pagó en concepto de intereses de la deuda un total de 29.301 millones de euros, es decir, el equivalente al 2,4 % del PIB, cantidad similar a la de 2017[23].

---

[23] https://www.eae.es/actualidad/noticias/espana-paga-cada-hora-335-millones-de-euros-en-intereses-de-una-deuda-publica-que-alcanzo-su-maximo-historico-de-121-billones

El incremento anual de la deuda de Estados Unidos es del 22,5 % y se prevé que en los siguientes seguirá creciendo hasta alcanzar el 136,9 % en 2025. Este elevadísimo volumen de deuda pública conlleva un gasto monumental en intereses: en el año fiscal 2019 fueron 327.000 millones de dólares, que aumentarán en los próximos años, más aún si la Reserva Federal sube los tipos de interés. De hecho, se sospecha que el endeudamiento puede ser tan elevado que podría provocar recortes en servicios públicos como la educación y la salud.

Por su parte, el informe de EAE Business School señala que China, pieza clave en el conjunto de la economía y geopolítica mundial y lugar en el que se sitúa el origen de la *pandemia,* alcanzó en 2020 un endeudamiento del 61,7 %, lo que supone 8,9 puntos más respecto a 2019 (52,6 %). En cuanto a la evolución de la deuda, todo apunta a que va a continuar un ritmo ascendente hasta situarse en el 78,1 % del PIB en 2025.

Rusia es otra de las economías que también están siendo afectadas por la *pandemia*. En 2015, su deuda era del 15,3 % del PIB; en 2019 disminuyó hasta el 13,9 %, para de nuevo aumentar hasta el 18,9 % en 2020. Se prevé que en los próximos años su endeudamiento irá disminuyendo levemente hasta alcanzar el 17,9 % en 2025.

Si hablamos de América Latina, el endeudamiento medio en 2020 alcanza el 79,3 % del PIB, lo que supone un aumento de 10,4 puntos en términos interanuales, y se espera que en los próximos años experimentará una ligera caída hasta llegar al 77,9 % en 2025. El incremento anual de la deuda pública brasileña es del 11,9 %, y el de Argentina, del 6,3 %.

En definitiva, los Estados soberanos están adquiriendo una deuda pública de tal calibre que solo los megamillonarios podrán comprar. Además, las condiciones de los préstamos que ofrece el Fondo Monetario Internacional son asfixiantes, hasta el punto de que vulneran las soberanías nacionales.

Con todo lo dicho, una pregunta se me antoja inevitable: en semejante situación geopolítica y económica, ¿a quiénes pertenecerán las naciones? Algunos ya se frotan las manos al pensar en el botín.

El poder de nombrar: la llave de la manipulación

Nos estamos acostumbrando a escuchar y a leer términos —usados para insultar— tales como «conspiranoico», «negacionista», «dictador», «fascista», «racista», a los que se oponen otros como «salvador», «protector», «responsable» o «demócrata». La pregunta clave es ¿quién pone esos nombres? ¿Quién etiqueta de ese modo a las personas y los acontecimientos? Los que tienen el poder. Son los propietarios de los medios de comunicación globales los que nombran y con los nombres tergiversan la verdad. Quien nombra tiene el Poder. Posee la llave maestra de la manipulación que le permite imponer su autoridad tiránica sobre el resto.

En la antigua Mesopotamia, el acto de nombrar era un símbolo de soberanía. En los poemas sumerios y babilónicos eran los dioses quienes nombraban. En el Génesis, el primero es Dios:

… Y le puso por nombre «día». A la oscuridad la nombró «noche». Y cayó la noche, y llegó la mañana. Ese fue el primer día. (Gn, 1:5).

Pero tras culminar la Creación, Dios le otorga a Adán, el primer ser humano, el poder de nombrar:

… El nombre que Adán puso a los animales con vida es el nombre que se les quedó. Adán puso nombre a todos los animales y aves de los cielos, y a todo el ganado del campo […]. (Gn, 2:19-20).

El nombre confiere al que nombra el dominio, la autoridad y el poder. Por ello, en las operaciones psicológicas de inteligencia, la estrategia fundamental consiste en elegir los nombres adecuados para las campañas mediáticas que posibiliten la consecución de los objetivos marcados.

Para lograr el botín del trono presidencial de Estados Unidos —para lo cual era imprescindible derribar a Trump— solo se reprodujo y se difundió una versión de los hechos que, al ser replicada por la gran maquinaria de guerra propagandística global, acabó siendo impuesta como *verdad* por la autoridad multicéfala que instrumentaliza el terrorismo desinformativo. Se trata de un arma enormemente violenta que desestabiliza el orden público, creando el caos, la confusión y las revueltas características de las guerras. Yo las llamo «Revoluciones de Arcoíris» porque prometen un tesoro al final del recorrido, unas riquezas, un paraíso que jamás será disfrutado por la población, sino por quienes financian estos métodos armamentísticos para sus beneficios e intereses particulares. Para ganar sus guerras y proclamarse vencedores.

El *establishment* globalista nombra como enemigos a Donald Trump, Jair Bolsonaro, Iván Duque, Vladimir Putin, Viktor Orbán y otros gobernantes y políticos que representan, o bien una postura nacionalista y soberana contra el globalismo elitista, o bien una resistencia a ser integrado en su sistema de vasallaje. Que el gobernante en cuestión sea un tirano no es relevante. Ese no es el problema. Si es un tirano títere, es un aliado; si es un tirano contrario, es un enemigo. No se trata de defender la libertad ni la democracia. La retórica de la libertad es utilizada para imponer la represión de derechos. El derecho a la información —reconocido en las Constituciones democráticas— acaba transformado en el derecho a la «conspiración por el bien».

En medio de las revueltas callejeras, la lógica de un ciudadano le lleva a pensar: «¿Por qué no se dan una tregua política los del partido de la izquierda y los de la derecha? Deberían hacer una declaración conjunta a favor de los derechos humanos y condenar al unísono la violencia. Los políticos deben ejercer su papel de defensores de la democracia, todos juntos, sin que los partidos o los colores los separen. Deben unirse por la paz. La escalada de violencia no puede continuar». Pero esta desiderata se torna imposible desde el momento en que uno de los bandos forma parte de la trama y solo con violencia y presiones es capaz de alcanzar el poder.

Condenados al ostracismo

El 8 de enero de 2021, solo dos días después de la operación de inteligencia llamada «Asalto al Capitolio», Twitter cerró la cuenta de Donald Trump, lo que indignó y escandalizó no solo a sus seguidores y votantes, sino a todos aquellos que advertimos que se trataba de un atentado contra unos derechos y libertades que solo son erradicados en las dictaduras. Si se atrevían con el presidente de Estados Unidos, ¡qué no harán con cualquiera de nosotros!

A partir de aquel día Twitter inició una persecución bélica contra los enemigos, es decir, contra las cuentas que criticaban el supuesto fraude de las elecciones. También aprovecharon para cerrar aquellas que apoyaban postulados similares a los de Trump o que se mostraban contrarios al globalismo y a la Nueva Normalidad. Pero esta acción le pasó factura a Twitter, que tres días después (11 de enero) perdió cinco millones de dólares en su valor de mercado.

Ese día también yo fui atacada y los tuits que escribí defendiendo la democracia frente a mecanismos totalitarios desaparecieron de mi muro. Uno de mis lectores me escribió este mensaje:

> Y no solo a Trump… Es muy triste que personas que tenemos otro punto de vista tengamos que estar migrando de un sitio a otro, de un canal o plataforma a otra por culpa de la #censura, por simplemente opinar distinto. Justo eso me demuestra que vamos por el camino correcto. Es muy fuerte lo que está pasando y pocos los que se están enterando.

El totalitarismo necesita dominar psicológica y sentimentalmente al individuo, y para lograrlo se hace con toda la maquinaria de la comunicación. Así, hemos pasado de la libertad de información a la libertad de manipulación, y de esta, a la libertad de represión. En esta guerra, el mal se ha ganado su derecho a «conspirar para el bien». Tremendo esperpento.

Las novelas *1984* y *Un mundo feliz* predijeron la instauración de un totalitarismo diseñado por las élites. Durante el siglo XX intentaron implantarlo en dos ocasiones, mediante el fascismo y el comunismo. No lo consiguieron, pero ahora estamos ante el tercer intento: el del globalismo, que es el nuevo totalitarismo. Y lo peor es que, como ya he dicho varias veces a lo largo de este libro, lo están haciendo *por nuestro bien,* para protegernos de ideologías maliciosas que perturbarían nuestro espíritu.

¿Lograrán sus propósitos? Depende de todos nosotros defender nuestros derechos y libertades. Hay que aguantar el envite y contraatacar.

En los orígenes de esta élite transnacional, el enemigo necesario era el «comunismo», palabra que usaban para catalogar cualquier idea —o a cualquier líder— que supusiera un obstáculo para sus ambiciones imperialistas y totalitarias. Ahora, el término al que recurren para simplificar y anular la resistencia y la crítica es «fascista» y en él engloban a todo aquel que ose enfrentarse a sus divinos dogmas. Quienes defienden la soberanía individual y nacional —frente a los abusos de las grandes compañías— son herejes. Constituimos una amenaza porque somos seres que en potencia ponemos en peligro sus planes puesto que cuestionamos sus postulados e inspiramos a otros a que nos sigan.

Si aparece un líder que defienda y promueva la independencia de la nación que gobierna frente al imperialismo globalista, cuyos órganos legislativos y ejecutivos son las instituciones supranacionales (ONU, OMS, Unión Europea, Banco Mundial, Fondo Monetario Internacional, etc.), se convierte de inmediato en una grave amenaza, en un peligroso ejemplo que podría extenderse por el mundo. Por tanto, habrá que derrocarlo, porque podría destruir los planes de gobernanza mundial por los que llevan décadas trabajando. Ahí tenemos las muertes de los presidentes de Tanzania, John Magufuli (marzo de 2021, tenía sesenta y un años), y Burundi, Pierre Nkurunziza (junio de 2020, con cincuenta y cinco años); de Suazilandia, Ambrose Dlamini (diciembre de 2020, cincuenta y dos años), y Costa de Marfil, Hamed Bakayoko (marzo de 2021, cincuenta y seis años). Los cuatro pusieron en evidencia la falsa autoridad de la OMS en materia de diagnóstico de enfermedades y de gestión de la *pan-*

demia, defendiendo la autonomía soberana de sus respectivos países. Muertes tan casuales como convenientes. Al poder solo le gustan los títeres como, por ejemplo, Mario Draghi, uno de los «amiguetes» en las reuniones del Club Bilderberg, a quien, aprovechando la *pandemia,* han colocado al frente del trono italiano.

El ataque estratégico desarrollado en tres grandes potencias de la economía mundial, como Estados Unidos, Brasil e India —rivales de China en su proyecto hegemónico mundial—, está teniendo nefastas consecuencias para la convivencia de los ciudadanos. El ataque mediático a la imagen pública internacional de Donald Trump y de Jair Bolsonaro por resistirse a admitir los postulados pandémicos de la OMS, junto a la campaña desinformativa sobre el torbellino pandémico que supuestamente ha asolado India (en mayo de 2021) es, sin duda alguna, una operativa de guerra psicológica, geopolítica y geoeconómica basada en la artillería pesada de la propaganda *mainstream.* ¿Podría ser también un ataque mediático la cacareada «cepa británica» del virus de la COVID-19? A fin de cuentas, hablamos de un país (Reino Unido) que ha osado abandonar la Unión Europea y destruir así «el laboratorio del posible gobierno mundial», como en su día la calificó Javier Solana, exministro socialista y exsecretario general del Consejo de la UE.

EL BOTÍN MÁS PRECIADO: EL CONTROL DE LA PSIQUE-ALMA

Harold Pinter, en su discurso de agradecimiento por la concesión del Nobel de Literatura (2005), cuenta el desarrollo de una de las sesiones negociadoras con las que, en la década de los ochenta del siglo pasado, intentaban poner fin al terrorismo dirigido a derrocar al Gobierno de Nicaragua. Un sacerdote, miembro de la delegación «nica», denunciaba así alguna de las acciones de la «Contra» somocista: «Hace unos pocos meses un grupo de la Contra atacó la parroquia. Lo destruyeron todo: la escuela, el centro de salud, el centro cultural. Violaron a las enfermeras y las maestras, asesinaron a los médicos, de la forma más brutal. Se comportaron como salvajes».

El portavoz de la otra delegación, un diplomático de Estados Unidos, escuchó, hizo una pausa, y entonces habló con gravedad. «Padre —dijo—, déjeme decirle algo. En la guerra, la gente inocente siempre sufre». Hubo un frío silencio. Le miramos. Él no parpadeó[24].

En todas las guerras, y en esta no iba a ser menos, las personas inocentes y las ingenuas son las que más sufren. A ellas hay que sumar las desinformadas, porque quienes viven en la confusión no logran discernir quién es el enemigo y, por tanto, ni saben ni pueden defenderse. Este sufrimiento no es solo una consecuencia, sino el objetivo perseguido. El arma se dispara para destruir la fuerza de la superestructura que construyó un determinado orden sociopolítico con sus códigos jurídicos y morales, culturales y espirituales.

Cuando un terrorista mata a una profesora, lo que pretende es aniquilar el conocimiento, la instrucción y los valores de la comunidad. Si un terrorista viola a una monja, lo que está propagando es que en su nuevo mundo la espiritualidad será erra-

---

[24] Juan M. Terradillos Basoco, catedrático de Derecho Penal de la Universidad de Cádiz, en el Prólogo a *La nueva configuración de los Delitos de Terrorismo*, de María Alejandra Pastrana Sánchez. Cádiz, noviembre de 2020: https://www.boe.es/biblioteca_juridica/abrir_pdf.php?id=PUB-DP-2020-171

dicada, porque no hay espacio para el alma ni para la comunicación trascendente con el más allá inmaterial.

Los actos terroristas se llevan a cabo para acabar con la moral del enemigo y rendir su alma ante el invasor. En la imagen de una escultura egipcia que se ve más abajo observamos el efecto de un acto terrorista perpetrado en la Antigüedad. Si aquel pueblo creía que el alma era insuflada por la nariz, lo primero que hacen los atacantes es destruir la nariz de la diosa para así erradicar el alma de la comunidad. Y sin su alma, esa civilización se encuentra desarmada.

En la antigua Grecia, lo más valorado era la psique, guardiana del intelecto, la brillantez, la inteligencia y la estrategia. De ahí que los invasores arrancasen la cabeza a las estatuas de las diosas.

Niké (Victoria) de Samotracia.

Contemplando estas imágenes y la iconoclastia bélica practicada contra la simbología ontológica de las civilizaciones que les rindieron culto, se entiende con exquisita clarividencia por qué algunos pretenden implantarnos un microchip en el cerebro y otras nanopartículas que interfieren en nuestra energía magnética. Quien logre subyugar y controlar tecnológicamente el proceso intelectual y espiritual de todos los habitantes de la Tierra se convertirá en el amo del mundo. Y si el amo intercede realizando una tecno-injerencia en el punto exacto —biológico— donde se produce la interconexión entre el cuerpo y el alma, destruirá al ser humano, que será transmutado en el esclavo perfecto.

Los antiguos egipcios ya explicaron en *El libro de los muertos* que esa interconexión se produce en el hipotálamo, región del cerebro que Descartes definió como el «hogar del alma». Mucho antes, Aristóteles señaló que en el hipotálamo se concreta la personalidad del ser humano, porque es allí donde se reúnen y se dosifican los sentimientos. Tenían razón. Así lo ha demostrado la ciencia actual[25].

Desde los años cuarenta del siglo XX, el arma principal para la manipulación ha sido la propaganda emocional. A partir de ahora el control asciende a otra fase tecnológica. En breve, las nanopartículas y los microchips serán más baratos y efectivos que la propaganda, porque los pagará el humano-masa-consumista que no quiere pensar. Que no sabe pensar porque no le han enseñado en la escuela. Puesto que en el hipotálamo se encuentra la llave de nuestro libre albedrío, si se anula o se destruye, el ser humano desaparecerá. Solo los estúpidos, los analfabetos funcionales, los insatisfechos o los consumistas engreídos se implantarían un chip que abriese la puerta de sus almas a los terroristas, a los depredadores y a los bárbaros, que no dudarán a la hora de invadir su último refugio, ese lugar sagrado, el *sanctasanctórum* donde se produce la comunicación con el origen y

---

[25] La estructura que nos capacita para ponderar equilibradamente los peligros, las pasiones, los miedos y las carencias es el hipotálamo. La emoción es un conjunto complejo de sensaciones, sentimientos y percepciones que tiene dos integrantes esenciales: el primero es subjetivo y se refiere a aquello que sentimos internamente, aquello que nos conmueve el alma y el cuerpo. El segundo afecta a la manera en que exteriorizamos esa emoción. Una sobredosis emocional puede ser peligrosa, porque podría nublar la razón y el pensamiento. Y es ahí donde entran el hipotálamo y la amígdala, que actúan como centinelas de las emociones. Véase Fernando Bayón, doctor en Derecho y catedrático de Organización de empresas: https://www.eoi.es/blogs/fernandobayon/2014/12/23/el-cerebro-emocional-i/

la fuente de la vida, con sus divinidades y con su propia luz. Solo un bárbaro le abriría la puerta de su alma a otro bárbaro.

Por el contrario, los indomables jamás entregarán su corazón, su mente y su alma a las bestias. Nunca mancillarían su cuerpo sagrado con tecnologías de control. Saben que, si al animal más fiero de la naturaleza se le extirpa el hipotálamo, se transforma en el más manso.

Pero el microchip se completa con la *vacuna transgénica.* De hecho, ¿por qué los trombos producidos por las «vacunas COVID» tienen lugar en el cerebro?

¿Cómo terminará esta Tercera Guerra Mundial? Un amigo militar me dijo en cierta ocasión que las guerras irremediablemente derivan en un «todos contra todos», que también alcanza al que las inicia. Cuando el Mal logra sentarse en el trono del poder cree que su reinado durará por toda la eternidad. Pero olvida que nunca puede predecirse, ni siquiera con el Big Data y la inteligencia artificial, cómo acabará la guerra. Ahora estamos en mitad de una. ¿Lograremos los indomables proteger nuestro botín más preciado y salvaguardar la esencia del ser humano, esa que nos hace dignos de tal nombre? ¿O permitiremos que los bárbaros, con sus alianzas estratégicas, sus *pandemias* y sus «grandes reseteos», extiendan el dolor y el sufrimiento por todo el planeta? ¿O, lo que es aún peor, que aniquilen para siempre nuestro libre albedrío y nuestra capacidad de pensar, de sentir y de amar? *Alea iacta est.* La suerte está echada y es responsabilidad de cada uno de nosotros elegir el bando en el que peleará el buen combate.

13
Totalitarismo teocrático

Estamos al borde de una transformación global.
Todo lo que necesitamos es la gran crisis indicada
y las naciones aceptarán
el Nuevo Orden Mundial.

David Rockefeller

¿El fin de la democracia?

«Queridos pasajeros, aquellos que viajen sin billete, que se comporten desordenadamente o que fumen en lugares públicos serán castigados de acuerdo a las reglas, y su comportamiento quedará registrado en el sistema de créditos e información individual. Para evitar cualquier registro negativo en su crédito personal siga las normas y cumpla las órdenes en el tren y la estación».

Lo que acabas de leer es una grabación real de un tren en Shanghái que muestra la punta del iceberg del sistema de crédito social puesto en marcha por el Partido Comunista Chino. Sí, es real… y aterrador.

El sistema, concebido hace más de una década e implementado en mayo de 2018, otorga una puntuación a todos y cada uno de los ciudadanos chinos en función de sus hábitos cívicos, su estilo de vida, las páginas web por las que navega, lo que compra en Internet y otras variables, como sus infracciones de tráfico. Es decir, una puntuación —que decide el Estado— marca la posición de los ciudadanos en la escala social del país, de modo que aquellos con un crédito alto tendrán un trato preferente por parte de la Administración. Por el contrario, quienes tengan una puntuación baja —los que «rompen la confianza»— se enfrentan a represalias, como la imposibilidad de acceder a determinados puestos de trabajo, la prohibición de comprar billetes de tren o avión, de alojarse en los mejores hoteles, de que sus hijos vayan a un buen colegio, e incluso la posibilidad, nada incierta, de que el Estado les quite sus mascotas. Todo esto además de ser incluidos en listas negras públicas de «malos ciudadanos» y sufrir el escarnio en las calles de las ciudades, que se empapelan con sus fotografías para que todos los reconozcan. Según el PCCh, el sistema del crédito social «es una base importante para implementar de manera integral la visión del desarrollo científico y construir una sociedad socialista armoniosa. Es un método importante para perfeccionar el sistema de economía de mercado socialista, acelerando e innovando la gobernanza social, y tiene una gran importancia para fortalecer la conciencia de sinceridad de los miembros de la sociedad, forjar un entorno crediticio deseable, elevar la competitividad general del país y estimular el desarrollo de la sociedad y el progreso de la civilización»[1]. Ahí queda eso.

Gracias al sistema de crédito social, el Gobierno tiene ingentes cantidades de datos a su disposición para controlar e intervenir en la sociedad, la cultura, el ocio, la política y la economía. Esta estrategia es deliberada y está muy bien pensada. «Con la ayuda del Big Data, el liderazgo de China se esfuerza por eliminar las fallas de los sistemas comunistas», ha escrito Sebastian Heilmann, del Instituto Mercator de Estudios de China en Ber-

---

[1] https://www.elmundo.es/tecnologia/2018/10/31/5bd8c1bfe2704e-526f8b4578.html

lín, en un artículo de opinión en *The Financial Times*. Esta gran cantidad de datos sobre la población guía al Gobierno chino para asignar recursos, resolver problemas y sofocar la disidencia. Eso es lo que esperan.

El sistema está en construcción permanente, implementando mejoras e innovaciones para el control exhaustivo con el que pretende estratificar y unir a unos grupos contra los considerados «no confiables», señala el escritor Murong Xuecun, quien ha tenido serios problemas con el Gobierno chino debido a sus libros. El literato cree que los disidentes sufrirán condenas aún más severas, un «castigo multifacético» que les hará ser más cautelosos con sus comentarios. «El Gobierno chino se inclina cada vez más por utilizar alta tecnología para monitorear a la gente común, convirtiendo a China en un Estado policial, en una gran prisión», dice el sociólogo Zhang Lifan. Por su parte, el profesor Rogier Creemers, experto en estudios sobre China y el uso de la inteligencia artificial y el Big Data por parte del Gobierno, señala que el PCCh está tratando de mantenerse en el poder «haciendo de China un lugar agradable y aceptable para que la gente viva y no se enoje. [...] Esto no significa que sea benévolo. Mantener a la gente feliz es un medio mucho más eficaz que emplear la fuerza»[2]. Es el «mundo feliz» de Huxley, y por ello los miembros del Club Bilderberg adoran el sistema chino. Esta forma preventiva de moldear la forma de pensar y de actuar de las personas, de reeducarlas con castigos y escarnios públicos, triunfará si la mayoría obtiene beneficios sociales y económicos, y colabora para que el Partido Comunista permanezca en el poder. La obediencia a la autoridad funciona si

---

[2] https://foreignpolicy.com/2018/04/03/life-inside-chinas-social-credit-laboratory/

se establece un contrato social donde las dos partes ganen. Como ya dijimos, el tirano tiraniza al pueblo con la ayuda de la mitad del pueblo.

Quizá algunos de mis lectores podrían pensar algo así como «bueno, esto está sucediendo en China, no hay de qué preocuparse. Aquí no nos puede pasar»... ¿De verdad creéis que en Europa estamos a salvo? ¿Acaso no es posible que se produzca aquí un dirigismo estatal totalitario de características semejantes al chino? Por poner solo un ejemplo, en el mes de febrero de 2021, el secretario general de la ONU, António Guterres, se lamentaba de que la *pandemia* se hubiera utilizado en varios países —no mencionó cuáles— para silenciar «voces disonantes» y medios de comunicación[3].

Utilizando la pandemia como pretexto, las autoridades de algunos países han adoptado severas medidas de seguridad y de emergencia para reprimir las voces disidentes, abolir las libertades más fundamentales, silenciar a los medios de comunicación más independientes y obstaculizar el trabajo de las organizaciones no gubernamentales.

O sea, que desde la ONU ahora se quejan de lo que la institución viene promoviendo desde hace años. Es el cinismo del simulacro.

La llamada «crisis del coronavirus», fundamentalmente inducida por la clase política y mediática, está siendo instrumentalizada para imponer cambios sociales y económicos de gran alcance junto con una expansión de la vigilancia permanente.

---

[3] http://euskalnews.com/2021/02/la-onu-admite-que-se-ha-usado-a-la-pandemia-como-pretexto-para-reprimir-abolir-libertades-y-silenciar-voces-disonantes/

El denunciante de la NSA (Agencia de Seguridad Nacional) Edward Snowden lo llama «arquitectura de la opresión»[4].

Más de seiscientos científicos han avisado de que nos dirigimos hacia una «vigilancia sin precedentes de la sociedad a través de aplicaciones pensadas para el «rastreo de contactos»[5]. En algunos países, el rastreo lo están realizando los servicios secretos, e incluso los ciudadanos están siendo monitoreados por drones (aviones espía no tripulados) y se enfrentan a una grave extralimitación policial[6]. Que desde la OMS hayan advertido que el rastreo de contactos no es recomendable «bajo ninguna circunstancia», desde el punto de vista médico y epidemiológico, me intranquiliza más que reconfortarme. Lo que consigue es ahuyentar a los rivales. Para tal fin ya está su amo Gates con su Microsoft.

A menudo se argumenta que las aplicaciones de rastreo de contactos seguirían siendo «voluntarias» y siempre «respetuosas con la protección de datos». Pero ¿alguien se cree esta afirmación? En varios países, el uso de las aplicaciones ya es obligatorio para ciertas actividades. Por ejemplo, en India, varios empleadores, administraciones, propietarios y compañías de transporte requieren la aplicación de rastreo[7]. Y en Argentina, todos los que están en el «espacio público» deben activar el rastreo de contactos de sus móviles[8]. En Australia, los medios de comunicación insultan a las personas que no usan la aplicación

---

[4] https://www.youtube.com/watch?v=pcqftzck_c
[5] https://www-esta.kuleuven.be/cosic/sites/contact-traning-joint-statement.
[6] https://off-guardian.org/2020/04/25/50-headlines-darker-more-of-the-new-normal/
[7] https://www.technologyreview.com/2020/05/07/1001360/india-aarogya-setu-covid-app-mandatory/
[8] https://www.heise.de/tp/features/cuidar-argentinien-ueberwacht-mit-einen-app-4720143.html

de rastreo, los consideran «idiotas» porque ponen en peligro a los demás y se les somete a una presión social constante[9].

Y, mientras tanto, en España, en el reino del fabuloso Pedro Sánchez…

> ## La intimidad ha muerto en España: el delegado del Gobierno podrá espiarte sin autorización judicial.

La norma, publicada en el BOE permite incluso la «elaboración de perfiles» para «predecir» el comportamiento del individuo. Como en la película *Minority Report*[10].

¿Gobierno mundial de corte fascista, social-comunista o liberalista?

Hay una pregunta en el aire que envuelve todo lo que tiene que ver con el diseño de ese gobierno global tan ansiado por las élites: ¿ganarán las tesis comunistas, socialistas, fascistas o liberalistas? El dictador vencedor, el que finalmente logre imponer su sistema, puede ser un marxista estatal que nos igualará a todos en la pobreza y en la inmovilidad mediante la inteligencia artificial y un carné por puntos. O tal vez vencerá la propuesta de

---

[9] https://www.news.com.au/world/coronavirus/australia/people-who-refuse-to-download-the-covidsafe-virus-tracing-app-are-the-new-antivaxxers/news-story/541c36fe5cdb56eb1a098b0b9a0dddcc

[10] https://www.hispanidad.com/confidencial/intimidad-ha-muerto-en-espana-delegado-gobierno-podra-espiarte-sin-autorizacion-judicial_12026606_102.html. Ver Ley Orgánica 7/2021, de 26 de mayo, «de protección de datos personales tratados para fines de prevención, detección, investigación y enjuiciamiento de infracciones penales y de ejecución de sanciones penales».

un gobierno mundial liderado por un grupo de banqueros e *intelectuales* ultraliberales que gestione todas las dimensiones de la vida, del pensamiento y de las actividades humanas, centralizando en manos privadas el control de las finanzas, la ciencia, la información y el conocimiento. La dinámica actual nos lleva a comprender que ambos modelos coinciden en el mismo punto: el fin de la democracia, de la libertad y de un Estado de Derecho que considere que, como personas libres, la vida de cada uno de nosotros debe ser reconocida y respetada por igual —también la de los críticos y los indómitos—. En definitiva, si triunfa la dictadura totalitaria, el resultado sería un gobierno manejado y dirigido por la codicia y la psicopatía de unos pocos, mientras a los ciudadanos se nos obliga a abandonar los valores que nos conforman como seres humanos para convertirnos en simples productores y consumidores, esclavos de una Arcadia feliz artificial.

¿CUÁL ES LA AGENDA MADRE?

— Un único Gobierno, un Gobierno Mundial (conflicto con el Estado-nación, las identidades y las soberanías).
— Un líder mundial títere (Obama, Biden-Harris, Macron...).
— Una sola moneda/mercado.
— Una religión única. Una civilización teocrática universal.

DE VUELTA A LA TEOCRACIA

En la Segunda Guerra Mundial la humanidad se encontró en una encrucijada entre el fascismo y el comunismo. En la Guerra Fría, el punto de inflexión lo marcarían el capitalismo o el comunismo. En la Tercera Guerra Mundial la duda está entre si se implantará un globalismo de Estado o un globalismo privado. En realidad, lo que subyace bajo la superficie de uno y otro es un patrón religioso. Las dos opciones confluyen en un sistema teocrático. El Nuevo Orden Mundial del globalismo es una teocracia totalitaria.

Recurramos a una explicación sintética del concepto de «religión». El *Diccionario* de la Real Academia Española lo define como «el conjunto de creencias o dogmas acerca de la divinidad, de sentimientos de veneración y temor hacia ella, de normas morales para la conducta individual y social y de prácticas rituales, principalmente la oración y el sacrificio para darle culto». *Creencias, dogmas, normas de conducta individual y social, sacrificio, ritos, veneración…* ¿No los estamos observando en el nuevo mundo que se está creando? ¿Acaso la famosa Nueva Normalidad no contiene todos esos elementos? Dicho de otro modo: ¿el escenario que se está construyendo no es una cosmovisión que trae consigo un nuevo código de conducta para alcanzar el paraíso futuro, la tierra prometida?

Estamos regresando a la teocracia mediante la construcción de un nuevo Estado global religioso. Regresamos a las cavernas. El globalismo de la élite del poder, con su guerra permanente contra el infiel, responde al patrón de una religión antigua. Con el advenimiento de una nueva veneración, hay nuevos creyentes y herejes, nuevos dioses, nuevos mandamientos «divinos», nuevos castigos y sacrificios, nuevos sacerdotes, sacerdotisas, obispos, cardenales —con mando jerárquico—. Una nueva fe, en definitiva, y un planeta entero que actúa casi al unísono, como una mente-colmena, en nombre de esa nueva fe.

La Tercera Guerra Mundial es, desde un punto de vista ontológico, una Guerra Santa en la que los enemigos y los adversarios son nombrados herejes y blasfemos, que de inmediato, solo por pensar y por cuestionar la fe gloriosa difundida en los sacerdotes mediáticos (en los informativos, tertulias, películas, publicidad, *influencers...*), pasan a ser criminales de guerra. Los obligan a renegar de su fe y a abandonar sus creencias personales. A negar lo que ven con sus propios ojos, sus valores y sus códigos tradicionales. Se les considera *negacionistas* de la pandemia, del cambio climático y de las distintas plagas que seguirán provocando los dioses supremos del cielo.

Nos ofrecen un paraíso en «la otra vida» que está por construir. Es decir, nos piden que pensemos a futuro. «No tendrás nada, pero serás feliz», nos dicen desde el templo del Foro de Davos. Sacrificarás tus propiedades —libertad, privacidad, intimidad, bienes...— a cambio de una felicidad futura, un concepto abstracto e inalcanzable que se adecua a la perfección a un mundo dominado por la zozobra, el miedo, la angustia y, por supuesto, la resignación. Qué exquisitos elementos para crear artificialmente —en las profundidades oscuras del *sancta sanctorum* de los laboratorios elitistas— una teocracia universal.

> *Hay una diferencia fundamental entre la religión, que se basa en la autoridad, y la ciencia, que se basa en la observación y la razón. La ciencia vencerá porque funciona.*
>
> STEPHEN HAWKING

> *Los que dicen que la religión no tiene nada que ver con la política no saben lo que es la religión.*
>
> MAHATMA GANDHI

El creyente

En esta nueva Guerra Santa, el creyente es, sencillamente, un normópata, un analfabeto funcional en unos casos y un analfabeto clásico en otros. Siervo y esclavo de su dios, se niega a desobedecer sus mandamientos y a cuestionar sus dogmas. El creyente asume, asimila y obedece las normas porque confía plenamente en su dios, del que espera cumpla la promesa de que el futuro sea mejor —así se lo han dicho—. Y, al mismo tiempo, es un héroe porque resiste, y un mártir porque se sacrifica en nombre de un bien mayor.

El creyente dispone de los diecisiete mandamientos de la Agenda 2030 para elegir a qué «orden monástica» consagrará su vida. Una de las que hoy tiene más predicamento es la de la lucha contra el cambio climático «provocado por el hombre».

En 2018, poco antes de que estallara la *pandemia,* el Panel Intergubernamental sobre el Cambio Climático (IPCC) publicó un informe demoledor en el que aseguraba que nos encontramos en estado de emergencia climática y profetizaba el advenimiento del Apocalipsis dentro de doce años. Mi amiga Claudia es una ferviente creyente de esta fe y asegura que una de las cosas que podemos hacer para evitar el Apocalipsis es no traer hijos al mundo, pues los profetas han dicho que el planeta está superpoblado. ¿Os suena esta letanía?

Obviamente, mi amiga me considera una hereje y evita escuchar mis argumentos. Creo que le da miedo quedarse sin una iglesia en la que resguardarse.

El creyente cumple con los mandamientos de esta nueva religión universal politeísta, como indica el *hashtag* #YoSíCumplo, adoptado como eslogan de la campaña del Ayuntamiento de La Oliva (Fuerteventura, Gran Canaria) a finales de marzo de 2021.

Al hereje hay que ponerle límites porque no sabe nada —la Verdad no le ha sido revelada— y es un amoral que pone en peligro a la comunidad de parroquianos. Hay que detenerle porque su ignorancia conduce a todos a la condena eterna de la muerte.

Los mandamientos de dios y la nueva fe

Los mandamientos del Antiguo Testamento o de la Torá, sintetizados en diez por el cristianismo, los cinco preceptos del Corán para los buenos musulmanes y los del hinduismo, se sustituyen por una serie de normas universales, recogidas en la Agenda 2030-50, que se resumen en «tú puedes salvar el planeta» o «si no cumples, estás condenando a la humanidad». Para ello, el devoto debe realizar ciertos sacrificios, como comprar un coche eléctrico, desplazarse en bicicleta a su centro de trabajo, cubrirse la cara con una mascarilla[11], no comer carne y no viajar en avión.

---

[11] En la campaña del Ayuntamiento de La Oliva integraron a líderes de colectivos sociales. La presidenta de Cotillo Joven, Luzma Rodríguez, sentenció que «la mascarilla ya no es solo un método de protección, sino una

Si no sigue esos mandamientos, el mundo desaparecerá o se verá abocado a padecer plagas, pandemias sistemáticas, pobreza extrema, calentamiento global y muertes. Es decir, todo «por tu culpa, por tu gran culpa»… Como bien decía Pío Baroja, «un paraíso conseguido sin esfuerzo no entusiasma al creyente».

Por supuesto, la fe es ciega y lo que diga la autoridad religiosa —uno de sus brazos es la «ciencia oficial»— es palabra de dios, una palabra que se difunde desde todas esas instituciones que solo unos pocos —los herejes— nos atrevemos a cuestionar. Me refiero a la ONU, a la OMS, al FMI, Unicef, a los laboratorios de dinámicas sociales, y a las fundaciones de los grandes filántropos, como la de Bill y Melinda Gates que, como grandes oráculos, saben cómo y cuándo llegan las crisis y cómo y cuándo se acaban. A los profetas ahora se les llama «científicos predictivos».

En 2015, Bill Gates pronunció una conferencia en la que ya alertaba de la llegada de una pandemia global para la que el mundo no estaba preparado. El principal filántropo de nuestro tiempo dio una serie de consejos para evitar esa tragedia que, según él, galopaba hacia nosotros con la furia de un jinete apocalíptico:

> Podemos construir un sistema de respuesta realmente bueno. Tenemos los beneficios de toda la ciencia y la tecnología. Tenemos teléfonos para obtener información y transmitirla, tenemos *mapas satelitales donde podemos ver dónde están las personas y hacia dónde se mueven* [vigilancia], tenemos avances en biología que deberían cambiar drásticamente el tiempo de respuesta para observar un patógeno y poder *fabricar medicamentos y vacunas* [armas] que se ajusten a ese patógeno. Podemos tener las herramientas, pero

---

señal de respeto hacia los demás». Y la directora de la Murga Las Sargoriás animó a cumplir las normas «porque hacerlo nos llevará a tener un futuro mejor». https://www.laoliva.es/noticias/4519, 31 de marzo de 2021.

esas herramientas *necesitan ser implantadas en un sistema global de salud.* [Las cursivas son mías].

Sin duda, estamos ante el que pretende ser el Gran Arquitecto social de nuestra era. Un mesías iluminado y salvador. El mismo que en 2010 afirmó: «Debemos hacer de esta la década de las vacunas». Dicho y hecho. Una década después aparece la necesidad y la esperanza de encontrar una vacuna para todo el mundo ante una plaga *pandémica.*

Elementos fundamentales de la nueva teocracia

Sinteticemos los elementos más relevantes de la Guerra Santa que se está librando para imponer la nueva civilización teocrática universal:

ORIGINALIDAD DE LA GUERRA SANTA

No hay declaración formal de guerra. Hoy tiene una justificación sanitaria, mañana será climática. Dependerá de las plagas y catástrofes que nos manden los dioses supremos del Olimpo.

CAMPOS DE BATALLA

Hay siete grandes campos de batalla para ganar la guerra por el dominio del mundo:

— Metafísico/espiritual.
— Geoeconómico.
— Geopolítico.
— Geosocial.
— Bioético-jurídico.
— Conquista espacial y tecnológica.
— La batalla por dominar el futuro.

ARMAS

— La comunicación en todas sus áreas son las balas y proyectiles: el lenguaje, la palabra, la prensa, la televisión, la educación, el cine, la cultura de masas, los *influencers, youtubers, instagramers*...

— Los medios de comunicación y la educación cumplen la función de proteger y legitimar el Nuevo Orden Mundial de los nuevos dioses.

Las ofensivas de guerra son maniobras de psicología religiosa dirigidas a diluir las fronteras entre la realidad y la ficción, haciendo que los ciudadanos perciban la inminencia de una serie de catástrofes —como las plagas de Egipto— que nos merecemos como castigo por habernos portado mal con la gran diosa Madre Tierra.

El MIEDO es una de las herramientas clave en la guerra teológica. Y el más potente de todos es el miedo a la muerte. Los sacerdotes horadan el carácter obsesivo de las personas en un ritual perpetuo que las lleva a un estado de trance hipnótico colectivo. Las masas normópatas completan el ritual autosugestionándose con la ayuda de las imágenes, también hipnóticas, lanzadas por sus cañones del ejército de brujos (televisor, móvil, tabletas, gafas de inteligencia artificial y otros dispositivos). Así, la mente de los hechizados se transforma desequilibrando su sistema inmunológico. Hay personas que han muerto, literalmente, por el miedo que les ha provocado la sugestión o la autosugestión.

Otra de las armas es la SOLEDAD: nos han prohibido convivir con nuestros seres amados. Solo un demonio podría inventar esta arma, solo los adoradores del Mal podrían dispararla mediante leyes y decretos, y solo los adeptos y fundamentalistas religiosos obedecerían una prohibición semejante.

Los sacerdotes científicos han diseñado ARMAS BIOLÓGICAS y VACUNAS para matar a las legiones enemigas de esta guerra sacrílega. El grafeno se vuelve un superconductor cuando se crean campos electromagnéticos artificiales, de modo que las personas vacunadas se convierten en «antenas móviles» que recibirán, de forma remota, las tele-órdenes de los brujos para modular su conducta y ponerlos al servicio del Estado teocrático.

La doctora Carrie Madej habla de la *luciferasa,* una encima luminosa que pretenden inyectarnos y que, con un simple teléfono móvil, permite saber si una persona está vacunada o no. El nombre luciferasa, que proviene de luz (la enzima emite luz), no es casualidad en una Guerra Santa.

PARTES DE GUERRA

Cada día los medios ofrecen el parte de guerra con los datos elaborados por los brujos (pseudocientíficos, pseudoperiodistas, políticos, gobernantes…) dirigidos únicamente a provocar miedo y, por tanto, a subyugar a los creyentes-esclavos.

HÉROES Y MÁRTIRES

Divide y vencerás. Las sacerdotisas y sacerdotes nombran. Y con los nombres dividen a la población etiquetando a los «obedientes-héroes» y a los «desobedientes-peligros públicos». Los sanitarios han sido presentados como héroes y mártires, mientras que a los negacionistas se les considera carentes de conciencia social y destructores de vida, y son perseguidos por *odium fidei* (odio a la fe).

DOCTRINA DE LA FE

La doctrina es un falso código de valores. La teocracia es la dictadura mundial de una fe aparentemente humanística.

CASTIGOS DIVINOS

Nos merecemos todo el mal que nos pase. Y por eso los dioses nos castigan.

Las medidas adoptadas por los sacerdotes vigilantes, como multar al hereje que no acate el mandato divino de usar mascarilla, secuestrarnos en casa, detenernos y llevarnos a comisaria, o cerrar nuestros negocios, son crímenes de Guerra Santa.

SOCIEDAD DE SACERDOTES

En esta teocracia hay una sociedad de sacerdotes estructurada —alto y bajo clero— en la que en la cumbre están los reyes; en la mitad, un cuerpo de oficiales —los generales y los capitanes— y abajo, el grupo más numeroso de soldados.

El alto clero del régimen teocrático totalitario son los científicos y los gurús financiados por los dioses. Trabajan para anular el pensamiento racional crítico de las personas mediante prácticas hipnóticas desde la televisión. De ese modo evitan la rebelión del pueblo y se aseguran sus tronos y potestades. Se trata de un grupo que ha recibido una educación exclusiva de élite y ninguno de sus miembros está dispuesto a compartir sus conocimientos con el resto de la población. Manejan una escritura codificada mediante símbolos y números que lanzan en sus mensajes crípticos. Los números 11 y 33 son una constante (recordemos que el 33 es el «número maestro» de la masonería). La corrupción es norma en este grupo y, aunque aparentan ser representantes políticos —se hacen con los Gobiernos nacionales para obligar a los ciudadanos a pagar cada vez más impuestos—, su función es servir a los dioses de la nueva teocracia.

ÓRDENES RELIGIOSAS

Desde los organismos supranacionales —ONU, Unicef, OMS, Unión Europea, Banco Mundial, Fondo Monetario Internacional— hasta las ONG de la red templaria, pasando por los llamados «movimientos de organización civil», como Black Lives Matter, Antifa y los feminismos de laboratorio monástico, todos trabajan para captar fieles y actúan como hordas de fanáticos para aniquilar tu libertad.

En este grupo también se encuentran las clínicas abortistas de Planned Parenthood, que ofrecen sacrificios a los dioses antiguos.

Se trata de una teocracia politeísta: hay varios dioses y diferentes órdenes monásticas, pero todas creen, defienden y dicen lo mismo. Beben de la misma fuente.

EL TEMPLO Y EL PALACIO

Después de siglos de separación de Iglesia y Estado, el templo y el palacio vuelven a estar juntos. En una teocracia mundial, las alianzas son fundamentales, así que los dogmas religiosos se convierten en leyes en el palacio gubernamental.

Para imponer el régimen teocrático han cerrado las parroquias, han prohibido los funerales, han cremado los cuerpos…

E incluso en los países de tradición católica han prohibido el culto a la Sagrada Forma, con la que, según esta fe, Jesús se hace presente.

BULA PAPAL

El «pasaporte verde» es el instrumento con el que se fundamenta y se extiende la autoridad de los pontífices, que discriminan a quienes no tengan el documento sellado y legitimado por ellos.

BANDOS

Dos bandos: el del Bien y el del Mal. El primero está en el camino de la evolución, porque conoce o quiere conocer la verdad. El segundo combate para evitar la evolución de conciencia mediante la adoración de sus falsos ídolos y disfraza de humanismo unos mandamientos que atentan contra la humanidad.

Las plagas quiméricas —pandemias, ciberataques, cambio climático— son catalizadores, agentes aceleradores del fin de la sociedad actual y de los valores que nos definen como humanos. Es el bando del Mal contra el bando de la Luz.

IDEOLOGÍA

La muerte es la ideología que sustenta los mandamientos de la nueva fe. Por ello defienden la eugenesia (aborto, eutanasia…), el supremacismo de las élites y la esclavitud de los menos aptos.

SACRIFICIOS

Los sacrificios más valorados son los de los bebés y los niños. Ellos son el objetivo. No en vano ya hay casos de mujeres embarazadas que han perdido a sus hijos después de vacunarse. Los abortos son la primera causa de muerte en el mundo. Los no nacidos son sacrificados en el altar de la nueva fe, junto con los torturados con las mascarillas, las distancias de seguridad y la obediencia aprendida.

OBJETIVOS DE LA GUERRA SANTA

El objetivo principal es conquistar las almas para someterlas a los mandatos totalitarios de la divina teocracia. Es un ataque despiadado a la mente y al espíritu. Todos serán esclavos religiosos. No quieren que *nadie se quede atrás.*

¿QUIÉN FINANCIA LA GUERRA?

Los dioses filántropos y los creyentes con sus donativos e impuestos pagan, aunque no lo sepan, para mantener la tiranía y convertirla en universal.

SÍMBOLOS DE CULTO Y RITUALES

Las teocracias se legitiman y difunden mediante símbolos, mitos o relatos (orales o escritos). Entre sus símbolos de poder están las pirámides, el ya popular «ojo que todo lo ve» o las Piedras Guía de Georgia, esa inquietante escultura en la que aparecen cincelados diez nuevos mandamientos para una era teísta:

1. Mantener a la humanidad por debajo de los 5.000 millones de personas para estar en equilibrio perpetuo con la naturaleza.
2. Guiar la reproducción *mejorando la aptitud* y la diversidad.
3. Unir a la humanidad con un nuevo lenguaje vivo.
4. Hacer que gobierne la pasión, la fe, la tradición y todas las cosas con la razón templada.
5. Proteger a las personas y a las naciones con leyes y tribunales justos.
6. Hacer que todas las naciones gobiernen internamente resolviendo las disputas externas en un tribunal mundial.
7. Evitar leyes mezquinas y funcionarios inútiles.
8. Equilibrar los derechos personales con los deberes sociales.
9. Premiar la verdad, la belleza y el amor buscando la armonía con el infinito.
10. No ser un cáncer en la tierra. Dejar espacio a la naturaleza.

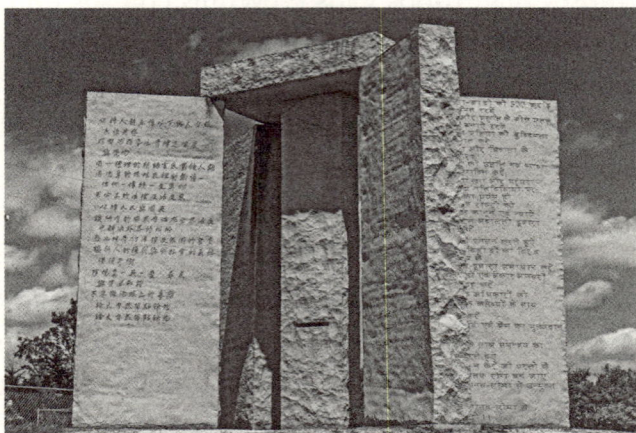

Imagen de las Piedras Guía de Georgia.

Estos relatos tienen también sus objetos de arte sacro, por lo que necesitan un chamán que los transmita. Una de ellos es Marina Abramovic, que se presenta como artista pero cuyos rituales públicos son de inspiración satanista. Acaba de ser galardonada con el Premio Princesa de Asturias y mi crítica a este reconocimiento en mi muro de Facebook fue utilizada como excusa para cerrarme el canal y expulsarme de la «comunidad». Al parecer, soy una hereje blasfema... Lo cierto es que todos los dioses tienen obras suyas en sus casas, y el Museo de Arte Moderno de Nueva York (MoMA) es uno de sus mayores promotores. La presidenta de la junta de esta institución es Marie-Josée Kravis, miembro del comité directivo del Club Bilderberg. Además, su marido, Henry Kravis, es propietario del fondo de inversión KKR, donde trabaja el exdirector de la CIA, David Petraeus, que también asiste a las reuniones de Bilderberg. Kravis fue nombrada presidenta de la junta del MoMA tras la dimisión de Leon Black en medio de la polémica causada por sus vínculos con Jeffrey Epstein, el magnate pederasta y depredador sexual que apareció muerto en su celda en agosto de 2019.

Se ha anulado la publicación de tu página

Esto se debe a que Cristina Martín Jiménez infringe nuestras Normas comunitarias sobre desnudos o actividad sexual.

Nuestras normas se aplican en todo el mundo y se basan en nuestra comunidad.

41288 LIKES
Cristina Martín Jiménez
Personas

Abramovic protagonizó un anuncio de Microsoft que, tras recibir innumerables críticas, fue retirado. El dios Gates la adora.

El culto principal de esta teocracia universal es la muerte. Y, como en todos los regímenes de guerra, las condenas a muerte —física, económica, social y espiritual— demuestran que el virus más letal es siempre la codicia.

Pero donde reina el Amor nunca podrá imponerse el Mal. En esta Guerra Santa, la sublevación y el combate en nombre del Amor es un imperativo categórico.

Einstein se equivocó al predecir que la siguiente guerra se haría con piedras y lanzas. Ahora vemos que la Tercera Guerra Mundial se está haciendo con mensajes, propaganda, nanotecnología, armas biológicas, ciberataques… y el último recurso en el vientre de la Bestia: las armas clásicas, los misiles, las balas, los tanques. Todos los países están en una nueva carrera armamentística, de la que solo se puede esperar lo peor. Un animal herido morirá matando. Me queda la esperanza de que se desfoguen en el conflicto espacial, donde los dioses compiten por el control de los cielos.

LA GLORIFICACIÓN DEL MAL

Aún me queda mucho por contar acerca de los ataques que estamos sufriendo. Tengo que seguir denunciando la guerra contra los niños y los adolescentes, etiquetados como negacionistas en las escuelas e institutos por sus propios profesores, que desatan sus más bajos instintos y se han convertido en los «capos» de los campos de concentración escolares. El *bulling* lo practican ahora los maestros, imitados por los niños «obedientes» y seguidores de las consignas de la nueva teocracia. También tengo que denunciar el acoso que reciben los defensores del método educativo conocido como *homeschooling,* o educación en el hogar. Porque ningún niño debe escapar de la dogmática Agenda 2030 ni de su educación universal *de calidad.*

Me queda por hablar del Ensayo Clínico Solidario, el programa de seguimiento y vigilancia de la OMS en los experimentos de diagnóstico, tratamiento e inoculación de las «vacunas COVID», en el que colaboran miles de hospitales de todo el mundo, diecinueve de ellos españoles. Este programa también recoge el Big Data de las reacciones a las llamadas de teléfono para convencer a los padres y madres de que vacunen a sus hijos. Muchos médicos han llegado a «chantajear» a los pacientes para administrarles el fármaco «bueno» para la COVID. Solo si participaban en el *ensayo* clínico, se lo darían. ¿Cómo es posible que los profesionales de la salud hayan llegado a estos extremos? Rebajan a las personas a la categoría de ganado y las conducen directamente al matadero.

El Ensayo Clínico Solidario de la OMS consiste en suministrar a los diagnosticados de COVID-19 un *tratamiento aleatorio* basado en el Remdesivir, de los laboratorios Gilead, el único fármaco que se aprobó inicialmente para hacer frente al virus[12], junto con otros medicamentos indicados para la malaria (Dolquine) y para el VIH (Kaletra): el Lopinavir y el Ritonavir[13]. ¿Para el

---

[12] Gilead ha elegido a dos empresas españolas, Esteve y Uquifa para su producción, que con la llegada de la pandemia han multiplicado la producción por cuarenta. Beneficios económicos a cambio de vidas. Mercantilización de los seres humanos.

https://www.redaccionmedica.com/secciones/industria/gilead-elige-2-empresas-espanolas-para-producir-remdesivir-ante-el-covid-19-2900

[13] https://medlineplus.gov/spanish/druginfo/meds/a602015-es.html

sida? ¿Acaso sabía la OMS que el SARS-CoV-2 era un virus quimera de laboratorio que contenía trazas de VIH?

El principio activo del Dolquine es sulfato de hidroxicloroquina, precisamente lo que muchos científicos atacados por la OMS y hasta el expresidente de Estados Unidos, Donald Trump, basándose en sus consejeros, recomendaron como tratamiento. Pero la prensa puso el grito en el cielo: «Dióxido de cloro, el peligroso químico que se promociona como cura para la COVID-19 y sobre el que advierten los expertos»[14], dijo la BBC en abril de 2020. Aunque el Ensayo Solidario de la OMS incluye el tratamiento con hidroxicloroquina, el ente público de Reino Unido afirma lo contrario: «La Organización Mundial de la Salud no ha aprobado el uso de hidroxicloroquina y cloroquina para el tratamiento del nuevo coronavirus»[15] (marzo de 2020). Es decir, confusión, confusión y más confusión en pro de sus propios intereses. Confusión para enloquecer a las personas.

Robert Reich, profesor de Ciencia Política en la Universidad de Berkeley (California) y exsecretario de Trabajo durante la Administración Clinton, declaró en abril de 2020, en una entrevista a *The Guardian,* que «las ruedas de prensa de Trump ponen en peligro la salud pública», tras lo cual animaba a «boicotear la propaganda y escuchar a los expertos. Y, por favor, no beban desinfectante»[16]. Estos son los *buenos chicos* oficiales de esta guerra.

---

[14] https://www.bbc.com/mundo/noticias-52303363

[15] https://www.bbc.com/mundo/noticias-51991197

[16] https://www.elmundo.es/internacional/2020/04/24/5ea291adfc6c-8309298b45ae.html y https://www.lavanguardia.com/internacional/20200424/48691995298/donald-trump-desinfectante-luz-enfermos-covid-19-coronavirus.html

Y aún hay más. Desde 2014, el Estado español conoce que el gas de dióxido de cloro se usa contra las infecciones respiratorias por coronavirus, bacterias y hongos. Hay una patente europea registrada en la Oficina Española de Patentes y Marcas[17]. Es decir, otro crimen de guerra que se ha llevado la vida de miles de personas inocentes.

La inteligencia natural es más sabia que la que aporta cualquier título universitario. «Si hay una guerra, tengo que ser coherente conmigo misma. A veces la intuición viene antes que la comprensión», me dijo una lectora enfermera mientras tomábamos un café. «Cuando llegaron las vacunas, mi superior me seleccionó para el trabajo y yo me negué. Me dijo que era una orden y que debía obedecer, a lo que repliqué que yo era la responsable si a esa persona le ocurría algo con la vacuna. "Si no la quieres poner tú, ya habrá otra que lo haga", me dijo». Respecto al colapso en los hospitales, la enfermera me dijo: «Todos los compañeros quieren que les designen las plantas COVID porque hay menos trabajo que en el resto». Le pregunté por la recopilación de datos personales, a lo que me respondió que «se están haciendo registros de los no vacunados y van al Ministerio de Sanidad». Recordemos que el régimen nacionalsocialista de Alemania, el de Mussolini en Italia y el comunista de la Unión Soviética usaban los mismos métodos para señalar a los *enemigos del sistema:* listas negras y discriminación con salvoconductos para circular, comprar y vender.

Hace unos meses, un enfermo anciano le preguntó a esta enfermera:

---

[17] https://patents.google.com/patent/es2518368t3/es.

—¿No crees que están engañando a los médicos?

—¿Por qué dice usted eso? —le inquirió ella.

—Porque el médico me ha dicho que para que me den el fármaco bueno tengo que participar en el ensayo, porque Trump ha comprado todos los medicamentos.

¿Cómo han llegado tantos médicos a semejante extremo, a condicionar y a mentir a las personas, a jugar con su vida, a convertirlos en ganado, rebajándolos a la categoría de conejillos de indias y exponiéndolos a la muerte? No solo han sido los grandes financieros —quienes con su dinero se creen los amos del mundo y compran las voluntades como si de una mercancía más se tratara—, sino ¡los médicos! Aquellos que deben salvar vidas conducen a las personas al matadero. ¿Tan condenados y tan miserables se sienten? ¿Tanto odian la vida y el mundo en el que viven como para arrastrar a sus infiernos a los ancianos y a los niños inocentes?

En mayo de 2021, el doctor argentino Mariano Arriaga fue detenido por ejercer la libertad de expresión en la plaza del Monumento a la Bandera de la ciudad de Rosario. Veinte personas más fueron arrestadas solo por congregarse para pedir un debate científico y bien cimentado sobre los protocolos de la cuarentena y la «nueva normalidad»[18]. Mientras lo detenían, Arriaga se dirigió al agente encargado de coordinar la operación policial y le explicó que estaban «actuando para que se respeten los derechos de todos, también los de sus hijos». El agente se encogió de hombros y dijo que él era *neutral* y que se limitaba a cumplir la ley. ¿Neutral? ¡Nadie es neutral en mitad de una

---

[18] https://www.perfil.com/noticias/actualidad/protesta-anticuarentena-rosario-tension-balas-de-goma-detenidos-monumento-a-la-bandera.phtml

guerra! Y que no se engañe: no estaba cumpliendo la ley, sino *obedeciendo órdenes* de sus superiores.

Unos meses antes, en una convocatoria civil similar celebrada en Uruguay, la Policía detuvo al periodista Fernando Ferrera, a Fernando Vega, del Movimiento Internacional por la Vida (OMV), y al doctor Javier Sciuto. El juez les impidió salir de Uruguay durante noventa días. Otro de los señalados es el abogado Gustavo Salle Lorier, que lleva años advirtiendo de los peligros del globalismo.

No solo el Mal se ha banalizado, sino que he observado su glorificación por parte de periodistas, agentes de la ley, políticos y científicos inconscientes de sus actos e incapaces de percibir la implicación moral de los mismos incluso para sus propios hijos. Luego, en *petit comité,* aseguran que no se vacunarán. Es la glorificación del Mal en unos sistemas que presumen de ser democráticos pero que vulneran y abolen *de facto* las libertades y los derechos. En nombre de la glorificación del Mal queman las Constituciones en las hogueras y los seres humanos son exterminados por la maquinaria del Estado y la financiación de las élites globócratas.

En *Los amos del mundo están al acecho* analicé cómo las más recientes dictaduras de Hispanoamérica estaban apadrinadas por el gran gurú político del siglo pasado y consejero de Seguridad Nacional estadounidense Henry Kissinger. Los presidentes y gobernantes de hoy siguen las directrices dadas por los herederos de su escuela de estrategia geopolítica.

Y, mientras tanto, «en los centros de salud les piden a los jóvenes que se hagan fotos vacunándose y que las suban a sus redes sociales», me contó la enfermera. Así es como se está haciendo la Tercera Guerra Mundial.

Epílogo
Un combate necesario

—Puede que no se trate de eso —repuso Bernd—. Ya he visto la
misma reacción otras veces: hombres que odian a las personas a quienes
han tratado de forma injusta, por paradójico que pueda parecer. Creo
que eso se debe a que la víctima es un recordatorio perpetuo de su
comportamiento vergonzoso.

KEN FOLLET, *El umbral de la eternidad*

Cuando acabo la redacción de este libro, todos los habitantes
del planeta nos hallamos en medio de la Tercera Guerra Mundial. Nuevas revelaciones están saliendo a la luz, pero he de
cerrar el manuscrito para que comience el proceso de maqueta-
ción, logística, *marketing* y distribución. Mis editoras me apre-
mian. Cuando en septiembre llegue a las librerías, a las manos y
corazones de mis lectores, es posible que hayamos sufrido —o
estemos a punto de sufrir— ese nuevo ataque escenificado y
ensayado en el mes de julio en el Foro de Davos llamado «Cyber
Polygon 2021». Es decir, las élites del Partido Comunista Chino
y las occidentales seguirán presionando al mundo entero para
hacerse con el dominio planetario en una sola estructura de
poder y repartírselo. La nueva agresión tiene como objetivo
dominar también el espacio mediante el control de las rutas de
las autopistas satelitales, que son las que hacen posible las comunicaciones y las transacciones empresariales de 7.800 millones
de personas.

Este libro es una crónica de guerra y un análisis de las armas utilizadas en ella. El tiempo ha demostrado que lo que hace once años llamé la «táctica de la pandemia» era cierta: un arma de guerra diseñada por las élites para matar, esterilizar y esclavizar a la humanidad con el fin de imponer un gobierno mundial. Sus responsables, junto con sus colaboradores y capos, deben pagar por los crímenes de guerra que han cometido.

Puesto que el proceso no ha terminado, estas palabras no son una despedida, sino un hasta pronto. Como periodista, me siento obligada moralmente a continuar la labor de denunciar lo que ocurre. Cuando era estudiante, quería ser periodista de guerra y durante un tiempo me sentí frustrada por no lograrlo. Después publiqué mis tres primeros libros e incluso censuraron el último. Un día me percaté de que finalmente me había convertido en periodista de guerra, porque nos la estaban haciendo en casa.

El periodismo de trinchera que practico es peligroso, porque la verdad y la denuncia no son aceptadas por quienes hacen *guerras tranquilas con armas silenciosas*. No es fácil percibir la propaganda cuando se introduce en las escuelas, ni es fácil cambiar la cosmovisión de las personas que han sido instruidas en la obediencia y en la aceptación de los dogmas de la nueva religión universal que unos pocos tratan de imponer. Por ello han exterminado la lectura comprensiva y el pensamiento crítico en los jóvenes. A fin de cuentas, ellos son los que sostendrán el *paraíso* y hay que domesticarlos desde la niñez.

Pero estos hacedores del mal han dado un paso definitivo para tocar lo más sagrado: nuestro ADN, la biblioteca que guarda los libros de nuestra historia, que nos revela quiénes somos, de dónde venimos, y que custodia el libre albedrío de nuestras almas. Los tiranos han encontrado la llave para abrirla y, como dioses de la antigua Sumeria, pretenden decretar nuestros destinos.

Hace tiempo leí un mensaje que circulaba por las redes: creer que la industria farmacéutica trabaja por tu salud es como creer que la industria armamentística trabaja por la paz mundial. El combate va a continuar. Ahora viene la embestida con el arma del *cambio climático provocado por el hombre,* esa gran mentira, esa sofisticada arma de diseño vanguardista que aglutina todas las estrategias para derribar la civilización occidental. Las nuevas palabras y conceptos-emblema ya nos resultan familiares: ecologismo, política verde, inclusivo, resiliente, feminista, sostenible... Nos mienten al decirnos que el petróleo y el agua se acaban, y mediante la desinformación constante nos convencen de que debemos cambiar nuestras costumbres y consumir alimentos sintéticos que, obviamente, debilitan nuestro organismo.

Si el cambio climático es un hecho irreversible y va a provocar un apocalipsis inminente, ¿por qué el matrimonio Obama le compra una mansión al dueño de los Boston Celtics en unos terrenos inundables? ¿Acaso están dispuestos a poner en peligro la vida de su familia, o es que ni siquiera el expresidente de Estados Unidos se cree el cuento que repite en las múltiples conferencias que da por todo el mundo y por las que cobra medio millón de dólares? Los Obama predican un Nuevo Orden Mundial inclusivo donde todos seremos iguales... Y en sus ratos libres pagan 15,40 millones de dólares por su mansión en Martha's Vineyard, un elitista paraíso situado en el estado de Massachusetts. Para compensar, recordemos que financiaron y alentaron el movimiento Black Lives Matter, que destruyó e incendió las casas y los negocios de la clase media trabajadora estadounidense.

No, ellos no se creen sus mentiras. Las mentiras son las balas que disparan para limitar el desarrollo, para frustrar la paz, para empobrecer y adoctrinar a los justos. En realidad, ellos solo tienen dinero; no son la élite. La verdadera élite son los indómitos, los más inteligentes, los más cultos, los más alegres. Quienes de verdad son capaces de regenerar el planeta son los nobles de corazón.

De ahí que se haya iniciado una nueva caza de brujas. El *Malleus Maleficarum* («Martillo de las brujas»), publicado en Alemania en 1487, tiene su nueva edición en los manuales de los verificadores de datos, que conforman una guía universal con la que enseñan a los jóvenes periodistas de empresas de *fact checking* a perseguir a las voces críticas y a catalogar como bulos hechos que son veraces y comprobados, atribuyéndose una autoridad y una credibilidad de las que carecen. Al parecer, yo soy un trofeo muy preciado, según me confesó un *fact checker* amigo. Lo que no saben es que me río al imaginar sus brindis cuando al fin lograron expulsarme de la «comunidad» de Facebook. Unos años antes también me atacaron y fui expulsada del periodismo «oficial». Pero no del Periodismo —con mayúsculas—, ya que continué practicándolo en mis libros y convertí mis canales de las redes sociales en mi medio para difundir investigaciones, opiniones e información. Gracias a mis lectores, que son mis mecenas, he podido escribir este libro.

Las dos potencias que se enfrentan en la Tercera Guerra Mundial son en realidad dos grandes estructuras de poder: el Partido Comunista Chino y el bloque del antiguo *establishment* occidental. Ambos son, al mismo tiempo, aliados y enemigos. Colaboran y batallan entre sí y contra la humanidad. Y cada uno tiene sus propios aliados y enemigos. En ambos bandos brilla una luz oscura y apagada, una luz oxidada que ya casi no alcanza para alimentar un proyecto muerto que los ha enloquecido con la promesa del trono del mundo. Para que esta tibia luz se haya extendido por el planeta ha sido necesaria la complicidad de médicos, enfermeros, periodistas, profesores e intelectuales que se creyeron dioses e instaron a todos a vacunarse sin tener el conocimiento suficiente para dar consejo, y ahora, cuando han ido a pedirles explicaciones por sus «brazos magnéticos», les han respondido que escriban a las farmacéuticas, que ellos no saben nada, eximiéndose de este modo de sus responsabilidades.

Cuando el mundo conoció el nacionalsocialismo de Hitler, y una vez acabada la Segunda Guerra Mundial, una pregunta se repetía: ¿cómo es posible que el pueblo alemán estuviese de acuerdo con lo que ocurrió en los campos de concentración? Durante décadas, los alemanes cargaron con la vergüenza y la culpa. Ahora les toca cargar a todos los que, con una supuesta autoridad y legitimidad médica, intelectual y científica, se han convertido en los verdugos de sus semejantes.

En mis observaciones he descubierto que la glorificación del Mal conduce a las civilizaciones al abismo. Como ejemplo, el final de la dinastía china Shang[1] estuvo marcado por la corrupción y los sacrificios humanos, al igual que el imperio de Moctezuma. Ambos tenían una cohorte de sacerdotes adivinos, brujos y sacrificales. Cuando llegaron los castellanos, la civilización mexica estaba estancada en una incipiente Edad de los Metales[2] mientras Europa se hallaba en los umbrales del Renacimiento. Por su parte, la dinastía Zhou, que gobernó China tras

---

[1] *Shang* significa «comercio». Fue, por tanto, la dinastía comercial.

[2] La Edad de los Metales se extiende entre los años 6000 y 1000 a. C., aproximadamente, marcando así el fin de la Prehistoria.

los Shang, implantó un complejo sistema para producir y gestionar los recursos económicos y militares con eficacia, aunque finalmente sus herederos se corrompieron y establecieron un sistema de privilegios y clases sociales que convirtió al pueblo en esclavo. Se trata de un patrón que he identificado en otras grandes civilizaciones que cayeron. La corrupción del alma que alumbra una cultura y que integra en un proyecto común y aceptado a todo un pueblo les condujo a la decadencia. Se estancaron.

Hay una relación directa entre el Mal y el bloqueo civilizador. Ocurrió igualmente en el Imperio romano, cuya corrupción lo condujo al abismo, al limbo. Se perdió intentando mantener una estructura antigua que en su día fue esencial pero que con el tiempo quedó obsoleta. Y cuando comienza la caída, ya no es posible recuperarse.

Otro patrón que siempre se cumple es que a la caída le sigue o bien un dictador o una era de esplendor, descubrimientos y avances. ¿Hacía cuál de las dos opciones nos encaminamos? Porque está claro que todas las civilizaciones del planeta están estancadas. No hay una que se salve o que nos sirva de inspiración. Los viejos esquemas que pretenden reproducir haciéndolos pasar por novedosos, solo porque les han cambiado el nombre o han creado un eslogan pegadizo, no son útiles en el umbral de una era de revoluciones cognitivas y aventuras espaciales.

¿Qué podemos hacer? La Gran Revolución. Puesto que el materialismo ha fracasado en todo el planeta, solo nos queda innovar en lo ontológico. Si no arreglamos el plano espiritual, que es el que ha acabado desarmonizado con los combates del siglo XX y los que llevamos en el XXI, permaneceremos bloqueados en una rueda eterna.

Tal vez el único camino posible sea amarnos los unos a los otros. Un proyecto sencillo y complejo a la vez, pero que supone un gran reto y una gran motivación. Porque la verdad y la mentira, el amor y el odio son las principales armas de esta guerra, las primeras tecnologías humanas. El resto —los misiles, la inteligencia artificial, las cámaras de reconocimiento facial, los virus quimera…— solo son extensiones vanguardistas de nuestras tecnologías espirituales.

Dentro de cinco años —espero que antes—, todos conocerán la verdad de quienes, ya sea de forma voluntaria o involuntaria, consciente o inconsciente, se convirtieron en criminales de guerra. Y sobre la conciencia de estos caerá el peso de la culpa. Un día despertarán y se darán cuenta del dolor que han causado al abandonar la ética y la moral de sus profesiones y de sus juramentos deontológicos. Aun así, muchos de los que despierten seguirán odiando. Muchos de los que se han plegado a las legiones del Mal lo han hecho por el odio que domina sus almas, por lo que, una vez acabada la guerra, seguirán odiando a sus víctimas. No soportarán mirarlas a los ojos. La vergüenza de sus actos les superará.

Afortunadamente, son muchos los médicos, policías, maestros, biólogos, abogados, junto con un muy reducido puñado de periodistas, los que se enfrentan a «la bestia de los acontecimientos» con el amor a la verdad como única enseña. David venció a Goliat y eso le hizo brillar. El gigante no se llevó nuestras almas, sino que, contrariamente a sus planes, las hizo brillar aún con mayor intensidad. Y ese brillo atrajo a miles de personas, que despertamos y salvamos.

La conciencia puede ser hipnotizada, sugestionada, dormida. Pero no puede ser destruida.

Almas justas que comprendéis el mal, almas indómitas y valientes… Os envío mucha fuerza a quienes seguís en las aguas puras a pesar de los ataques constantes que recibís. Honor a los buenos combatientes. Mi admiración a las Madres Leonas.

Perseveremos en el buen combate. Yo seguiré luchando en las trincheras. No me voy a arrodillar. Nunca me rendiré. Y si alguna vez me ocurriera algo, vosotros continuaréis. El totalitarismo teocrático universal jamás vencerá.

1 de junio de 2021,
Vitoria-Gasteiz, en el transcurso de la Tercera Guerra Mundial

BIBLIOGRAFÍA

Debido a la gran cantidad de fuentes consultadas, ya sea historiográficas, hemerográficas, audiovisuales y bibliográficas, solo reproduzco algunas de ellas.

LIBROS

BOSTROM, Nick, «The Future of Humanity», en Jan-Kyrre Berg Olsen y Evan Selinger (eds.), *New Waves in Philosophy of Technology,* Palgrave McMillan, Londres, 2007: http://www. fhi.ox.ac.uk/__data/assets/pdf_file/0007/10222/future_of_ humanity.pdf

CLAYTON, A., *Paths of Glory: The French Army 1914-1918,* W & N, Londres, 2003.

DALLEY, Stephanie, *Myths from Mesopotamia: Creation, the Flood, Gilgamesh, and Others,* Oxford University Press, Oxford, 1998.

FAZIO, C., *Terrorismo mediático: la construcción social del miedo en México,* Debate, Barcelona, 2013.

GUINSBERG, E., *Control de los medios, control del hombre: medios masivos y formación psicosocial,* Plaza y Valdés, México, D. F., 2005.

Haraway, Donna, «A Cyborg Manifesto: Science, Technology, and Socialist-Feminism in the Late Twentieth Century», Routledge, Nueva York, 1991, págs. 149-181: http://www.stanford.edu/dept/HPS/Haraway/CyborgManifesto.html

Hirigoyen, Marie-France, *El acoso moral. El maltrato psicológico en la vida cotidiana,* Paidós, Barcelona, 1999.

King, L. W. y Hall, H. R., *History of Egypt Chaldea, Syria, Babylonia, and Assyria in the Light of Recent Discovery,* The Echo Library, Teddington, 2008.

Martín Jiménez, Cristina, *El Club Bilderberg. Los amos del mundo,* Arcopress, Editorial Almuzara, Córdoba, 2005.

— *El Club Bilderberg. Los amos del mundo,* Books4Pocket (sello del Grupo Urano y del Grupo Almuzara). Publicado en Latinoamérica en los siguientes países: México, Argentina, Colombia, Chile, 2007.

— *Clubul Bilderberg. Stăpânii lumii,* Editura Litera, Bucarest, 2007.

— *El Club Bilderberg. La realidad sobre los amos del mundo,* Absalón Ediciones, Cádiz, 2010.

— *El Club Bildergerg. La realidad sobre los amos del mundo,* Ed. Oveja Negra, Bogotá, 2010.

— *Perdidos. ¿Quién maneja los hilos del poder?,* Ediciones Martínez Roca, Madrid, 2013 y 2018.

— *I piani segreti del Club Bilderberg. Dalla crisi economica alle rivolte,* Sperling & Klupfer, Roma, 2014.

— *O Clube Secreto dos Poderosos,* Matéria Prima, Lisboa, 2015.

— *Los planes del Club Bilderberg para España,* Temas de Hoy, Madrid, 2015.

— *Los amos del mundo al acecho. ¿Uruguay en la agenda del Club Bilderberg?,* Planeta, Montevideo, 2015.

— *Los amos del mundo están al acecho. Bilderberg y otros grupos de poder,* Temas de Hoy, Madrid, 2017.

— *Hijos del Cielo. Las huellas del cosmos en la cultura humana,* Ediciones Martínez Roca, Madrid, 2018.

— *La verdad de la pandemia. Quién ha sido y por qué,* Ediciones Martínez Roca, Madrid, 2020.

— *Os dono do mundo,* Vide Editorial, São Paulo, 2020.

NAVARRO, S. S., «La delincuencia en la agenda mediática», *Revista Española de Investigaciones Sociológicas,* 2005, págs. 75-130.

RANDALL, David, BURGGREN, Warren y FRENCH, Kathleen, *Eckert Animal Physiology: Mechanisms and Adaptations* (5.ª ed.), Freeman & Co., Nueva York, 2002.

SALBICHI, Adrián, *El cerebro del mundo. La cara oculta de la globalización,* Editorial Solar, Bogotá, 2003.

SHERWOOD, Lauralee, KLANDORF, Hillar y YANCEY, Paul H., *Animal Physiology: From Genes to Organisms,* Brooks/Cole, Belmont, 2005.

ARTÍCULOS CIENTÍFICOS

BOSTROM, Nick, «Human Genetic Enhancement: A Transhumanist Perspective», *Journal of Value Inquiry,* vol. 37, núm. 4, 2003, págs. 493-506: http://cyber.law.harvard.edu/cyberlaw2005/sites/cyberlaw2005/images/Transhumanis t_Perspective.pdf

— «In Defense of Posthuman Dignity», *Bioethics,* vol. 19, núm. 3, 2005, págs. 202-214: http://www.psy.vanderbilt.edu/courses/hon182/Posthuman_dignity_Bostrom.pdf

CAMPRA MADRID, Pablo, «Detección de óxido de grafeno en suspensión acuosa (Comirnaty™ [RD1]). Estudio observacional en microscopia óptica y electrónica». 28 de junio de 2021.

DAGAN, Noa, *et al.,* «BNT162b2 mRNA Covid-19 Vaccine in a Nationwide Mass Vaccination Setting», *N Engl J Med,* 384, 2021, págs. 1412-1423.

FLEXNER, A., «Medical Education in the United States and Canada. A Report to the Carnegie Foundation for the Advancement of Teaching», boletín 4, Boston, 1910.

GONZÁLEZ PORTELA, María Luján, «Libertad y responsabilidad de la prensa en el autocontrol y en la enseñanza de la ética de cinco países andinos», tesis doctoral, Universidad Complutense de Madrid, 2008.

HALL, V., *et al.,* «Effectiveness of BNT162b2 mRNA Vaccine Against Infection and COVID-19 Vaccine Coverage in Healthcare Workers in England, Multicentre Prospective Cohort Study (the SIREN Study)» *The Lancet* preprints: https://ssrn.com/abstract=3790399

JÁUREGUI BALENCIAGA, Inmaculada, «Psicopatía: pandemia de la modernidad», *Nómadas. Revista Crítica de Ciencias Sociales y Jurídicas,* 19 (3), 2008. Disponible en https://www.redalyc.org/articulo.oa?id=18101908 [consultado el 25 de noviembre de 2020].

LAZOS, E., «Demonios con entendimiento. Política y moral en la filosofía práctica de Kant». *Isegoría* 0 (41), 2009, págs. 115-135.

MANCINAS-CHÁVEZ, Rosalba, RUIZ-ALBA, Noelia y MARTÍN JIMÉNEZ, Cristina, «Comunicación y estructura invisible de poder: los fondos de inversión en el accionariado de las empresas mediáticas», *El profesional de la información,* vol. 28, núm. 6, 2019: http://doi.org/10.3145/epi.2019.nov.01

MARTÍN JIMÉNEZ, Cristina, «Interrelación entre el poder socio-político-mercantil y el poder mediático mercantil: el "Club Bilderberg" (1954-2016)», tesis doctoral, Facultad de Comunicación de la Universidad de Sevilla, junio de 2017.

— «Propietarios de Facebook INC.: principales datos estructurales y financieros». *Ámbitos. Revista Internacional de Comunicación,* 44, 2019, págs. 200-216.

MORENO ESPINOSA, P., ROMÁN-SAN MIGUEL, A. y OLIVARES GARCÍA, F. J. (2021), «Tim Berners-Lee frente a los dueños de Internet en la era de la sobre información», *Estudios sobre el Mensaje Periodístico,* 27 (1), 2021, págs. 365-374: https://dx.doi.org/10.5209/esmp.71328

NÚÑEZ, Ángel, «El Estado como agente coercitivo», Informe pericial de Psicólogos por la Verdad, 2021.

O'GORMAN, N., «The One Word the Kremlin Fears, C. D. Jackson, Cold War "Liberation", and American Political-Economic Adventurism», *Rhetoric and Public Affairs,* 12 (3), 2009, págs. 389-427: http://www.jstor.org/stable/41940447 [consultado el 1 de febrero de 2021].

RUIZ ESQUIVEL, Mónica (2016), «Terrorismo mediático y la vía del silencio total: una justificación a partir del principio de publicidad», *CON-TEXTOS KANTIANOS: International Journal of Philosophy,* núm. 3, junio de 2016, págs. 301-315.

TENFORDE, Mark W. *et al.,* «Effectiveness of Pfizer-BioNTech and Moderna Vaccines Against COVID-19 Among Hospitalized Adults Aged ≥65 Years –United States, January-March 2021», *MMWR Early Release,* vol. 70, abril de 2021.

THOMPSON, Mark G., *et al.,* «Interim Estimates of Vaccine Effectiveness of BNT162b2 and mRNA-1273 COVID-19 Vaccines in Preventing SARS-CoV-2 Infection Among Health Care Personnel, First Responders, and Other Essential and Frontline Workers-Eight U. S. Locations, December 2020-March 2021», *MMWR 2021,* 70 (13), 2021, págs. 495-500.

Useche Aldana, Óscar, «Miedo, seguridad y resistencias: el miedo como articulación política de la negatividad», *POLIS: Revista Latinoamericana,* 2008: https://www.redalyc.org/articulo.oa?id=30501908 [consultado el 5 de febrero de 2021].

ARTÍCULOS DE PRENSA

Diario 16, «Superliga europea: el triunfo del dinero sobre los valores sagrados del deporte»: https://diario16.com/superliga-europea-el-triunfo-del-dinero-sobre-los-valores-sagrados-del-deporte/

Discovery Salud, «Real Decreto 577/2013, de 26 de julio, por el que se regula la farmacovigilancia de medicamentos de uso humano». Ministerio de Sanidad, Servicios Sociales e Igualdad, BOE, núm. 179, 27 de julio de 2013.

DW, «Las vacunas contra el coronavirus. ¿Quién las produce? ¿A quién se las van a aplicar?»: https://www.dw.com/es/las-vacunas-contra-el-coronavirus-qui%C3%A9n-las-produce-a-qui%C3%A9n-se-las-van-a-aplicar/a-56150359

elconfidencial.com, «Alarma ante la inteligencia artificial que decide tu despido», https://www.elconfidencial.com/tecnologia/novaceno/2021-03-30/empleo-inteligencia-artificial-derechos-.laborales_3011927/?fbclid=IwAR3P9x37JbIkI1d7ZEtmXfdeN3EdQhUREYUa_zwXRCqwhfswCj-1jxmYeKsI

elconfidencial.com, «El Pentágono desarrolla partículas invisibles para controlar tu cerebro»: https://www.elconfidencial.com/tecnologia/novaceno/2021-03-24/pentagono-darpa-cerebro-control-nanoparticulas_3004028/?fbclid=IwAR3P1rwU67Z9hjlnUerGdYAD5mK3Buh13Oa7XTVc6HZs-KLF3LoL2veU6Dw

ELMUNDO.ES, «"Ciudadanos poco fiables": así se usa la tecnología para castigar a la población molesta o desafecta al Gobierno»: https://www.elmundo.es/tecnologia/2021/03/27/605e1813fdddff249a8b45a5.html

EURONEWS.COM, «What is 'Survivalism' and Why is it Getting so Popular in Spain?»: https://www.euronews.com/amp/2021/04/09/what-is-survivalism-and-why-is-it-getting-so-popular-in-spain?utm_medium=Social&utm_source=-Twitter&__twitter_impression=true&s=03

FOOD RETAIL, «La cadena suiza Coop compra GM Food por 230 millones»: https://www.foodretail.es/retailers/cadena-suiza-Coop-compra-GM-Food-millones_0_1537946195.html

FORBES, «Filantrocapitalismo: la estrategia (no gratuita) de dar»: https://www.forbes.com.mx/filantrocapitalismo-la-estrategia-no-gratuita-de-dar/

GATESNOTES, «What you Can Do to Fight Climate Change»: https://www.gatesnotes.com/Energy/What-you-can-do-to-fight-climate-change?WT.mc_id=20210319110000_HTAACD_BG-RE_&WT.tsrc=BGRE

HISPANIDAD, «Dios nos libre de los filántropos»: https://www.hispanidad.com/sin-categoria/dios-nos-libre-de-los-filantropos_1101066_102.html

HTTPS://www.clinica-aeromedica.net/ambiente/covid-19-basta-ya-de-mentiras/

MENORCA.INFO, «Nadiya Popel denuncia la ocultación de efectos adversos de las vacunas», 3 de junio de 2021: https://www.menorca.info/menorca/local/2021/06/03/718539/nadiya-popel-denuncia-ocultacion-efectos-adversos-vacunas.html#:~:text=La%20doctora%20Nadiya%20Popel.&text=La%20facultativa%20especialista%20de%20%C3%A1rea,vacunas%20contra%20la%20covid%2D19.

MORE, Max, «On Becoming Posthuman»: www.maxmore.com/becoming.htm (consultado el 11 de agosto de 2010).

PIÑUEL, Iñaki «Identifica a un psicópata. Las señales definitivas»: https://www.youtube.com/watch?v=RjEehkCHgiI

PUBLIC HEALTH ENGLAND, «PHE Monitoring of the Effectiveness of COVID-19 Vaccination. Data on the Real-World Efficacy of the COVID-19 Vaccines»: https://www.gov.uk/government/publications/phe-monitoring-of-the-effectiveness-of-covid-19-vaccination?utm_medium=email&utm_campaign=govuk-notifications&utm_source=0c4993d5-d33f-4c93-b357-92f1d35624f3&utm_content=immediately

RAMÍREZ, Patricia, «Schadenfreude o el placer de ver caer a los demás», *El País* (Blog), 27 de agosto de 2016.

STOP 5G ESPAÑA, «Estudios científicos de la Catedrática de Biofísica, la Dra. Beverly Rubik, evidencian la estrecha relación entre el 5G y la COVID»: https://stop-5g.jimdofree.com/2021/03/25/estudios-cient%C3%ADficos-de-la-catedr%C3%A1tica-de-biof%C3%ADsica-la-dra-beverly-rubik-evidencian-la-estrecha-relaci%C3%B3n-entre-el-5g-y-la-covid/?fbclid=IwAR1qyP7NB8CdhrwmV9ke-KbONfv-zMGv_Io9itm3qBpw5peMhtpZgybJU_zMWARWICK, Kevin, «Cyborg 1.0»: http://www.wired.com/wired/archive/8.02/warwick_pr.html [consultado el 30 de julio de 2010].

TERRA FORMATION, «Trees Are a Faster Solution to Climate Change Than Technology»: https://www.terraformation.com/blog/trees-are-a-faster-solution-to-climate-change-than-technology

WORLD ECONOMIC FORUM, «Foro de Davos 2021: el gran reinicio tras la pandemia»: https://www.bbva.com/es/foro-economico-davos/

RESEÑAS

Conferencia del doctor Juan José Martínez en la Asociación para la promoción y la defensa de la salud informa-tu, Oñati, Guipúzcoa: https://vimeo.com/527269733

FERREIRO, LUIS (2020/4), «El libro del trimestre: *La verdad de la pandemia. Quién ha sido y por qué»*. Director de la revista *Acontecimiento,* Instituto Emmanuel Mounier. Acontecimiento núm. 137: «La verdad es insoportable», págs. 61-64: http://mounier.es/index.php?option=com_content&-view=article&id=669:acontecimiento-137-la-verdad-es-inso-portable&catid=51&Itemid=72

Ponencias de los participantes en el World Freedon Forum; https://worldfreedomforum.es/24-26 de junio de 2021, Sitges, Cataluña.

CRÉDITOS FOTOGRÁFICOS